निषिद्ध

निषिद्ध

तसलीमा नसरीन

अनुवाद

सांत्वना निगम

सम्पादन

विमलेश त्रिपाठी

वाणी प्रकाशन

वाणी प्रकाशन
4695, 21-ए, दरियागंज, नयी दिल्ली 110 002
शाखा
अशोक राजपथ, पटना 800 004
फ़ोनः +91 11 23273167 फ़ैक्सः +91 11 23275710
www.vaniprakashan.in
vaniprakashan@gmail.com
sales@vaniprakashan.in

NISHIDDH
by Taslima Nasrin
Translated by Santvana Nigam
Edited by Vimlesh Tripathi

ISBN : 978-93-87409-62-0
Autobiography/Feminism

प्रथम संस्करण

मूल्य : ₹ 695

सिटी प्रेस, दिल्ली-110 095 में मुद्रित

वाणी प्रकाशन का लोगो मक़बूल फ़िदा हुसेन की कूची से

अनुक्रम

उत्सर्ग	7
बंगाली होने पर गर्व करने की कोई बात नहीं है	18
सुनील लेखक तो बड़े थे पर मनुष्य नहीं	25
पुरुषतन्त्र के रोगों के इलाज	29
पुरुषतन्त्र के सम्राट हुमायूँ अहमद	36
सबसे प्राचीन अत्याचार	42
बांग्लादेश का विजय दिवस	48
क़यामत	50
सामूहिक बलात्कार और जनता का रोष	53
नाबालिग का बलात्कार	58
पीसफुल डैथ	62
कलकत्ता पर शासन कर रहे हैं कट्टरपन्थी लोग	64
वे दिन	66
बर्बरता को एक बार बढ़ावा दिया कि मरे	69
है दुख, है मृत्यु	72
विवाह की कोई ज़रूरत है क्या?	76
बांग्लादेश-1	85
बांग्लादेश-2	89
'नववर्ष' का उत्सव दोनों बंगाल में एक ही दिन हो	91
कहानी छोटे भैया की	96
लिंग-सूत्र	109

प्रेम-व्रेम 120
दो-चार चाहतें 125
कथोपकथन 130
रोज़मर्रा की साधारण कविता 150
जीवन का पचासवाँ वर्ष 153
प्रश्नोत्तर 160
औरत जात तो इमली जैसी है 172
मोगरे का पौधा आँगन में 180
डायरी 184
रफ़ कॉपी 188
ब्रह्मपुत्र के किनारे 190
बंगालियों का बुर्क़ा 193
सीधा-सादा साक्षात्कार 199
मीडिया और मिडिल क्लास मीडियोकर 210
अमेरिका का बंग सम्मेलन 220
पुंपूजा 223
'देश' का दरअसल मतलब क्या है? 228
बाबा 233
सेक्सब्वॉय 238
बलात्कार के लिए कौन जिम्मेदार? 248
फाँसी-विरोधी देश क़ादिर मुल्ला की फाँसी की समालोचना क्यों कर रहे हैं? 254
नारी यौनवस्तु नहीं है 258
गणतन्त्र की करुण दशा 264
निषिद्ध 268

उत्सर्ग

सच बोलने के अपराध में जिनकी किताबें 'निषिद्ध' की जाती हैं, जिन्हें कारावास का दण्ड मिलता है, जिनको निर्वासित किया जाता है, जिनको मार डाला जाता है...

यह लड़ाई पूर्व के साथ पश्चिम की नहीं है

'पश्चिम का नारीवाद' तो क्या पूर्व के नारीवाद के बारे में भी मेरी कोई धारणा नहीं थी। ये सब न जानते हुए भी बचपन से ही परिवार और समाज के अनेक आदेश, उपदेश, बहुत-सी बाधा-निषेधों के बारे में मैंने सवाल उठाये हैं। जब मुझे बाहर वाले मैदान में खेलने से मना किया जाता था, लेकिन मेरे भाइयों को खेलने दिया जाता था, मासिक धर्म के समय जब मुझे 'अपवित्र' कहा जाता था, और कहा जाता था कि मैं बड़ी हो गयी हूँ, एवं काले बुर्क़े से ख़ुद को सिर से पैर तक ढक कर बाहर निकलूँ—इस पर मैंने प्रश्न ही किया है—माना नहीं। सड़क पर चलते वक़्त जब अनजान लड़के मुझ पर गालियों से वार करते, ओढ़नी छीन लेते, स्तन मसल देते, मैंने प्रतिवाद किया है। घर-घर में जब देखा कि पति पत्नियों को पीट रहे हैं, बेटी को जन्म देने के बाद स्त्रियाँ डर के रो रही हैं, मैं सह नहीं पायी। बलात्कार से पीड़ित लड़कियों के शर्मसार चेहरों को देखकर पीड़ा से नीली पड़ गयी हूँ। वेश्या बनाने के लिए एक शहर से दूसरे शहर, एक देश से दूसरे देश में स्त्रियों की तस्करी की खबर सुनकर रोयी हूँ। एक मुट्ठी चावल जुटाने के लिए पतिताओं के मुहल्लों में लड़कियों को भयंकर यौन-अत्याचारों को भुगतना पड़ रहा है, पुरुष चार-चार लड़कियों से शादी करके उन्हें घरों की दासी बना रहे हैं, वे सिर्फ़ इसीलिए उत्तराधिकार से वंचित हो रही हैं क्योंकि वे लड़की होकर जन्मी हैं। मैं यह मान नहीं पायी। जब देखती थी, घर से दो क़दम बाहर रखे नहीं कि उन्हें 'जात बाहर' करने की धमकियाँ मिल रही हैं। 'गैर-मर्द' को प्यार करने के अपराध की वजह से उन्हें जलाकर मारा जा रहा है—आँगन में गड्ढा खोदकर उसमें लड़कियों को डालकर पत्थर से मारा जा रहा है, मैं चीखती थी।

किसी भी तर्क से, किसी बुद्धि से लड़कियों पर परिवार, समाज और राष्ट्र के ऐसे अत्याचारों को मैं मान नहीं पायी। मेरी वह पीड़ा, वह रुदन, वह अस्वीकृति, वह 'मान न लेना', वह बोलती बन्द होना, वह न सहना, वह सवाल-जवाब, वह चीख किसी ने नहीं देखी। उसे तब देखा, जब से मैंने लिखना शुरू किया।

मैं जिस समाज में बड़ी हुई हूँ, उस समाज में बहुतों के मन में प्रश्न उठते थे। वे मज़बूर होते थे पुरुषतन्त्र के आकाओं के जवाबों को मान लेने को। पर मैं कभी मानने को मजबूर नहीं हुई। किसी ने मुझे 'विरोध' करना या 'न मानना' नहीं सिखाया। न ही मैंने कोई किताब पढ़कर यह 'न मानने' की सीख पायी है। सचेतन होने के लिए बड़ी-बड़ी किताबें पढ़ने की ज़रूरत नहीं होती। आँखें सही सलामत हों तो बहुत कुछ दिखायी देता है। 'साहस' भी कोई और नहीं उपजाता। गाँव की स्त्रियाँ जोतदार के अत्याचार के विरुद्ध आवाज़ उठाती हैं। ज़मीन छीनना चाहें तो 'नहीं देंगे' कह कर अड़ जाती हैं, ये स्त्रियाँ किसी कार्ल मार्क्स या लेनिन की किताब पढ़कर विरोध करना नहीं सीखतीं। ज़िन्दगी की ज़रूरतों की वजह से ज़िन्दगी ही उन्हें सिखा देती है कि क्या करना है, क्या नहीं करना। किसी-किसी की बुद्धि मुक्त हो पाती है, किसी की नहीं। बड़ी-बड़ी दर्शन की किताब पढ़कर भी मनुष्य अशिक्षित रह जाता है—और किताब न पढ़ कर भी बहुतों की सोच और बुद्धि बेहतर हो जाती है। नारी-अधिकार का दावा करने के लिए बेट्टी फ्रेडन या रॉबिन मोरगन पढ़ने की ज़रूरत नहीं होती—अपनी जागरूकता ही काफ़ी होती है।

दुनिया के विभिन्न देशों में, जहाँ अपने अधिकारों के बारे में सचेतनता आयी है—उन्हें एक-दूसरे से मिलने की ज़रूरत नहीं हुई है। मुक्त सोच वाले लोगों की भाषा और सोच में मेल तो होता ही है। पूर्व देशों की स्त्रियों ने जब भी बन्द दरवाज़ों के किवाड़ खोल कर बाहर आना चाहा है तभी पुरुषवादियों ने उन्हें दोषी ठहराया है कि वे पाश्चात्य स्त्रियों की नकल कर रही हैं। मुझे भूख लगेगी तो मैं खाऊँगी, मुझे कोड़े मारोगे तो मैं कोड़ा छीन लूँगी। मुझे रौंदना चाहोगे तो मैं उठ खड़ी होऊँगी—यह तो चिरन्तन है। नारीवाद 'पश्चिम' की जागीर नहीं है। दबी-पिसी अत्याचारित, असम्मानित, अवहेलित स्त्रियों का एकजुट होकर नारी के अधिकार के लिए ज़िन्दगी की बाज़ी लगाकर कठिन संग्राम करने का नाम ही नारीवाद है।

पश्चिमी देशों में स्त्रियों के जीवन को नज़दीक से देखा तो जाना कि उन्होंने भी कोई कम ज़िल्लत नहीं उठाई। अत्याचार सहते-सहते, लहूलुहान होते-होते वे कगार पर आकर टिक गयी थीं। एक समय चीख उठी थीं। पश्चिम की स्त्रियाँ

पूर्व की स्त्रियों की तरह ही पुरुषवाद, धर्म, नारी-विरोधी संस्कार वगैरह का शिकार बनीं और सदियों भुगतती रहीं। धर्मान्धताओं ने जिनको ज़िन्दा जला दिया, नारी-विरोधी संस्कारों ने उनके शरीर को सतीत्व के पिंजड़े में क़ैद कर दिया, जिनको यौन-दासी बना कर रखा और खरीदे हुए ग़ुलाम जैसा बना दिया। औरत होने के अपराध की सज़ा ऐसे ही भुगतती हैं स्त्रियाँ। पश्चिम की स्त्रियों ने एकजुट होकर समानाधिकार के लिए आन्दोलन शुरू किया था। युगों-युगों तक उन्हें वह आन्दोलन चलाये रखना पड़ा। मताधिकार का आन्दोलन करते समय उन्हें अपमानित होना पड़ा। पुरुषों ने उनकी ओर थूका, गाली दी। फिर भी वे बार-बार एक ही बात दोहराती रहीं कि ग़ैर-बराबरी को चाहे जैसे भी हो, मिटाना ही है। चाहे जो हो समानाधिकार चाहिए ही चाहिए। सदियों तक आन्दोलन करने के बाद आज जो थोड़ा-बहुत अधिकार अर्जित किया वह पूरा नहीं है। गर्भपात के अधिकार के लिए स्त्रियाँ आज भी लड़ रही हैं। बलात्कार के विरुद्ध वे आज भी आवाज बुलन्द कर रही हैं। मजदूरी में समान वेतन के दावे के लिए आज भी जुलूस निकाल रही हैं, संसद में स्त्रियों की संख्या बढ़ाने के लिए आज भी आन्दोलन कर रही हैं। आश्रय केन्द्रों में आज भी सतायी हुई, प्रताड़ित स्त्रियों की भीड़ है। हाँ, पश्चिम की सफ़ेद चमड़ी वाली, सुनहरे बालों वाली स्त्री, आज भी धोखाधड़ी का शिकार होती है। अभाव, अत्याचार की वजह से अब भी उसे देह बेचने के लिए सड़क पर खड़ा होना पड़ता है। पश्चिम में अस्सी के दशक में नारीवाद के विरुद्ध षड्यन्त्र को सफलता मिली। नारीवाद को नकारात्मक संज्ञा में मढ़कर क़रीब-क़रीब कूड़ेदान में फेंक दिया गया। कानूनन बराबरी का हक मिलने पर भी पुरुषवाद और धर्मान्धता फन उठाये रहती है और मौक़ा पाते ही डस लेती है। पश्चिम के ज़्यादातर पुरुषों की सोच और दिमाग़ के एक बड़े से हिस्से में नारी-विरोधी मानसिकता कुंडली मारे बैठी रहती है।

स्त्री अत्याचार को लेकर किसी देश में कोई भेद नहीं है। यह सब देशों में एक-सा है। समानाधिकार और मानवाधिकार का कोई पूर्व-पश्चिम-उत्तर-दक्षिण नहीं होता। स्त्रियों पर सब देशों में प्रत्येक काल में अत्याचार होता आया है। मानवाधिकार सार्वभौमिक है। वैश्विक है। कुछ लोग पश्चिम या पूर्व के लिए अलग-अलग मानवाधिकार की बात करते हैं और सोचते हैं कि शायद इसी तरह पश्चिमी शोषण और दमन के खिलाफ बहुत बड़ी एक लड़ाई छेड़ी गयी, वे लोग पश्चिम का नहीं पूर्व का ही ज़्यादा नुक़सान करते हैं। 'पश्चिम' की विदेश नीति ने 'पूर्व' का शोषण किया है—सभी बलशाली देश कमज़ोरों का जैसे शोषण करते हैं वैसा शोषण ही किया है। 'पूर्व' के क्षमतावान देश भी पूर्व देशों के साधारण

जनों का शोषण किये जा रहे हैं। उसी एक ही तरीके से। पश्चिम की गद्दी पर बैठे नस्लवादी, नकचढ़े लोगों को और साधारण जनों को एक ही तराजू में तोलने की कोई वजह नहीं है। दुनिया के सब देशों के साधारण लोग, चाहे वे पूर्व के या पश्चिमी देशों के हों, सभी किसी न किसी तरह अत्याचार के शिकार हैं। युद्ध पूर्व के साथ पश्चिम का नहीं है। यह युद्ध सभी युगों में सब देशों के क्षमतावानों का और क्षमताहीनों का है। युद्ध विषमता का समानाधिकार से है। बर्बरता का बोध के साथ, अँधेरे के साथ आलोक का, क्षमता के साथ ज्ञान का, तर्कहीनता का तर्क के साथ, पराधीनता का स्वाधीनता के साथ, अलौकिक का लौकिक के साथ, पाशविकता के साथ मानवता का, रूढ़िवादिता का प्रगति के साथ, पुरातन का नये के साथ। यह युद्ध देश, काल, वर्ण, लिंग या वर्ग के बीच हमेशा हर देश में चला है और आज भी चल रहा है। अकसर ही यह प्रश्न उठता है कि मैंने धार्मिक संवेदनशीलता पर चोट की है। धर्म के साथ नारीवाद का विरोध हमेशा का रहा है। स्त्री अधिकारों के बारे में जिन्हें जरा भी जानकारी है उन्हें यह बात मालूम है। धर्म पूरी तरह से पुरुषतान्त्रिक या मर्दवादी है। मैं धर्म भी मानूँगा, नारी का अधिकार भी मानूँगा यह कहना बहुत कुछ ऐसा ही है कि मैं जहर भी खाऊँगा और शहद भी खाऊँगा। जब भी नारी के अधिकार प्राप्त करने के लिए नारी पर धार्मिक अत्याचार करने को ललकारा गया है तभी से यह नारा बुलन्द किया गया है कि ''धार्मिक भावना को चोट पहुँचाना सहन नहीं किया जायेगा''—यह नारा बुलन्द करके जनतन्त्र, विरोधी बोलने की आजादी के विरोधी, स्त्री स्वतन्त्रता विरोधी, लोगों ने हर देश में आवाज उठानी शुरू की। धर्म का चोला पहनकर पुरुषतन्त्र को टिकाये रखने का षड्यन्त्र बहुत पुराना है। कोई भी संस्कृति अगर स्त्री को ज़ंजीरों में बाँधकर रखती है—उस संस्कृति पर श्रद्धा रखना—चाहे वह हिन्दू संस्कृति हो या मुस्लिम, ईसाई या यहूदी—किसी स्वस्थ-सभ्य-प्रगतिशील मनुष्य के लिए सम्भव नहीं है। मैं किसी बर्बरता को संस्कृति नहीं कहती। बर्बरता के विरुद्ध हमेशा सारी संस्कृतियों ने प्रतिवाद किया है। ईश्वरचन्द्र विद्यासागर और राजा राममोहन राय को भी हिन्दू धार्मिक अनुभूतियों पर वार करना पड़ा था।

मुस्लिम धार्मिक भावनाओं को चोट पहुँची है सिर्फ़ इसीलिए कुछ कूपमंडूकों ने यह सपाट राय दे दी कि मेरे बयान पाश्चात्य के बयान हैं। पाश्चात्य नजरिये से 'पूर्व' को देखने का बयान है। सहिष्णुता के नाम पर मुस्लिम कट्टरपंथियों के इस अर्थहीन तर्क का दावा तथाकथित भारतीय शब्द 'सेक्यूलर' नामधारी लोग अकसर बोलते हैं। पाश्चात्य मुस्लिम संस्कृति अगर इसका विरोध करती

तो लाखों मुस्लिम पश्चिम में रह नहीं सकते थे, सुरक्षित और निश्चिन्त होकर अपने धर्म की चर्चा नहीं कर सकते थे, कितने ही इलाकों में अपनी मस्जिद और मदरसों का निर्माण नहीं कर सकते थे। इराक़ के युद्ध के विरोध में पश्चिमी देशों की सड़कों पर लाखों मानवतावादी जुलूस नहीं निकाल सकते थे। आज ब्रिटेन में मुस्लिम लोग अपने स्त्री-विरोधी शरिया क़ानून, जिस क़ानून के तहत पुरुष का बहु-विवाह, पुरुष का स्त्री-अत्याचार, औरतों को पत्थर मारकर उनकी हत्या करना, औरतों को जायदाद के हक़ से वंचित करना इसको क़ानूनी जामा पहनाने की—ऐसी माँगें रख रहे हैं और इसकी हाँ में हाँ मिला रहे हैं इंग्लैंड के बिशप के साथ कई सारे ब्रिटिश मन्त्री। मुस्लिम धार्मिक संस्कृति को बचाकर रखने से क्या ये लोग वास्तव में मुस्लिमों का कोई उपकार कर रहे हैं! आज जो लोग समानाधिकार की संस्कृति को अस्वीकार करके मुस्लिमों की विषमता की संस्कृति को बढ़ावा देने की तरफ़दारी कर रहे हैं, वे मुस्लिमों के मंगलाकांक्षी नहीं हैं बल्कि वे ही मुस्लिमों के सबसे बड़े शत्रु हैं। ईसाई समाज में धार्मिक बर्बरता के विरुद्ध क़ानून बने हैं, हिन्दू समाज में भी बने हैं लेकिन मुस्लिम समाज में धर्मान्धता का अँधेरा पसरा रहे, संस्कृति के नाम पर बर्बरता चलती रहे, स्त्री-पुरुषों में चरम विषमता टिकी रहे, इसी को वाहवाही देते जायेंगे। वे मुस्लिमों को प्रगति के रास्ते पर चलने नहीं देंगे, उन्हें प्रकाश तक पहुँचने नहीं देंगे—यह मानसिकता मुस्लिम समाज को कितना बड़ा नुकसान पहुँचाने का कारण है—यह मुस्लिम लोग आज न समझें एक न एक दिन ज़रूर ही समझेंगे। मुस्लिम समाज के अँधेरे से निकल कर जिन स्त्रियों ने आज ज़िन्दगी का जोख़िम उठाकर, निर्वासन की धमकियों को अनदेखा कर स्त्री अधिकारों की बात की है—कर रही हैं—उन स्त्रियों के कथन को—पश्चिमी बयान कहकर जो लोग उसे छोटा करते हैं उनकी आधुनिकता को मेरा धिक्कार है।

ईसाई धर्म या यहूदी धर्म और भी कई स्त्री-विरोधी धर्मों की मैंने निन्दा की है पर उसके बाद भी इस बात को लेकर कोई शिकायत नहीं करता। गैर-मुस्लिमों की धार्मिक अनुभूति पर चोट पहुँचाने पर कोई मेरी हत्या करने का 'फतवा' नहीं देता। जो लोग फतवा देते हैं उनकी असहिष्णुता को मान लेने में उनकी धार्मिक नाज़ुक़ भावनाओं का सम्मान करने में लोगों को कोई असुविधा नहीं होती और बिना हिचकिचाहट के मुझे 'असहिष्णु' कहने में उन्हें कोई संकोच नहीं होता। संभवतः वे लोग मुझे 'मुस्लिम' के रूप में देखते हैं। एक मुस्लिम होकर दूसरे मुस्लिमों पर 'वार' करने को 'हेठी' के रूप में देखते हैं। कविता सिंह नारीवाद की बात लिखें या जर्मेन ग्रियर लिखें तो ठीक है, तसमीला लिखे तो ठीक नहीं।

कारण 'तसलीमा मुस्लिम है।' मुस्लिम स्त्रियों को जरा नाप-तोल कर चलना पड़ता है, दूसरे धर्म-सम्प्रदायों की स्त्रियों के बनिस्बत अपने मुँह जरा ज़्यादा बन्द रखें तो ठीक है।

लेकिन सच बात तो यह है कि अगर 'स्त्री अधिकार' पर आपका विश्वास है तो धर्म परिचय के पहले ही स्वयं को मुक्त करना पड़ता है। किशोरावस्था के आरम्भ से ही मैं इससे मुक्त हो गयी थी। जब बच्ची थी तब जैसे बच्चों पर गलत तरीके से उनका धर्म-परिचय चिपका दिया जाता है वैसे ही मुझ पर भी मेरा धर्म-परिचय चिपका दिया गया था। लेकिन एक शिशु को उसके माँ-बाप के धार्मिक विश्वास से दाग देना निश्चय ही शिशु-पीड़न है। एक शिशु को तो हम उसके माता-पिता के राजनैतिक विश्वास की पहचान नहीं देते। हम किसी साम्यवादी की सन्तान को साम्यवादी नहीं कहते। लेकिन दो साल के एक बच्चे को बड़े मज़े से हिन्दू या मुस्लिम या ईसाई कहकर परिचय देने में हम एक बार भी नहीं सोचते। शिशु बड़े होने पर माँ-बाप का धर्म या और कोई धर्म या कोई भी धर्म नहीं, अपनी पसन्द से ग्रहण कर सकता है। ऐसा ही होना चाहिए। अपने-जीवन में मैंने ऐसा ही किया है। मैंने अपने विश्वास के लिए मानवतावाद या मानवतन्त्र को चुन लिया है। मुझे मुस्लिम रिफॉरमर समझने की गलती नहीं करनी चाहिए। मैं सुधारवादी नहीं हूँ। किसी धार्मिक गोष्ठी की भी नहीं हूँ, मेरी पहचान, मेरी गोष्ठी, धर्ममुक्त मानवतावादी की है।

मेल और बेमेल

बहुत लोग देश-विदेश हर जगह सलमान रुश्दी के साथ-साथ मेरा नाम लेते हैं। लेकिन अगर एक व्यक्ति और दूसरे व्यक्ति के बीच बहुत बड़ा अन्तर होता है तब स्वाभाविक रूप से दूसरा व्यक्ति बहुत अटपटा महसूस करता है। मुझे जब साफ़ तरीके से 'महिला सलमान रुश्दी' का खिताब दिया जाता है—तो मैं सीधा सवाल करती हूँ—'सलमान रुश्दी को सीधे-सीधे 'पुरुष तसलीमा नसरीन' क्यों नहीं कह रहे हो—सुनूँ जरा?' मुझे अच्छी तरह मालूम है कि एक 'फतवे' को छोड़ कर हमारा सभी कुछ 'बेमेल' है। सलमान रुश्दी पुरुष और मैं स्त्री हूँ। यह बहुत बड़ी भिन्नता है। पुरुष होने की वजह से वे बहुत सी सुविधाएँ पा जाते हैं और औरत होने के नाते, मैं असुविधाएँ भुगतती हूँ। बेमेल चीजों को एक-एक करके बता रही हूँ—फतवा जारी होने के बाद सलमान रुश्दी ने कट्टरपंथियों से माफ़ी माँग ली थी, 'तौबा करके' खालिस मुसलमान होने का प्रण किया था। मैंने

माफ़ी नहीं माँगी। मैं मुसलमान बने रहना भी नहीं चाहती थी। बचपन से ही मैं नास्तिक थी। चाहे कितने आँधी-तूफान आये हों सर ऊँचा कर आज भी वैसी ही नास्तिक हूँ। जिस देश में रुश्दी के खिलाफ फतवा जारी हुआ था उस ईरान नाम के देश में सलमान रुश्दी कभी नहीं रहे। जिस देश में मुझे फाँसी पर चढ़ाने की माँग को लेकर आतंकवादियों के जुलूस निकले थे, जिस देश में मेरी हत्या करने के लिए असहिष्णु मुस्लिम लोग पगला गये थे, जिस देश में मेरे खिलाफ 'हुलिया' ज़ाहिर किया गया था, जिसके फलस्वरूप मुझे महीनों रात के अँधेरे में छुपकर जीना पड़ा, जिस देश में अगर मैं हाथ लग जाती तो मुझे कट्टरपन्थी, संत्रासवादी फाड़ खाते—उसी देश में मैं उस वक्त के उस तांडव के समय सशरीर उपस्थित थी। कट्टरपंथियों और सरकार के सब अत्याचार मुझे अकेले सहने पड़े हैं। फतवे की वजह से सलमान रुश्दी को किसी ने उन्हें उनके देश से निकाल नहीं दिया था। उन्हें निर्वासन का दण्ड नहीं मिला था। इंग्लैंड रुश्दी का देश है तब भी वे वहीं थे और आज भी वहीं रह रहे हैं। रुश्दी पर कुल मिलाकर सिर्फ़ एक ही 'फतवा' जारी हुआ है। मेरे खिलाफ़ बांग्लादेश से तीन 'फतवे' और भारत से पाँच जारी हुए हैं। सभी 'फतवों' में सिर की कीमत लगायी गयी है। रुश्दी को किसी देश से 'देशनिकाला' नहीं मिला लेकिन मुझे दो-दो देशों से। मेरे लेखन की वजह से यह हुआ है। रुश्दी की एक किताब निषिद्ध हुई है, मेरी पाँच किताबें निषिद्ध हुई हैं—लज्जा, मेरा बचपन, उतल हवा, द्विखण्डित और वे सब अँधेरे। धर्म की निन्दा करने पर भी रुश्दी किसी धर्ममुक्त मानवतावादी दल या मानवाधिकार संस्था के साथ जुड़े हुए नहीं हैं, मैं सक्रिय रूप से जुड़ी हुई हूँ। व्यक्तिगत जीवन में रुश्दी बहुत नकचढ़े व्यक्ति हैं, मैं इसके पूरी तरह विपरीत हूँ। रुश्दी एक के बाद एक अपनी उम्र से बहुत छोटी कन्याओं से उलझे रहे हैं, उन्हें भोग रहे हैं फिर छोड़ रहे हैं। उनकी 'बुढ़ापे की पगलाई लालसा' को कोई अस्वाभाविकता के रूप में नहीं देखता बल्कि एक समर्थ, कद्दावर सुन्दर प्रेमी के रूप में उन्हें सम्मान मिलता है और ज़्यादातर पुरुषों की नज़रों में वे ईर्ष्या के पात्र बन जाते हैं। और दूसरी तरफ 'पुरुषविहीन' जीवन बिताने पर भी मुझे लेकर तरह-तरह के यौनतापूर्ण किस्से-कहानियाँ लिखी जाती हैं, मुझे वेश्या या 'बिगड़ी औरत' कहने वाले लोगों की कमी नहीं है। यौन जीवन का उपभोग सिर्फ़ पुरुष करेंगे। स्त्रियाँ अगर उपभोग करना चाहें या उपभोग करने के अधिकार की बात करें या लिखें तो वे 'वेश्या' कहलाती हैं। लिखना शुरू करने के आरम्भ से ही लोगों की निन्दा और छिः-छिः सुनती आ रही हूँ। स्त्रियों की यौन-स्वतन्त्रता के पक्ष में सवाल उठाकर मैं समाज की दुर्गति को बुलावा दे रही हूँ। रुश्दी के साथ

मेरी एक और बढ़िया मेल या बेमेल वाली बात है। रुश्दी को जो लोग अच्छा लेखक कहते हैं उनमें से ज़्यादातर लोगों ने रुश्दी का लिखा पढ़ा ही नहीं। मुझे जो लोग खराब लेखिका कहते हैं, उनमें से ज़्यादातर लोगों ने मेरा लिखा पढ़ा नहीं।

सन् 1993 से रुश्दी के साथ मेरा नाम जोड़ा जा रहा है। ईरानी फतवा जारी होने के बाद रुश्दी एक आलोचित और मशहूर नाम था। इधर मेरे सिर की कीमत घोषित होने के बाद बांग्लादेश और भारत की सीमा के बाहर लोगों को मेरे नाम का पता लगा था। मैं जब बांग्लादेश में 'अन्तरीन' हालत में थी तब यूरोप के लेखकों द्वारा मेरे नाम खुली चिट्ठी लिखने वालों के आन्दोलन में रुश्दी का भी नाम था। इसके बाद जब मुझे 'देशनिकाला' दिया गया, निर्वासित जीवन में ही सुना था कि जर्मनी की एक पत्रिका में अपने बारे में मेरे विचार पढ़कर वे गुस्से से आगबबूला हो गये थे। उस पत्रिका में मैंने हताशा प्रकट करते हुए लिखा था कि 'फतवे' से डर के माफी माँगना निश्चित ही एक कायरता भरा आचरण है।

रुश्दी आजकल न्यूयॉर्क शहर में रहते हैं। न्यूयॉर्क में मैं भी रह रही हूँ। लेकिन हमारी मुलाकात होने की कोई सम्भावना नहीं है। अमेरिका के लेखक-कवियों का जो बड़ा संगठन है—फैन क्लब—वे उसके प्रेसिडेंट के पद पर बहाल थे। दो साल से फैन क्लब की तरफ़ से 'विचार प्रकट करने की स्वतन्त्रता' के पक्ष में विशाल अनुष्ठान किया जा रहा है। एशिया और अफ्रीका के विभिन्न लेखकों को बुलाया गया और क़रीब-क़रीब सभी लोग अपरिचित हैं। सलमान रुश्दी जानते हैं कि मैं हाल ही में भारत से निकाली गयी हूँ और यहाँ हूँ। मेरी अभिव्यक्ति की स्वतन्त्रता पर जो कुठाराघात हुआ है वह नफरत करने लायक और अविश्वसनीय है। मेरी क़रीब-क़रीब सभी किताबें बांग्लादेश में सरकार की ओर से या फिर सामाजिक रूप से 'निषिद्ध' हैं। सिर्फ बांग्लादेश से ही नहीं, लिखने की वजह से ही मुझे पश्चिम बंगाल से भी निकाला गया है। सिर्फ़ यही नहीं साढ़े सात महीने के लम्बे अर्से के लिए मुझे कलकत्ता और दिल्ली में 'गृहबन्दी' या 'घर में कैदी' की तरह रखा गया है। मुझे खदेड़ने की प्रक्रिया का यह भी एक हिस्सा है। आखिरकार मुझे भारत से निकाल दिया गया। मेरे चमचमाते इतिहास को छल, बल, कौशल से अस्वीकार करके सलमान रुश्दी 'वाक्-स्वाधीनता' का उत्सव मना रहे हैं। वे जो चाहे कर सकते हैं। उनके ही सिक्योरिटी गार्डों में से एक ने उनके विरुद्ध किताब लिखी है। वह किताब छप न पाये इसके लिए उन्होंने प्रकाशक से साठ-गाँठ कर रखी है। हाँ, अब वे ही वाक्-स्वाधीनता यानी बोलने की आजादी का उत्सव मना रहे हैं। वे पुरुष हैं। साठ पार कर लेने पर भी कच्ची उम्र की लड़कियों का लालच करने पर भी लोग उन्हें बुरा-भला नहीं कहते, हालाँकि लड़कियों ने शिकायत की

है कि रुश्दी उन्हें 'यौन वस्तु' के अलावा और कुछ नहीं समझते। इतने सब पर भी लोग उन पर अपना नफरत नहीं दागते। ये प्रचण्ड पुरुषवादी लेखक, ढेरों नाम, यश, ख्याति पाने वाले व्यक्ति। उनके साथ मेरे 'फतवे' के मेल के अलावा और कोई मेल नहीं है, सोचकर मुझे सुकून मिलता है, और सच कहूँ तो उनके नाम के साथ कोई मेरा नाम जोड़े तो मुझे चिढ़ होती है।

एक और नाम के साथ पिछले दो सालों से मेरा नाम काफी लपेटा जा रहा है—वे हैं मक़बूल फ़िदा हुसैन। बहुत बड़े कलाकार हैं। उनकी कलाकृतियाँ भारत में सबसे ऊँची कीमत पर बिकती हैं। बहुत लोग उनको भारत का श्रेष्ठ कलाकार समझते हैं। सरस्वती की नग्न तस्वीर बनाकर उन्होंने हाल ही में हिन्दू धार्मिक अनुभूतियों पर प्रहार किया है। हिन्दुओं ने उनकी कलाकृति नष्ट कर दी। उनको ललकारा है, धमकी दी है। देश छोड़ने पर वे मजबूर हुए हैं। मैं मनुष्य की बोलने की आजादी पर शत-प्रतिशत विश्वास करती हूँ। मक़बूल फ़िदा हुसैन जो चाहे बना सकते हैं इसकी स्वतन्त्रता उन्हें है। सिर्फ़ इसी वजह से उन पर अत्याचार करने का किसी को अधिकार नहीं है। मक़बूल फ़िदा हुसैन जैसे महान कलाकार के साथ मुझ जैसी छोटी-मोटी का नाम जुड़ जाये तो मुझे अटपटा-सा लगा है। छोटी-मोटी ही सही लेकिन मैं अपने आदर्श को बेहद मूल्यवान समझती हूँ। उनके नाम के साथ अपना नाम लिए जाने पर मैं जरा भी पुलकित महसूस नहीं करती। मक़बूल फ़िदा हुसैन का नग्न सरस्वती का चित्र बनाने को लेकर भारत में जब विवाद शुरू हुआ तब स्वाभाविक तौर पर मैं कलाकार की स्वतन्त्रता की पक्षधर थी। क्योंकि मुसलमानों में नास्तिकों की संख्या न के बराबर है। उनके धर्ममुक्त या नास्तिक होने पर मुझे बहुत तसल्ली मिलती है। इसके बाद मैंने मक़बूल फ़िदा हुसैन के चित्रों की गहरी खोजबीन यह देखने के लिए किया कि हिन्दू धर्म के अलावा दूसरे किसी धर्म को लेकर, खासकर अपने धर्म इस्लाम को लेकर उन्होंने कोई व्यंग्य किया है या नहीं। देखा, उन्होंने ऐसा कुछ भी नहीं किया। बल्कि अरबी में 'अल्लाहू' शब्द को उन्होंने बड़ी श्रद्धा से अपने कैनवास में उकेरा। मैं स्पष्ट रूप से देख पाती हूँ इस्लाम में उनका अथाह विश्वास और श्रद्धा है। इस्लाम के अलावा दूसरे किसी धर्म पर उनका विश्वास नहीं है। हिन्दू धर्म के प्रति अविश्वास के कारण ही लक्ष्मी और सरस्वती का नग्न चित्र बनाया है। क्या वे मोहम्मद का नग्न चित्र बनायेंगे? मैं निश्चित कह सकती हूँ, वे कभी नहीं बनायेंगे। वैसे मुझे कोई समस्या नहीं है सब धर्मों के देवी-देवता या पैगम्बरों की नग्न तस्वीर बनाने में। दुनिया के हर धर्म के प्रति मेरा समान विश्वास है। किसी धर्म को दूसरे धर्म से ऊपर जगह दूँगी, एक से नफरत करूँगी, दूसरे धर्म

से प्यार करूँगी या उस पर विश्वास करूँगी, यह समस्या मुझे नहीं है। सभी धर्म कहते हैं हमारा धर्म ही श्रेष्ठ है, सत्य है, सही है, गलतियों से रहित है, हमारा ईश्वर ही सचमुच का ईश्वर है, बाकी धर्म गलत हैं। बाकी के ईश्वर गलत हैं। इसी सीख पर पले-बढ़े धर्मान्ध संत्रासवादी बहुत आसानी से ही विधर्मियों पर आक्रमण करते हैं। एक समय था जब ईसाई संत्रासवादियों ने यूरोप में भयंकर संत्रास चलाया था। आज भी गर्भपात के विरोध में रह-रह कर वे हिंसा प्रदर्शन कर रहे हैं। हिन्दू संत्रासवादियों ने हाल ही में आक्रमण किया था, अयोध्या और गुजरात में। मुस्लिम संत्रासवादियों के आक्रमण से भारत ही क्यों सारा विश्व ही बार-बार काँप उठा है।

मक़बूल फ़िदा हुसैन उन सब धार्मिकों की तरह हैं जो अपने धर्म में विश्वास रखते हैं और दूसरों के धार्मिक विश्वास की निन्दा करते हैं। मक़बूल फ़िदा हुसैन के साथ अपना नाम लिए जाने में मुझे उत्साहित होने का कोई कारण नहीं दिखायी देता, हालाँकि वे एक बहुत विशाल वृक्ष हैं और मैं एक तुच्छ तिनका। कारण मैं नास्तिक हूँ और वे न केवल आस्तिक हैं वरन् सिर्फ़ अपने ईश्वर के नाम पर आस्तिक हैं। इस दुनिया में सैकड़ों दूसरे ईश्वर भी हैं, उन पर विश्वास की बात जब उठती है तो वे जाहिर है, आस्तिक नहीं हैं।

मक़बूल फ़िदा हुसैन के साथ मेरा मेल सिर्फ़ एक बात में ही है। क़रीब-क़रीब एक ही समय में मुट्ठी भर धर्मान्धों द्वारा आक्रान्त होकर हम दोनों को देश छोड़ना पड़ा। इसके अलावा और जो कुछ भी है सब बेमेल है। पहली बेमेल बात है—उनका देश छोड़ना अपनी इच्छा से हुआ, और मेरा निर्वासन स्वेच्छा से नहीं हुआ। मुझे कलकत्ता के अपने घर से ही नहीं बल्कि भारत से भी निकाल दिया गया। धर्मान्धों ने नहीं, स्वयं सरकार ने देशनिकाला दिया है। मक़बूल फ़िदा हुसैन का रिहायिशी घर है विदेश में, मेरा नहीं है। मक़बूल फ़िदा हुसैन की वापसी के लिए सरकार कोशिश कर रही है। मुझे न तो बांग्लादेश सरकार और न ही भारत सरकार लौटने की इजाजत दे रही है। भारत से निकाली जाने के बाद मैं जितनी बार भारत में रहने के लिए आयी हूँ, पत्र पढ़ते ही मुझे विदा कर दिया गया है। मक़बूल फ़िदा हुसैन ने एक धर्म के बारे में व्यंग्य किया है, मैंने स्त्री अधिकारों की बात करते हुए सब धर्मों में स्त्री अधिकार विरोधी श्लोकों की समालोचना की है और मूलरूप से जो कहा है वह यह कि समानाधिकार की नींव पर कानून बने। स्त्री-विरोधी कानून और संस्कृति खत्म हो। धर्म की समालोचना करते समय मैं सब धर्मों की समालोचना करती हूँ—अपने सगे-सम्बन्धियों के धर्म-इस्लाम को बचाकर—समालोचना नहीं करती।

सलमान रुश्दी और मक़बूल फ़िदा हुसैन की तरह नाम, यश, ख्याति, दबदबा मेरे पास नहीं है, फिर मैं नहीं चाहती कि उनके नाम के साथ मेरा नाम लिया जाये। धर्मान्ध और क्षमतावान सरकार द्वारा लम्बे अर्से से मैं जिस तरह सताई जा रही हूँ—इनमें से किसी ने भी उसका थोड़ा-सा हिस्सा भी नहीं भुगता। जिस तरह बेघर हालत में अनिश्चयता के अँधेरे में दिन-ब-दिन मुझे विदेश और अनजान जगहों में समय काटना पड़ रहा है, बीमारी और तंगी में जिन्दा रहने की लड़ाई मुझे अकेले ही लड़नी पड़ रही है, एक साथ ही अपने आदर्श और विश्वास के लिए संग्राम करना पड़ रहा है, यह कोई आसान बात नहीं है। सलमान रुश्दी और मक़बूल फ़िदा हुसैन को इस असहनीय हालात के आस-पास भी नहीं फटकना पड़ा। उनकी कला के प्रति अपनी अपार श्रद्धा रखते हुए ही मैं कहती हूँ कि इन दो पुरुषों के साथ मुझे एक ही वर्ग में रखना अनुचित है। धर्ममुक्त, ऊँच-नीच रहित, साम्य और समानाधिकार की नींव पर खड़े समाज के लिए मेरा निरन्तर संग्राम लोग चाहे जिस नजरिये से देखें—मेरे आसपास फटकने की भी योग्यता उनमें नहीं है, चाहे वे कितने ही बड़े कलाकार क्यों न हों।

बंगाली होने पर गर्व करने की कोई बात नहीं है

दुनिया की इतनी जगहों में बंगालियों की उपस्थिति देखकर लगा था दुनिया में हर कहीं बंगाली हैं। आइसलैंड में बंगाली हैं या नहीं–मैंने अपने आइसलैंड के प्रकाशक से पूछा था। उन्होंने कहा था–नहीं हैं। यह बहुत समय पहले की बात है। इसी बीच शायद वहाँ भी बंगालियों ने बसना शुरू कर दिया है। यूरोप और अमेरिका में ढेरों बंगाली हैं। जैसे-तैसे अवरोधों को तोड़कर वहाँ पहुँचे हैं। ज़्यादातर बांग्लादेशी लोग लॉटरी जीत कर नहीं तो तरह-तरह के तिकड़मों से विदेश में पहुँचते हैं और फिर अवैध रूप से साल-दर-साल वहाँ रहते-रहते एक दिन कानूनी वीज़ा जुटा लेते हैं। भारत के बंगालियों को कानूनी आश्रय नहीं मुहैया होता क्योंकि देशनिकाले की तरह उनको किसी समस्या का सामना नहीं करना पड़ता। वे खासकर उच्चशिक्षा के लिए विदेश जाते हैं या फिर कोई काम लेकर। विदेश में पूरी तरह रहने लगते हैं। वहीं कोई काम या नौकरी करने लगते हैं। फिर अपने देश में नहीं लौटते। भारत के बंगाली खुद को भारतीय कहते हैं और बांग्लादेश के बंगाली खुद को बंगाली कहते हैं। दोनों देशों के बंगालियों में मेलमिलाप का चलन नहीं है। वैसे ही जैसे श्रेणी या वर्ग में बँटे हुए समाज में होता है। बांग्लादेश के ज़्यादातर बंगाली तुलना की दृष्टि से गरीब और श्रमिक श्रेणी के होते हैं। पश्चिम बंगाल के बंगाली ज़्यादातर डॉक्टर, इंजीनियर, शिक्षक, अच्छी नौकरी करने वाले या व्यवसायी होते हैं। पश्चिम बंगाल के बंगालियों की जेबों में रुपया-पैसा कहीं ज़्यादा होता है। परन्तु दोनों बंगाली एक ही तरह के अन्धविश्वास से भरे होते हैं। धूमधड़ाके से पूजा, पर्व, रोजा, ईद मनाने में कोई किसी से कम नहीं। अविज्ञान, अन्धविश्वास, अज्ञानता से कौन ज़्यादा है अगर इसका हिसाब लगाया जाये तो दोनों को ही सौ बटा सौ नम्बर मिलेंगे।

बंगाली कवि, साहित्यिक लोग हमेशा ही बंगाली पर्वों, उत्सवों में आमंत्रित होकर विदेश जाते हैं। मैं भी बहुत विदेश जाती हूँ–लेकिन विदेशी साहित्यिक, सांस्कृतिक मानवाधिकार गोष्ठी या सरकार और विश्वविद्यालय द्वारा आमंत्रित होने

पर। ज़िन्दगी में सिर्फ़ एक ही बार बंगालियों द्वारा आमन्त्रित हुई, पहले तो राजी नहीं हुई, बाद में सम्मेलन के संयोजकों के हाथ जोड़ने पर आधी-अधूरी रजामन्दी से गयी थी। बंग-सम्मेलन में। न्यूयॉर्क के मैडिसन स्क्वायर में सम्मेलन हुआ। पन्द्रह हजार बंगाली हिन्दू-बूढ़े-बुढ़ियाँ, अधेड़ उम्र के स्त्री-पुरुष बच्चे-जच्चे। देश का संगीत-नृत्य देखने-सुनने आये थे और मैंने वहाँ पर पढ़ा क्या? अमेरिका की विदेश नीति की समालोचना करते हुए एक कविता। एक गुट ज़ोर से चिल्ला उठा कि वे अमेरिका की विदेशनीति की समालोचना नहीं सुनना चाहते, अमेरिका से ही उनका गुजारा होता है। अमेरिका, ईराक़ और अफ़ग़ानिस्तान में जो कुछ भी कर रहा है—ठीक कर रहा है। मुसलमानों को मार कर खत्म कर देना ही उचित है। बस। मुझे मंच पर से उतर आना पड़ा, कविता बिना खत्म किये ही। बंगाली सभ्य और शिक्षित देश में वास कर रहे हैं, लेकिन उनकी मानसिकता की कोई उन्नति हो रही है क्या? या फिर वही छोटी-सी एक हुगली या छोटा कलकत्ता या दुर्गापुर बना कर वे लोग मजे में हैं। भूतों की तरह पैसा कमा रहे हैं। अपनी पसन्द के राजनैतिक दल को पैसे भेजो। देख-चुन कर एक अपार्टमेण्ट खरीदकर उसके दरवाज़े पर ताला लगाकर चले आओ, साल में एक बार अपने देश का चक्कर लगाकर आओ और इधर अगर किसी ने बड़ी गाड़ी खरीदी है तो उससे भी बड़ी गाड़ी खरीदकर उसे दिखा दो। चिन्ता मुक्त या खुले विचारों की चर्चा करो नैव-नैव च—कभी नहीं कभी नहीं। आजकल देखती हूँ बंगाली लेखक-कलाकार लोग—विदेश में बसे बंगाली लोग चन्दा करके जो घरेलू कार्यक्रम करते हैं—वहाँ गाना गाकर या कविता पाठ करके उस चन्दे में से अपने पारिश्रमिक का हिस्सा उगाह कर अपने नाम के आगे बड़े मज़े से इण्टरनेशनल खिताब जोड़ लेते हैं—नहीं तो अपने नाम के आखिर में फॉरिन रिटर्न्ड खिताब जोड़ लेते हैं।

यूरोप और अमेरिका में पश्चिम बंगाल के बंगाली, साहबों या गोरे लोगों से मेलमिलाप करने के लिए हमेशा तत्पर रहते हैं। उधर बांग्लादेश के बंगालियों के जीवन में साहबों का आना जाना नहीं के बराबर है। अगर कुछेक गोरों के साथ उठना-बैठना है तो वे मजदूर श्रेणी के गोरे होते हैं। वे वहाँ टैक्सी चला रहे हैं, पान-बीड़ी की दुकान शुरू की है, मच्छी-भात की दुकान या फिर अपने देश से लाये हुए मुरमुरे, मसाले, तेल, सूखी मछली, परवल, कद्दू और बर्फ़ में रखी मछली की दुकान खोल लेते हैं, नहीं तो सड़क पर फूल-फल बेच रहे हैं। इन सब के बाहर जीवन नहीं है उनका, ऐसा भी नहीं है। बहुत से बांग्लादेश के बंगाली मेहनत करके विश्वविद्यालय के अध्यापक भी बने हैं। बहुत धनी भी बने हैं। बांग्लादेश के धनी बंगाली अपने बच्चे को आजकल विदेश में पढ़ने के लिए

भेजते हैं। मजदूर श्रेणी के बंगाली लोगों में से कोई-कोई अब अपनी पत्रिका भी निकालते हैं। अकेले न्यूयॉर्क में ही तो दस-बारह बांग्ला भाषा के दैनिक अखबार हैं। उनके मालिक और सम्पादक बांग्लादेश के ही हैं। ज़्यादातर ही अर्धशिक्षित हैं। सभी पत्रिकाओं में बड़ी से बड़ी और छोटी से छोटी खबर आपको मिल जायेगी। एक तरह से यह बांग्लादेश के अखबारों का पुनर्मुद्रण है। इन बांग्ला पत्रिका व्यवसाय में कलकत्ता के बंगाली नहीं हैं। वे बंगालियों से भी ज़्यादा 'इंडियन' हैं। खुद को बंगाली कहलाने में ज़्यादातर लोग ही अटपटा महसूस करते हैं। गौतम दासगुप्त जादवपुर विश्वविद्यालय से पास करके विदेश गये हैं। कविता लिखने की काफ़ी कोशिश करते हैं। उन्होंने अपना नाम बदलकर 'गैरी डट' रख लिया है। कहते हैं यह नाम विदेशियों के लिए बोलना आसान है। गोरे अमेरीकनों को बोलने में आसानी होगी। इसके लिए अपने असल नाम का ही विसर्जन कर देते हैं। मैंने अपनी बहन की बेटी का नाम रखा था 'स्रोतस्विनी भालोबाशा' यानी 'बहता प्यार'। उसे अपने नाम से नफ़रत है। वजह, विदेशियों को उसके नाम को उच्चारित करने में मुश्किल होती है। अब उसने अपना नाम रख लिया है—आशा—उन लोगों की सुविधा के लिए। उन लोगों में से क्या किसी ने भी बंगाली उच्चारण की सुविधा के लिए अपना नाम बदल लिया है? नहीं, मैंने ऐसी अद्‌भुत घटना के बारे में नहीं सुना।

बांग्लादेश के जिन हिन्दुओं ने विदेश में राजनैतिक आश्रय लिया है और शान की ज़िन्दगी बिता रहे हैं, उनमें से कइयों ने पश्चिम बंगाल में एकाध मकान बनवा रखा है। देश में घूमने जाते हैं तो बांग्लादेश और भारत दोनों में घूमना हो जाता है। चलो घूमने आये तो ठीक ही है लेकिन पराये देश में बंगाली न होने पर भी कम से कम हिन्दू होने के नाते पश्चिम बंगाल के 'बड़े भैया' लोग मेहमाननवाज़ी करें इसके लिए वे निरन्तर कोशिश करते रहते हैं, लेकिन खातिर तवज्जों उनको बांग्लादेश के गरीब मुसलमानों से ही मिलती है, श्रमिक श्रेणी के हिन्दू-मुस्लिम अपने देश में खालिस भाई-भाई न होने पर भी, विदेश में भाई-भाई होते हैं।

ज़्यादातर बंगाली विदेश के जिस हिस्से में रहते हैं, उसे कुआँ कहा जा सकता है—बिल्कुल 'कूपमंडूक' यानी वे कुएँ के मेंढक कहे जा सकते हैं। इस तुलना में बांग्लादेश और पश्चिम बंगाल पोखर हैं। कुछेक लोग थोड़ी-बहुत 'खुली सोच' पर बात करने की कोशिश जरूर करते हैं। लेकिन उनका कोई समुद्र नहीं है। इसका कोई आभास मुझे नहीं है। ढूँढ़ो तो, गिनती के एक-दो जने ही मिलेंगे जो समुद्र में तैरने की जुर्रत करते हैं।

तीस-चालीस दशक के उपन्यास—निबन्ध, पढ़ने से लगता था—कि भारतीय

उपमहादेश में बंगाली ही सबसे आला बुद्धिजीवी हैं। शायद ऐसा ही था तब। बांग्लादेश में मुक्तियुद्ध आन्दोलन, भाषा आन्दोलन, पश्चिम बंगाल में साम्यवादी चेतना, वामपन्थी बुद्धिजीवियों का आधुनिक मनन-चिन्तन, मनुष्य के लिए कविता, संगीत, साहित्य, रवीन्द्रनाथ का अथाह भण्डार—इन सब चीजों ने बंगाल को जाने कितना समृद्ध किया था। आज अन्नदाशंकर राय, शिव नारायण राय और अमान दत्त की मृत्यु के बाद मनीषियों का अकाल देखती हूँ पश्चिम बंगाल में। जो हैं, उनमें से काफी लोग राजनैतिक दलों के लिए काम करते हैं, लेखकों की किताबों को निषिद्ध करने की सलाह देते हैं। उनमें से ज़्यादातर होते हैं सी.पी.एम. के बुद्धिजीवी, नहीं तो तृणमूली बुद्धिजीवी। उधर बांग्लादेश के करीब-करीब सभी बुद्धिजीवी अवामी लीग के नहीं तो बी.एन.पी.के, नहीं तो जमायत-ए-इस्लामी के बुद्धिजीवी हैं। इनमें से कोई भी अब निरपेक्ष मत प्रकट नहीं कर पाते। जिस कथन से पसंदीदा राजनैतिक दल को लाभ होगा वे वही कहते हैं। दलगत स्वार्थ के कारण बोलने की आजादी के विरुद्ध भी काफी बातें करते हैं। मेरी पाँच किताबें बांग्लादेश सरकार ने 'निषिद्ध' घोषित की हैं। एक भी बुद्धिजीवी ने मेरी किताब को निषिद्ध करने के विरुद्ध एक शब्द भी नहीं कहा क्योंकि सभी राजनैतिक दल ही मुझे दुश्मन के रूप में देखते हैं चाहे जो भी कारण रहा हो, उनकी धारणा है मेरा देश में लौटने का अधिकार, मेरा लिखने का अधिकार, मेरे बोलने का अधिकार, के पक्ष में बोलने पर, उनका दल लोकप्रियता खो देगा।

इससे भी भयंकर घटना घटी है पश्चिमी बंगाल में। पच्चीस बुद्धिजीवियों ने तत्कालीन मुख्यमन्त्री के पास जाकर कहा कि मेरी लिखी 'द्विखण्डित' पुस्तक को निषिद्ध करना है। बुद्धदेव भट्टाचार्य बुद्धिजीवियों की प्रस्तावना को ठुकरा न पाये और उन्होंने किताब निषिद्ध कर दिया। दुनिया में कहीं ऐसी नफरत योग्य घटना नहीं घटी। सभी देशों के लेखक लेखकीय मत को प्रकाशित करने के अधिकार के लिए लड़ते हैं। लेखक ही किसी की लिखी किताब को बैन करने के लिए अदालत नहीं जाते, राजा-मन्त्रियों के पास भी हाजिर नहीं होते। लेकिन पूर्व और पश्चिम बंगाल में यह घटना घटी है। एक सामाजिक चेतना पूर्ण, स्त्रीवादी, मानवतावादी लेखिका को कोई बरदाश्त ही नहीं कर पा रहा है। लेकिन उसकी लिखी किताबों को पिछले पच्चीस सालों से लोग पढ़े ही जा रहे हैं। लोकप्रियता खत्म करने के लिए दोनों बंगाल के साहित्य जगत ने उसे 'निषिद्ध' किया है। उसका लिखा छापना ही बन्द कर दिया है। उसे भुला देने का षड्यन्त्र चल रहा है चारों तरफ़।

पश्चिम बंगाल बांग्लादेश से इस असहिष्णुता में और भी आगे है। कम-से-कम

अपने बारे में तो यही देख रही हूँ। बांग्लादेश में चार लाख लोगों का जमावड़ा हुआ था मेरे खिलाफ़। मुझे फाँसी की सजा देने के लिए प्रायः हर दिन ही दस से पचास हजार लोगों का जुलूस निकलता था। हड़तालें कराई जाती थीं। यातायात, दफ़्तर-अदालतें बन्द करायी जाती थीं, सिर्फ़ मुझे मार डालने की माँग को लेकर। इसी हालत में बांग्लादेश की सरकार ने मुझे देशनिकाला दिया है। दूसरे लोगों ने मेरे विरुद्ध अन्याय किया है, उस वजह से मुझे सजा दी गयी है। पश्चिम बंगाल ने मुझे देशनिकाला दिया क्योंकि मेरे विरुद्ध लाखों लोगों ने जुलूस निकाला या फिर इसलिए कि हैदराबाद में कुछ मौलवियों ने मुझ पर आक्रमण किया था। या फिर पार्क सर्कस की गली से निकल कर कई सौ लोगों ने मेरे साथ बदसलूकी की थी इसलिए? राजनीति के लोग हर घड़ी अन्याय करते रहते हैं, क़रीब हर देश में ही, लेकिन स्वस्थ मानसिकता वाले मुक्तचिन्तक बुद्धिजीवी लोग ऐसे अन्याय का प्रतिवाद करते रहे हैं। पर बंगाल में उलटा ही होता है। पुराने जमाने के राज-कवियों की तरह आजकल के साहित्यकार राजा की गलतियों पर भी सिर हिला कर हामी भरते हैं। बंगालियों का विवेक लुप्त हो गया है। सिर्फ़ कुछ पैसों के लिए, दो पुरस्कार के लालच में अपना मान-सम्मान, मर्यादा, समझ-बुद्धि को बेच देने में दुविधा नहीं होती इन्हें। राजनीतिज्ञों का चरित्र नष्ट हो तो समाज नष्ट नहीं होता। समाज नष्ट होता है तब जब कलाकार, साहित्यकार और बुद्धिजीवियों का चरित्र नष्ट होता है।

बंगालियों का चरित्र समझने के लिए मेरे अपने जीवन में जो घटा है वह जानना ही काफी है। मेरी तरह दो बंगाली जो विदेशी ख्याति, यश को अनदेखा कर देश में लौटने के लिए व्याकुल हैं, जिसने पश्चिम बंगाल में रहना शुरू किया था, आज वे दोनों बंगाल में रहने की मनाही झेलते-झेलते अंग्रेजी में 'ब्लॉग' लिख रही हैं—'फ्री थॉट' ब्लॉग। 'फ्री थॉट' यानी 'मुक्तचिन्ता' का अभाव बंगाल में है लेकिन इसका मतलब नहीं कि दुनिया में हर कहीं इसका अभाव है। विदेश के लोगों ने बहुत प्रशंसा की है, देश के लोगों ने मुँह फेर रखा है। बंगालियों का केंकड़े के समान चरित्र आज भी भयावह रूप में बना हुआ है। उस दिन भाषा दिवस पर एक कविता लिखी। सुनिये—

आज भाषा दिवस है
घर में मैं हूँ और है मेरी बिल्ली
और कोई नहीं। कहीं जाना नहीं है सारा दिन
न मुझे न मेरी बिल्ली को
आज तुम गाना गाओ, आज नाचो

भाषा का उत्सव मनाओ,
स्वर वर्णों से सजाओ शहर को
व्यंजन वर्ण से शरीर को
कविता पढ़ते-पढ़ते आँसू बहाओ
गाना गाते-गाते शहीद मीनार की तरफ़
पैदल चलो, जितने भी फूल हैं देश में
मीनार के चरणों पर चढ़ाओ,
भाषा को धन्य करो
आज का दिन तुम्हारा है
तुम सब एक-एक सैनिक
भाषा की कसम खाकर
बड़ी तैयारियाँ करो, आनेवाले दिन की।
करना होता है, इस दिन का यही नियम है।
यह दिन मेरा नहीं है
था कभी किसी दिन यह मेरा दिन।
मेरी भाषा से मुझे खदेड़ दिया गया है
आज डेढ़ युग हो गया
भाषा की सीमाओं से दूर मुझे धकेल कर बाहर कर दिया गया है
आज डेढ़ युग हो गये
किसी दूसरी भाषा को बिना बोले
किसी दूसरी भाषा को अस्वीकार कर
तुम लोगों के बन्द दरवाज़ों के सामने
मैंने इन्तज़ार किया है साल दर साल
लेकिन तुम कोई भी दरवाज़े नहीं खोल रहे हो
मैं जो खड़ी हूँ देख रहे हो,
लेकिन कहीं पर भी बता नहीं रहे
कि मुझे देख रहे हो
जैसे कि यह देश तुम्हारा अकेले का है
जैसे कि यह भाषा तुम्हारी अकेले की है
जिस भाषा में हम बात करते हैं
जिस भाषा में हम लिखते हैं
वह मेरी नहीं है, तुम्हारी है

तुम लोगों के अकेले की
जिस भाषा में मैंने जिया है
अपना बचपन, कैशोर्य,
जिस भाषा में जिया है यौवन
जिस भाषा में मैं स्वप्न देखती हूँ
वह मेरा नहीं है, था भी नहीं कभी
सब तुम्हारा है
भाषा को जितना प्यार मैंने किया है
उससे ज़्यादा प्यार करते हो तुम?
या प्यार किया है कभी, किसी दिन?

आज भाषा दिवस है
मैं भाषा उत्सव मनाऊँगी आज
तुम्हारी उस भाषा में
एक भी शब्द नहीं बोलूँगी आज
एक भी शब्द कहीं नहीं लिखूँगी आज
आज उत्सव मनाऊँगी
बिना कोई स्वप्न देखे
आज सिर्फ़ बिल्ली से बातें करूँगी
बिल्ली की ही भाषा में।

सुनील लेखक तो बड़े थे पर मनुष्य नहीं

कोई भी मृत्यु बहुत वेदनादायी होती है। सुनील गंगोपाध्याय के गुज़र जाने की खबर सुनकर मैं चौंक उठी हूँ, पीड़ा भी महसूस की है। बार-बार यह सोचा है कि कितने ही लोग तो खामख्वाह ही जिन्दा हैं, सुनील गंगोपाध्याय कुछ और वर्ष जिन्दा रह सकते थे, लिख सकते थे, कुछ और लेखन कर सकते थे। आजकल अठहत्तर या उन्नासी की उम्र मृत्यु के लिए उपयुक्त नहीं लगती। लम्बे समय से चलने-फिरने में असमर्थ बिस्तर में न पड़े रहें, दिमाग़ पूरी तरह बेकार न हो जाने तक, चाहे उम्र नब्बे वर्ष की क्यों न हो जाए—मृत्यु को मान लेने में मुझे तकलीफ़ होती है।

आधा दिन टेलीविज़न चलता रहा। टेलीविज़न में सुनील गंगोपाध्याय के आखिरी दिनों की कुछ तस्वीरें देखकर हैरान रह गयी। उनकी सेहत इतनी गिर गयी थी, पता नहीं था। बहुत ही बीमार और अस्वस्थ दिख रहे थे। पता नहीं किसी गम्भीर बीमारी से पीड़त थे या नहीं। हैरान रह गयी थी एक और कारण से, कलाकार और साहित्यकारों में से दो-एक, जिन्हें मैं व्यक्तिगत रूप से जानती हूँ वे सुनील गंगोपाध्याय की बहुत निन्दा करते थे, अब भूरि-भूरि प्रशंसा कर रहे थे। सबके सामने अपने मन की बात कहने वाले लोग इतने कम होते जा रहे हैं चारों ओर।

किशोरावस्था से सुनील गंगोपाध्याय की कविता, कहानी, उपन्यास, निबन्ध पढ़ रही हूँ। बहुत कम उनके लिखे को 'बेकार' या 'कुछ बना नहीं' ऐसा कह कर नकार दिया है। उनमें जो चीज़ मुझे सबसे अच्छी लगती थी, वह थी अपनी नास्तिकता को लेकर कभी उन्होंने लुकाछिपी नहीं की। धर्म-निरपेक्षता, देश का बँटवारा, मुक्ति-युद्ध, हिन्दू-मुसलमान, बंगाल और बंगाली, अस्तित्ववाद, मृत्यु, अमरत्व वगैरह को लेकर उनका जो मत था वह मेरे मत से बिल्कुल मिलता-जुलता था। जिनके साथ इतना मत मिलता है उनके साथ विरोध क्यों? हालाँकि विरोध मेरी तरफ़ से कभी नहीं था। वे ही छिपे तौर पर मेरे पैर तले की मिट्टी खिसकाने की कोशिश कर रहे थे। क्यों कर रहे थे, क्या जरूरत थी उनकी, आज भी मैं

नहीं जानती। सुनील गंगोपाध्याय को मैं बांग्लादेश में रहते समय से ही जानती हूँ। अस्सी के दशक के बीचों-बीच उनसे परिचय हुआ था। जब बांग्लादेश जाते थे तो मुलाक़ात होती थी। घर में निमंत्रित करते थे। उन दिनों कविता और कॉलम लिखकर मेरा काफ़ी नाम हुआ था। उसके बाद सन् 1992 में आनन्द पुरस्कार पाने के बाद तो सुनील गंगोपाध्याय के साथ जल्दी-जल्दी मुलाक़ात होने लगी। बहुतों को कहते हुए भी सुना था—सुनील ने ही तो तसलीमा को 'आनन्द पुरस्कार' दिलवाया। ऐसा कहने वालों पर सुनील गंगोपाध्याय को कभी प्रतिवाद करते नहीं देखा। हालाँकि बाद में पता चला था आनन्द पुरस्कार के दस सदस्यीय मण्डली में से सुनील ही एकमात्र ऐसे सदस्य थे जो मेरे पुरस्कार पाने के विरुद्ध थे। सिर्फ़ सन् 92 में ही नहीं, मुझे सन् 2000 में भी आनन्द पुरस्कार मिला। तब भी वही एकमात्र विचारक थे जो नहीं चाहते थे कि मुझे पुरस्कार मिले। हालाँकि सुनील गंगोपाध्याय को देखकर मैं कभी नहीं समझी कि वे मेरे पीठ पीछे मेरे विरुद्ध काम करते हैं। शिशिर मंच में मेरे एकल कविता पाठ समारोह का उद्बोधन उन्होंने ही तो किया था। मित्र की तरह, शुभाकांक्षी की तरह, बड़े भाई की तरह, पिता की तरह मेरे बगल में ही रहे, मुझे हमेशा ऐसा ही लगता था। हालाँकि इन सब बातों का अन्त हो गया जब उन्होंने खुल्लमखुल्ला मेरे 'द्विखण्डित' किताब को निषिद्ध करने के लिए पश्चिम बंगाल के मुख्यमन्त्री से मनुहार किया और आखिरकार उस किताब को 'निषिद्ध' कराके छोड़ा। एक लेखक के लिए इससे ज्यादा हृदय विदारक घटना और क्या हो सकती है, जब वह देखती है कि एक श्रद्धेय वरिष्ठ लेखक, प्रिय लेखक अपनी बोलने की आजादी के विरुद्ध जाकर मनुष्य की धार्मिक अनुभूति को चोट पहुँचा सकता है, और इसी बहाने उसकी किताब को निषिद्ध कराने के लिए राजमन्त्रियों तक दौड़ धूप कर सकता है। यकीन न कर पानेवाली ऐसी विरोधिता के बावजूद, मैंने अपने स्वभाव के अनुकूल बर्ताव करके उनको ही उपहार दिया। मैं यह कभी नहीं भूली कि वे मेरे प्रिय लेखक हैं। किशोरवय से मैं उनका लिखा पढ़कर मुग्ध हुई हूँ। कभी भूली नहीं कि सैकड़ों विषयों में मेरा-उनका मत मिलता है। अपने को समझाया है कि ऊपर से मेरे लेखन को पसन्द करते हैं। ऐसा कहने पर भी शायद वे सचमुच मेरा लिखा पसन्द नहीं करते हैं—इसी कारण ही मेरे पुरस्कार पाने के विरुद्ध थे। अपने को समझाया है कि चाहे वे 'मुक्तचिन्ता' के पक्ष में बोलें लेकिन वे मेरा लेखन पसन्द नहीं करते थे, इसीलिए मेरी बोलने की आजादी के विरुद्ध चले गये थे—यह चले जाने का अधिकार शायद उन्हें है।

कलकत्ते में 2004 से ही रहना शुरू किया है, साहित्य के गुरु को बिना प्रणाम

किये ही। तिस पर निषिद्ध 'द्विखण्डित' को हाई कोर्ट से मुक्त कराके लाई हूँ। मेरी स्पर्धा का फल हालाँकि जल्दी ही मिलने लगा मुझे। मैंने अनुभव किया कि मैं क़रीब हर जगह जात-बाहर हो गयी हूँ। सुनील गंगोपाध्याय के मित्रजन, जो एक समय मेरे भी मित्र थे, उन्होंने मुझे बिल्कुल 'त्याज्य' कर दिया है। धीरे-धीरे कुछ बड़ी पत्रिकाओं में मेरा लिखा छपना बन्द हो गया। कुछ बड़े प्रकाशकों ने मेरी किताबें छापनी बन्द कर दीं—काफ़ी कुछ हुक्का-पानी बन्द वाली स्थिति। एक समय तो सरकार ने दबाव डाला कि मैं कलकत्ता छोड़कर चली जाऊँ। बेघर इन्सान जो पश्चिम बंगाल को प्यार करके, सब कुछ छोड़छाड़ कर आयी थी—उसी को खदेड़ देने का षड्यन्त्र! राजनीति में क्या-क्या तमाशे होते हैं। लेकिन क्या साहित्यकार भी राजनीतिज्ञों की तरह बर्ताव करेंगे? मैं जब पश्चिम बंगाल की जमीन में जड़ जमाये पड़ी थी, बुद्धदेव भट्टाचार्य परेशान हो गये, पुलिस कमिश्नर प्रसून मुखर्जी मुझे खदेड़ने के तरह-तरह के प्लान बनाकर हारते जा रहे हैं, तब स्वयं सुनील गंगोपाध्याय ने मुझे राज्य छोड़ देने को कहा। कहा था—"हमारे पास खबर है, तुम्हे मार डालने के लिए लोगों का एक गुट तैयारी कर रहा है, तुम राज्य छोड़ दो।" ठीक जैसे 'द्विखण्डित' को निषिद्ध कराने के लिए 'आजकल' पत्रिका को दिये साक्षात्कार में कहा था—"हमारे पास खबर है, इस किताब की वजह से दंगे शुरू हो जायेंगे, इसलिए हमने किताब को निषिद्ध कर दिया है—चिनगारी को बारूद के पास जाने नहीं दिया।" शासक के स्वर में बात करते थे सुनील गंगोपाध्याय।

यह समाज बेहद गन्दा और मर्दवादी है! कहकर सुनील को 'बड़े आदमी' का खिताब देकर उनके गुणों का कीर्तन करते थे मुसाहिब लोग। जो सुनील के यौन उत्पीड़न की शिकार हुई हैं वे भी जानती हैं और मानती हैं कि एक मनुष्य होने के नाते सुनील महान नहीं थे। उस दिन प्रसंगवश मेरे यह कहने पर कि मेरा व और लड़कियों का सुनील ने यौन उत्पीड़न किया—कहने के बाद लोगों ने सुनील को दोषी ठहराने के बदले मुझे दोषी ठहराया। मुझे छिः-छिः कहा। सुनील ने सपाट रूप से अस्वीकार किया। जैसा वे अस्वीकार करते हैं इस बात को कि मेरी किताब को निषिद्ध कराने में उन्होंने कोई कोर-कसर नहीं छोड़ी थी—ये सब अब ऐतिहासिक घटनायें हैं। इतने बड़े लेखक कैसे बिना किसी दुविधा के झूठ बोलते है—मैं हैरान रह जाती हूँ। आज अगर किसी सभ्य देश में किसी पुरुष लेखक के विरुद्ध यौन उत्पीड़न की शिकायत आती है तो चाहे कितना बड़ा लेखक ही क्यों न हो, लोग उसे छिः-छिः, थू-थू करेंगे? लेकिन इस देश में उलटा ही है। क्यों न होगा? अभी भी बलात्कार से पीड़िता लड़की को ही दोषी ठहराया

जाता है, बलात्कारी पुरुष को नहीं। इस देश में इससे ज़्यादा की उम्मीद करने की जगह ही कहाँ है?

सुनील गंगोपाध्याय ने चाहे जितनी दुश्मनी की हो, मैंने उनके साथ कोई दुश्मनी नहीं रखी। सिर्फ़ अपने और उनके बीच 'सेफ़' दूरी बनाये रखने की कोशिश की। मैं विश्वास करती हूँ कि सुनील गंगोपाध्याय बांग्ला भाषा के अन्यतम श्रेष्ठ लेखक हैं। शायद मैंने पास से उनके चरित्र के बुरे हिस्से को देखा है, बाहर वालों के लिए यह देखना सम्भव नहीं होता इसलिए वे अच्छी बातें ही देखते हैं, उससे क्या? सुनील गंगोपाध्याय के लेखन को जैसे वे पसन्द करते हैं वैसे ही मैं भी करती हूँ और यह भी जानती हूँ कि अगर सुनील गंगोपाध्याय के मन में जरा भी ईमानदारी, सच्चाई रही हो तो मेरी सच्चाई और ईमानदारी की वजह से वे भी मुझे मन ही मन श्रद्धा करते थे। उनके अनगिनत मुसाहिब या चाटुकार थे। रोज ये लोग उनके चारों ओर भीड़ लगाते थे। उनके बिना सुनील गंगोपाध्याय के दिन नहीं कटते थे। लेकिन उन्हें वे बहुत प्यार करते थे या उनकी श्रद्धा करते थे, ऐसा कभी नहीं लगा।

पुरुषतन्त्र के रोगों के इलाज

इन्दौर के एक आदमी ने अपनी पत्नी के यौनांग पर चार साल ताला लगा कर रखा था। पत्नी हलकान् होकर जहर खाकर मरने जा रही थी। दौड़-भाग कर जब उसे अस्पताल ले जाकर इलाज करवाया गया तो पता लगा कि उसके गुप्तांग पर ताला लगा हुआ है। अगर उसे अस्पताल न ले गये होते तो किसी को पता भी नहीं लगता कि इस इक्कीसवीं सदी में बिल्कुल शाब्दिक अर्थों में गुप्तांग पर ताला बन्द किया जा सकता है। यौनांग के दोनों तरफ सचमुच छेद कर उसमें ताले का नल वाला हिस्सा घुसा कर सचमुच की चाबी से ताले को हरदिन बन्द करके रखा जा रहा है। चाबी पति के जिम्मे। दूसरा कोई पुरुषांग उस यौनांग में प्रवेश न कर पाये इसी वजह से इस ताले-चाबी का बंदोबस्त किया गया है। जब मैंने यह खबर पढ़ी तो मुझे याद आया था अन्धकार युग में पतियों द्वारा यूरोप की स्त्रियों के शरीर में लोहे से बनी सतीत्व-बँधनी या चेस्टी बेल्ट नाम का लोहे का खाँचा पहना दिया जाता था। पत्नियाँ वह लोहे का खाँचा खोल नहीं पाती थीं जब तक पति आकर उस खाँचे का ताला न खोले। स्त्री के यौनांग की मालिक स्वयं स्त्री नहीं, मालिक पति है। स्त्री पुरुषों की व्यक्तिगत सम्पत्ति होती थी। अपनी व्यक्तिगत सम्पत्ति की रक्षा जिस भी तरह से कर सकते हैं, करते हैं। जो पुरुषवादी मानसिकता उस अन्धकार युग में स्त्रियों के यौनांग पर ताला लगाती थी, उसी मानसिकता से इन्दौर के उस व्यक्ति ने पत्नी के यौनांग पर ताला लगाया है। उस युग से लेकर आज के इस युग के बीच तक कई शताब्दियाँ बीत गयी, परन्तु मानसिकता में कोई बदलाव नहीं आया। उक्त घटना की जानकारी होने पर लोगों ने उस आदमी को बड़ा दुत्कारा, सिरफिरा, बदमाश वगैरह कहा, गाली दी। बहुत से लोग हैरान रह गये, क्योंकि ऐसी घटना इस युग में नहीं घटती। यह ठीक है कि सचमुच ताला लगाने वाली घटना अब नहीं घटती, लेकिन जिस मानसिकता के वशीभूत हो कर ताला लगाया जाता है, वही मानसिकता चारों ओर फैली है, उसी मानसिकता के लोग ही आजकल समाज

को चला रहे हैं। दरअसल ताला दिखाई दे तभी न लोगों को एतराज है। अदृश्य ताले पर किसी को एतराज नहीं है।

स्त्री सिर्फ अपने पति की व्यक्तिगत सम्पत्ति नहीं है, वह पूरे समाज की व्यक्तिगत सम्पत्ति है। स्त्री विवाह से पहले किसी के साथ यौन सम्बन्ध रखेगी या नहीं, शादी के बाद कैसा बर्ताव होगा उसका, कितनी रात तक बाहर रहेगी, किन लोगों के साथ मेल-मिलाप रखेगी, किनके साथ नहीं रखेगी, किसके साथ हँसी-मजाक करेगी, किसके साथ नहीं, घर में कौन-कौन आयेगा, कौन नहीं, किसके साथ सोयेगी, किसके साथ नहीं—ये सब बातें सिर्फ परिवार ही नहीं पूरा समाज निर्धारित करता है, समझा देता है, समझने में समस्या होती है तो उँगली उठाकर धमकी देकर जाता है। स्त्री से जरा सी भी गलती हो जाय, चारों तरफ़ धारदार हथियार लेकर सिपाही खड़े रहते हैं, या तो पत्थर मार-मार कर मार डालने के लिए, नहीं तो हुक्का-पानी बन्द करने को, नहीं तो फाड़कर खा जाने के लिए।

एक अदृश्य ताला समाज की हर लड़की के यौनांग पर लटक रहा है। जो मानसिकता सतीत्व, बँधनी-चेस्टी बेल्ट पहनने के लिए स्त्रियों को मजबूर करती है, वही मानसिकता आज अदृश्य ताला लगाने को बाध्य करती है। ताला दिखता नहीं है, पर ताला है। यह अदृश्य ताला अगर समाज के किसी लड़की के यौनांग पर न लटक रहा हो, तो कोहराम मच जाता है। यदि यौनांग पर ताला ठीक जगह न लगा हो तो उस लड़की को समाज में कोई स्वीकार नहीं करता। इस अदृश्य ताले का नाम है पितृतन्त्र या पुरुषतंत्र। पितृतन्त्र या पुरुषतन्त्र के पिंजड़े में स्त्री बंदिनी है, परिवार और समाज की ज़ंजीरों में स्त्री बंदिनी है, इसीलिए अलग से उसके लिए लोहे का पिंजड़ा या लोहे की ज़ंजीरों की जरूरत नहीं होती। पुरुषतन्त्र का पिंजड़ा बाहरी लोहे के पिंजड़े या ताले या ज़ंजीरों से बहुत ज़्यादा मजबूत होता है। लोहे का पिंजड़ा तोड़ना आसान होता है पर पुरुषतन्त्र की ज़ंजीरें तोड़ना बहुत मुश्किल। इस पुरुषतन्त्र में पुरुष की भूमिका प्रभु, कर्ता, मुखिया, निर्णय लेने के मालिक, भोगने के मालिक की होती है। स्त्रियों की भूमिका पुरुषों की दासी, पुरुषों की यौन वस्तु और पुरुषों की सन्तानों को जन्म देने वाली मशीन की होती है। यही है उसकी मूल भूमिका, तरह-तरह के उपायों से, रंग-रोगन पोतकर इसे देखने में अलग-सा जरूर बनाया जाता है लेकिन जो जानने वाले हैं वे जानते हैं कि पूरा ढाँचा ही विषमता के ऊपर खड़ा है। नींव ही अगर गलत हो, कमज़ोर हो तो उसके ऊपर जो मीनार बनेगी या बनायी जायेगी उस मीनार में ही गड़बड़ी होगी, धोखाधड़ी होगी। आज धोखेधड़ी से ही ज़िन्दगी बिताई जा रही है। जिसके साथ सारी ज़िन्दगी रह रहे हो, उसके साथ धोखाधड़ी? कोई भी

ऐसी प्रजाति है क्या जो अपनी प्रजाति को सिर्फ़ यौनांग भिन्न होने की वजह से उसे ठग कर धोखे में रखती है? उसका मानवाधिकार और उसकी स्वतन्त्रता छीनकर मजा लूटती है? सुख पाती है? सिर्फ़ इसीलिए क्योंकि वह औरत है। समस्या जड़ में है और हम लोग सिर्फ़ बाहरी रूप को सजाते-सँवारते हैं, ऊपरी सुन्दरता को बढ़ाते हैं, ऊपरी चमक-दमक की परवाह करते हैं। दरअसल इससे काम नहीं चलता। इसीलिए आज भी स्त्रियों के विरुद्ध एक भी विषमता का अन्त नहीं हुआ। अभी भी स्त्रियाँ यौन दासियाँ हैं, अभी भी लड़कियाँ यौन-व्यापार की शिकार हैं, अभी भी घरेलू हिंसा, ऑनर किलिंग, बलात्कार, सामूहिक बलात्कार, शिशु कन्या हत्या, कन्या भ्रूण हत्या, ऐसिड से हमला, दहेज-प्रथा की शिकार हैं। दहेज देने में असमर्थ होने पर घरों में वधू हत्या हो रही है—समाज से नारी-विरोधी कोई भी नृशंस अत्याचार खत्म नहीं हुआ है।

बहुत से लोग कहते हैं अगर स्त्री शिक्षित हो जाये तो उसकी समस्यायें खत्म हो जायेंगी, लेकिन यह देखने में आया है कि शिक्षित नारी पुरुषतन्त्र की नियमावली को जितनी अच्छी तरह सीख सकती है उतनी अच्छी तरह अशिक्षित नारी नहीं सीख पाती। सीखने की क्षमता शिक्षितों में ज्यादा होती है। शिक्षित स्त्रियों की शादी हो जाये तो ठीक उसी तरह पिता के घर से ससुराल जा रही हैं, जैसे अशिक्षित गरीब लड़कियाँ जाती हैं। अपने पिता के परिचय वाले उपनाम या 'सरनेम' को फेंककर, पति का 'सरनेम' दोनों हाथों से लोक ले रही है शिक्षित नारी। बच्चों के लिए भी पिता का ही 'जाति नाम' होता है माँ का नहीं। इसका मतलब, महिला और उसकी सन्तानें पुरुष 'पति' के अधीन हैं। महिला और उसकी सन्तानों का मालिक पुरुष है। पितृसत्तात्मक नियम के अनुसार एक लड़की को अपने बचपन में पिता के अधीन रहना पड़ेगा, शादी के बाद पति के अधीन और बुढ़ापे में पुत्र के अधीन। शास्त्रों में भी यह बात लिखी हुई है। 'न स्त्री स्वातंत्र्यम् अर्हति'—स्वाधीनता पर स्त्री का कोई अधिकार नहीं है।

स्त्री को पुरुषतान्त्रिक नियमों के अनुसार सारा जीवन पुरुष के अधीन रहना पड़ेगा। उसकी निजता नाम की कोई चीज नहीं रह पायेगी। यही है समाज का नियम। इस नियम को बनाये रखने के लिए स्त्रियों का शिक्षा प्राप्त करना और काम करके पैसे कमाने को आजकल मान लिया गया है। लेकिन समाज के मर्दवादी ढाँचे में कोई बदलाव नहीं लाने दिया गया है। स्त्रियों का पहनावा बदला है। कभी वे खुद को सिर से पैर तक ढके रहने को मजबूर हैं और कभी सब पहनावा उतार देने के लिए। वे सब जगह 'सेक्सुअल ऑब्जेक्टिफिकेशन' अर्थात् 'कामोत्तेजक वस्तु' बन जाने के लिए बाध्य हैं सब जगह वे सौंदर्य प्रसाधन

लगा रही हैं क्योंकि मर्दवादी दुनिया रह रहकर उन्हें उपदेश दे रही है कि मर्दों की नजरों में आकर्षक बनें, आकर्षक होने के लिए शरीर का नाप क्या होना चाहिए, वक्ष कितने, कमर कितनी, नितम्ब कितने नाप के हों। सब वर्णित है, काली और बादामी रंगों की स्त्रियों को भी कह दिया गया है—तुम्हारा रंग जरा खराब है, जितनी गोरी हो सकोगी उतना ही तुम्हारा आकर्षण बढ़ेगा। चमड़ी को गोरी बनाने के लिए, चमड़ी की झुर्रियाँ मिटाने के लिए हानिकारक कैमिकल, शृंगार के साजो-सामान से बाज़ार पट गया है। स्त्रियाँ तो जैसे एक मांस-पिण्ड, चेहरा, वक्ष और यौनांग के अलावा और कुछ भी नहीं हैं। स्त्रियों के पास दिमाग़ है, उसमें अक्ल है इन सब बातों को सोच में जगह ही नहीं दी जाती। स्त्रियाँ बिकाऊ वस्तु हैं। बिकाऊ चीज़ को सजधज चाहिए, चमकदार, झिलमिलाने वाली चीज़ बने रहना चाहिए। इसी तरह लड़कियों को भी रखा जाता है। कुँवारेपन को बनाये रखना पुरुषतन्त्र का कठिन नियम है। सारे पुरुषों की आकांक्षा होती है कि उसे कुँवारी लड़की मिले। एक बार भी किसी के साथ किसी लड़की का यौनसम्पर्क हुआ है, यह खबर फैल जाने से पुरुष ऐसी लड़की से शादी नहीं करना चाहते। और शादी के बाद भी सतीत्व बनाये रखना है। यही तो है यौनांग में ज़ंजीर डालने या ताला लगाने वाला नियम।

पुरुष सिर्फ़ स्त्री के यौनांग ही नहीं उसके गर्भाशय का भी मालिक है। पुरुष या पति ही यह तय करेगा कि कितनी सन्तानें महिला अपने गर्भ में धारण करेगी और जन्म देने वाली सन्तान का लिंग क्या होगा। गर्भाशय अपना है लेकिन स्त्रियों का अपने गर्भाशय पर अधिकार नहीं है। पुरुषों के यौनांगों पर ताला लगाने का कोई नियम नहीं है बल्कि पुरुषों के लिए तो सारी दुनिया में पतितालय खोले गये हैं। पुरुष जब चाहे अपनी यौनेच्छा पूरी कर सकता है। करोड़ों लड़कियों को छल, बल, कौशल से यह समाज 'यौन दासी' या 'समाज में पतिता' बनाता है, जिससे पुरुष उनको भोग सके, पुरुष की कोई स्त्री है या नहीं इससे कोई फर्क नहीं पड़ता।

एक समय था जब पुरुष ही घर के बाहर जाते थे, शिक्षा ग्रहण करते थे। स्त्रियों को यह अधिकार नहीं था। फिर एक समय आया जब शिक्षित पुरुषों ने ही कहा कि स्त्रियों को शिक्षा प्राप्त करनी चाहिए। उन्नीसवीं सदी में दरअसल शिक्षित पुरुषों ने ही शिक्षित यौन संगिनी की कामना की थी। उनकी आशा पूरी हुई है। स्त्रियों ने लिखाई-पढ़ाई सीखी है, विदुषी बनी हैं।

शादी के मार्केट में शिक्षित लड़कियाँ खूब बिकती हैं। चाहे शिक्षित हो या अनपढ़, क़रीब-क़रीब सभी पुरुष दहेज माँगते हैं। शिक्षित और धनी हों तो दहेज

आसमान छूता है। स्त्री शिक्षा से स्त्रियों पर अत्याचार खत्म होगा, स्त्रियों के जीवन में जो गैरबराबरी है, वह खत्म होगी—यह बिल्कुल यकीन करने लायक बात नहीं है। स्कूल-कॉलेज पास करने से ही कोई शिक्षित नहीं होता। ज़्यादातर लोग पढ़ाई-लिखाई सीखते हैं परीक्षा पास करने के लिए, बेहतर नौकरी पाने के लिए। लेकिन ज्ञान अर्जित करने के लिए, सचेतन होने के लिए, सचमुच का ज्ञान प्राप्त कर आलोकित होने के लिए मनुष्य बनने के लिए एक दूसरी ही शिक्षा है। अगर हम एक स्वस्थ सुन्दर समाज चाहते हैं तो याद रखिए कि उस समाज में स्त्री को समान अधिकार देना पड़ेगा। नारी-पुरुष का सम्बन्ध प्रभु और दासी का सम्बन्ध नहीं है, सम्बन्ध है मित्रता का, यहाँ समान अनुभूति का होना अनिवार्य है। समाज की बनायी हुई विषमतापूर्ण व्यवस्था नष्ट करनी पड़ेगी। लेकिन कितने माता-पिता अपनी सन्तानों को यह शिक्षा दे रहे हैं कि स्त्री और पुरुष के अधिकार समान हैं?

पुरुष का शरीर पेशियों से भरा है लेकिन हम लोग समाज या राष्ट्र या परिवार को पेशियों से नहीं चलाते हैं। हम अपनी बुद्धि से चलाते हैं। बुद्धि में स्त्री और पुरुष किसी मायने में भी एक-दूसरे से कम नहीं हैं। नारी ने प्रमाणित कर दिया है कि जिन कामों को इतने दिनों तक 'पुरुषों का काम' कहा जाता था, वे काम स्त्रियाँ भी कर सकती हैं। हालाँकि पुरुषों ने अभी तक यह सबूत नहीं दिये हैं कि जिन कामों में स्त्रियाँ दक्ष हैं उन कामों में पुरुष भी पारदर्शी हैं—वे सब गुण उनमें भी हैं—जैसे बच्चों का लालन-पालन, घर के काम और खाना बनाना, घर की साफ़-सफ़ाई, सहानुभूतिपूर्ण व्यवहार करना, नरम दिल और नम्र स्वभाव होना इत्यादि।

पितृतन्त्र पुरुष द्वारा बनाया हुआ, पुरुषों के आराम, अय्याशी और प्रभुत्व स्थापित करने की एक व्यवस्था है। लेकिन स्त्री की सहायता के बिना पितृतन्त्र टिका नहीं रह सकता था। पितृतन्त्र को टिकाकर रखने के लिए स्त्रियों ने ही पुरुषों की सब तरह से सहायता की है। अफ्रीका में स्त्रियों के यौनांग का एक हिस्सा बचपन में ही काट कर फेंक दिया जाता है। जिससे स्त्रियाँ कभी भी यौन सुख का अनुभव न कर पायें। बहुतों के यौनांगों को सिलकर बन्द भी कर दिया जाता है। यह काम बहुत-सी महिलायें ही करती हैं। स्त्री होकर स्वयं अपने हाथों से स्त्रियों को पंगु बनाती हैं। सिर्फ़ अफ्रीका में ही नहीं, भारत के वोहरा मुस्लिमों में भी यौनांग कतरने की रीत है। एशिया के इंडोनेशिया समेत कुछ और देशों में भी यौनांग काटने की प्रथा है। यौन 'तस्करी' तो चल ही रही है। यौन दासीत्व या पतिता वृत्ति भी चल रही है। महिलायें भी महिलाओं की तस्करी के काम में सहायता कर रही हैं। महिलायें पितृतन्त्र को टिकाये रखना चाहती हैं। कारण,

उनके दिमाग में बचपन से ही यह बात बैठा दी गयी है कि पुरुष की जाति बड़ी है और नारी की जाति छोटी। स्त्री सिर्फ़ पुरुष की भोग सामग्री है—इसके अलावा—स्त्री का और कोई परिचय नहीं है। यही घृणित नारी विरोधी कुत्सित मन्त्र पुरुषों के दिमाग में भी भर दिया गया है।

पितृतन्त्र के नियमों को ही स्त्रियों ने सिर झुका कर अपना लिया है। इसी नियम का, सिर झुकाये नौकर की तरह, पालन कर रही हैं। स्त्रियों की अवमानना करना, उन्हें जिंस की तरह इस्तेमाल करने के नियमों में स्त्रियाँ भी भाग ले रही हैं। सब तरह की धार्मिक-सामाजिक नारी-विरोधी अनुशासन और अनुष्ठानों में स्त्रियाँ भी जोर-शोर से हिस्सा ले रही हैं। शिक्षित, स्वावलम्बी स्त्रियाँ भी इसमें हिस्सा ले रही हैं। वे इसलिए ऐसा कर रही हैं क्योंकि वे यह मानती हैं कि स्त्रियों के शिक्षित होने और अपने पैरों पर खड़े होने का मतलब पुरुषतन्त्र के विरुद्ध प्रतिवाद करना कतई नहीं है। स्त्रियों ने पितृसत्तात्मक घेरे के अन्दर रहकर ही शिक्षा और स्वनिर्भरता हासिल की है, और इसी शिक्षा और स्वनिर्भरता को अपने ही विनाश के लिए, पुरुषों के स्वार्थ के लिए और पुरुषतन्त्र के विकास के लिए बढ़ावा दे रही है स्त्रियों की यह तथाकथित शिक्षा और स्वनिर्भरता ज़्यादातर अपनी भलाई के लिए नहीं बल्कि पुरुषों की भलाई को ही फायदा पहुँचा रही है। अब पुरुष शिक्षित स्त्री को बगल में दबाये घूम-फिर सकते हैं। पुरुषों के बेटे अब शिक्षित माताओं के जिम्मे पल-बढ़ रहे हैं। पत्नी की कमाई का ज़्यादातर हिस्सा पति की जेब में जा रहा है। पारिवारिक और अन्य मसलों को तय करने का हक भी स्त्री नहीं पुरुष लेता है। औरतों द्वारा कमाये हुए पैसे किस मद में खर्चे जायेंगे यह मामला भी स्त्री द्वारा नहीं पुरुष द्वारा तय किया जाता है। स्त्रियों द्वारा कमाया हुआ पैसा बहुत कुछ उसके यौनांग और बच्चेदानी की तरह होता है। स्त्री का यौनांग किसलिए इस्तेमाल होगा, गर्भाशय भी किसलिए इस्तेमाल किया जायेगा, कब इस्तेमाल किया जायेगा, किसके द्वारा इस्तेमाल होगा, यह फ़ैसला स्त्री नहीं लेती, पुरुष लेता है। आजकल स्त्रियों को काफ़ी आजादी मिल रही है। सड़कों पर चलने की आजादी, स्कूल, कॉलेज जाने की आजादी, ऑफिस-अदालत जाने की आजादी पर यौन स्वाधीनता अब भी नहीं मिल पा रही है। क्योंकि यह कैद ही स्त्री की असली कैद है। पुरुषतन्त्र स्त्री के यौनांग को खूँटे से बाँधकर रखता है। पर यौन स्वतन्त्रता का यह मतलब कतई नहीं है कि जिस किसी के साथ सोते फिरना। यौन स्वतन्त्रता का मतलब है अपनी पसन्द के व्यक्ति के साथ शारीरिक सम्बन्ध रखना और इस बारे में 'हाँ' या 'ना' कहने की स्वतन्त्रता का होना भी यौन स्वतन्त्रता है। मैं कहना चाहती हूँ कि यौन सम्बन्ध स्थापित

करने के लिए सिर्फ़ 'हाँ' कहना ही यौन स्वतन्त्रता नहीं है—'नहीं' कहना भी यौन स्वतन्त्रता है—कहना चाहती हूँ कि यौन सम्बन्ध रखने के लिए राजी हो जाना ही यौन स्वतन्त्रता नहीं है—राजी न होना भी यौन स्वतन्त्रता है।

कुल मिला कर बात यह है कि यौनांग की कैद, यौन पराधीनता, कन्या भ्रूणहत्या, शिशु कन्या हत्या, दहेज-प्रथा, दहेज प्रताड़ना, दहेज के लिए वधुओं की हत्या, यौन दासत्व या पतितावृत्ति, स्त्री-शिशुओं की तस्करी, बलात्कार—ये कोई रोग या समस्या नहीं है बल्कि ये निशानियाँ भर हैं और इसका नाम है पितृतन्त्र या पुरुषतन्त्र। इधर हम लोग लक्षणों का इलाज करने में व्यस्त हो रहे हैं रोग को ठीक करने व इसका इलाज करने में नहीं। रोग का इलाज न किया जाये तो उसके लक्षण कभी नहीं मिटते, चाहे जितनी कोशिश क्यों न कर लें।

पुरुषतन्त्र के सम्राट हुमायूँ अहमद

हुमायूँ अहमद को जो कैंसर हुआ था, मेरी माँ को भी वही कैंसर हुआ था। मेरी माँ गुजर गयी हैं सत्तावन वर्ष की उम्र में, और अभी-अभी हुमायूँ अहमद—चौंसठ वर्ष की उम्र में गुजरे हैं। एक दशक बीत गया मेरी माँ को गुजरे हुए, और लगा हुमायूँ अहमद जैसे उसी दिन गुजरे हों। मेरी माँ कोई नामी-गिरामी हस्ती नहीं थीं, एक साधारण मनुष्य थीं। हुमायूँ अहमद बांग्लादेश के एक बहुत लोकप्रिय लेखक थे। हुमायूँ अहमद के गुजर जाने की खबर सुनकर मैं हैरान हुई थी, तकलीफ हुई थी मुझे। माँ की याद हो आयी थी, एक ही बीमारी भोगी थी दोनों ने।

न्यूयॉर्क के स्लोन फेटरिंग या बैलव्यू अस्तपाल में इलाज करवाने का सामर्थ्य या अवसर दोनों नहीं थे मेरी माँ के पास। कहा जाय तो वे क़रीब बिना इलाज के ही गुजर गयी थीं। मेरी माँ देश की लाखों बदकिस्मत माँओं की तरह एक माँ थीं, बीमारी के आखिरी दिनों में जिनको अस्पताल पहुँचाया जाता है, जब उनके पास बचने का समय नहीं रहता, मेरी माँ ऐसी ही एक माँ थीं। कोलोन कैंसर बढ़ते-बढ़ते भोजन नली बन्द कर दे या फिर लिवर और दूसरे किसी अंग तक फैल कर शरीर का बुरा हाल कर दे तब कहीं कोई रहम खाकर उन्हें अस्पताल ले जाता है, उससे पहले नहीं।

जितने दिन जिन्दा रहूँगी, मैं अपनी माँ के लिए रोऊँगी, और उन सैकड़ों माँओं के लिए भी रोऊँगी जिनको इलाज के अभाव में मौत को गले लगाने के लिए मजबूर किया जाता है। रोऊँगी गरीबी और पराधीनता की ज़ंजीरों से जकड़ी हुई उन सैकड़ों माँओं के लिए। रोऊँगी उन लाखों-करोड़ों असहाय मनुष्यों के लिए जिनमें ढेरों प्रतिभा रहने के बावजूद, सिर्फ़ लड़की होकर जन्म लेने के कारण अँधेरे में पड़े रहना पड़ता है, जिनके किसी भी सपने को सफल नहीं होने दिया जाता।

हुमायूँ अहमद को भुगतना नहीं पड़ा क्योंकि वे पुरुष थे। उनको किसी ऊबड़-खाबड़ रास्ते पर चलना नहीं पड़ा, जिस रास्ते पर हर लड़की को चलना पड़ता है। हुमायूँ अहमद के लिए सम्भवतः मुझे बहुत दिनों तक कष्ट नहीं होगा।

क्योंकि हुमायूँ अहमद ने जीवन में जो कुछ भी चाहा है वह उन्हें मिला है, जो चाहा है वही किया है। राजा होना चाहा, राजा हुए, बादशाही का उपयोग करना चाहा तो उपयोग किया। दुनिया के बहुत कम लोग ही इतना भोग-विलास करने का अवसर पाते हैं। बहुत कम लोग होते हैं जो अपने सपने सफल कर पाते हैं। इस जीवन में कौन किससे ज़्यादा ख्याति और यश कमा सकता है, इसकी भयंकर प्रतियोगिता चलती रहती है। हुमायूँ अहमद इसी प्रतियोगिता में बांग्लादेश में जो लोग साहित्य और संस्कृति से जुड़े हैं, उन्हें हजारों मील पीछे छोड़कर आगे बढ़ गये थे। उनको कोई छू तक नहीं पाया। उनकी तरह सौभाग्यवान व्यक्ति मैंने अपने जीवन में दूसरा नहीं देखा। वे चले गये। ऐसे ही सभी चले जायेंगे, कोई दो साल पहले चला जायेगा कोई दो साल बाद, अगर वे जिन्दा रहते तो नयी शैली का कोई लेखन करते या साहित्य जगत को कोई विशाल दान देते, मुझे नहीं लगता कि ऐसी कोई सम्भावना थी। हमने उस व्यक्ति को खोया है यही नुकसान है। उनके चले जाने से सच कहें तो बांग्ला साहित्य और संस्कृति की कोई हानि नहीं हुई है।

हुमायूँ अहमद का लिखा मैं पढ़ती थी अपनी किशोर अवस्था में। जबसे मैंने बंगला में, और कई दूसरी भाषाओं में उच्च स्तर का साहित्य पढ़ना शुरू किया, हुमायूँ अहमद को पढ़ना मेरे लिए सम्भव न हुआ, और जबसे मुझमें अच्छा नाटक देखने की रुचि बढ़ी, मेरे लिए सम्भव नहीं हुआ हुमायूँ अहमद का नाटक देखना। लेकिन कैसे लाख-लाख लोग हुमायूँ अहमद की सैकड़ों रम्य रचनाओं को पढ़ते रहे युगों तक? इसका उत्तर हो सकता है वे सब रम्य रचना-ललित निबन्ध के ही पाठक हैं, ललित निबन्ध के अलावा और कोई रचना पढ़ने के योग्य नहीं हैं। या फिर एक पाठक की दृष्टि की तरह उनका विकास नहीं हुआ या फिर अल्प-शिक्षित होने के कारण हुमायूँ अहमद लिखित किताबें और नाटक के छोटे-छोटे दुख-सुख और सहज सरल कौतुक को समझना उनके लिए बड़ा सुविधाजनक है। बांग्लादेश के जनगण अगर इतनी भारी संख्या में अशिक्षित या अर्धशिक्षित न होते तो हुमायूँ अहमद के लिए इतनी ज़्यादा जनप्रियता हासिल कर पाना सम्भव न होता। बांग्ला के कई प्रकाशक हुमायूँ के मित्र हैं। साहित्यिक सुनील गंगोपाध्याय, समरेश मजुमदार साल दर साल हजार कोशिश करने के बावजूद हुमायूँ अहमद को जनप्रिय नहीं बना पाये। इसका कारण सम्भवतः एक ही है, उस राज्य में शिक्षितों की संख्या बांग्लादेश की तुलना में थोड़ी ज़्यादा है।

हुमायूँ अहमद से मेरा परिचय उनके मशहूर होने से पहले हुआ था। उनकी जो खूबी सबसे पहले मेरी नजरों में पड़ी वह थी अपनी किस्सागोई से घरेलू

महफिल को जमा कर रखना। गजब के किस्सागो थे। एक बार वे अचानक हमारे मयमनसिंह वाले घर में चले आये। कहा—नेत्रकोणा गये थे, ढाका लौटते समय सोचा मुझसे मिल कर जायेंगे। उन्होंने कल्पना कर ली थी कि मेरा ब्रह्मपुत्र के किनारे एक लाल रंग का मकान है। उस कल्पना के घर को वे ढूँढ़ रहे थे, जितने भी मकान नदी के किनारे थे, दरवाजे पर दस्तक देकर, घर के वाशिंदों को बुलाकर पूछा था कि मेरा घर कहाँ है? आखिरकार उनका रिक्शेवाला ही उन्हें ठीक मकान पर ले आया था। सारा दिन रहे थे हुमायूँ अहमद, अकेले ही गपियाते रहे, घर के सब जने मोहित होकर उनकी गप्पें सुनते रहे थे। मुझे यकीन है, वे अगर सारी रात भी ठीक उसी तरह किस्से-कहानी कहते रहते, सब मुग्ध होकर वैसे ही सुनते रहते और रह-रह कर घर फोड़ हँसी हँसते रहते। हँसना आता था उन्हें। हुमायूँ अहमद के बहुतेरे गुण थे। बहुत लोगों को स्कूल सिलेबस के बाहर की किताबें पढ़ा के छोड़ीं उन्होंने। ऐसे बहुत से लोग हैं जिन्होंने ज़िन्दगी में एक ही किताब पढ़ी है और वह है हुमायूँ अहमद की किताब। एक समय ऐसा था जब यह सोचा जाता था कि हुमायूँ अहमद ने पाठक तैयार किये हैं। उनकी किताबें पढ़-पढ़कर पाठकों को किताब पढ़ने की आदत पड़ जायेगी, दिमाग़ खुलेगा, रुचि बदलेगी, तब वे हुमायूँ अहमद को न पढ़कर दूसरे लेखकों की किताबें भी पढ़ेंगे। पर यह सोचना गलत था। हुमायूँ अहमद ने पाठक तैयार किये हैं ज़रूर लेकिन उन पाठकों को ज़िन्दगी भर अपनी ही किताबें पढ़ने के लिए ही तैयार किया है, दूसरे किसी की लिखी किताब पढ़ने के लिए नहीं। उनका पाठक वर्ग बहुत कम ही बदला है।

हुमायूँ अहमद का नेई (नहीं) को 'नाई' लिखना मुझे बहुत अखरा है। पता नहीं बाद में वे 'नाई', और भी कई भाषा के दोष से उबर पाये या नहीं। अर्धशिक्षित पाठकों के लिए दुनिया के हर देश में कुछ लेखक हैं जिनका काम है 'चालू' किताबें लिखना। वे सभी क़रीब हुमायूँ अहमद के दर्जे से ऊपर ही हैं। 'स्टिफन किंग टेरी प्रैटचेट'। बांग्ला भाषा के लेखक की पतली सी किताब को ही ले लीजिए। भाषा की तुलना कर लीजिए। शंकर बहुत ऊपर हैं। भाषा की दक्षता न हो तो अच्छा लेखक नहीं बना जा सकता। घरेलू जमावड़े को मस्त रखना या प्रकाशक के दबाव से सप्ताह भर में या दो रात में एक किताब लिख डालना या तीन दशक में किताबों की संख्या तीन सौ तक पहुँचा देना—ये सब बड़ा साहित्यिक होने के गुण नहीं हैं। हालाँकि आज कई लोग हुमायूँ अहमद को 'बांग्ला साहित्य के श्रेष्ठ साहित्यकार' वगैरह कह रहे हैं। बांग्लाभाषा और उसके साहित्य का इतना अपमान न करने से काम नहीं चलता क्या? 'मैजिक

रियलिज़्म' या जादुई यथार्थवाद की बात भी उठ रही है। काश, अगर वे लोग जानते कि मैजिक रियलिज़्म दरअसल किसे कहते हैं। गाय और बकरी से बोल बुलवाना मैजिक रियलिज़्म नहीं होता।

एक और मामले में मुझे अचरज होता है। हुमायूँ अहमद जैसे बुद्धिमान व्यक्ति ने बीवी, बेटा-बेटी को छोड़कर पोती की उम्र की लड़की से शादी क्यों रचाई। दूसरी जो बात मैंने देखी, उससे मुझे ज्यादा अचरज नहीं हुआ। वह है मीडिया का मुँहबन्द करके रहना। मीडिया हमेशा से ही क्षमतावानों का खरीदा ग़ुलाम रहा है। बहुत कम ही मीडिया है जो निरपेक्ष होता है और सच बोलने का साहस रखता है। मैं बांग्लादेश के पुरुषतान्त्रिक समाज की नस-नस पहचानती हूँ। उसी समाज में मैं बड़ी हुई हूँ, वही समाज मेरे साथ किसी के सम्बन्ध होने या शादी की अफवाह सुनकर मुझ पर आक्रमण करने जंगली जानवर की तरह दौड़ा चला आया है। मेरे खिलाफ ढेरों झूठी बातें फैलाकर मीडिया के लिए बहुत मस्ती की खुराक जुटायी गयी है। मैं भी लोकप्रिय लेखिका थी एक समय में। अगर मैं अपने पति-बच्चों का त्यागकर अपने बेटे के किसी दोस्त से शादी करके उसके साथ कोई फार्म हाउस बनाकर उसमें रहने लगती तो लोग मुझे शब्दशः फाड़ डालते, और शब्दशः टुकड़े-टुकड़े कर फेंक देते सड़क पर, आग में फेंक देते या फिर पत्थर मार-मार कर जान ले लेते या जिन्दा कब्र में दफना देते। कोई मेरी किताब पढ़े—इसका तो प्रश्न ही नहीं उठता। सिर्फ़ मैं ही नहीं, दूसरी कोई भी औरत होती, उसके साथ भी यह बिगड़ैल समाज यही सलूक करता। कोई अन्याय न करने पर भी देश को खो देने की सजा भुगत रही हूँ मैं, अगर सचमुच कोई अन्याय करती तो न जाने क्या हश्र होता, इसका अंदाजा मैं लगा सकती हूँ। नारी-मुक्ति और मानवाधिकार के लिए मैंने ज़िन्दगी का जोखिम उठाकर लड़ाई जारी रखी है। निरन्तर लिखती गयी हूँ। और मुझे ही दोषी करार दिया गया? मेरे खिलाफ घृणित, सब हदें पार कर देने वाले अपराध जिन्होंने किये, जिन्होंने मेरे सिर की बोली लगाई है, उन्हें खिला-पिला कर पोसा जा रहा है और अपने ही देश से मुझे जन्मभर के लिए खदेड़ दिया गया है। आज उन्नीस साल बीत गये, कोई सरकार मुझे देश में लौटने की इजाजत नहीं देती। देश के तथाकथित ज्ञानी, गुणी मानवाधिकार के पक्ष में लड़ने वाले हिप्पोक्रेट लोग। लेखक 'गोर विडाल' ने कहा था "अच्छे काम के लिए हमेशा एक सजा मिलती है।" मीडिया अगर पुरुषतान्त्रिक न होती तो मेरे विरुद्ध सरकार द्वारा किये हुए अनगिनत अन्यायों का प्रतिवाद करती लेकिन यह मीडिया भी पुरुषतान्त्रिक है। इस कारण से हुमायूँ अहमद की समालोचना नहीं होती, निन्दा भी नहीं होती, बत्तीस वर्षों का घर-परिवार तोड़कर अपनी ही

सन्तान की सहेली से शादी करने के बाद भी। मीडिया ने उन्हें 'निंदित' होने का कोई अवसर ही नहीं दिया। शुरू से आखिर तक उन्हें 'निंदित लेखक' के नाम से सम्बोधित किया गया। बांग्लादेश में मीडिया और लोगों के बेहद पुरुषतांत्रिक होने की वजह से हुमायूँ अहमद के लिए यह सम्भव हुआ कि बेहद निन्दा का काम करने पर भी ज़िन्दगी भर 'अभिनन्दित' रहे। हुमायूँ अहमद खुद पुरुषतन्त्र के विश्वासी थे। तभी मर्दवादी समाज में उनका इतना आदर-सम्मान था। समाज का स्त्री-विरोधी और मर्दवादी चरित्र और भी उजागर हो गया है हुमायूँ अहमद के गुजर जाने के बाद। 'गुलतेकिन खान' हुमायूँ अहमद की शोक-सभा में आकर रोईं हैं, और इसके लिए उन्हें महान महिला का खिताब दिया जा रहा है। पति लुच्चापन, बदमाशी चाहे जो करे तुम पति को बिना शर्त हमेशा के लिए प्यार करती जाओ। पति सात जनों के साथ सोता फिरे, चाहे जो हो, है तो मर्द ही, तुम औरत होकर जन्मी हो, तुम भैया सती-साध्वी रह जाना। पति तुम्हें लात भी मारे फिर भी पति के लिए आँसू की नदियाँ बहाओ। पति तुम्हें छोड़कर चला भी जाये, दूसरी के साथ रंग-रलियाँ मनाने तब भी, पति को अगर कोई भी ज़रूरत हो उसके साथ खड़ी रहना, समाज तुम पर वाहवाही बरसायेगा। हम भोगेंगे, तुम हमारी भोग की वस्तु बनोगी या फिर हमें भगवान मानोगी, या हमारी स्तुति के गीत गाओगी, हमारी मंगल कामना के लिए ज़िन्दगी लुटा दोगी। ऐसा न हो तो तुम औरत किस बात की? हुमायूँ अहमद की सन्तान की उम्र की बीबी अपनी प्रतिभा विकसित करने के अवसर की अनदेखी कर पति की सेवा करती रही, अथक परिश्रम किया है उन्हें स्वस्थ करने के लिए, और यह सब करने के लिए उन्हें बहुत वाहवाही दी जायेगी। कोई-कोई ऐसे भी होंगे जो उसमें जरा-सी भी खामी मिले तो उसके खिलाफ़ मुकदमा दायर कर देंगे। पति देवता की सेवा में जरा सी भी कमी आई तो ख़ैर नहीं है।

कुछ दिन पहले एक मित्र ने हुमायूँ अहमद का लेख—उनकी तीन बेटियों के बारे में—मुझे पढ़ने के लिए दिया। बेटियों को वे क़रीब दस साल बाद देख रहे थे। मैंने सोचा था पिता होकर उन्होंने बेटियों के प्रति अन्याय किया था, उसके लिए वे माफ़ी माँगेंगे, आवेग से उनकी कलम काँपेगी। पर ऐसा कुछ भी नहीं हुआ। पूरे लेख में उन्होंने अपना ही गुणगान किया है। वे स्वयं बहुत मेधावी हैं, बेटियों को उनकी 'जीन' मिली है इसी वजह से बेटियाँ भी मेधावी हैं। मैं हक्की-बक्की। दिल नाम की कोई चीज़ नहीं थी क्या उनमें? देखने-सुनने में ग्रामीण, सरल, सीधे। लेकिन अन्दर एक बहुत कठोर व्यक्ति। निर्विकार। अपने सुख-आनन्द के सिवाय दुनिया की किसी और चीज़ की परवाह थोड़ी ही की है

उन्होंने। लोकप्रियता ने उनको आसमान पर बैठा दिया था, वे फूलकर कुप्पा न होने पर भी, बहुत तुच्छ कुछ सोच रहे थे, इस धरती के लोगों को भी शायद बहुत तुच्छ समझते। करोड़ों के मालिक हो गये थे। देश के लोगों की ग़रीबी दूर करने के लिए, अशिक्षा, कुशिक्षा को दूर करने के लिए कुछ पैसे खरचे थे क्या? कहते थे कैंसर अस्पताल खोलेंगे। अगर उन्हें कैंसर न होता तो भी क्या ऐसा करते? अपने शरीर में किसी बड़ी बीमारी का पता लग जाये तो सभी लोग डर-डर कर कहते हैं, मन्नत मानते हैं—यह बनाऊँगा, यह करूँगा, वह करूँगा।

जो बेटियाँ रूठ कर दूर हट गयी थीं, क्योंकि उनके पिता ने उन्हें पालने-पोसने से ज़्यादा बुढ़ापे में एक बेटी के बराबर की किशोरी के साथ स्वप्नों के फानूस उड़ा रहे हैं और उसे सही ठहरा रहे हैं वही बेटियाँ अगर पिता की बीमारी की खबर सुनकर आती हैं तो मीडिया खुश होती है लोग खुश होते हैं। सत्तावान के सामने सभी झुकते हैं। वह जिन्दा रहे तब भी, मर जाये तब भी। पुरुष की क्षमता जो है। सफलता का चेहरा, पुरुष का चेहरा होता है। जिन लोगों को एक समय तुमने पैरों से धकेल दिया था, वही लोग अब तुम्हारे पैरों के पास रो रहे हैं। कारण, तुम पुरुष हो, धनी हो, तुम मशहूर हो, तुम राजा हो, बादशाह हो, सम्राट हो, तुम्हारे सात ख़ून माफ़।

हुमायूँ अहमद बहुत कुछ ईश्वर जैसे हैं। अपने बूते नहीं, ईश्वर भक्तों के कारण ही ईश्वर टिके हुए हैं।

सबसे प्राचीन अत्याचार

ग़ुलामी प्रथा के शुरू से ही घटनायें घट रही हैं। जब ग़ुलाम लोग कपास के खेतों में खेती करते थे, ग़ुलामों के मालिक अकसर ही वहाँ ख़ुद उपस्थित होकर स्त्री ग़ुलामों को यौनकर्म के लिए उठाकर ले जाते थे। जिनकी चमड़ी थोड़ी कम काली होती थी, ज्यादातर उन्हें ही पसन्द किया जाता था। बाजार में ले जाया जाता था और यौन व्यापार के लिए किराये पर चढ़ाया जाता था, नहीं तो सीधे-सीधे वेश्यालयों में उन्हें नकद पैसों में बेच दिया जाता था। अठारहवीं और उन्नीसवीं सदी में जिस प्रथा को कहा जाता था ग़ुलाम प्रथा, बीसवीं और इक्कीसवीं सदी में उस प्रथा को कहा जा रहा है पतिता-प्रथा या वेश्या-वृत्ति।

उन्नीसवीं सदी में ग़ुलामी प्रथा के खत्म होने के समय मनुष्य के खरीद-बिक्री के बारे में समाज में एक बड़ा तर्क-वितर्क चल पड़ा था। ग़ुलामों की आज़ादी का सवाल उठाने पर समाज के अनेक सफेद चमड़ी वाले भद्रजनों ने टिप्पणी की थी—"अफ्रीका के काले लोग ग़ुलाम के रूप में ही अच्छे हैं। स्वाधीनता का उपभोग करने की कोई योग्यता ही उनमें नहीं है और न ही अधिकार। सच कहा जाये तो इन ग़ुलाम स्त्री-पुरुषों की समानता जानवरों से ज्यादा है, मनुष्यों से कम।

सिर्फ़ गोरे लोग ही नहीं, बहुत सी ग़ुलाम स्त्रियाँ भी इस प्रथा का अन्त नहीं चाहती थीं, विशेषकर वे ग़ुलाम स्त्रियाँ जो मालिक के घर बच्चों की देखभाल, खाना बनाना और घर की साफ़-सफ़ाई का काम करती थीं। उनकी हालत खेतों में कमर तोड़ मेहनत करने वाली ग़ुलाम स्त्रियों से ज्यादा अच्छी थी। मालिकों के घर का खाना खाकर, भले ही वह जूठन हो, तृप्त थीं। दरअसल वे अपने लिए ग़ुलामी के जीवन के अलावा और किसी जीवन की कल्पना भी नहीं कर पाती थीं। घरेलू ग़ुलाम स्त्रियों के न चाहने पर भी खेतों में काम करने वाली ग़ुलाम स्त्रियाँ मुक्ति चाहती थीं, ग़ुलामी प्रथा का अन्त चाहती थीं।

हम आज उसी इतिहास को दोहरा रहे हैं। पतिता-प्रथा या वेश्या-वृत्ति को चलाये रखने के पक्ष में साधारणतया जो स्त्रियाँ वकालत करती हैं वे ख़ुद कभी

पतिता नहीं थीं। वेश्यालयों में वेश्या प्रथा के अत्याचार उनको सहने नहीं पड़े। यौन-व्यवसाय में उलझी ऐसी बहुत सी स्त्रियों ने भी यौन-व्यवसाय के पक्ष में बात की है। उन्होंने कहा कि और कितने ही श्रमों की तरह ही यह भी एक श्रम है। इससे आगे जाकर भी कइयों ने कहा है कि इस 'श्रम' ने समाज में स्त्रियों को 'क्षमता' हासिल करने में मदद की है।

जो कॉलगर्ल के रूप में काम करती हैं, या 'मैडम' की भूमिका में हैं, उनका अनुभव निःसन्देह सड़क पर काम करने वाली पतिताओं से भिन्न है। इसलिए पतिताओं को उच्च श्रेणी, मध्यम श्रेणी और निम्न श्रेणी में बाँटकर देखा जाने लगा। यह भी ग़ुलाम स्त्रियों को श्रेणी में बाँटने जैसा है। घरेलू ग़ुलाम स्त्रियाँ उच्च श्रेणी की ग़ुलाम हैं और खेतों में काम करने वाली नीची श्रेणी की। शायद ठीक ही है, पर सबसे निष्ठुर सत्य यह है कि वे सभी ग़ुलाम हैं। एक ही मालिक के अधीन उन्हें दासत्व करना पड़ा है। जिस ग़ुलामी में चमक-दमक है उस ग़ुलामी की संज्ञा पलट जाती है, ऐसा नहीं है जो औरतें आज इस वेश्या-प्रथा के अन्दर रह कर इसकी पैरवी कर रही हैं, जब तक वे इस प्रथा के बाहर नहीं आयेंगी उनके लिए यह समझना भी सम्भव नहीं है कि यह प्रथा दरअसल क्या है। घरेलू ग़ुलाम स्त्रियाँ भी जब इस प्रथा के बाहर निकल आयीं तभी उन्हें मालूम चला कि ग़ुलाम प्रथा वास्तव में क्या थी?

ग़ुलामी प्रथा और पतिता-प्रथा की जड़ में है खालिस दासत्व। सिर्फ़ इन दोनों क्षेत्रों में परिचय भिन्न होता है। पतिता प्रथा के लिए जरूरत होती है यौन परिचय की और ग़ुलामी प्रथा के लिए जरूरी होता है वर्ण-परिचय। दोनों प्रथायें और इनके प्रतिष्ठान एक तरह के हैं। एक ही प्रक्रिया से मनुष्य पर शारीरिक और मानसिक अत्याचार चलाया जाता है। मनुष्य को असम्मानित, अपमानित, निर्यातित और निगृहीत किया जाता है।

इस दुनिया में स्त्रियों के खिलाफ एक यौन युद्ध चल रहा है। बहुत लम्बे समय से चल रहा है यह युद्ध। इसको दुनिया का 'प्राचीनतम पेशा' बतला कर लोगों को धोखा देने की कोशिश होती जरूर है पर दरअसल यह स्त्रियों के विरुद्ध दुनिया का प्राचीनतम अत्याचार है। सिर्फ़ बालिग स्त्रियों के विरुद्ध ही नहीं बल्कि 'शिशुकन्याओं' के विरुद्ध भी। आज दुनिया के क़रीब हर जगह शिशुओं को जोर-जबरदस्ती करके, डराकर, बलात्कार करके, मार कर अधमरा करके यौन ग़ुलाम बनाया जा रहा है। पुरुषों की यौन-भूख मिटाने के लिए, पुरुषों के शरीर का कुछ क्षणों का देहसुख देने के लिए, लाखों, करोड़ों असहाय लड़कियों और शिशुओं को जिन्दा रहने के सारे सुख विसर्जिन कर देने पड़ रहे हैं। मनुष्य होने

पर भी मनुष्य के न्यूनतम अधिकारों से खुद को वंचित करने के लिए मजबूर होना पड़ रहा है।

पतिता-प्रथा की सहज व्याख्या है—"स्त्रियों के विरुद्ध पुरुषों का यौन अत्याचार।" थोड़ा और खोल कर कहें तो पतिता प्रथा का मतलब है "स्त्रियों के प्रति पुरुषों की यौन अवहेलना, बलात्कार, शारीरिक अत्याचार, मानसिक अत्याचार स्त्रियों पर पुरुषों का अबाध आधिपत्य, स्त्रियों के मानवाधिकार का उल्लंघन।" हालाँकि यह सब किसी भी गणतान्त्रिक देश में कानूनन मना है लेकिन गणतान्त्रिक राष्ट्रों के पतितालयों के अन्दर यौनशोषण मज़े से चालू है। पुरुषों के द्वारा जितना भी घृणा योग्य, भोंड़ा, जघन्य भयंकर गिरा हुआ बर्ताव किसी लड़की या स्त्री से किया जा सकता है—ये सब वे लोग करते हैं पतिताओं के साथ। हालाँकि ये सब बर्ताव करने पर कानून की नजरों में अपराधी ठहराये जायेंगे। लेकिन वेश्यावृत्ति को कानूनी दर्जा दिये जाने पर ये सभी अपराध भी कानूनी मान लिए जायेंगे।

भारत में क़रीब डेढ़ करोड़ पतिताएँ हैं। दुनिया के कई देशों की जनसंख्या से भी ज्यादा, गरीबी की मार से बापों ने बेटियों को बेच दिया। धोखेबाज प्रेमियों ने बेच दिया। पतियों ने जोर-जबरदस्ती कर वेश्यालयों में धकेल दिया है जिससे वे अपना शरीर बेचकर, पैसा कमाकर पति के शराब का खर्च और गृहस्थी का खर्च चलायें। पतितावृत्ति के साथ औरतों की 'तस्करी' का चोली-दामन का रिश्ता है। ये दोनों एक-दूसरे के परिपूरक हैं। जो लोग यह दावा करते हैं कि पतितालय की सब लड़कियाँ बालिग हैं, अपनी मर्जी से इस पेशे में नाम लिखाया है वे झूठ बोलते हैं। पतितालयों की ज़्यादातर लड़कियाँ निरीह बच्चियाँ हैं। ज़्यादातर लड़कियों को जबरदस्ती या बहला-फुसलाकर या अपहरण करके बेचा गया है। पतिता अपना जीवन ज़्यादातर बारह-तेरह वर्ष से शुरू करती हैं। उस उम्र में अपनी ज़िन्दगी का फ़ैसला ख़ुद लेने की कोई आज़ादी नहीं होती, तरह-तरह के वयस्क पुरुषों के बलात्कार से ख़ुद को बचाने का तरीका भी पता नहीं होता।

पतितावृत्ति से लड़कियों, स्त्रियों की गरीबी नहीं मिटती। यौन-व्यवसाय के प्रतिष्ठानों से जो करोड़ों रुपयों की आमदनी होती है, वे सारे रुपये पतिताओं या अत्याचारित स्त्रियों तक नहीं पहुँचते। स्त्रियाँ हर दिन स्त्रियों की तस्करी करनेवालों और दलालों के भयावह संत्रास का शिकार हो रही हैं। स्त्रियाँ इस यौन-अत्याचार के कारागार से निकलना चाहती हैं लेकिन उनको निकलने नहीं दिया जाता। अपनी पसन्द का कोई पेशा चुन लेने का कोई अधिकार उनका नहीं है।

स्त्रियों पर होने वाले अत्याचार को जो लोग किसी-न-किसी तर्क से मान

लेते हैं, वे लोग बड़ी आसानी से यह दावा करते हैं कि स्त्रियाँ स्वेच्छा से पतिता होती हैं। कोई भी लड़की शौक से, अपनी पसन्द से लड़-झगड़कर पतिता नहीं होती। दूसरे कितने ही पेशे या काम हैं, उनको पाने की लड़ाई में हार जाने पर ही वे पतिता होने का रास्ता अपनाती हैं। स्त्रियाँ स्वेच्छा से असम्मानित, अपमानित और अत्याचारित नहीं होना चाहतीं, स्त्रियाँ स्वेच्छा से यौन-अत्याचार का रास्ता नहीं अपनातीं। स्त्रियों को पतिता बनाने के लिए पुरुष बाध्य करते हैं। अगर स्त्रियाँ पतिता बनना चाहती हैं तो अवश्य ही किसी कारणवश मजबूर होती होंगी। मजबूर होकर यह रास्ता अपनाने और अपनी इच्छा से यह रास्ता अपनाने में जमीन-आसमान का फर्क है। कोई भी स्त्री अपने शौक से आग में छलाँग नहीं लगाती। दाह की चिता में लड़कियों को धकेलकर जला दिया जाता था और कहा जाता था स्त्रियाँ अपनी मर्जी से सती हो जाती हैं। जो पत्नियाँ पतियों से पिटती हैं उनके लिए भी कहा जाता है कि पतियों से पिटना उन्हें अच्छा लगता है। जो लोग चाहते हैं कि पत्नियाँ पतियों से पिटती रहें, वे ही ऐसी बातें फैलाते हैं। जैसे ग़ुलाम-ग़ुलामी प्रथा का अन्त चाहते थे वैसे ही पतिताएँ भी पतिता-प्रथा का अन्त चाहती हैं। जो व्यवसायी स्त्रियों को यौनवस्तु बनाकर व्यवसाय में मुनाफ़ा कमा रहे हैं, वे स्त्रियों के मुँह से बुलवाना चाहते हैं कि स्त्रियाँ पतिता-प्रथा को चलाये रखना चाहती हैं। स्त्रियों के मानवाधिकार का मामला जिससे 'अधिकारों' की गिनती में न आये, इसीलिए यह ताम-झाम। इसके अलावा अगर कोई चीखता रहे "मैं ग़ुलाम बनना चाहता हूँ" तो क्या हम उसे ग़ुलाम बनने के अवसर जुटा देंगे? अगर कोई यह कहे कि उसे ज़ंजीर से बाँधकर सरेआम पीटा जाये तो क्या हम उसे पीटेंगे? जरूर ही उसे मानसिक रूप से स्वस्थ करने की व्यवस्था करेंगे और जिन कारणों से वह इन बेजा बातों की माँग करने के लिए मजबूर हो रहा है, उन कारणों को दूर करेंगे।

मनुष्य पर, नफ़रत करने लायक और अमानवीय अत्याचार के कारण ग़ुलामी की प्रथा आज विश्वभर में निषिद्ध है। लेकिन क्या कारण है कि वेश्यावृत्ति को आज भी दुनिया से पूरी तरह जड़ से उखाड़ फेंकने के लिए कोई विशेष कोशिश नहीं हो रही है। कुछ गधे डंका बजाकर तर्कहीन कारणों का ढोल पीट रहे हैं। हालाँकि ये कारण सचमुच के कारण नहीं हैं जिसपर यह प्रथा टिकी हुई थी, इसलिए टिकी ही रहेगी या फिर फ़ाहिशा किस्म के चरित्र वाली औरतें यह पेशा चलाये ही जायेंगी। यह प्रथा स्त्रियों के गिरे हुए चरित्र के कारण ही आजतक टिकी हुई नहीं है बल्कि क्षमतावान और बुरे पुरुषों ने यह प्रथा छल, बल, कौशल से टिका रखी है इसीलिए यह आज भी टिकी है। एक और गलत धारणा को

सुधारना जरूरी है। शरीर बेचना मनुष्य का प्राचीनतम पेशा नहीं है। मनुष्य का प्राचीनतम पेशा कृषि कार्य है।

आज पतिता-प्रथा या यौन-अत्याचार दुनिया का अन्यतम और वृहत्तम पेशा तो है ही, इसके अलावा सबसे तेज गति से बढ़नेवाला सफल व्यवसाय का प्रतिष्ठान है। इस कारखाने का कच्चा माल है अभागे, अनाथ शिशुओं की देह और गरीब लड़कियों का शरीर।

सभ्य देशों ने इस व्यवसाय को नियंत्रित करने का बीड़ा उठाया है। इन देशों में 'स्वीडन' पहला देश है जिसने स्त्रियों पर अत्याचार के व्यवसाय को जड़ से मिटाने के लिए कदम उठाये हैं। वेश्यावृत्ति को सरकारी तौर पर 'स्त्री पर पुरुष का जघन्य यौन उत्पीड़न' के रूप में घोषणा की है 'स्वीडन' ने। पतिता व्यवसाय को निषिद्ध या कानूनन-खत्म नहीं किया गया, लेकिन शरीर की खरीद फरोख्त गैरकानूनी है। जो पुरुष शरीर खरीदना चाहता है, उसकी गिनती अपराधियों में होती है। शरीर खरीदने वाले लोग न रहें तो शरीर का बाजार-हाट .ख़ुद-ब-ख़ुद बन्द हो जाता है। पुरुषों के देहसुख और मस्ती के लिए पुरुषों ने ही यह यौन-उत्पीड़न का व्यवसाय टिका कर रखा है। लेकिन 'स्वीडन' में शरीर बेचना गैर-कानूनी नहीं है, और क्योंकि गैर-कानूनी नहीं है इसीलिए बदकिस्मत गरीब औरतें, जो शरीर बेचने के लिए सड़कों पर खड़ी रहती हैं या इधर-उधर ग्राहक ढूँढ़ती फिरती हैं—वे पुलिस की ज्यादतियों या धर पकड़ की शिकार नहीं होतीं। उन स्त्रियों को नीचा दिखाना तो दूर उनको छूना भी अपराध है। लेकिन जैसे ही कोई पुरुष किसी स्त्री को खरीदने की कोशिश करता है, वैसे ही ग्राहक पुरुष के हाथों में हथकड़ियाँ डाल दी जायेंगी। सन् 1999 में यह कानून जारी करने के बाद 'स्वीडन' में पतितावृत्ति क़रीब-क़रीब खत्म हो गयी है। नारी उत्पीड़न के व्यवसाय को इसी तरह उखाड़ फेंका जा सकता है। बहुत लोगों का प्रश्न है कि क्या पतिताएँ शरीर बेचने के अलावा कोई दूसरा काम कर पायेंगी या नहीं। पहले ही याद रखना होगा पतितावृत्ति कोई पेशा नहीं है, पतितावृत्ति खालिस यौन-ग़ुलामी है, यौन-उत्पीड़न है।

ज़्यादातर देशों में पतितालय के अन्दर स्त्रियों पर यौन-उत्पीड़न चलाया जाये तो कोई असुविधा नहीं है। पतितालय की चौहद्‌दी लाँघ कर भद्र परिवेश को कलुषित करने के अपराध में पतिताओं को लांछित किया जाता है, नीचा दिखाया जाता है। जो लोग असली अपराधी हैं, जो अत्याचार करते हैं उन्हें सजा न देकर स्त्रियों को, अत्याचारितों को सजा दी जाती है। दुनिया के सब देशों में ही अगर आज शरीर बेचने पर रोक लगा दी जाती है, तब स्त्रियों का

देह-व्यवसाय इतना फलेगा-फूलेगा नहीं। पतिता-प्रथा को कानूनी बना देने का मतलब है स्त्री-उत्पीड़न को कानूनी बनाना। जिस राष्ट्र में पतिता प्रथा वैध है वह राष्ट्र सही मायने में गणतान्त्रिक राष्ट्र नहीं है। गणतन्त्र मानवाधिकार को निश्चित करता है। कोई भी सभ्यता या गणतन्त्र मनुष्य पर होनेवाले अत्याचार को किसी भी बहाने से मान लेने की कोशिश नहीं करता, कर नहीं सकता। अगर करता है तो उस गणतन्त्र का नाम है पुरुषतन्त्र, और उस सभ्यता का नाम 'बर्बरता' के अलावा और कुछ नहीं है।

बांग्लादेश का विजय दिवस

आज 16 दिसम्बर है। बांग्लादेश का विजय दिवस। सन् 1971 में पश्चिमी पाकिस्तान की आक्रमणकारी सेना के विरुद्ध पूर्व पाकिस्तान के लोगों ने नौ महीने युद्ध करने के बाद जीत हासिल की थी। युद्ध जीतने में भारत ने भी मदद की थी। अगर वह मदद न की गयी होती तो शायद ही युद्ध जीतना बांग्लादेश के लिए सम्भव होता ऐसा मुझे नहीं लगता। बांग्लादेश के जन्म ने हमें समझाया था कि जिन्होंने भारत का बँटवारा किया था, उनके पास दूरदृष्टि का बहुत अभाव था। उन्होंने सोचा था—मुसलमान-मुसलमान, भाई-भाई, चाहे वे हजारों मील की दूरी पर हों, चाहे उनकी भाषा और संस्कृति बिल्कुल अलग हो, धर्म के कारण, विरोध नहीं होगा। गलत सोचा था। भारत के विभाजन के बाद ही विरोध शुरू हो गया। पश्चिमी पाकिस्तान के शासक दल ने पूर्वी पाकिस्तान के मुसलमानों पर शोषण शुरू किया। अपनी भाषा भी लाद देनी चाही, अरब के अमीर मुसलमान जैसे एशिया और अफ्रीका के गरीब मुसलमानों को छोटा करते हैं, नीचा दिखाते हैं, इन्सान नहीं समझते, पश्चिमी पाकिस्तान के शासक वर्ग ठीक वैसा ही करते थे, बंगालियों को इन्सान नहीं समझते थे। पूर्वी पाकिस्तान की जनता फसल उगाती थी, खाते थे पश्चिमी पाकिस्तान वाले। पूर्व का व्यापार-वाणिज्य, फल, सुफल सब पश्चिम के पेट में। ऐसा कितने दिन सहा जाता। मुसलमान-मुसलमान के बीच युद्ध हुआ। अन्त में बंगालियों को एक देश मिला। आवेग से भरपूर होकर देश को बिल्कुल धर्मनिरपेक्ष, समाजवादी इत्यादि बढ़िया शब्दों से विभूषित किया गया। कितने लोग उन शब्दों के मतलब समझते थे तब? अभी भी कितने लोग समझते हैं? नहीं समझते थे तभी तो चालीस साल के अन्दर ही यह देश एक छोटा-मोटा पाकिस्तान बन बैठा। इस्लाम से बजबजा रहा है देश। टोपी, दाढ़ी, हिजाब, बुर्क़ा, मस्जिद, मज़ार चारों तरफ छा गये हैं। लोग आगे बढ़ते हैं, बांग्लादेश पिछड़ रहा है। चालीस साल में पाकिस्तान और बांग्लादेश के बीच जो फर्क था वह क़रीब-क़रीब सब मिटा दिया गया है। दोनों

देशों की मिट्टी में समान रूप से ताल ठोककर मुल्लावाद की फसल उगाई जा रही है। बांग्लादेश जी-जान की बाजी लगाकर यह साबित करने पर तुला हुआ है कि—मुसलमान-मुसलमान भाई-भाई हैं।

द्विजाति फ़ार्मूला का मामला ठीक ही था, गलत नहीं था। देश का संविधान बदल गया है। पाकिस्तानी सेना के आदेश-उपदेश के अनुसार जो बंगाली दूसरे बंगालियों का सन् इकहत्तर में गला काटते थे वे पाकिस्तान से अलग नहीं होना चाहते थे, देश स्वतन्त्र होने पर ज़्यादा साल नहीं गुजरे, वे ही देश के मन्त्री बने, देश को चलाया। मेरी तरह प्रजातन्त्र, समाजतन्त्र, समता, ईमानदारी पर विश्वास करने वाली एक लेखिका को मजे से देशनिकाला दे दिया गया, कुछ कट्टरपन्थी मुल्लावादियों को खुश करने के लिए। जिन्होंने मुझे देश से खदेड़ दिया, जो आज भी मुझे देश में घुसने नहीं देते, वे राष्ट्रनायिकायें ऊपरी तौर पर चाहे जो कहें; खुद अन्दर ही अन्दर कम मुल्लावादी कट्टरपन्थी नहीं हैं।

बांग्लादेश के विजय उत्सव मनाने की कोई वजह है क्या? मुझे नहीं लगता। दरअसल यह विजय किसके विरुद्ध विजय है? पाकिस्तान और बांग्लादेश की नीति और आदर्श तो एक हैं सचमुच का आज विरोध क्या है? पाकिस्तान पर नहीं, बल्कि बांग्लादेश के ज़्यादातर लोगों का गुस्सा इकहत्तर की मित्रशक्ति भारत पर ही है। विजय दिवस मनाकर खामख्वाह ख़ुद को धोखा दिये बगैर काम नहीं चलता? 16 दिसम्बर को नहीं बल्कि बांग्लादेश 14 अगस्त को ही उत्सव मनाये। पाकिस्तान का जन्मोत्सव मनाये जोर-शोर से। पाकिस्तान से मिलकर शानोशौकत से भरा उत्सव। मुसलमानों का उत्सव। विधर्मियों से मुसलमानों को अलग करने का उत्सव! विजय उत्सव!

क़यामत

जब मेरी उम्र पाँच साल की थी, तब पहली बार 'शैतान' की बात सुनी थी। 'शैतान' कल या परसों आ रहा है। इसी महीने या फिर दो-तीन महीने बाद आयेगा। शैतान एक आँखवाला वीभत्स डरावना दानव है। हाथ की तलवार को हवा में लहराता हुआ भाँजता है और लोगों को तबतक काट-पीट कर लहूलुहान करता रहेगा जबतक कि उसे 'अल्लाह' मान न लिया जाये। छोटे-बड़े हरेक ने मुझे बता दिया कि शैतान मेरा ईमान नष्ट करने की कोशिश करेगा लेकिन मुझे कभी भी उसकी कड़वी या मीठी बातों में नहीं आना चाहिए। कहीं मेरे मुँह से यह फिसलकर न निकल जाये कि यह शैतान ही ख़ुद 'अल्लाहताला' है। शैतान चाहे मेरे सौ टुकड़े कर दे फिर भी मुझे अडिग रहना है। जरा भी हिलीडुली कि किस्मत में दोजख़।

मैं डर के मारे सिकुड़ी रहती थी। शैतान की बातें सुनने के बाद कितनी ही रातें सो नहीं पाई। कहीं कोई अजीब सी आवाज सुनकर ही लगता था 'शैतान' है। मामा लोग भी 'शैतान' का नाम ले-लेकर डराते थे। मैं बुद्धू थी इसी वजह से मामा लोगों को दुश्चिन्ता होती थी कि 'शैतान' शायद मेरा ईमान नष्ट करके ही दम लेगा। माँ से पूछा था, वह 'शैतान' है या कि 'अल्लाह' यह मैं कैसे पता लगाऊँगी। शैतान भी कहेगा मैं अल्लाह हूँ और सचमुच के 'अल्लाह' भी कहेंगे, मैं अल्लाह हूँ। माँ ने थोड़ी देर सोच कर कहा था—'शैतान की एक आँख होती है दो नहीं।' मैं प्रश्न पूछती, 'अल्लाह की कितनी है?' माँ फिर कोई जवाब नहीं देती थी।

जान-पहचान के एक पीर के घर से अक्सर ही हमारे घर भयंकर डरावनी खबरें आती थीं। शैतान के आने के बाद ही क़यामत आयेगी। क़यामत का मतलब है पूरी दुनिया खत्म हो जाना। मरे हुए लोग जाग जायेंगे। आखिर में मैदान में एक-एक कर सबको पैदल चलना होगा। ये सब जितना सुनती उतना ही डर जाती, सोचती थी शायद दोजख़ की आग में ही मुझे जलना होगा अनन्त काल तक।

साल बीता। उसके बाद वाला साल भी गुजरा। उससे अगला भी गुजरा।

पर शैतान नहीं आया, क़यामत भी नहीं आई। थोड़ी बड़ी हुई तो पाया कि शैतान और क़मायत से अब मैं और नहीं डरती। बल्कि पीरों के यहाँ ये भयंकर डरावनी खबर आने पर खूब हँसी हूँ। मेरी किशोरावस्था और मेरा बचपन ऐसे ही बीता।

धर्म की रूपकथाओं पर विश्वास नहीं करती, तीन युग बीत गये। हालाँकि लोगों के विश्वास की प्रचंडता को देखकर आज भी चौंक उठती हूँ। मुझे यह कतई समझ में नहीं आता कि अन्धविश्वास, तर्कहीनता, अज्ञान और अन्धेपन को लेकर मनुष्य कैसे मजे में जी रहा है, सिर्फ़ जी ही नहीं रहा, बल्कि, वो बड़े सुख शान्ति से रह रहा है।

बीच-बीच में देखती हूँ जो घटनायें मेरे बचपन में घटती थीं, वह आज भी घट रही हैं। क़यामत के शुरू होने या पृथ्वी के नष्ट हो जाने की आशंका की बातें चारों तरफ फैल जाती हैं। छोटे-बड़े, जाने-अनजाने नाना धर्म के लोग घोषणा कर देते हैं कि आज ही, नहीं तो कल ही धरती अपनी आख़िरी नींद में डूब जायेगी। मनुष्य चाहे एकेश्वरवादी हो या बहुईश्वरवादी हो, आख़िरी दिन तक एक ही रहता है। मौत के डर से कराहता है। तैयारी करता है आख़िरी दिन के लिए, जिन्दा रहने के लिए ऐसा कोई काम नहीं जो वह नहीं करेगा। जिन्दा रहने के लिए सब करता है। जिस दिन को लेकर इतना डर है उसके मन में, वह ठीक-ठाक बिना बाधा के बीत जाता है। एक और 'आख़िरी दिन' को लेकर लोग मस्त हो जाते हैं फिर से। इसी तरह क्रमशः चलता है और चल रहा है।

कहते हैं, अमेरिका की माया सभ्यता की पंजिका में दिसम्बर 2012 की 21 तरीख़ के बाद कोई वार और तारीख़ नहीं लिखी हुई है, इसलिए कुछ लोग सोचते हैं, और उनकी धारणा है कि यही दिन वो 'आखिरी दिन' है। ग्वातेमाला में माया सभ्यता के वंशज जो बिखरे हुए बस रहे हैं, उन्होंने कह दिया—पुरानी सभ्यता खत्म होती जा रही है, नयी सभ्यता की नयी भोर का ही स्वागत किया जायेगा।

माया सभ्यता के लोग कोई नबस या नबसी नहीं कर रहे हैं। सिर्फ़ वही लोग कर रहे हैं जिनके साथ माया सभ्यता का कोई सम्बन्ध नहीं है। विश्व के अलग-अलग प्रदेशों में हज़ार-हज़ार डरपोक, भीरु, अन्धविश्वासी, बेवफूक, गधे, भेड़ दो दिन हुए पहाड़ों की चोटी पर नहीं तो धरती के नीचे बंकर में बैठे हैं। उनकी धारणा है धरती ध्वंस हो जायेगी, धरती के ऊपर रहने वाले सब लोग मरकर भूत हो जायेंगे, कहीं पर किसी चीज़ का भी अस्तित्व नहीं रहेगा, उसके बाद धीरे-धीरे पहाड़ों की चोटी से और धरती के नीचे से ज़िन्दा, पंजिका पर विश्वास करने वाले उठकर आयेंगे और ध्वंसावशेष में ही नये जीवन की शुरुआत करेंगे। कुछ लोग यह सोच रहे हैं कि एक महाशून्ययान आयेगा, उन सबको उठाकर ले

जायेगा किसी उज्ज्वल पृथ्वी में। नासा की तरह एक बड़ी संस्था इस ऊटपटाँग बात में दखल देने को मजबूर हुई है। बहुत अच्छी तरह नासा ने समझा दिया है कि दिसम्बर की इक्कीस तारीख़ को पृथ्वी के ध्वंस हो जाने का कोई कारण नहीं है। नासा का उपदेश सुनकर अचानक ही वे दो दिन में ही तर्कबुद्धि सम्पन्न मनुष्य बन जायेंगे, ऐसी आशा नहीं कर रही हूँ। धर्मान्ध लोगों के तर्कहीन बवाल देखकर, पहले ही मैंने कहा है कि मैं अचरज से भर जाती हूँ। बुद्धि की कोई सीमा होती है, बेवकूफी की सच कहें तो, कोई सीमा नहीं होती। किसी ने सब घर-द्वार बेच दिया, किसी ने सब रुपये-पैसे खरच डाले, तो कोई माचिस की तीली, धूपबत्ती, नट-बोल्ट, छुरी-चाकू लेकर छुप रहा है।

पाँच हजार साल पुराने कैलेण्डर की भविष्यवाणी कहीं सचमुच सही निकलती है क्या? किसी भी धर्मावलम्बी के लिए यह बहुत ही दुश्चिन्ता का विषय है। विलुप्त हो गयी एक सभ्यता की जय जयकार मचेगी और वर्तमान समय के कितने ही ज़िन्दा धर्म और उनसे भी अधिक ज़िन्दा सभ्यतायें बेचारगी से खड़ी मुँह ताकेंगी—ऐसी बात कोई पसन्द करे इसकी सम्भावना कम ही है।

धरती के नीचे से और पहाड़ों की चोटी से दो दिन बाद वे लोग हमारे सामने ठीक तरह से अपना मुँह दिखा पायेंगे न? ज़रूर दिखा पायेंगे—शायद धरती के ध्वंस की नयी तारीख की घोषणा करने के बाद अपना मुँह दिखायेंगे। क्यों इक्कीस तारीख को धरती ख़त्म होते-होते रह गयी। उसका एक भुतहा कारण आविष्कार कर लेंगे। माया सभ्यता घोषित इस 'क़यामत' को न मान लेने के पीछे धार्मिक और मेरी तरह धर्ममुक्त लोगों का तर्क लेकिन भिन्न है। कोई एक धार्मिक चिरयता का रस खाना पसन्द नहीं करता, मैं भी नहीं पसन्द करती, इसका मतलब यह नहीं है कि हम भाई-भाई हैं।

ये 'क़यामत' के विश्वासी मुझे निरे बच्चों जैसे लगते हैं। जब मैं बच्ची थी तब जैसे डरती थी, ये भी ठीक उसी तरह डरते हैं। विज्ञान के बारे में मैं भी बचपन में खास कुछ नहीं जानती थी। ये लोग बड़ी उम्र में भी नहीं जानते। शरीर ज़रूर बड़ा हो गया है लेकिन ये लोग, पृथ्वी क्या है, विश्व और ब्रह्मांड कब से है, क्रमिक विकास क्या है, इन बातों को जानते हुए बड़े नहीं हुए हैं। अज्ञानता और अविज्ञान के साथ इनका गहरा रिश्ता है और इनके साथ ही ये रहते हैं। इन सबके बाद भी ये लोग काफी सुख-शान्ति से रह रहे हैं। सुख और शान्ति बड़ी जटिल चीज है। काफी कुछ मछली की तरह। किसी-किसी को हाथ बढ़ाने से ही मिल जाती है, और कोई जाल लेकर सारा दिन बैठा रहता है, मछली दिखायी तक नहीं देती।

सामूहिक बलात्कार और जनता का रोष

भारतीय उपमहाद्वीप की स्त्रियों ने आज तक जितना भी अधिकार प्राप्त किया है, ज़्यादातर पुरुषों की वजह से ही किया है। पुरुषों ने स्त्रियों को वोट देने, घर से बाहर निकलने, स्कूल जाने, नौकरी करने के अधिकार के लिए नारी विरोधी समाज के साथ लड़ाई तक की। फिर भी इन अच्छे पुरुषों की गिनती बहुत ही थोड़ी है। सामने विरोध की ऊँची दीवार जो खड़ी थी, उस दीवार को थोड़ा-बहुत तोड़कर, पुरुषों ने स्त्रियों को आगे बढ़ने में सहायता तो ज़रूर की है लेकिन ज़्यादातर पुरुषों ने स्त्रियों को पीछे ही रखा है। स्त्रियों को पीछे धकेल देने वालों की संख्या हमेशा से ही अधिक रही है। भारतवर्ष को कुछेक वर्षों से बहुत पास से देख रही हूँ, क्योंकि मैं यहाँ रह रही हूँ। भारत को छोड़कर इस उपमहाद्वीप में और कहीं भी मेरे रहने के अधिकार से मुझे वंचित किया गया है। एक ऐसे गणतान्त्रिक सरकार द्वारा जो वास्तव में गणतन्त्र पर विश्वास नहीं करता। उपमहाद्वीप का सबसे दीर्घकालीन गणतान्त्रिक देश, शिक्षा, सम्पदा, समता में जो देश अपने पड़ोसी देश से बहुत आगे है—उसी देश में सुबह-सवेरे अखबार हाथ में लेकर मैं सन्न रह जाती हूँ जब अखबार में बलात्कार की खबर पढ़ती हूँ। नाबालिग बच्चियों से बलात्कार तो होता ही है, बलात्कार के बाद ठण्डे दिमाग़ से उनका ख़ून भी कर दिया जाता है। गला घोंटकर, गोली मारकर, छुरा भोंककर, आग से जलाकर, पत्थर मारकर पुरुष औरतों को मार रहे हैं। सबसे हैरान हुई यह देखकर कि इनका कोई प्रतिवाद नहीं होता। प्याज और पेट्रोल के दाम ज़रा भी इधर-उधर हुए नहीं कि सड़कों पर हज़ारों लोग निकल पड़ते हैं प्रतिवाद करने, और सौ लड़कियों का भी बलात्कार हो तो एक लड़की या एक लड़का भी सड़क पर नहीं उतरता। बलात्कार की बातें सुनते-सुनते, बलात्कार देखते-देखते अब बलात्कार बहुत आम बात हो गयी है। अब कोई भी बलात्कार की बात सुनकर चौंकता नहीं। बलात्कार की ख़बर से भी मीडिया के लोगों में अब पहले जैसा उत्साह नहीं है। बलात्कार न हो तो आजकल कोई खबर भी

नहीं लेता। दिल्ली की एक लड़की का उस दिन बस के अन्दर कुछ लोगों ने बलात्कार किया, सिर्फ गैंग रेप ही नहीं, और भी भयंकर कुछ, पुरुषांग से चोट पहुँचाकर भी ठण्डक नहीं पड़ी तो लोहे के रॉड को यौनांग में घुसाकर बच्चेदानी को छेद कर पेट की अन्तड़ियाँ तक बाहर निकाल दी गयीं। जब यौनांग में पेट की अन्तड़ियाँ आ गयीं तब भी उन लोगों की हवस ख़त्म होने का नाम नहीं ले रही थी। इतनी दरिन्दगी के बाद अधमरी लड़की को चलती बस से नीचे सड़क पर फेंक दिया गया। लड़की अभी भी अस्पताल में मौत से जूझ रही है। बचने की कोई सम्भावना भी है यह मुझे नहीं लगता।

इस घटना से पहली बार लोगों को गुस्सा आया। या कि जागे? जागरण क्या इतनी आसानी से होता है? लेकिन यह ठीक है। पहली बार हज़ारों लड़के-लड़कियों ने सड़क पर उतरकर लड़कियों, स्त्रियों की सुरक्षा की माँग सरकार से की। बलात्कारियों को फाँसी देनी पड़ेगी ऐसी माँग भी की जा रही है। सरकार के लिए फाँसी देना कोई मुश्किल काम नहीं है। फाँसी पर चढ़ाने के लिए झूठ-झमेला सबसे कम होता है। इससे ज़्यादा आसान काम और क्या है? लेकिन पुरुष स्त्रियों को यौनवस्तु जैसे न देखें, बचपन से ही पुरुष औरतों को मनुष्य के रूप में देखना सीखें इसको कार्यान्वित करना ही मुश्किल है। आसान बिल्कुल नहीं। इस कठिन काम की ज़िम्मेदारी ही सरकार को देनी है।

हालाँकि बपचन से ही तोते की तरह रटवाया जाता है—स्त्री और पुरुषों के अधिकार समान हैं। नारी को कमतर समझकर अनदेखा न करना। उनको मारना नहीं, उन से बलात्कार न करना। लेकिन ऐसा कहने भर से यह बातें पुरुषों की बुद्धि में घुसेंगी—इसकी कोई निश्चयता नहीं है। बुद्धि में घुस भी जाये तो घर में और घर से बाहर किशोर और बच्चे लगातार यह देखते रहते हैं कि पुरुष लोग ज्ञानी-गुणी हैं और स्त्रियाँ नेपथ्य की जीव हैं। और इस तरह देखने का तजुर्बा ही उनके दिमाग़ में अपनी एक जगह बना लेता है। यौवन में पतिताओं का तजुर्बा उनके दिमाग़ में एक और ज्ञान को जगह देता है—"स्त्रियों के शरीर को लेकर जो मर्जी सो किया जा सकता है, शिशुओं से भी बलात्कार किया जा सकता है।" समाज के बहुत से लोग इसको अन्याय के रूप में नहीं देखते। पत्नी के बारे में भी वही धारणा। पत्नी के साथ बलात्कार करना क़ानून की नज़रों में अपराध होने पर भी मर्दवादी समाज की नज़रों में इसमें अन्याय जैसा कुछ भी नहीं है। जैसे दहेज-प्रथा कानूनी तौर पर निषिद्ध होने पर भी, समाज की आँखों में नहीं है। दहेज-प्रथा ही यह प्रमाणित कर देती है कि स्त्री निचले स्तर की है। निरीह और निम्नलिंगी है। अबला जीव है। पुरुषों को घूस देकर ग़ुलाम बनने के अलावा उसका कोई चारा नहीं है।

विवाहिता स्त्रियों के शरीर पर कई सुहाग की निशानियाँ होती हैं यह घोषित करने के लिए कि वह विवाहित है। किसी बेजान तस्वीर के फ्रेम में जैसे लाल निशान डालकर लिखा रहता है सोल्ड। स्त्रियों के माथे पर बिन्दी और माँग में सिन्दूर का लाल निशान ही यह बता देता है कि वे बिक गयी हैं। विवाहिता स्त्रियों के सिर के बाल से लेकर पैर के नाखून तक पति की जागीर होती है, लेकिन विवाहित पुरुष किसी भी मायने में स्त्रियों की जागीर नहीं होते।

इन हज़ारों पुरुषतान्त्रिक प्रथा को बनाये रखने के बाद, अब अगर स्त्रियों के बलात्कार के विरुद्ध आवाज़ उठायी जाये तो क्या बलात्कार बन्द हो जायेंगे? इधर बॉलीवुड के निन्यानवे प्रतिशत फ़िल्मों में दिखाया जा रहा है कि स्त्री एक यौन वस्तु है। टेलीविज़न में भी वही एक ही सन्देश। अखबार खोलते ही अधनंगी स्त्रियों की तस्वीरें—सभी जगह स्त्रियाँ केवल एक 'शरीर' हैं, झुर्रियों बगैर मुलायम चमड़ी वाली, सिर्फ स्तन, सिर्फ योनि। मस्तिष्क है भी तो दिखे नहीं, बुद्धिजीवी हो भी तो बुद्धिजीवी नहीं। पुरुष की पकड़ में वे आ जायें तो क्या उनके साथ बलात्कार न करे? फिर विज्ञान और दर्शन लेकर क्या आलोचना करे? स्त्रियाँ छोटी पोशाकें पहनें या चाहे नग्न ही रहें? बलात्कार करने का अधिकार किसी का भी नहीं है। यह बात पुरुष जानते नहीं हैं, ऐसा नहीं है, जानते हैं। पर यह भी तो उन्हें मालूम है कि अन्ततः पुरुष की ही चलती है, निर्णय करने का हक उसी का है, पुरुषों के पास पेशियों का बल है, पुरुषों को दिमाग़ ज़्यादा है, पुरुषों में साहस ज़्यादा है, पुरुष जोखिम उठा सकता है, पुरुषों के लिए डरना या शर्माना मना है, पुरुष वीर और निडर होते हैं, पुरुषों की क्षमता ज़्यादा है, शारीरिक बल ज़्यादा है। ऐसा कोई काम नहीं है जो पुरुष कर नहीं सकता। जन्म के बाद से यही तो जानते आये हैं वे लोग। यही तो हर पल उन्हें सिखाया गया है। बलात्कार करने पर पुरुष सोचता है वह पौरुष का प्रमाण दे रहा है। सच कहा जाय तो पुरुषतन्त्र स्त्री शरीर का जितना बलात्कार कर रहा है उससे कहीं ज़्यादा स्त्री के मन पर बलात्कार हो रहा है। पुरुष बलात्कार कर रहा है, मन के स्वाभाविक विकास पर, मन की जीवनी शक्ति पर, प्राणों पर, मन के उच्छ्वास पर, असीम सम्भावनाओं पर, स्वप्नों पर, स्वतन्त्रता पर। शरीर के घाव सूख जाते हैं, मन के घाव नहीं सूखते।

सदियों दर सदियों यही घटित हो रहा है। सब प्राणियों का क्रमिक विकास होता जा रहा है—क्रमशः अच्छे से बेहतर—बेहतर से और बेहतर—अवस्था के साथ अपने को ढालते हुए मनुष्य चल रहा है, इसलिए मनुष्य की प्रजाति टिकी हुई है। एक ही प्रजाति पर यदि पुरुष वर्ग अत्याचार करता रहे क्योंकि सिर्फ

यौनांग भिन्न है, तब यह अभागी मनुष्य प्रजाति ही एक दिन विलुप्त हो जायेगी। बलात्कार की इच्छा पर यदि पुरुष वर्ग लगाम न लगाये, ज़ोर-जबरदस्ती करके आनन्द भोग करने की आदत से अगर छुटकारा न पा सके तो मनुष्य का क्रमिक विकास अच्छी ओर न जाकर बुराई की ओर ही बढ़ेगा। बुराई की ओर अग्रसर होने का मतलब है विलुप्ति की ओर जाना। गिनती के कुछ बहुत दुष्ट प्रजातियों के अलावा और कोई भी प्रजाति है जो अपनी प्रजाति की स्त्रियों को दबाकर नहीं रखती है। सामूहिक बलात्कार? मनुष्य के अलावा और किसी प्रजाति का चरित्र इतना वीभत्स नहीं है।

मनुष्य बुद्धिमान है। अपनी बुद्धि का उदाहरण बहुत सी चीजों में छोड़ रहा है। मंगल ग्रह तक मशीन भेजी है। लेकिन इस छोटे से ग्रह में समता से, समानाधिकार से, सहानुभूति से, सुख से, निश्चिन्तता से स्त्री और पुरुष के रहने का परिवेश आज भी बना नहीं पा रहा है, क्यों? क्या बुद्धि नहीं है इसलिए या फिर इच्छा नहीं है इसलिए? मुझे तो लगता है कि इच्छा नहीं है इसलिए। हाँ, समझ में आता है कि पुरुषों में शारीरिक बल है इसीलिए बलात्कार करता है लेकिन शारीरिक बल के बूते पर तो हम इस समाज को नहीं चला रहे हैं, राज्य या राष्ट्र को नहीं चला रहे। चला रहे हैं बुद्धि के बल पर। पुरुषों ने क्या अपनी बुद्धि और चेतना को, विवेक और हृदय को सामूहिक बलात्कार करके बेहोश कर रखा है? चेतना की नस को निकाल कर अपने ही भविष्य का बलात्कार किया है?

तो फिर समाज को कौन बदलेगा। जिनके हाथ में सत्ता है, वे लोग। जिन्होंने पुरुषतान्त्रिक समाज को गढ़ा है, वे लोग। जो सत्ताहीन हैं, अत्याचारित हैं, बलात्कार की शिकार हैं, पीड़ित हैं, जो मुक्तभोगी हैं उनके पास शक्ति ही कितनी है। दिल्ली की सड़कों पर बलात्कार के प्रतिवाद में अत्याचार पीड़ितों से ज़्यादा अत्याचारी झुण्डों की उपस्थिति की ज़्यादा ज़रूरत है। अत्याचारियों का झुण्ड अत्याचार बन्द करेगा तभी अत्याचार बन्द होंगे। अगर सज़ा के डर से अत्याचार बन्द करें तो अवश्य ही वह बन्द करना सचमुच का बन्द होना नहीं होगा। अपनी गलती के अहसास के बाद जो बन्द करना होता है वही असल में बन्द करना कहलाता है—स्थायी होने की सम्भावना इसकी ही ज़्यादा है। भारत विश्व का सबसे बड़ा गणतन्त्र है—अगर जनसंख्या की बात सोची जाय? तो यह वाक्य झूठा नहीं होगा। पर गणतन्त्र सिर्फ वोट का बन्दोबस्त करना ही नहीं है। गणतन्त्र स्त्री-पुरुष अमीर गरीब सभी के लिए समान अधिकार और बोलने की आज़ादी का बन्दोबस्त करना भी है। भारत में इन दोनों में से कोई भी नहीं है। सिर्फ भारत ही नहीं पूरे उपमहाद्वीप का एक ही हाल है। जहाँ सच में गणतन्त्र

है वहाँ लोग बिना खतरे के रहते हैं। असली गणतन्त्र लाने के लिए मध्यवर्ग के एक हिस्से का गणरोष—जनता का क्रोध किसी काम का है क्या? बल्कि गणतन्त्र के लिए एक विशाल जन जागरण की आवश्यकता है। उपमहाद्वीप की राजनीति, छल, बल, कौशल से जन जागरण को बन्द करके रखती है। विषमता देखते-देखते, विषमता के साथ रहते-रहते मनुष्य को विषमता की आदत पड़ जाती है। समता या समानाधिकार सही मायने में किसे कहते हैं, ज़्यादातर लोग यह जानते ही नहीं। अफ़सोस यही है कि अधिकतर वंचितों को पता ही नहीं होता है कि वे वंचित हैं, लांछित ठीक से नहीं समझते कि वे लांछित हैं।

पहले जानें, पहले समझें उसके बाद सड़क पर निकलें।

नाबालिग का बलात्कार

उम्र—तेरह वर्ष। लड़की स्कूल से घर लौटना नहीं चाह रही है। रो रही है। क्यों रो रही है? घर में दो साल से हर रोज़ उसका बलात्कार कर रहे हैं उसके पिता, बड़े भाई और दो चाचा। यह उस दिन की घटना है—केरल की। पिछले साल इसी राज्य में एक व्यक्ति पकड़ा गया था, जिसने अपनी सोलह साल की बेटी से बलात्कार तो किया ही था, सौ और लोगों द्वारा भी बलात्कार करवाया था। ऐसा कोई देश नहीं है, समाज नहीं है जहाँ पिताश्री द्वारा शिशुकन्या पर बलात्कार कभी न हुआ हो। तहकीकात से पता चलता है शिशु-बलात्कार के सत्तर प्रतिशत दोषी परिवार के ही पुरुष या करीबी रिश्तेदार होते हैं। दूसरी गिनती में आते हैं जान-पहचान के लोग। सिर्फ शक्ल से पहचाने हुए मोहल्ले के चाचा, ताऊ, दादा और नाना। अनजान लोग भी बलात्कार करते हैं, लेकिन बहुत कम। याद आती है अमेरिकी लेखक जॉन स्माइली के उपन्यास की बात—अ थाउज़ैंड एकर्स। इसमें पिता का अपनी तीन बेटियों के साथ यौन सम्बन्ध था। बेटी तेरह वर्ष की हो जाये तो सम्बन्ध शुरू करता था, सोलह साल की होने पर रिहाई मिलती थी, फिर सोलह से कम उम्र वाली बेटी की तरफ़ हाथ बढ़ाता था। रक्षक कितनी आसानी से भक्षक बन जाते हैं। घर में पिता बलात्कार कर रहा है, बाहर पुलिस बलात्कार कर रही है। स्त्रियों के लिए सम्भवतः सुरक्षा अब एक अधिकार नहीं—लग्ज़री है। नाबालिग या बालिग बलात्कार हर मायने में घृणायोग्य है। बाल-बलात्कार तो थू-थू। आजकल जो लोग बलात्कार करते हैं वे यह जानकर ही करते हैं कि यह अन्याय है। मनुष्य जितना सभ्य हुआ है बलात्कार की व्याख्या उतनी ही बदली है। एक समय था जब बलात्कार को भी कोई अपराध नहीं माना जाता था। बच्चों के साथ भी वयस्कों का यौन सम्बन्ध बहुत स्वाभाविक घटना थी। आदिकाल में घर-घर में बाल-विवाह होते थे। उतने आदिकाल में जाने की ज़रूरत नहीं। हमारे रवीन्द्रनाथ ठाकुर ने ही तो नौ साल की बच्ची से विवाह किया था। राजस्थान में हर साल ही धूमधाम से बाल-विवाह हो रहे हैं। किसकी हिम्मत है

कि बन्द करवा दे। बाल-यौन सम्बन्ध या बाल-बलात्कार में कोई अन्तर नहीं है। शरीर में यौन-बोध शुरू होते-न होते ही केवल कौतूहल के कारण या बाध्य होकर बच्चे-बच्चियाँ शारीरिक सम्बन्ध के लिए राज़ी हो सकती हैं—लेकिन यह 'राज़ी' होना सचमुच का राज़ी होना नहीं है।

प्रायः सभी सभ्य देशों में चाइल्ड पॉर्नोग्राफी निषिद्ध है। लेकिन इसकी माँग प्रायः सभी देशों में बहुत ज़्यादा है। बच्चों पर बलात्कार किया जा रहा है। बच्चे-बच्चियाँ तो रोयेंगी—मगर नहीं, वे हँस रही हैं। एक नकली हँसी लटकी हुई है बच्चे-बच्चियों के होठों पर। इस तरह की पॉर्न तस्वीरें देखकर ही मर्दों के मन में शौक जागता है, बाल-बलात्कार करने को। बाल-बलात्कार के मामले में यूरोप की स्थिति बेहतर है पर अमेरिका और एशिया में उतनी नहीं। दक्षिण अफ्रीका में तो यह एक महामारी का रूप धारण कर चुका है। इसीलिए अब अफ्रीका का नम्बर सबसे ऊपर है।

''चौदह साल से कम उम्र वाली बच्चियों जिनका मासिक धर्म नहीं हुआ है, के प्रति जिन लोगों का यौन आकर्षण होता है—वे मानसिक रोगी हैं।'' यह बात 1886 साल में वियना के मनोरोग विशेषज्ञ रिचर्ड क्राफ्ट एबिंग ने कही थी। उसके बाद बहुत से देशों के मनोरोग विशेषज्ञों ने समय-समय पर क्राफ्ट एबिंग के मत के साथ सहमति जताई। दुनिया में दो तरह के बाल-बलात्कारी हैं। पहले वैसे बाल-बलात्कारी जिन्हें बच्चों के अलावा और किसी के प्रति यौन-आकर्षण नहीं होता। दूसरे प्रकार के बलात्कारियों को बाल और युवतियों दोनों के प्रति यौन आकर्षण होता है। जब जो हाथ लग जाये उसी से काम चलाते हैं। ये लोग धक्का खाने पर या थेरेपी से सुधर जाते हैं। लेकिन जो वास्तव में बाल-बलात्कारी हैं, उन्हें स्वस्थ करना आसान नहीं है। दरअसल प्रोजेस्टेरोन हार्मोन निकलवाकर बाल बलात्कारी 'पीडोफिलिया' से ग्रसित मानसिक रोगी की यौन इच्छा को ख़त्म करना कोई कठिन काम नहीं है यह बात बढ़ाचढ़ा कर नहीं कहीं मैंने।

"12 साल की एक लड़की को मर्दों के एक झुण्ड ने बलात्कार कर-करके मार डाला।" भारतीय उपमहाद्वीप के विभिन्न उम्र के, विभिन्न श्रेणी के करीब पचास हजार लोगों को जब यह खबर मिली तो उनमें से सत्तर फीसदी लोगों ने कहा, पुरुषांग काट देना चाहिए, बाईस प्रतिशत लोगों ने कहा—मौत की सजा दो। आठ प्रतिशत ने लीपा-पोती कर तरह-तरह की बातें बनायीं। What about to menz (व्हाट अबाउट टू मेन्ज) मतलब—पुरुषों का भी तो औरतें यौन शोषण करती हैं—तब? लड़की ने अवश्य ही पुरुषों को प्रोवोक (उत्तेजित) करने के लिए कुछ ऐसा ही पहना होगा, या शरीर पर कुछ पोता होगा। इन लोगों के पास

बलात्कार के समाधान सिर्फ दो ही हैं—मार डालो या काट डालो। यह दो सज़ायें अगर बलात्कारियों को दी जायें तो, कहते हैं नाबालिग लड़कियों पर बलात्कार ख़त्म हो जायेगा। ख़त्म तो हुआ ही नहीं बल्कि बलात्कार की घटनायें आसमान छू रही हैं। धनंजय को फाँसी पर चढ़ाने के बाद से ही बलात्कार की घटनायें बढ़ गयी थीं—याद नहीं?

जिन-जिन देशों में बच्चों के साथ बलात्कार सबसे कम है उन देशों में मृत्युदण्ड या लिंग काट देने की सज़ा नहीं है बल्कि उन देशों में स्त्रियों को सम्मान देने का रिवाज़ और व्यवस्था है। स्त्रियों की स्वतन्त्रता और उनका अधिकार उन देशों में औरों की तुलना में बहुत ज़्यादा है। उन देशों में स्त्रियाँ शिक्षित हैं, स्त्रियाँ स्वनिर्भर हैं, संसद में आरक्षित सीटों के अवसर के बिना ही संसद की पचास प्रतिशत सदस्या स्त्रियाँ ही हैं।

उन देशों में, बालिक हों या नाबालिग, सब पर ही बलात्कार धड़ल्ले से होते हैं जिन देशों में ज़्यादातर मर्द औरतों को भोग्य वस्तु, दासी, सन्तान पैदा करने की मशीन, बिना दिमाग़ की जीव या निकृष्ट जीव वगैरह की तरह समझते हैं। उन देशों में वेश्यालयों की भरमार है। सैकड़ों बच्चियों की यौन-व्यवसाय के लिए तस्करी की जाती है। पति के अत्याचार, दहेज के लिए मारपीट, दहेज के लिए ख़ून—ये दुर्घटनाएँ भी हर रोज़ घटती रहती हैं। और जो भी हो बलात्कार—यौन संगम नहीं है। बलात्कार कोई यौनिक भूख को मिटाने के लिए नहीं करता। क़रीब-क़रीब हर बलात्कारी का एक स्थायी यौन-साथी होता है। बलात्कार बिल्कुल ही पेशियों का ज़ोर दिखाना है, मर्द की जबरदस्ती और पुरुषांग की जबरदस्ती है। ले-देकर बात इतनी सी है कि पुरुषांग के गंजे सिर पर मुकुट पहनाना या विजय पताका उड़ाने का दूसरा नाम है—बलात्कार।

बलात्कार बन्द होगा, कब और क्या करने से बन्द होगा इस प्रश्न का सबसे अच्छा उत्तर है—"जिस दिन मर्द बलात्कार करना बन्द करेगा, उसी दिन बलात्कार बन्द होगा।" कब, किस समय बन्द करेंगे—यह पूरी तरह से ही पुरुषों का मामला है। सम्मिलित रूप से तय करें कि इस दिन से या इस हफ़्ते से या इस महीने से या इस साल से अपनी प्रजाति (नस्ल) पर यह भयानक, वीभत्स अत्याचार वे अब और नहीं करेंगे।

पीडोफिलिया यानी शिशु-बलात्कारी, मानसिक रोगी होते हैं। मानसिक अस्पताल में उनके इलाज का बन्दोबस्त करो। और बाकी जो बचे रह जायें उन्हें सिर से पैर तक सुधारने की कोशिश करो। किस वजह से वह एक नाबालिग लड़की का बलात्कार कर रहा है, उसका कारण ढूँढ़ो उस कारण को जड़ से

हटाओ। और इधर 'सरकार बाबू' तुम जो स्त्रियों को सिर्फ यौन वस्तु नहीं मान रहे हो उसका प्रमाण दो। वेश्यावृत्ति बन्द करो, जानते तो हो ही कि वहाँ रोज़ अनगिनत बच्चियों का बलात्कार हो रहा है। शिशु-पॉर्नोग्राफी बन्द करो, क्योंकि यह लोगों को शिशु पॉर्नो के लिए उकसाते हैं। सड़कों, दफ़्तरों, अदालतों, दुकान, बाज़ारों में स्त्रियों के साथ छेड़खानी बन्द करो, बाल-विवाह बन्द करो, दहेज-प्रथा बन्द करो, जात-पात बन्द करो। स्त्रियों को शिक्षित करो, स्वावलम्बी बनाओ। स्कूल की शुरुआत से ही स्त्री-पुरुष के समानाधिकार का पाठ पढ़ाओ, पढ़ाते रहो। बच्चों को अच्छी शिक्षा मिले और अच्छा परिवेश मिले तो वे अच्छे इन्सान बनते हैं। बलात्कारियों की जीवन-कथा की छानबीन की जाय तो पता लगेगा कि उनका बचपन बहुत बुरा था। अच्छी शिक्षा-दीक्षा नहीं थी, मारपीट देखते-देखते, नफ़रत देखते-देखते, मर्दानगी की पत्थरदिली देखते-देखते वे बड़े हुए हैं। यही उन्होंने सीखा है।

देश को बलात्कार मुक्त-बनाने के लिए सरकार को ढेरों काम करने होते हैं। बहुत मेहनत। इसके बदले बलात्कारी को फाँसी पर चढ़ाने से ज़्यादा आसान काम और कुछ नहीं है। जनता भी खुश होती है। कुछ समय के लिए सब समस्याओं का मुँह बन्द किया जा सकता है। सरकार इसी तरह लोगों को बेवकूफ़ बनाती है। लोग बुद्धिमान हो जायें तो बहुत मुश्किल होती है। तब जिन कामों को करने से सचमुच समाज का भला होता है, उन कामों को करने के लिए सरकार से माँग करती है। उनकी माँगों को मानते हुए, समाज को सबके लिए सुरक्षित करने में सरकार लग जाय तो वोट जुटाने की अटकलें कौन लगायेगा। किसी को लँगड़ी मारना, किसी को देशनिकाला देना, झुण्ड के झुण्ड गुण्डे पालना और युगों-युगों तक गद्दी पर बैठे रहने के अलावा समय कहाँ होता है सरकार के पास।

पीसफुल डैथ

सिंगापुर के डॉक्टर ने कहा, लड़की गुज़र गयी है। 'पीसफुली' यानी शान्ति से। नींद की गोली या दर्द निरोधक गोली पेट में जाय तो दर्द कम हो जाता है, यन्त्रणा उड़न छू हो जाती है। आँखें बन्द करें तो लगता है शान्ति से आँखें बन्द हो रही हैं लेकिन गहराई से देखो तो पता चलेगा कि इस मृत्यु के साथ 'पीस' या शान्ति का कोई सम्बन्ध नहीं है। वह लड़की कैसे शान्ति से मर सकती है? सिर्फ 23 साल की उम्र, पढ़ाई-लिखाई ख़त्म करके फ़िज़ियोथेरेपिस्ट भी नहीं बन पायी थी। जीवन के जो भी सपने थे, उसमें से ज़्यादातर पूरे नहीं हो पाये थे तब तक। सामने कितना सारा भविष्य फैला था। कहाँ तो उसे अपनी मनचाही ज़िन्दगी जीनी थी, वह नहीं हुआ, एक के बाद एक मर्दों द्वारा बलात्कार की शिकार हुई। भयंकर अत्याचारों का शिकार होना पड़ा। कोई अपराध उसने नहीं किया था, लेकिन उस पर नृशंसता ऐसी चली जो अविश्वसनीय थी, उसे मर जाना पड़ा। मुझे तो इसमें बूँदभर भी शान्ति नहीं दिखायी दे रही है।

23 साल की सामूहिक बलात्कार की शिकार वह लड़की आज मर गयी। उस दिन 17 वर्ष की एक और लड़की सामूहिक बलात्कार के बाद आत्महत्या करने को मजबूर हुई, कारण बलात्कारियों के विरुद्ध कोई भी शिकायत पुलिस ने दर्ज नहीं की बल्कि यह तक कह दिया कि वह लड़की किसी एक बलात्कारी से शादी कर ले। शायद ये दोनों मर कर बच गयीं। सैकड़ों-हज़ारों बलात्कार और सामूहिक बलात्कार की पीड़िता मृताओं की तरह ज़िन्दा हैं, धौंक रही हैं बलात्कार होने की शर्म और ग्लानि से। जिस समाज में बलात्कार करने वालों को कोई शर्म नहीं है, उस समाज में सारी शर्म बलात्कार पीड़िताओं की है। बलात्कार, लड़कियों व स्त्रियों के लिए प्राचीन काल से कुष्ठ रोग की तरह है। कुष्ठ रोगियों से समाज नफ़रत करता है। वे सिकुड़े-सिमटे रहते है डर से, सर झुकाकर रहते है, छुपे रहते है। आज के समाज में भी कोढ़ के रोगियों की तरह बलात्कार पीड़ितायें सिकुड़ी-सिमटी रहती हैं। एक तरह से जात बाहर हो जाती

हैं। इसी तरह मर मर के जीती हैं जितने दिन भी जीती हैं। क्या इस तरह जीना सचमुच का जीना है? वे लोग एक कुरूप पुरुषतान्त्रिक समाज में ज़िन्दा हैं। जिस समाज में पुरुष स्त्रियों को जितना दबाये रखता है, जितना दासी बनाये रखता है, जितना उनके ऊपर प्रभुत्व करता है, जितना उनके जीवन को असहनीय बनाकर रखता है उतना ही वो वीर पुरुष और 'पुरुषों में पुरुष' के रूप में सम्मानित होता है। पूरी दुनिया अब जानती है कि एक भारतीय लड़की सामूहिक बलात्कार की शिकार होकर मर गयी है। सिर्फ वे लोग इतनी सी बात नहीं जानते कि सैकड़ों, हज़ारों स्त्रियों को सिर्फ लड़की होकर जन्म लेने के अपराध के कारण ही वीभत्स अत्याचार सहने पड़ रहे हैं, हर रोज़ उन्हें दुख, कष्ट, यन्त्रणा, अवहेलना, अपमान झेलकर मरना पड़ रहा है। इस समाज में स्त्रियों को ये अवसर ही नहीं मिलता कि वे शान्ति के साथ जीयें या मर सकें।

कलकत्ता पर शासन कर रहे हैं कट्टरपन्थी लोग

सलमान रुश्दी को कलकत्ते में घुसने नहीं दिया जायेगा। यह खबर जब मैंने सुनी तो सच कहूँ मैं हैरान नहीं हुई। हैरान क्यों होऊँगी भला? मुझे भी तो आने की मनाही है, सिर्फ कलकत्ते में ही नहीं पूरे पश्चिम बंगाल में ही मेरा क़दम रखना मना है। वह जो वर्ष 2007 में मुझे पश्चिम बंगाल से देश निकाला दिया गया मैं आज भी उस राज्य में 'निषिद्ध' हूँ। सिर्फ मेरी उपस्थिति ही नहीं, मेरी किताबें भी वहाँ निषिद्ध की गयी हैं, पिछले साल कलकत्ता पुस्तक मेले में मेरी किताब 'निर्वासन' के पुस्तक-विमोचन समारोह को पश्चिम बंगाल सरकार ने रद्द करवा दिया। जिस व्यक्ति पर 'बोलने' की स्वतन्त्रता के लिए पिछले पच्चीस साल से हमले हो रहे हैं, जिसे असहनीय निर्वासन का जीवन जीना पड़ रहा है, बांग्ला भाषा में लिखकर भी उस भाषा में जिस लेखिका को जगह नहीं मिलती, उसके सिर की कीमत को सात-आठ सिरों की कीमत के बराबर आँका जाता है, जिसको शारीरिक आक्रमण का शिकार होना पड़ रहा है, वह क्योंकर कलकत्ते की साहित्य की बैठक में शरीक होने के लिए रोके जाने पर चौंक उठेगा?

मैं हैरान नहीं हुई, लेकिन सलमान रुश्दी को कलकत्ता के जलसों, अनुष्ठानों में हिस्सा लेने पर रोक का मैंने तीव्र प्रतिवाद किया है। मक़बूल फ़िदा हुसैन, ए.के.रामानुजन, जेम्स लेन, रोहिंगटन मिस्त्री, कमल हसन जैसों पर, प्रकाशन की स्वतन्त्रता पर चोट पहुँचाई गयी है। जब भी धार्मिक कट्टरपन्थी कोई माँग रखते हैं, वह माँग चाहे कितनी भी अनुचित हो, सरकार के अन्दर उसे मान लेने की एक ज़ोरदार रुझान नज़रों में आयी है। कितनी ही बार कट्टरपन्थी नाराज हो सकते हैं या मुश्किलें पैदा कर सकते हैं, इसी डर से सरकार की तरफ़ से तर्क और जनतन्त्र के खिलाफ निर्णय लिया जाता है। वर्ष 2003 में मेरी लिखी हुई 'द्विखण्डित' किताब को पश्चिम बंगाल की सराकर ने सिर्फ इसी डर से बैन करवा दिया था कि कहीं कुछ हो न जाय। सलमान रुश्दी को कलकत्ता आने से रोकने के पीछे सरकार की 'कहीं कुछ हो न जाये' का डर ही काम कर रहा है।

लेकिन यह और कितने दिन तक चलेगा? कितने दिन कट्टरपन्थियों, खासकर मुस्लिम कट्टरपन्थियों के डर से वे सिकुड़े-सिमटे रहेंगे, कितने दिन तक उनकी बेजा माँगों के आगे सिर झुकाये उनकी बातें मानते रहेंगे? भारत दुनिया का सबसे बड़ा प्रजातान्त्रिक देश है, भारत बांग्लादेश भी नहीं है, और न ही पाकिस्तान है, भारत का प्रजातन्त्र, बांग्लादेश और पाकिस्तान जैसा चरमराता प्रजातन्त्र नहीं है। भारत आज वाणिज्य शक्ति, शिक्षा के पैमाने में उन्नत देशों की कतार में खड़ा है। लेकिन क्यों भारत स्वयं को मुस्लिम कट्टरपन्थियों का स्वर्ग बनने दे रहा है। गिनती के कुछ मुस्लिम कट्टरपन्थियों को खुश करने के लिए या उनके डर की वजह से आज भारतीय संविधान (19 क धारा) को अपमानित करने में कुछ चुने हुए जन प्रतिनिधि देश को हज़ारों साल पीछे धकेल देने में कोई आपत्ति या विरोध नहीं जता रहे हैं। इसके फलस्वरूप पूरा का पूरा मुस्लिम सम्प्रदाय और समूचा इस्लाम ही 'असहिष्णु' प्रमाणित हो चुका है इसकी जिम्मेदारी कौन लेगा? सिर्फ चुनाव जीतने के हिसाब-किताब से ही मतलब है चाहे देश जाये भाड़ में, देश का भविष्य जाये भाड़ में, बस, मुझे तो चुनाव जीतना है। प्रगतिविरोधी, स्त्री-विरोधी, बचकाना, अप्रजातान्त्रिक अशिक्षित, बीमार, असभ्य कट्टरपन्थियों की धमकियों को मानकर जो लोग आज शिक्षित, प्रगतिशील कलाकार, साहित्यिक बुद्धिजीवियों की स्वतन्त्रता का हरण कर रहे हैं, कट्टरपन्थियों की शक्ति और साहस को बढ़ावा दे रहे हैं, वे लोग देश और जनता के दुश्मन हैं—यह बात मैं कह सकती हूँ, अपनी ज़िन्दगी का जोखिम उठाकर कह सकती हूँ।

वे दिन

जाड़ों की सुबह आँगन में खड़े होकर मैं धूप तापती थी। बड़े से थाल में गरम 'भापा' मिठाई लेकर कोहरे में से पैदल चलकर बस्ती की किशोरियाँ आती थीं। मिठाइयाँ कपड़े से ढकी होती थीं। क्या गज़ब का स्वाद था उन मिठाइयों का। 'भापा' मिठाई बड़ी होकर भी खायी है। लेकिन वैसा स्वाद फिर कभी न मिला।

नानी के घर में बना 'बरई' शहर का सबसे स्वादिष्ट 'बरई' हुआ करता था। बड़ी होकर 'बरई' बहुत बार खायी है पर ननिहाल की 'बरई' से ज़्यादा स्वादिष्ट 'बरई' दोबारा नहीं खायी। सिर्फ 'बरई' ही क्यों? हमारे घर के अमरूद, वे कटहल। कभी भी उतने स्वादिष्ट अमरूद-कटहल और कहीं खाये हैं? नहीं खाये। ज़रा भी बनाकर नहीं कह रही हूँ।

माँ खाना बनाती थीं मिट्टी के चूल्हे में। फुँकनी से फूँक-फूँक कर कितनी तकलीफ से आग जलानी होती थी माँ को। हर समय लकड़ी नहीं होती थी घर में, तब पेड़ों के डाल-पत्तों से ही माँ खाना बनाती थीं। लेकिन माँ जो कुछ भी पकातीं सभी का स्वाद बेहद अच्छा होता। बड़ी होने पर पूरी दुनिया के विभिन्न देशों के बड़े-बड़े रेस्तराँ में खाया। कितने बड़े-बड़े 'दावतों में खायी' मैं, पर माँ के हाथ का बना वह स्वादिष्ट खाना आज तक नहीं खाया। इसकी वजह क्या यही है कि बचपन के स्वाद और गन्ध स्मृतियों के कण-कण में इस तरह बस जाते हैं कि उन्हें किसी तरह हटा नहीं पाते हम—या फिर कुछ और। माँ के हाथों में जैसे जादू था। घर की कोई मुर्गी या बत्तख को पकाकर घर के बारह जनों को दो वक़्त खिलाती थीं। उसके बाद भी कुछ टुकड़े बचाकर रख देती थीं। दूसरे दिन सुबह के नाश्ते के लिए—रोटी-मीट का नाश्ता। माँ की हर चीज में ही कुछ जादू था। अपने हाथ से लगाये नारियल के पेड़ से 'तक्ती' बनाती थीं माँ। अब जब भी वैसी 'तक्ती' खाती हूँ तो लगता है माँ के हाथ की बनी 'तक्ती' की तुलना में वह कुछ भी नहीं। करीब-करीब पूरे साल माँ अपने बगीचे में उगी साग-सब्जियाँ, फल-मूल खिलाती रहती थीं। उन सब की तुलना सिर्फ़ उन्हीं के बनाये हुए खाने से हो सकती है।

सुना है, अपनी माँ के पकाये खाने की प्रशंसा सभी करते हैं। रसोई ही औरतों की जगह है। इस मर्दवादी धारणा का मैं घोर विरोध करती हूँ। लेकिन खाना बनाने को एक 'कला' मानकर अपनी माँ को मैं असाधारण 'कलाकार' की उपाधि दे रही हूँ। माँ हैं इसलिए सिर्फ़ माँ की प्रशंसा नहीं कर रही हूँ। सिर्फ माँ की ही नहीं नानी की भी पाककला बेजोड़ थी। नानी की रसोई में पीढ़े पर बैठकर मैं खाना खाती थी। मछली या मीट के साथ चावल खाने के बाद दूध-भात। दूध पीने से दिमाग़ दुरुस्त होता है ऐसा नानी कहती थीं। छोटा-सा एक सिंगी मछली का टुकड़ा या छोटी सी एक मुर्गी की टँगड़ी या बकरे की मीट वाली तरी के साथ पूरा थाल भर चावल खाने के बाद कितनी तृप्ति होती थी। अब तो एक ही वक़्त में एक किलो मीट और मछली खा ली जाती है फिर भी इससे पहले जैसी तृप्ति नहीं मिलती।

बचपन का एक दृश्य मुझे बहुत भाता था। नानी के कमरे में शाम को किताब पढ़ी जाती थी। एक जना पढ़ता था, बाकी लोग चुप होकर सुनते थे। जिनमें मामा, खाला, नानी, पड़ोसी सब थे। कोई धार्मिक किताब नहीं, 'कहानी' की किताब। किताब पढ़ने की हर रोज़ की उस 'रुटीन' से ही मेरी किताब पढ़ने की आदत पड़ी है। और इसी आदत की वजह से किताब लिखने की शुरुआत हुई है। नानी के कमरे का वह चमत्कारी दृश्य मैं अब कभी नहीं देख पाऊँगी, जब भी यह सोचती हूँ कि तभी सीने में एक दर्द का सोता बहने लगता है, और बहता ही रहता है। माँ नहीं हैं, वे मामा लोग भी नहीं हैं, जो खाला किताब पढ़ती थीं वे भी नहीं हैं। चारों ओर जाने कैसा 'नहीं-नहीं' पसरा हुआ है। सिर्फ वह दृश्य ही दिल में गड़ा हुआ है।

बचपन की खुशियाँ बड़ी तीखी और गहरी होती थीं। पहनने के तीन कपड़ों में ही जो सुख मिलता था, आज अलमारी में रखे तीन सौ कपड़े भी वह सुख नहीं दे पाते। बचपन का बहुत कुछ खो गया है। सुबह मुरमुरे वाला आता था—मुरमुरे-ए-ए- की आवाज़ सुनते ही दौड़कर जाकर मुरमुरे वाले को बुलाकर लाती थी। बाबा पूरा मुरमुरे का टिन ही खरीद लेते थे। वह मुरमुरे पूरे महीने हम खाते थे। कितनी चीजें बेचता था फेरी वाला। दोपहर में चूड़ियाँ, रिबन बेचता था। इन सबका कोई आकर्षण नहीं था मुझमें। बादामवाला, बूटवाला, चनाचूरवाला, आइसक्रीम वाला, सब गुज़रते थे। शाम को बरामदे में बैठकर मूँगफली में नमक-मिर्च मिलाकर खाते-खाते गप्पें मारने का वह आनन्द अब और नहीं है। दोपहरी की वह इमलियाँ, धूप में रखे माँ के बनाये अचार के वह बयाम। हज़ार चाहने पर भी वह जीवन अब कभी वापस नहीं आयेगा। जो

बीत गया वह जैसे हमेशा के लिए बीत गया। घर के मैदान में वह बैंची खेलना, वह चोर-सिपाही, वह कबड्डी, वह कंचे, वह लट्टू, गुल्ली-डण्डा, क्या फिर वे दिन कभी लौट कर आयेंगे? आजकल बच्चे कम्प्यूटर गेम खेलते हैं, वीडियो गेम खेलते हैं, यही उन्हें अच्छे लगते हैं। हम इस युग में जन्मते तो हमें भी कम्प्यूटर गेम ही अच्छा लगता। मैदानों में दौड़ना अर्थहीन लगता। शुक्र है, हम उस समय जन्मे थे। उस समय जन्मे थे तभी तो धूल-रेत में लोटते थे, यन्त्रहीन समाज का स्वाद पाया है। लालटेन जलाकर शाम को पढ़ने बैठते थे, हाथपंखे झलकर गर्मियाँ काटी हैं। कभी यह अहसास ही नहीं हुआ कि हम बिजली के पंखे और बत्ती से वंचित हैं। टेलीविज़न नहीं था, फ्रिज नहीं था, मोबाइल नहीं था, कम्प्यूटर नहीं था, लेकिन कभी भी यह अहसास नहीं हुआ था कि किसी और चीज़ की भी ज़रूरत है उसके अलावा जो हमारे पास है। अब यन्त्रनिर्भर, अर्थनिर्भर समाज का अनुभव भी हो रहा है। इतिहास पढ़कर जानना और खुद अनुभव कर जानने में कुछ तो फर्क होता ही है। इस युग का जीवन उस युग के जीवन से भिन्न है। दो अलग-अलग समय के संधिक्षण में खड़े हैं हम लोग। यह तो एक तरह से हमारा सौभाग्य ही है, कि एक ही ज़िन्दगी में कितना कुछ देख लिया। यहाँ खड़े होकर ज़्यादा नहीं तो थोड़ा अन्दाजा तो लगा ही सकते हैं कि भविष्य किस ओर जा रहा है।

दिनों दिन लोगों की धनदौलत में बढ़ोतरी हो रही है, चमक-दमक, भोग-विलास, सजधज बढ़ रही है। पहले हमें थोड़े में ही सुख मिलता था, अब थोड़े में सुख नहीं होता। पहले हम और दरिद्र थे पर आज से ज़्यादा सुखी थे। सुख के साथ सच कहें तो धन-दौलत का कोई रिश्ता नहीं है।

बर्बरता को एक बार बढ़ावा दिया कि मरे

सलमान रुश्दी को कलकत्ता में आने नहीं दिया गया इस बात को लेकर चारों तरफ़ मातम मनाया जा रहा है। जो लोग अब छाती फाड़ कर रोना-धोना मचा रहे हैं, उनमें ज़्यादातर लोगों ने ही अपना मुँह बन्द रखा था, जब 2003 साल में मेरी 'द्विखण्डित' नामक पुस्तक को पश्चिम बंगाल की सरकार ने इसलिए जब्त (बैन) कर दिया था, कि यह पुस्तक मुसलमानों की अनुभूति को चोट पहुँचायेगी। मुसलमान लोग न तो सड़क पर उतरे थे और न ही उन्होंने किताब को निषिद्ध करने की माँग रखी थी। लेकिन उस समय बंगाल के मुख्यमन्त्री बुद्धदेव भट्टाचार्य ने अपने आप पहल करके किताब को 'बैन' कर दिया था। उन्हीं के दिमाग़ से किताब को निषिद्ध करने की कुबुद्धि निकली थी। हालाँकि उन्होंने कहा था—25 बुद्धिजीवी मुझे 'द्विखण्डित' को निषिद्ध करने के लिए तक़ाजा दे रहे थे। बुद्धदेव भट्टाचार्य को यह समझना चाहिए था कि जो लोग किताब 'बैन' या निषिद्ध करने की माँग करते हैं, वे चाहे और कुछ भी कहलाएँ बुद्धिजीवी नहीं कहला सकते। किताब को 'बैन' करने के पीछे जो कारण खड़े किये गये थे वे बिल्कुल ही बेबुनियाद और हास्यास्पद थे, यह किताब 'बैन' होने के दो साल बाद कलकत्ता हाईकोर्ट ने ऐसा ही कहा था और किताब को मुक्त कर दिया था। बुद्धदेव को क्या पड़ी थी कि मुसलमानों को चोट न पहुँचाने के लिए वे गणतन्त्र की सबसे बड़ी शर्त "बोलने की आज़ादी" पर कुल्हाड़ी चलायें?

मैं उस समय कलकत्ता में पक्के तौर पर रह रही थी। एक समय मेरे साथ मित्रता रहने पर भी किताब निषिद्ध होने के बाद बिल्कुल 'ब्राह्मण' की तरह बर्ताव करना शुरू कर दिया गया। मेरी तरह अछूतों की छाया से भी दूर भागे। किताब के विमोचन के बाद तो बिल्कुल ही नहीं। सोचा था बुद्ध बाबू शायद एक दिन अपनी गलती समझ पायेंगे, पर ऐसा सोचना मेरी गलती थी। हैदराबादी मुस्लिम कट्टरपन्थियों के मुझ पर आक्रमण करने के बाद वाले दिन से ही उन्होंने दूसरी नक्शेबाजी शुरू कर दी। मुझे नहीं मालूम उस नक्शेबाजी के लिए कितने

बुद्धिजीवियों ने सलाह दी थी। मैं सीधीसादी, सताई हुई निर्वासित हूँ। राजनीति के दाँवपेंच किसी दिन भी समझ नहीं पायी। 2007 के अगस्त के महीने में मुझ पर आक्रमण हुआ, उसी अगस्त के महीने में कलकत्ता के कट्टरपन्थी नेताओं ने हैदराबाद के कट्टरपन्थी नेताओं को बुलाकर कलकत्ता में धर्मतला का रास्ता बन्द कर एक विशाल जनसभा बुलायी, मेरे सिर की कीमत की घोषणा करने की जनसभा। जो कोई मेरा सर कलम कर ले आयेगा उसे 'अनलिमिटेड एमाउंट ऑफ मनी' दिया जायेगा। उस सभा में पुलिस के बड़े-बड़े अफसर मौजूद थे। उस दिन उन कट्टरपन्थी संत्रासी लोगों में से किसी को भी गिरफ़्तार तो नहीं किया गया बल्कि उल्टे उनका सम्मान ही किया गया। तभी से बुद्धदेव भट्टाचार्य ने बड़े-बड़े पुलिस अफसरों को मेरे घर भेजना शुरू किया है। बात क्या है तो यह कि पश्चिम बंगाल से, और हो सके तो देश से मुझको निकल जाना पड़ेगा। क्यों निकलना पड़ेगा? सिर्फ इसलिए कि अगर मैं कलकत्ता में रहती रहूँ तो कलकत्ते के मुसलमानों की अनुभूति को चोट पहुँचेगी।

इधर नंदीग्राम, सिंगूर और रिज़वान को लेकर राज्य में बुरी हालत। मुसलमान लोग सी.पी.आई.एम. पर बेहद नाराज़ हैं। नवम्बर की इक्कीस तारीख को पार्क सर्कस की गली से कुछ लोग निकले और गाड़ियों में आग लगानी शुरू कर दी, पुलिस को पत्थरों से मारने लगे। क्यों नाराज़ हैं? नंदीग्राम और सिंगूर में मुसलमानों को, और रिज़वान को क्यों मारा, इसीलिए नाराज़गी। कुछ दिनों बाद अचानक एक दिन, किसी ने हाथ से लिखा एक काग़ज़ ऊपर उठाकर पकड़ा—उसमें लिखा था—"तसलीमा गो बैक"—। बस मुझे घर से उठाकर जयपुर भेज दिया गया। टिकट मुख्यमन्त्री ने पहले ही काट रखा था। वन वे टिकट। उसके बाद हज़ार कोशिश करके भी पश्चिम बंगाल में कदम न रख सकी। मेरा घर-द्वार, बिल्ली, दोस्त लोग सभी कलकत्ता में हैं। बांग्लादेश से भी मुझे निकाल दिया गया था। लेकिन पश्चिम बंगाल से निकालना बांग्लादेश से भी निष्ठुर और दुखदायी था। आज भी पश्चिम बंगाल के आसपास जाना मेरे लिए निषिद्ध है। ममता बैनर्जी, बुद्धदेव का कुछ भी न मानें लेकिन यह मानती हैं कि तसलीमा के लिए पश्चिम बंगाल में कोई जगह नहीं है। मेरे बारे में वे बुद्धदेव के चरण चिह्नों पर बखूबी चल रही हैं।

सलमान रुश्दी को कुछ घण्टों के लिए भी आने न देने के पीछे भी वही एक कारण है। राज्य खत्म हो गया है। राज्य को खत्म कर देने के गुनाहगार बुद्धदेव ही हैं। वे अगर उस दिन मेरी किताब निषिद्ध नहीं करते, मुझे जन्म-भर के लिए मेरे कलकत्ते के घर से देशनिकाला न देते, तो आज निश्चित रूप से कलकत्ता जा पाते। उनके उस एक दिन के कलकत्ता भ्रमण में कोई बाधा न आती।

बुद्ध बाबू ने ही मुल्लावाद को ताकत और साहस दिया है। इसीलिए आज वे लोग एयरपोर्ट तक धावा बोल सकते हैं और एक ही तरीके से उस तरह के नारे लगा सकते हैं—रुश्दी गो बैक। क्योंकि वे लोग जान गये हैं कि वे लोग जो भी चाहते हैं, उन्हें उपलब्ध करा दिया जाता है, और बहुत बार चाहने से पहले ही मुँहमाँगी चीज़ मिल जाती है। आज जो बुद्ध बाबू यह कह रहे हैं कि अगर वे सत्ता में रहते यानी कि उनकी सरकार होती तो वे सलमान रुश्दी को आने देते। यह झूठ है या फिर अगर वे चाहते भी तो कट्टरपन्थी, 'फ्रैंकनस्टाइन' का दानव रुश्दी के आने को पूरी ताकत से रोकता, दंगा छेड़ देता। उसी 'फ्रैंकनस्टाइन' ने जैसे बुद्ध बाबू के साथ उनके पूरे दल को चुनाव में हरा दिया, तसलीमा को 'देशनिकाला' देकर भी उन्हें जैसे एक वोट की बढ़त नहीं मिली, ठीक वैसा ही होता।

आज सिर्फ़ पश्चिम बंगाल में ही नहीं भारत के अलग राज्यों में असहिष्णुता देख रही हूँ। कश्मीर में मुफ्ती साहब ने 'फतवा' दिया, स्त्रियाँ, लड़कियाँ गाना नहीं गा सकतीं, संगीत वर्ज्य है उनके लिए। तमिलनाडु में 'कमल हसन' की मूवी नहीं दिखायी जा सकेगी। आर्ट गैलरी में नग्न तस्वीरें नहीं रखी जा सकेंगी। असहिष्णुता को बढ़ावा देते-देते हम ऐसी जगह आ पहुँचे हैं जहाँ असहिष्णुता सिर पर चढ़ कर बैठी है। और एक बार अगर सर पर चढ़ा लिया, एक बार अगर बर्बरता के साथ सुलह कर ली, तो बाकी ज़िन्दगी भी उसके साथ समझौता करते जाना पड़ेगा। बर्बरता वो चीज़ है जो एक बार सिर पर चढ़कर बैठ जाये तो उसे नीचे उतारना बहुत मुश्किल है। कसूर बर्बरता का नहीं है दोष तुम्हारा है, तुम्हीं बर्बरता को जानबूझ कर बुला कर लाये हो। जानबूझ कर तुम्हीं ने विषपान किया है। अब मौत के वक़्त कम से कम अपनी गलतियों को तो स्वीकार करो।

है दुख, है मृत्यु

एक-एक कर सभी चले जा रहे हैं। जानती हूँ इसी तरह सभी चले जायेंगे, मैं भी। फिर भी किसी की मौत को मान नहीं पाती मैं। खा-पी रही हूँ, घूम रही हूँ, लेकिन जो आदमी, कुछ दिन पहले तक था अब नहीं है उसको याद करते-करते उदास हो जाती हूँ। जाना दाहिनी तरफ़ है जाती हूँ बायें। चाय तो ठण्डी हो ही जाती है, किताब के जिस पैरा में आँख टिकी होती है, उसी में अटकी रहती है, मन और कहीं है, मन उस व्यक्ति के रहने पर है, न रहने पर नहीं। मौत-मृत्यु नाम की चीज़ को, काश किसी चीज़ से मिटा दिया जा सकता। मुझ जैसी सिर से पाँव तक वैज्ञानिक सोच वाली के अन्दर इतना आवेग क्यों रहेगा? ऐसा प्रश्न मैंने बहुत बार सुना है। जिन लोगों का धर्म में विश्वास है, वे कम तकलीफ़ पाते हैं, वे लोग तो सोच ही लेते हैं कि मृत्यु ही आखिरी पड़ाव नहीं है, मनुष्य फिर से जाग उठेगा, मनुष्य के भले बुरे का विचार कोई एक सर्वशक्तिमान तराजू पर तौलकर करेगा उसके बाद मनुष्य और मरेगा नहीं। या फिर मरने के बाद बार-बार लौटकर आयेगा, इस धरती पर मनुष्य रूप में या फिर पशु-पक्षी का रूप धर कर। ऐसा विश्वास रहे तो दुख-तकलीफ़ पाने का मामला कम हो जाता है। मुझे कष्ट होता है क्योंकि मैं जानती हूँ जो चला गया वह हमेशा के लिए ही चला गया, वह फिर कभी भी नहीं जागेगा, और कभी भी कोई उसे देख नहीं पायेगा।

माँ चली गयीं इसके बाद बाबा। कभी-कभी विश्वास नहीं होता कि माँ-बाबा नहीं हैं। मामा, खाला लोग जो प्यार करते थे वे भी नहीं हैं। अगर किसी दिन देश लौट पाऊँ, तो देखूँगी देश खाली है। पहले जो शुभाकांक्षी लोग थे उनमें से ज़्यादातर ही अब नहीं हैं। शमसुर्रहमान, के.एम. सोबहान, कबीर चौधरी, अहमद शरीफ, वाहिदुलहक़, क़लीम शराफ़ी—कोई भी नहीं है। कलकत्ता में साथ थे अन्नदाशंकर राय, निखिल सरकार, शिवनारायण राय, अल्मान दत्त, सब आँखों के सामने गुज़र गये। कलकत्ता भी अब काफी खाली सा हो गया है। मुझसे

बहुत स्नेह करते थे मदनजीत सिंह, कुछ दिन हुए गुज़र गये। दिन-ब-दिन यह दुनिया खाली होती जा रही है। दो भाई, मज़े में ज़िन्दा हैं, अभी-अभी एक जने को कैंसर, और दूसरे को हृदय रोग है। किसी को नहीं मालूम अचानक कौन सी बीमारी किस को दबोच लेगी। किसको धकेल कर गहरी खाई में गिरा देगी। मैंने भी अपने भाइयों की तरह अपने माँ-बाप की बीमारियाँ उत्तराधिकार के रूप में पायी हैं। बीमारियाँ ही मिली हैं विरासत में—आराम, अय्याशी, धन-दौलत दोनों भाइयों ने आपस में बाँट ली हैं। निर्वासित जीवन में ज़िन्दा रहने की लड़ाई लड़ रही हूँ। आँधी-तूफान, बुरे समय में भी लिखना नहीं छोड़ा। अभी भी लिख रही हूँ, जैसे पहले लिखती थी, उसी तरह की लिखाई, जिसको लिखने से 'फतवा', निर्वासन, हड़तालें और लाख-लाख लोगों के जुलूस निकलते हैं। लिखते-लिखते ही अचानक कोई कठिन बीमारी होगी, सीने में बहुत दर्द होगा चुपचाप मर जाऊँगी। अकेले-अकेले ही मरना होगा। उससे क्या? कोई क्या किसी को संग लेकर मरता है? शायद पास कोई रहता है! लेकिन मौत को, मौत की तकलीफ़ को कोई बाँट तो नहीं लेता। मौत को लेकर मेरे मन में कोई सपना-वपना नहीं है। बहुतों को रहता है। आत्मा में विश्वास करने से ही वह सब रहता है। मेरे साथ वह झमेला नहीं है।

दुनिया खाली हो जाय तो जीने की इच्छा काफ़ूर जो जाती है, ऐसा नहीं है। जो लोग जानते हैं एक ही जीवन है, एक बार ही जीना है, वे केवल पीछे की ओर देखकर ही ज़िन्दगी नहीं बिता देते—सामने भी देखते हैं। मैं सामने देखती हूँ, इसका मतलब यह तो नहीं कि पलट कर पीछे नहीं देखती, माँ को याद नहीं करूँगी, बाबा के लिए दो बूँद आँसू नहीं बहाऊँगी, शिवनारायण राय के स्नेह और प्यार की बात सोच कर लम्बी साँस नहीं भरूँगी ऐसा होता है कभी? विज्ञान और क्रमिक विकास पर विश्वास करने से व्यक्ति बहुत निष्ठुर हो जाता है। धर्मवादी लोग ऐसी बदनामी हर समय फैलाते हैं। दरअसल ज़िन्दगी में मैंने इसका उल्टा ही देखा है। ख़ून कर रहे हैं, बलात्कार कर रहे हैं, चोरी-डकैती कर रहे हैं, झूठ बोल रहे हैं, लोगों को ठग रहे हैं—ऐसे भयंकर बर्बर लोगों का धर्म और ईश्वर में असीम विश्वास है। और जो धार्मिक लोग अच्छे हैं, अगर वे किसी दिन जान जायें कि ईश्वर नाम की कोई चीज़ नहीं है, तब सर्वनाश है। उनमें से ज़्यादातर लोग ख़ून-खराबा, लूट-पाट अन्याय, अत्याचार कर इस दुनिया को एक समूचा नरक बनाकर छोड़ेंगे। ईश्वर से सज़ा पाने के डर से जो लोग भले बनते हैं वे सचमुच के भले नहीं हैं। सचमुच के भले वे ही हैं जो ईश्वर नहीं है—जानते हुए भी बुरे काम नहीं करते हैं। सैकड़ों सहस्त्र करोड़, ग्रह-नक्षत्रों के इस महाविश्व में

एक छोटे से ग्रह में मनुष्य नामक प्रजाति किसी दूसरे प्राणी से विकसित हुई है। और भी लाखों प्रजाति की तरह हम भी एक दिन विलुप्त हो जायेंगे। महाविश्व के अरबों, खरबों करोड़ों साल के इतिहास में मानवप्रजाति का विकास और विलुप्ति सभी शायद पलक भर की घटना है। हमारी विलुप्ति से इस ब्रह्मण्ड का क्या आता-जाता है? जो जैसे चल रहा है वैसे ही चलेगा। गैस खत्म हो जायेगी तो हमारा सूर्य भी बुझ जायेगा। अपने आसपास जो कुछ भी है, सब चीज़ों को सोख कर तब बुझेगा। उतने करोड़ों वर्ष तक क्या हमारी प्रजाति ज़िन्दा बची रहेगी? शायद और भी विनाश की ओर जायेगी नहीं तो अविनाश किसी 'अच्छे' की ओर। कौन जानता है हमारी किसी अन्दाज़े और कल्पना के परिणामस्वरूप नहीं, मनुष्य ही एक दिन परा-आणविक बम से धरती का सब कुछ ध्वंस कर देगा। नहीं तो किसी एक दिन महाशून्य से कोई एक पत्थर छिटक कर गिरेगा, और गिरकर जैसे डायनासोर की प्रजाति का नामोनिशान मिटा दिया था, वैसे ही हमें भी निश्चिह्न कर देगा। इतना कुछ जान लेने के बाद भी इस अनिश्चित, अर्थहीन अदना सी ज़िन्दगी से प्यार करती हूँ, इसे अर्थपूर्ण करने की कोशिश करती हूँ। मनुष्य सुख, शान्ति, निश्चिन्तता के साथ रहे इसके लिए कुछ व्यक्ति अपनी ज़िन्दगी का जोखिम उठाकर काम करते हैं। ज़्यादातर लोग ऐसे हैं जो अपने सिवा और कुछ नहीं सोचते। वे यह जीवन बड़े आराम और मज़े से काटकर मृत्यु के बाद भी आराम से बिताने का इंतजाम कर लेते हैं। दूसरे लोग क्या खायेंगे, दूसरे लोग क्या पहनेंगे यह उनके सोचने का मसला नहीं है। वे सोचते हैं, दूसरों की समस्या दूसरे ही सुलझायेंगे। ऐसा भी नहीं है कि धर्मवादी लोग दुखी-दरिद्रों की बिल्कुल ही सहायता नहीं करते, करते हैं पर अपने स्वार्थ के कारण करते हैं, ईश्वर से इसके बदले उन्हें कुछ मिलेगा, इसी उम्मीद में करते हैं। निःस्वार्थ लोग हैं ही कितने? बहुत कम गिने-चुने ऐसे लोग हैं जो हमेशा ही अपने घर का खाकर दूसरों के उपकार के लिए काम करते हैं। ऐसा न होता तो क्या यह समाज बदलता? जितना थोड़ा-बहुत बदला है उतना भी क्या बदलता? बीसियों साल गुज़र जा रहे हैं एक चुटकी में। जीवन का समय बहुत थोड़ा है। धर्म की रूपकथा में मेरा विश्वास नहीं है इसलिए बेवजह पूजा-प्रार्थना में मेरा समय नष्ट नहीं होता। जितना समय है जीवन में, उसका पूरा ही मुझे चाहिए अपने लिए, खुद को जो अच्छा लगता है, जो मैं चाहती हूँ वही मैं करूँगी। काश सभी ऐसा ही कर पाते। "क्या करना मुझे अच्छा लगता है?" यह पता लगाने में ही बहुतों की ज़िन्दगी, नष्ट हो जाती है। किसी-किसी की तो इच्छायें भी 'उधारी' होती हैं, अपनी नहीं। कितने लोग हैं जिनकी हँसी नकली होती है, बातें नकली होती

हैं, पहनावा नकली होता है। कितनी बार तो ऐसा लगता है कि चारों तरफ़ के लोग ज़िन्दा लोग नहीं हैं, बेजान रोबो हैं।

इन सबके बीच रहकर भी हर दिन प्यार कर रही हूँ। प्रतिदिन स्वप्न देख रही हूँ समता का, सच्चाई का। स्वप्न देख रही हूँ एक सुन्दर पृथ्वी का। जो लोग मेरी तरह सोच रखते हैं, कौन कहता है कि वे गिनती में बहुत ही थोड़े हैं? इस धरती पर हर जगह वे बिखरे हैं। हम भेड़ें नहीं हैं, इसलिए हमारी गिनती नहीं हो सकती। नहीं, हममें से कोई भी अकेला नहीं है। कभी-कभी जो हम अपने को अकेला समझते हैं, वह ग़लत समझते हैं। भरे पूरे घर में रहते हुए भी जैसे किसी का अकेलापन खत्म नहीं होता, एक ही घर में, पूरी ज़िन्दगी अकेले रहने पर भी, दरअसल वह 'अकेले रहना' नहीं होता।

विवाह की कोई ज़रूरत है क्या?

मनुष्य शादी क्यों करता है? बिना बाधा-विघ्न के यौन सम्बन्ध रखना, सन्तान को जन्म देना—इसके लिए तो विवाह की आवश्यकता नहीं है। मनुष्य को छोड़ कर धरती के और किसी भी प्राणी में शादी की कोई रीत नहीं है, परन्तु फिर भी वे इकट्ठे रह रहे हैं, सन्तान को जन्म दे रहे हैं, मेहनत-मशक्कत कर सन्तान को बड़ा कर रहे हैं। एक-दूसरे के विश्वस्त रहने के लिए भी शादी ज़रूरी नहीं है। दुनिया में बहुत से प्राणी हैं जो यौवन की शुरुआत में जो साथी चुन लेते हैं उसी साथी के साथ सुख-शान्ति से मज़े में पूरी ज़िन्दगी बिता देते हैं। दूसरे किसी और के लिए लालच नहीं करते। किसी और को लेकर फिर से नयी गृहस्थी बसाने का सपना दुबारा नहीं देखते। अविश्वसनीय रूप से विश्वासी और एकगामी होते हैं। चाहे जितनी भी दूर जायें, जितने भी समुद्र पार करें, उम्र कितनी भी बढ़ जाये, घर लौट कर फिर उसी पुराने साथी को ही चूमते हैं, उसके सीने पर ही सर रखते हैं। परकीया किसे कहते हैं, बहुगामिता किसे कहते हैं, विश्वास तोड़ना किसे कहते हैं, वे जानते ही नहीं। अल्बाट्रोस, राजहंस, काले गिद्ध, गंजे चील, टर्टल, कबूतर, डिक-डिक हिरण, बौनेट सिर वाली हाँगर मछली, फ्रेंच एंजेल फिश, सलेटी लकड़बग्घा, प्रेयरी वोल—इनकी बात कह रही हूँ।

मनुष्य तो शादी करते हैं एक साथ सुख-शान्ति से जीवन बिताने के लिए ही न, पर कितने लोग ऐसा कर पाते हैं? सुनू? ज़्यादातर शादियाँ ही टूट जाती हैं, या फिर टिकी रहीं भी तो प्रेमहीन होकर टिकी रहती हैं। इसलिए टिकी रहती हैं क्योंकि इससे सन्तान को असुविधा होगी, या रुपये-पैसों की तंगी हो जायेगी या फिर इस डर से कि लोग क्या कहेंगे। इस तरह टिके रहने को, सही मायने में टिके रहना नहीं कहते। घर में पत्नी को रखकर या पति को रखकर मज़े में किसी और के साथ सम्बन्ध बना रहे हैं लोग। वह सम्बन्ध टूट गया तो फिर एक नया सम्बन्ध बनाया जा रहा है। मनुष्य गंजा चील या फिर काला गिद्ध नहीं है। एकगामिता मनुष्य के चरित्र में नहीं है। मनुष्य बहुगामी है। लेकिन यह भी हलफ़

उठाकर नहीं कहा जा सकता कि मनुष्य बहु-गामी ही है। मनुष्य दरअसल बहुत जटिल और विचित्र है। एकगामी, बहुगामी, असमकामी, समकामी, उभयकामी, कामहीन—मनुष्य बहुत कुछ हो सकता है, अथवा है। किसी नये रूप में ढल जाने या अभ्यस्त होने, पुराने स्वभाव को बदल डालने में मनुष्य जैसा और कोई नहीं।

प्रायः सभी धर्मों ने 'विवाह' को पुरुष और नारी के पवित्र मिलन के रूप में घोषणा की है। कहा जाता है कि ईश्वर ही पहले से जोड़ी निर्धारित करके रखते हैं। पति-पत्नी के बीच और जो कुछ भी घटता रहे पर विवाह-विच्छेद न हो, ईश्वर ने सतर्क कर दिया है। पर उससे क्या? ईश्वर के प्रचण्ड भक्त भी आजकल यह उपदेश नहीं मानते। ईश्वर के चुने हुए साथी को मज़े में तलाक देकर खुद ही अपना साथी चुन लेते हैं। "मैचमेकर" के रूप में ईश्वर पूरी तरह मात खा गये हैं। यह ख़बर कौन नहीं जानता। करीब प्रत्येक धर्म ने ही विवाह के क्षेत्र में दखल दिया है। उम्र, लिंग, जाति, विश्वास क्या होना चाहिए, पति-पत्नी की ज़िम्मेदारी और कर्तव्य क्या होने चाहिए, इन सब बातों के बारे में विस्तारित उपदेश दिया है, कठोर-कठोर नियम भी बनाये हैं। हालाँकि विवाह पूरी तरह से व्यक्तिगत मामला है लेकिन इसको तरह-तरह के बन्धनों में बाँधकर सामाजिक कर दिया गया है। पुरुषों को छोड़ दिया गया परन्तु स्त्रियों को सामाजिक सम्पत्ति बना दिया गया है। शादी से पहले लड़की ने किसी के साथ प्रेम किया है या नहीं, सही मायने में कुँवारी थी या नहीं, शादी के बाद पति को छोड़कर और किसी के साथ सम्बन्ध जोड़ रही है या नहीं, किसके साथ बाहर जा रही है, कब लौट रही है, बाहर का कोई मर्द घर में आ-जा रहा है या नहीं—इन बातों पर सिर्फ़ घरवाले ही नहीं बाहर वाले भी नज़र रख रहे हैं। समाज के दसियों लोगों को इन बातों की सिरदर्दी रहती है, इसी वजह से जरा सा इधर-उधर हुआ नहीं कि लड़कियों को लेकर पिता, भाई, चाचा लोग समाज में मुँह नहीं दिखा सकते। लड़कियों का ख़ून करके परिवार के सम्मान की रक्षा करते हैं।

सभ्य शिक्षित विश्व से विवाह-प्रथा करीब-करीब खत्म होती जा रही है। कुछ लोग अवश्य ही विवाह कर रहे हैं। एवरेस्ट है इसीलिए कुछ लोग जैसे एवरेस्ट पर चढ़ते हैं, उसी तरह शादी की प्रथा है, इसीलिए बहुत से लोग विवाह कर रहे हैं। विवाह का चलन खत्म हो जाये तो नहीं करेंगे विवाह। जो प्रथा है, ज़्यादातर लोग उसी प्रथा को चलाये जाते हैं। और जिस प्रथा का चलन नहीं है, उसे चालू रखने के लिए कुछ गिनेचुने लोग ही कोशिश करते हैं। बहुत से प्रेमी-प्रेमिकाएँ शादी न करके भी, मज़े से गृहस्थी चला रहे हैं साल-दर-साल। शादी न करके भी सन्तान को जन्म दे रहे हैं। शादी के पितृसत्तात्मक चरित्र को लेकर बहुत

हँसी-मज़ाक कर रहे हैं। लेकिन जैसे धर्म, झूठ है प्रमाणित हो जाने पर भी टिका हुआ है, विवाह प्रथा भी उसी धर्म की तरह है। युक्तिहीन, पर टिका हुआ है। अन्धविश्वास, कुसंस्कार जैसे हज़ार-हज़ार साल तक ज़िन्दा रहते हैं। पर फिर ये सब धीरे-धीरे विलुप्त भी हो जाते हैं। कितने-कितने धर्म विलुप्त हो गये, और कितने सैकड़ों ईश्वर। कहाँ है आज वह शक्तिशाली जुपिटर ज़ियस, हरमेश, कहाँ है थौर ऑडिन? विवाह-प्रथा की भी विलुप्ति होगी। उत्तर यूरोप के देशों में एक गुप्त कारण अवश्य है, शादी करने पर टैक्स कम देना पड़ता है, सन्तानों के पालन-पोषण का सब खर्चा राष्ट्र ही देता है। लोग शादी नहीं कर रहे हैं, बाल-बच्चों में भी उनका कोई खास उत्साह नहीं है। शादी की प्रथा टूट जाने से सन्तानों को जन्म देने की रीति जिस तरह घट रही है, वह और भी कम हो जायेगी, उत्तर यूरोपीय लोगों का अस्तित्व ही भविष्य में नहीं रहेगा, इसी डर से शादी करने के लिए सरकार उत्साहित करने को टैक्स कम करने का झुनझुना दे रही है। कुछ लोग अवसर और सुविधा की उम्मीद में शादी ज़रूर कर रहे हैं, लेकिन ज़्यादातर लोग या तो अकेले रहते हैं या फिर बग़ैर शादी के एक साथ रहते हैं। हालाँकि एक साथ जो लोग रह रहे हैं, उन लोगों को भी विवाहित दम्पति की तरह राष्ट्र की सब सुविधाएँ मिलती हैं। पश्चिमी देशों में बहुविवाह का प्रचलन नहीं है, बहुगामिता पूर्वी देशों की तुलना में बहुत कम है, लेकिन जो है, वह है एक के बाद एकनिष्ठ एकगामिता, अंग्रेजी में जिसे कहते हैं—'सीरियल मोनोगैमी'। बहुत कुछ पेंगुइन जैसी।

साठ के दशक के अन्त में समाज की रोकटोक की उपेक्षा करके पुरानी राजनीति और पुरानी समाज व्यवस्था को पूरी तरह बदल देने के लिए सड़क पर झुण्ड के झुण्ड लोग निकल आये थे। भली लड़की और स्त्री होने के लिए कौमार्य, सतीत्व और मातृत्व, इन सब की रक्षा करनी होती है। इस पुरानी मान्यता पर भी कुठाराघात किया गया था। उन दिनों के हिप्पियों ने रीति-रिवाजों के अनुसार विवाह करना भी बन्द कर दिया था। बहुत लोग थे जो एक साथ एक ही घर में रहते थे, कोई किसी की सम्पत्ति न था न थी, सबके साथ सब ही का सेक्स होता था, बाल-बच्चे होते तो सब मिलकर बच्चों का लालन-पालन करते। वह 'कम्यून' जीवन ज़्यादा दिन नहीं टिका था। अगर हिप्पी लोगों की जीत होती तो आज विवाह संस्था को सिर्फ़ इतिहास के पन्नों में जगह मिलती, समाज में नहीं।

बहुत से कवि, साहित्यिक और दार्शनिकों ने विवाह के बारे में टिप्पणियाँ की हैं, विवाह एक अनर्थक चीज़ है यह बड़े कायदे से समझा दिया है। 'अपने विवाह और अपनी अन्त्येष्टि क्रिया में फर्क़ इतना सा ही है कि शादी के फूलों

की खुशबू तुम सूँघ सकते हो पर अन्त्येष्टि के फूलों को सूँघ नहीं सकते। ऑस्कर वाइल्ड कहते थे, ''हर समय प्रेम में डूबे रहना चाहिए, और कभी शादी नहीं करनी चाहिए।'' कैथरीन हैप्बर्न, उस ज़माने में भी स्त्री-पुरुषों के एक ही मकान में रहने के पक्ष में नहीं थीं। उन्होंने कहा था, ''एक स्त्री या एक पुरुष क्या एक-दूसरे की हर चीज़ पसन्द करते हैं। अगर ऐसी घटना घटी भी हो तो, सबसे अच्छा यही है कि वे एक ही मोहल्ले में रहें और बीच-बीच में मिलते भी रहें।'' यह भी कहा था कि एक आदमी को पसन्द करना है अगर बहुत से पुरुषों के प्रेम को तुच्छ करना चाहते हो तो जाओ, जाकर शादी कर लो। शादी को लेकर कई व्यक्तियों ने कुछ असाधारण टिप्पणियाँ की हैं। ''शादी एक बढ़िया आविष्कार है, ठीक जैसे साइकिल मरम्मत करने का यन्त्र भी एक बढ़िया आविष्कार है।'' ''विवाह एक पिंजड़ा है—पिंजड़े के बाहर के लोग पिंजड़े में घुसने के लिए व्याकुल हैं, और पिंजड़े के अन्दर के लोग पिंजड़े से निकलने के लिए व्याकुल हैं''। ''शादी सिर्फ उन्हीं लोगों के लिए अच्छी है जिन्हें अकेले सोने में डर लगता है।'' दूसरी तरफ कई लोगों ने कहा है ''विवाह एक बढ़िया 'इंस्टिट्यूशन' रीत है। लेकिन कौन चाहता है इंस्टिट्यूशन में रहना।'' प्रेमी का स्नायु तन्त्र पूरा उखाड़ लो—जो बचा रहता है वह है पति।'' 'शादी एक घूस है—जैसे घर की नौकरानी खुद को घर की मालकिन समझ सकती है'' फ्रांसीसी लेखक बाल्जाक ने कहा था—ज़्यादातर पतियों को देखकर ही मुझे उस ओरंगउटांग (एक जाति का बन्दर) की याद आती है जो वायलिन बजाने की बड़ी कोशिश कर रहा था। सारी टिप्पणियाँ ही विवाह के विरुद्ध नहीं हैं। इसके पक्ष में भी कइयों ने टिप्पणी की है। जैसे ''अगर ऐसे किसी धनकुबेर पुरुष से मिलूँ, जो प्रतिज्ञा करेगा कि वह अपनी ज़ायदाद वगैरह का आधा हिस्सा मेरे नाम लिख देगा और लिखकर साल भर के अन्दर मर जायेगा, तब मैं उससे ज़रूर शादी करूँगी।''

पश्चिम में जब हिप्पी आन्दोलन और नारी स्वतन्त्रता का आन्दोलन चल रहा था, पूर्व में तब भी स्त्रियों के हाथ-पैरों में लोहे की अदृश्य सांकलें, यौनांग में अदृश्य सतीत्वबन्धनी का अहसास कराया जाता था। विवाह जिस कारण शुरू हुआ था, पूर्व देशों के ज़्यादातर पुरुष अभी भी उसी कारण से विवाह करते हैं। एक गर्भाशय की ज़रूरत होती है जो एक विशेष पुरुष के वीर्य से उत्पन्न सन्तान को धारण करेगा। पितृत्व की निश्चयता ही विवाह का मूल उद्देश्य है। पुरुष के स्वार्थ के कारण पुरुष ने शादी करके पुरुषतान्त्रिक व्यवस्था को हज़ारों साल से टिकाकर रखा है। अगर स्त्रियाँ अड़ जातीं तो पुरुषतन्त्र के इस विराट बैलून (गुब्बारे) की हवा कब की निकल जाती और वह सशब्द पिचक जाता।

मैंने देखा है, बंगाली समाज में शादी के बाद, शुरू से ही लड़कियों के पर कतर दिये जाते हैं। अपना घर-बार, नाते-रिश्तेदार, मित्रजन, परिवेश, पड़ोस, शहर, बन्दरगाह सब छोड़ना पड़ता है लड़कियों को। अपने नामों के बाद पति का जातिनाम जोड़ना पड़ता है स्त्रियों को। ससुराल में रहना पड़ता है। लड़की बालिग होने पर भी, शिक्षित होने पर भी, नौकरी करेगी या नहीं करेगी यह पति या पति के रिश्तेदार तय करेंगे। एक समय तो यह प्रचलित था ही, अभी भी बहुत से लोग कहते हैं—"शादी के बाद नौकरी करना नहीं चलेगा, सती-सावित्री जैसा जीवन चाहिए। इसलिए घर में रहना ही अच्छा है, घर की साफ़-सफ़ाई करना, खाना-वाना बनाना, खिलाना परिवार के सभी सदस्यों की सेवा-टहल करना, बच्चों का पालन-पोषण करना।" ग्लोरिया स्टाइनेम ने एक बढ़िया बात कही थी—"वही स्वाधीन स्त्री है जो शादी से पहले यौन सम्बन्ध रखती है और शादी के बाद—नौकरी।" आजकल हालाँकि पति और पति के रिश्तेदार, शिक्षित और काम करने में समर्थ लड़कियों से सिर्फ़ घर-गृहस्थी के काम करवा कर ही सन्तुष्ट नहीं होते, वे चाहते हैं लड़की बाहर भी काम करे, नौकरी करे, परिवार के रोज़गार में बढ़ोत्तरी हो। मगर चाहे स्त्रियों की तनख्वाह पुरुषों से ज़्यादा ही क्यों न हो, उसको 'एक्स्ट्रा' रोज़गार करने की बात बंगालियों के करीब हर घर में है। पुरुषतन्त्र में दीक्षित लड़कियाँ अपनी कमाई के रुपये पति के हाथों में समर्पित करके—'भली लड़की' की उपाधि पाती हैं। लड़कियों की कमाई के पैसे किस मद में खर्च होंगे, इसे तय करने की मालिक स्वयं लड़कियाँ नहीं होतीं, ज़्यादातर मर्द ही तय करते हैं, चाहे वे कितने ही बुद्धू क्यों न हों। काफ़ी रुपये-पैसे कमाने पर भी कहते हैं कि औरतें पैसों का हिसाब-किताब समझती नहीं, इसीलिए रुपये-पैसे सम्बन्धी महत्त्वपूर्ण फैसलों को पुरुष ही अपने ज़िम्मे ले लेते हैं। ज़्यादातर बंगाली स्त्रियाँ स्वतन्त्रता किसे कहते हैं जानती ही नहीं।

कलकत्ता में पति-पत्नी के प्रेमहीन सम्बन्ध को देखकर कभी-कभी चौंक उठती थी। अक्सर ही पूछती थी—"शादी अगर टूट जाना चाहती है तो टूट जाने दो, जबरदस्ती चलाये क्यों रखा है?" इसका ठीक कोई जवाब कभी नहीं मिलता था। असुखी जीवन में बहुत दिन तक रहते-रहते स्त्रियाँ अभ्यस्त भी हो जाती हैं। जिस सन्तान के लिए शादी बरकरार रखते हैं, वह सन्तान गृहस्थी में अशान्ति देखते-देखते बड़ी होती है। ऐसे परिवार में सन्तान के बड़े होने में फायदे से ज़्यादा नुकसान ही है। दरअसल स्त्रियों का आर्थिक स्वावलम्बन और सुरक्षा अगर समाज से न मिले तो, अकेले रहना या अकेले सन्तान को पालना-पोसना कठिन है। लेकिन क्या सिर्फ़ इसीलिए ही अत्याचारी पति के साथ सुलह कर लेनी

चाहिए? वधुओं पर अत्याचार और वधु-हत्या जिस रेट से बढ़ रही है, देखकर देह सिहर जाती है। पुरुषतन्त्र का वीभत्स, स्त्रियों से घृणा व विद्वेष का कितना उग्र प्रदर्शन है।

जिस समाज में शिक्षित, स्वनिर्भर, सचेतन स्त्रियों की संख्या अधिक है, उस समाज में तलाक की संख्या ज़्यादा है, विवाह की संख्या कम है। भारतीय उपमहादेश में हालाँकि नौकरी न करने वाली, दूसरों की कमाई पर जीने वाली स्त्रियों की तरह, पुरुषतन्त्र के मन्त्रों को मानकर चलने वाली शिक्षिता स्वावलम्बी स्त्रियाँ भी अत्याचारी या बहुगामी पति की गृहस्थी चला रही हैं, मुँह बन्द करके। इस तरह के समाज में शादी पुरुष के लिए 'अर्जन' और स्त्री के लिए विसर्जन है। विवाह किसी को अकेलेपन से छुटकारा देता है तो किसी के पैरों में निर्मम बेड़ियाँ डाल देता है। अभी भी समाज में खुलकर बर्बरता चालू है, जात; वर्ण का हिसाब-किताब, चालू है दहेज का गणित, पत्नी सिर्फ़ एक यौनवस्तु है, उसे एक बन्धुआ मज़दूर और बच्चे पैदा करने वाली मशीन के तौर पर इस्तेमाल करना, सन्तान, विशेषरूप से पुत्र सन्तान को जन्म देने का दवाब, कन्या भ्रूण को जन्म न लेने देना, जन्म हो भी जाये तो ज़मीन में गाड़ देना, बेटा न पैदा हो तो तलाक़ देना, और दोबारा शादी करना आदि नियमों को मानकर चलने वाले लोग बहुत हैं लेकिन इसी तरह नियम तोड़ने वाले भी हैं। मनुष्य जितना सभ्य हो रहा है, शादी-विवाह के पुराने नियम उतने ही टूटते जा रहे हैं। समाज को कुछ गिनेचुने लोग ही बदलते हैं। समाज के सब लोग दल बनाकर समाज नहीं बदलते। बल्कि ज़्यादातर लोग दल बनाकर प्राचीन रीति-नीति को सख़्ती से जकड़े रखते हैं।

शादी के बाद स्त्रियों की नौकरी-वौकरी, कोई व्यवसाय या बिजनैस वगैरह नहीं चलेगा, पति के मनाही को न मानना नहीं चलेगा, विधवा विवाह नहीं चलेगा— ये नियम पूर्वी देशों की कुछ साहसी महिलायें नहीं मानतीं।

विवाह संस्था का क्रमिक विकास हुआ है। शादी का उद्देश्य बदल गया है, तरीके बदल गये हैं। पश्चिमी देशों में जहाँ स्त्रियों की स्वतन्त्रता और अधिकार का संग्राम दीर्घकाल तक चला है और अखिरकार स्त्रियों ने काफी हद तक समान अधिकार प्राप्त किये हैं। वहाँ विवाह अब सिर्फ़ पुरुष के वंश की रक्षा के लिए नहीं हैं, स्त्रियों के द्वारा बच्चे और गृहस्थी सँभालना, हड्डी तोड़ मेहनत, चालाकी से करवा लेना ही नहीं है। सन्तान न हो तो नुकसान नहीं है। सम्बन्ध और परिवार को सुखी करने के लिए जिस चीज़ की सबसे ज़्यादा ज़रूरत है वह विवाह नहीं है, वह है एक-दूसरे के प्रति प्रेम और श्रद्धा की भावना।

प्रेम और श्रद्धा की भावना रहने पर मनुष्य एक-दूसरे के प्रति विश्वस्त

रहता है। अगर विवाह विश्वस्त रह पाता तब इतने 'परकीया सम्बन्ध' पनप नहीं सकते थे। बिना विवाह किये जो लोग गृहस्थी चला रहे हैं उनमें भी आपस में विश्वस्त रहने की एक अलिखित शर्त रहती है।

सब दम्पति ही विश्वस्तता और एकगामिता चाहते हैं, ऐसा नहीं है। कुछ पति-पत्नी एक-दूसरे को प्यार करने पर भी एकरसता दूर करने के लिए दूसरी स्त्री या दूसरे पुरुष को 'यौन साथी' होने का निमन्त्रण देते हैं। कोई छिपाचोरी नहीं, अपने ही बेडरूम में, अपने बिस्तर पर-दो जने के साथ और भी, एक, दो, तीन या उससे भी ज़्यादा जुटते हैं। इस 'दलबद्ध यौन क्रिया' या 'ग्रुप सेक्स' पर दम्पति विश्वास करते हैं क्योंकि यह दाम्पत्य जीवन में वैचित्र्य लाती है, सम्बन्ध को ताज़ा रखती है। कुछ समाज विशेषज्ञों ने 'गुच्छ-विवाह' का ज़ोर शोर से समर्थन किया है। विवाह-विच्छेद के रास्ते पर न चलकर इस "गुच्छ-विवाह" को मान लेना ही बुद्धिमता का काम है। गुच्छ-विवाह बहुत से स्त्री-पुरुषों की सामूहिक इकाई है जिसमें सभी सबके पत्नी व पति हैं। गुच्छ-प्रेम/समूह प्रेम या 'पॉलियोमेरी' के नाम से भी एक तरह का सम्बन्ध होता है। एक से ज़्यादा स्त्री-पुरुष, हरेक का प्रेमी है। बहु-विवाह तो बहुत से समाजों में युगों से चल रहा है, एक पति की बहुत सारी पत्नियाँ। एक और तरह का बहु विवाह प्रचलित है किसी-किसी समाज में एक पत्नी के कई पति। दुनिया में सब कुछ की ही चर्चा हुई है, अब भी हो रही है। लेकिन सबको पीछे छोड़कर एक पति-एक पत्नी वाली शादी का ही राज है। ऐसे सम्बन्ध में छड़ी घुमाना बड़ा सुविधाजनक है न। विवाह मूलरूप से यौन-संगम का लाइसेंस है। इसी लाइसेंस को ही ढोल-नगाड़े पीटकर अपनाया जाता है। बेहद प्राचीन, पितृतान्त्रिक युक्तिहीन तर्कहीन एक प्रथा। इस प्रथा का जीवित रहने का कोई कारण नहीं है। बहुत सी प्रथायें ही खत्म हो गयी हैं, या होती जा रही हैं, जैसे सतीदाह, जैसे डायन-हत्या। और अर्थहीन बहुत सी प्रथायें लोगों को डराकर या लोगों की समझ और बुद्धि का लोप कर अभी भी चालू ज़रूर रखी हुई हैं, परन्तु बहुत बड़ी जनगोष्ठी में किसी प्रथा का बहुत दिनों तक चालू न रहने पर वह प्रथा धीरे-धीरे मर जाने पर बाध्य होती है। क्योंकि सैकड़ों सालों से यह प्रमाणित हो रहा है कि सम्बन्धों को टिके रहने में विवाह की कोई भूमिका नहीं है और न ही परिवार में शान्ति लाने या सन्तान के गुणी होने के लिए—इसलिए इस प्रथा का भी भविष्य बहुत उज्ज्वल नहीं है। विवर्तन या क्रमिक विकास हमारे समाज से विवाह नामक एक ग़ैर-ज़रूरी संस्कार को खत्म नहीं करेगा—यह कोई बात है? एक ज़माने के दार्शनिक नीत्शे, काण्ट, हेगेल प्रबल नारी-विरोधी थे। दर्शनशास्त्र का भी विवर्तन, 'क्रमिक विकास' हुआ है। नारी जाति

के प्रति तीव्र घृणा लेकर आजकल दार्शनिक बनने का कोई रास्ता नहीं बचा है।

नारी के प्रति घृणा के कारण जन्म लिया है पुरुषतन्त्र ने। पुरुषतन्त्र ने जन्म दिया है बहुत-सी नारी विरोधी प्रथाओं को, इनमें से एक है विवाह। पुरुषतन्त्र जितना पराजित होगा, जितना हलकान् होगा, स्त्री जितनी स्वतन्त्रता वापिस पायेगी, जितना वह आत्मविश्वासी होगी, जितना वह नारी-विरोधी धर्म और संस्कार को समाज से धकेल कर हटा पायेगी, समाज बर्बरता को उतना दूर कर पायेगा, पुरुष जितना सभ्य होगा, समाज उतना ही सभ्य होगा। पुरुषतान्त्रिक प्रथा पर उतना ही जंग लगेगा। हम इस जमाने में ही देख रहे हैं, सभ्य समाज में 'विवाह की रस्म कम होती जा रही है। असभ्य, अशिक्षित समाज में विवाह की प्रथा चालू है। परन्तु एक समाज तो हमेशा ही असभ्य और अशिक्षित नहीं रह जाता। समाज में भी क्रमिक विकास होता है। कब समझूँगी कि समाज सभ्य हो गया है? जब देखूँगी स्त्री पर और बलात्कार नहीं हो रहा है। स्त्री अत्याचारित नहीं हो रही है, समान अधिकार भोग रही है, पुरुष की दासी या क्रीतदासी या यौनदासी—कुछ भी नहीं है। नारी गहरे प्रेम से ग्रसित एकत्र रह रही है, लेकिन शादी 'नैव-नैव च', अथवा तब विवाह नाम की चीज़ ही लुप्त हो गयी है।

विवाह दरअसल नारी पर पुरुष का प्रभुत्व कायम करने का एक सामाजिक प्रमाणपत्र के अलावा और कुछ भी नहीं है। विवाह संस्था के विरुद्ध बहुत सारे स्त्रीवादी लेखकों ने लिखा है। एंड्रिया डॉर्किन तो सोचती ही थीं कि शादी सिर्फ़ बलात्कार करने के लिए होती है। किसी और ने बहुत बढ़िया कहा था, "शादी बिल्कुल इंटिमेट कॉलोनाइज़ेशन अन्तरंग रूप से बसाना है।" बहुत लोग सोचते हैं विवाह की 'बाधा' दूर न होने तक स्त्रियों की वास्तविक स्वाधीनता बहुत दूर की बात है। करीब-करीब सब नारीवादी विश्वास करती थीं, और अब भी बहुत-सी करती हैं कि पितृतन्त्र को टिकाये रखने के लिए विवाह एक काफी असाधारण प्रथा है। नारीवादियों में से कइयों ने 'प्रेम' को लेकर भी प्रश्न उठाये हैं। उनके अनुसार प्रेम एक राजनैतिक षड्यन्त्र है। स्त्रियाँ उस षड्यन्त्र की शिकार होकर शादी करने के लिए अर्थात शत्रु के हाथों आत्म-समर्पण करने के लिए मजबूर होती हैं। नारीवादियों के लिए विवाह इतना आपत्तिजनक नहीं होता, अगर पत्नी की भूमिका ऐसी दासी बाँदी की तरह न होती। जब सभ्य विषमलिंगकामी (हेटेरोसेक्सुअल) लोग शादी की प्रथा तोड़ बाहर निकल आ रहे हैं तब सभ्य समलिंगकामी (होमोसेक्सुअल) शादी के अधिकार के लिए आन्दोलन कर रहे हैं। सभ्य देश धीरे-धीरे समलैंगिको को विवाह का अधिकार दे रहे हैं। सभ्य लोग, यहाँ तक कि जो लोग विवाह पर विश्वास नहीं करते, वे भी समलैंगिकों के विवाह

के पक्षधर हैं। क्योंकि समलैंगिकों का विवाह समाज के ज़्यादातर लोगों ने नहीं माना है। समलैंगिकों के विवाह को मान लेने का मतलब है, धार्मिक शासन को और परम्परावादी समाज के आँखें तरेरने को ठेंगा दिखाना। यह बात ठीक है कि समलैंगिकों के विवाह में—समानअधिकार की भावना, विपरीत लिंगी जोड़ों से ज़्यादा होती है, क्योंकि उनमें लिंग वैषम्य का लफड़ा नहीं होता। पर यह भी ठीक बात है कि जब समलैंगिकों का विवाह विपरीत लिंगियों के विवाह की तरह आम बात हो जायेगा तब समलैंगिक भी जो आज शादी के लिए पगला गये हैं, इस अर्थहीन विवाह-प्रथा के विरुद्ध अपना मुँह खोलेंगे।

एक दिन विवाह मरा पड़ा रह जायेगा। आनेवाले दिनों के नेतृत्वविद् लोग इतिहास की खुदाई करके विवाह के 'फॉसिल' का आविष्कार करेंगे, आलोकित मनुष्य को पुराने दिनों की कथा-कहानी सुनायेंगे—''धरती पर एक युग था, उस युग का नाम था अन्धकार युग। उस अँधेरे युग में एक प्रथा लम्बे समय तक टिकी हुई थी उस प्रथा का नाम था—विवाह'' विवाह क्या था, क्यों था इन सब बातों को समझाने के लिए पुरुषतन्त्र की बात उठेगी, तब अवश्य ही भविष्य के उन सब मनुष्यों की देह काँप उठेगी हमारे आज के इस वीभत्स समाज की कल्पना करके।

यूटोपिया, चलो यूटोपिया ही सही।

बांग्लादेश-1

बीस साल के निर्वासित जीवन में देश की कुछ ज़्यादा खबर नहीं रखी, दो-एक सगे-सम्बन्धियों के साथ कभी-कभी बातचीत हो जाया करती थी। राजनीति की खबरों में मुझे ज़रा भी उत्साह न था। बाबा और माँ के गुजर जाने के बाद व्यक्तिगत जुड़ाव भी करीब-करीब खत्म हो गया था। धीरे-धीरे बांग्लादेश एक दूर का देश बन गया था। देश में जो मेरा घर-मकान था, पीछे छूट गये सामान, असबाव, (कुल की वस्तुएँ) उन सब के बारे में कोई खबर मुझे देने की ज़रूरत परिवार वालों ने नहीं समझी। उस देश, उस समाज, उस परिवार के प्रति मेरे मन में एक 'उबकाई' की अनुभूति के अलावा और कुछ बचा नहीं था। मेरे जो इतने सारे गुणमुग्ध पाठक-पाठिकाएँ, प्रकाशक-सम्पादक थे, सच कहूँ तो इन बीस सालों में उनका नामोनिशान भी देख नहीं पायी। प्रकाशक रॉयल्टी नहीं देते, नकली किताबों से बाज़ार भरा हुआ रहता है। एक के बाद एक सरकार मेरी किताबों को निषिद्ध कर रही है, इसके बारे में किसी ने कोई प्रतिवाद भी नहीं किया। जो सम्पादक मेरे लिखे के लिए चक्कर काटते थे अब वे जैसे गायब हो गये। सरकार ने मुझे जैसे ही खदेड़ दिया साथ में समूचा देश ही जैसे एक पल में सरकार का ग़ुलाम बन गया। सरकार जिसको पसन्द नहीं कर रही तो और किसी को भी उसे पसन्द करने का अधिकार नहीं है। ऐसा दोगला, डरपोक समाज मैंने कहीं और नहीं देखा। साल दर साल सरकार से आवेदन किया है कि मैं देश लौटना चाहती हूँ, माँ बीमार हैं, बाबा बीमार हैं। परन्तु किसी तरह से भी इन बर्बर सरकारों की आज्ञा नहीं मिली। मेरे लिए मेरे देश के दरवाज़े बन्द थे। जैसे ये दरवाज़े उनके बाप की जागीर हैं। कई बार अचानक ही बांग्लादेश की पत्रिकाओं में मेरे बारे में गलत और विकृत खबरें छापी जाती थीं। पत्र-पत्रिकाओं ने पिछले बीस सालों में मुझे भुला देने की कोई कम कोशिश तो नहीं की। लेकिन खबरों को विकृत करके छापने वाली खबरों को बन्द नहीं किया, कारण चाहे जो भी हो। सम्भव है कि जो लोग मुझे नहीं भूल पा रहे हैं, वे कम से कम

इसी कारण से अपनी नफरत को दर्शा सकें। उन अचानक से छपी खबरों के नीचे लिखी हुई टिप्पणियाँ देख पाती थी–गन्दी, फूहड़ टिप्पणियाँ सब। पढ़ कर शरीर पर रोंगटे खड़े हो जाते थे। आजकल के तरुण-तरुणियाँ मेरे लिखे हुए को बिना पढ़े, बिना विचारे और सोचे गन्दी भाषा में मुझे गाली-गलौज कर रहे हैं। क्या ये मुझे पहचानते हैं? जानते हैं? मेरा लिखा पढ़ा है किसी दिन? नहीं, ये किसी का लिखा नहीं पढ़ते। शायद इन्होंने किसी बदमाश के मुँह से मेरा नाम, और बदनामी सुनी है। यही देश के भविष्य हैं, यही देश की नयी पीढ़ी हैं। ढेर सारा अन्धापन, अशिक्षा, कुशिक्षा, मूर्खता, बेवकूफी ही सिर्फ़ देखी है मैंने। घृणा है मुझे। हाँ, घृणा–क्या एक भी ऐसा प्राणी नहीं है जिसमें, अनुभूति और बुद्धि है, विवेक है? कहाँ हैं वे लाखों लोग जो मेरी किताबों को भुक्खड़ों की तरह निगलते थे, पढ़ते थे, मेरा लिखा पसन्द करते थे? वे सब लेखक भी कहाँ हैं? जिन्होंने मेरे लेखन की नकल कर स्त्रीवादी लेखन की शुरुआत की है बांग्लादेश में? सब हवा में गायब हो गये हैं, सिर्फ़ चमक रहा है एक गुच्छा 'नयी पीढ़ी' का अँधेरा।

उस देश की बात सोचने पर ही सब कुछ मिलाकर घृणा के सिवा और कुछ भी नहीं उपजता था मेरे मन में। तभी एक दिन मैंने देखा कुछ लोग ट्वीटर पर मुझे बांग्लादेश की खबरें दे रहे हैं। ढाका के शाहबाग में लोगों का जमावड़ा लगा हुआ है, युद्ध अपराधियों की फाँसी माँग रहे हैं, क्या मुझे यह खबर मालूम है? कुछ लोगों ने जानना चाहा। पर मैंने कोई जवाब नहीं दिया। बांग्लादेश के बारे में कोई उत्साह मुझे नहीं है, फाँसी में भी नहीं? उस देश में किसी की फाँसी की माँग की जा रही है सुनने पर ही मुझे याद आता है वर्ष तिरानवे-चौरानवे में कैसे लाखों लोगों का जमावड़ा होता था शहर में, जुलूस निकलते थे–मुझे फाँसी देने की माँग की जाती थी। उन भयंकर दिनों की बात भूलना चाहो तो भूल नहीं सकते। शाहबाग में जुटी भीड़ को लेकर मेरे अन्दर बूँद भर भी आग्रह उपज नहीं पाया। मिस्र के तहरीर स्क्वायर में भी लाखों लोग जमा हुए थे, उन लोगों ने वोट देकर मुस्लिम कट्टरवादियों को जिताया था। युद्ध अपराधियों के विरुद्ध, मतलब कट्टरपन्थियों के विरुद्ध न ही और ना धर्मनिरपेक्षता के पक्ष में, धर्म पर आधारित कानून को खत्म करने के पक्ष में भी नहीं। बांग्लादेश के आन्दोलन के बारे में कुछ लिख नहीं रही हूँ। इस वजह से कुछ लोग मेरा तिरस्कार भी करना शुरू करते हैं। किसी की शिकायत, या दोष देने या तिरस्कार से मेरा कुछ आता-जाता नहीं है। नयी पीढ़ी है, जो युद्ध अपराधियों की फाँसी की माँग कर रहे हैं, फाँसी पर लटका देने के बाद वे

लोग क्या करेंगे, सुनूँ ज़रा? इस प्रश्न का कोई अच्छा उत्तर किसी से भी नहीं पाती हूँ। चालीस साल पहले कुछ लोगों ने कुछ अपराध किये थे, कुछ लोगों को मार डाला था, कुछ स्त्रियों का बलात्कार किया था, उसका बदला नयी पीढ़ी लेगी। दरअसल लेखक, कलाकार लोगों में से बहुत से लोग ही 'मुक्तियुद्ध' को लेकर इतना लिख रहे हैं, फ़िल्में बनायी हैं, नाटक किये हैं कि बांग्लादेश के नब्बे प्रतिशत लड़के-लड़कियाँ अगर दुनिया का नब्बे प्रतिशत इतिहास न भी जानें—मुक्तियुद्ध का इतिहास भली प्रकार जानते हैं।

मेरे मन में उस दिन आग्रह जागा, जिस दिन शाहबाग के कुछ लोगों को देखा जो, जमात ए इस्लामी दल को 'बैन' करवाना चाहते थे। मैंने उनके समर्थन में लिखा हालाँकि मैं हर तरह के निषिद्धीकरण (बैन) के खिलाफ हूँ लेकिन यह 'बैन' मान लेने का कारण यह था कि हालाँकि जमात ए इस्लामी काग़ज़-कलम में अर्थात ऊपरी तौर पर बांग्लादेश का राजनैतिक दल होने पर भी एक आतंकवादी दल था। कोई इनको पसन्द नहीं है तो उसे मार-काट करके पंगु बनाकर रख दिया, किसी का मत उनके मत से भिन्न हो तो ज़िबह (हलाल) कर डाला उसे धर्म के नाम पर, वे लोग सालों से जो मर्जी सो कर रहे हैं। धार्मिक आतंकवादी आजकल राजनैतिक आतंकवादियों से भी भयंकर हो उठे हैं।

नहीं-नहीं करके भी कई ब्लॉग लिखे गये शाहबाग के बारे में। इन लेखों के बारे में पहले हताशा होने पर भी धीरे-धीरे उम्मीद जागी है। स्वप्नों ने आकर घर-द्वार खूब बढ़िया सजा दिया। लेकिन दिन-ब-दिन जो खबरें मिल रही हैं, उससे यह नहीं लगता कि निकट भविष्य में बांग्लादेश के धर्ममुक्त होने की सम्भावना है। प्रधानमन्त्री शेख हसीना ने वचन दिया है कि वे युद्ध अपराधियों पर कानूनी कार्रवाई करेंगी लेकिन राष्ट्र को धर्म के शिकंजे से मुक्त करने का उनका कोई इरादा नहीं है। जमात ए इस्लाम के संत्रासवादी लोग मुक्तचिन्तक युवा-युवतियों का गला काट रहे हैं, और उन कुएँ के मेंढकों के विरुद्ध कोई कदम न उठाकर उलटे देश की प्रधानमन्त्रीं मुक्तचिन्तकों को सजा देने के लिए ढूँढ़ती फिर रही हैं। इसी बीच उनका ब्लॉग बन्द कर दिया गया है, जिससे कोई इस्लाम और मुहम्मद की समालोचना न पढ़ पाये। अनपढ़ धर्म-व्यवसायियों की तरह प्रधानमन्त्री भी धर्म-व्यवसाय में मस्त हो जाती हैं—देखना बहुत खराब लगता है, नफरत होती है।

मेरे साथ भी ठीक ऐसा ही किया था खालिदा जिया नाम की एक प्रधानमन्त्री ने। पूरे देश में धार्मिक कट्टरपन्थी लोग तांडव मचा रहे हैं—मुझे फाँसी पर चढ़ायेंगे—ऐसा कहकर, और प्रधानमन्त्री उन 'कूपमंडूकों' को खुश करने के लिए

मेरे विरुद्ध कानूनी मामला ठोक देती हैं, मुझे सजा देती हैं, मुझे देशनिकाला दिया जाता है, मेरी किताबों को 'निषिद्ध' (प्रतिबन्धित) कर दिया जाता है। आज बीस साल बाद उसी घटना की पुनरावृत्ति घट रही है। एक रानी चली जाती है तो दूसरी रानी आती है, एक राजा जाता है तो दूसरा राजा आता है। पर सब रानियों का, सब राजाओं का चरित्र एक-सा है। ये लोग चाहे जिनका भी भला चाहें देश का भला नहीं चाहते। अगर देश का भला चाहते, तो देश को धर्म का ज़हर पिला कर देश का सर्वनाश न करते ये लोग।

बांग्लादेश-2

नास्तिक ब्लॉगर और इस्लाम विद्वेषियों को सज़ा देने की माँग रखते हुए आज मूर्खों और खूनियों के एक झुण्ड ने बांग्लादेश में 'लॉन्ग मार्च' करने के लिए आह्वान किया है।

ठीक उसी प्रकार जैसे इनके बाप-दादाओं ने 20 साल पहले लॉन्ग मार्च निकाला था, मुझे सज़ा देने की माँग को लेकर। पूरे देश से लोग माणिक मिया एवेन्यू में आये थे। तीन लाख लोगों की सभा। क्या चाहिए? 'तसलीमा को फाँसी चाहिए, तसलीमा नास्तिक है। अगर उसे फाँसी न दी गयी तो इस्लाम नहीं बचेगा।' देश भर में क्या तांडव चलाया था इन लोगों ने। और इनके साथ ताल मिलाया था प्रधानमन्त्री के आसन पर बैठी एक चरम मूर्ख महिला ने। मूर्खों के पल्ले पड़ने से देश का हाल ऐसा ही होता है, जो आज हुआ है।

ज़्यादातर कलाकारों, बुद्धिजीवियों, साहित्यकारों ने क्या किया? दूर से देखते रहे कि मुझ पर आक्रमण हो रहा है—या तो उन्होंने जबान बन्द ही रखी थी या फिर कहा, "यह तो तसलीमा का व्यक्तिगत मामला है।"

पूरे देश के धर्मान्ध व्यक्ति मुझे ज़िबह (हलाल) करने आ रहे हैं क्योंकि उनको मेरा लिखा पसन्द नहीं है। और यह मेरा व्यक्तिगत मामला है। गुणीजनों का वक्तव्य है—देश में कोई कट्टरपन्थी नहीं है। मैंने तो जानबूझ कर ही झमेला खड़ा किया है। अपना झमेला मुझे खुद ही सँभालना पड़ेगा। मदद के लिए कोई भी आगे नहीं आयेगा।

देश के धुरन्धर राजनीतिज्ञों ने इन धर्मान्धों को दूध-केला खिलाकर साँपों की तरह पाला है। किसी-किसी को तो संसद सदस्य, यहाँ तक कि मन्त्री भी बनाया गया था। मैंने इस्लाम को ध्वंस कर दिया या कर दूँगी, ठीक ऐसी ही हालत में पहुँच गया था इस्लाम। एक गरीब देश की, एक अदना बेचारी सी लड़की डॉक्टरी करती है, और बीच-बीच में लिखती-विखती है, कहते हैं उसने 1400 साल से टिके हुए करोड़ों लोगों के अन्धेपन को कलम की एक खरोंच से

उखाड़ कर फेंक दिया। यह क्षमता अगर सचमुच ही मुझमें होती तो मुझसे ज़्यादा सुखी और कोई न होता।

मेरे ख़िलाफ़ बड़े-बड़े जुलूस, लॉन्ग मार्च, सभायें, हड़तालें, बिना बाधा के हुई हैं। न तो सरकार ने रोका, न बुद्धिजीवियों ने आपत्ति की। उस दिन अगर सौ लोग भी मेरे पक्ष में अपना मुँह खोलते, मेरे बगल में खड़े होते, तो सरकार मुझे देशनिकाले की सज़ा न दे सकती थी।

इतिहास की पुनरावृत्ति देख रही हूँ। अब नास्तिक ब्लॉगर्स को पकड़-पकड़ कर धर्म के .ख़ूनी ज़िबह कर रहे हैं। क्या बुद्धिजीवी लोग भी उनकी नास्तिकता को अस्वीकार करके कहेंगे—"तौबा-तौबा, वे नास्तिक नहीं हैं," या फिर पहले की तरह कहेंगे—"यह सब तो नास्तिकों का व्यक्तिगत मामला है। उनका झमेला वे ही सँभाले।" इतिहास से अगर सीख लेनी हो तो यही समय है। मैं बुद्धिजीवियों के स्वार्थीपन, ईर्ष्या की शिकार हुई हूँ। मुक्तचिन्तक इन तरुण 'ब्लॉगर' लोगों को न होना पड़े। आज देश के लोगों के मुँह पर ताला ठोंक कर रहने या धर्म-व्यापारियों के उछलकूद करने का दोष नास्तिकों के सर मढ़ने का मतलब है देश को सौ वर्ष पीछे धकेल देना। मुझे देश से खदेड़ कर बाहर करने पर जैसे देश को सौ वर्ष पीछे धकेल देना नहीं है? अगर नहीं है तो अस्सी के दशक में, जातीय पत्र-पत्रिकाओं में, धर्म और मुहम्मद की खुली समालोचना करके मैंने जो लेख लिखे थे उसमें एक नदी भर पानी मिला कर तरल करने पर भी आज उन सब लेखों को छापने की कल्पना भी क्यों नहीं कर सकता कोई? धर्म की समालोचना न करके तुम सभ्य होना चाहते हो? इस विज्ञान के युग में 'धर्म' की तरह एक अजीब रूपकथा पर विश्वास करके, उसे सत्य मानकर, स्वघोषित ठग पैगम्बर को पथ प्रदर्शक मानकर तुम खाक सभ्य बनोगे। भाड़ में गया तुम्हारा सभ्य होना, इस्लाम का असली चेहरा आँखें खोलकर जो लोग देख पाये हैं, जो बाहर निकल आये हैं, उन आलोकित तरुण-तरुणिमों के बदन पर आज खरोंच भी लगती है तो इसके लिए उन अन्धों से भी ज़्यादा जिम्मेदार होंगे सब समझते हुए भी न समझने का नाटक करने वाले बुद्धिजीवी। वे अदूरदर्शी राजनीतिक लोगों और सत्ता के आसन पर बैठे हुए लोगों का झुण्ड यही कहता है कि "मैं क्या से क्या बन गया रे"।

'नववर्ष' का उत्सव दोनों बंगाल में एक ही दिन हो

पश्चिम बंगाल की तुलना में पहली वैशाख या 'नववर्ष' का उत्सव बांग्लादेश में ज़्यादा शोर-शराबे के साथ होता है परन्तु उग्रपन्थी बंगाली मुसलमानों ने बांग्लादेश से बंगाली संस्कृति को क़रीब-क़रीब समाप्त कर दिया है और अरबी संस्कृति को बढ़ावा दे रहे हैं। इसीलिए भविष्य में इस धर्मनिरपेक्ष बांग्ला उत्सव को बांग्लादेश में मनाया जाना सम्भव होगा भी या नहीं, इसमें मुझे सन्देह है। वैसे बांग्लादेश में 'पहली वैशाख' की तारीख बदल दी गयी है। इरशाद सरकार ने 14 अप्रैल को हर साल बांग्ला नववर्ष पालन करने का सरकारी आदेश जारी किया है। पश्चिम बंगाल के बंगाली हिन्दू जिसका पालन कर रहे हैं, उससे यह दिन थोड़ा-सा बदल जाये तभी मुसलमानों का अस्तित्व बना रहेगा। क्या कहा जाये। मूर्खता की कोई सीमा नहीं है। पाकिस्तानी शासक चाहते थे बंगाली हिन्दू और बंगाली मुसलमानों की संस्कृति में भेदभाव बढ़े। अगर वे भेदभाव न भी बढ़ा पायें तो वे बांग्लादेश में अपने जो पिट्ठू छोड़ गये हैं, वे ही अब भेदभाव को बढ़ा रहे हैं। उन्हीं लोगों ने बांग्ला कैलेण्डर को मुसलमानों का कैलेण्डर बनाया है। बंगाली कैलेण्डर के पीछे मुगल अकबर की बहुत बड़ी देन थी लेकिन उनके धर्म की कोई देन नहीं थी। सिर्फ़ कृषि, फ़सल, लगान, उगाहने का हिसाब रखने के लिए हिज़री कैलेण्डर के बदले बांग्ला कैलेण्डर से ज़्यादा सुविधा होती थी इसीलिए उस कैलेण्डर की शुरुआत की गयी थी। मेरी नानी चैत संक्रांति के दिन कुछ कड़वा बनाती थीं। नानी इसलिए बनाती थीं क्योंकि उनकी माँ बनाती थीं, नानी की माँ बनाती थीं क्योंकि नानी की माँ की माँ बनाती थीं। चैत संक्रांति में अब मेरी खालायें, मामी लोग कड़वा पकवान नहीं बनातीं, कड़वा खाती भी नहीं हैं। चैत संक्रांति में हर गाँव में 'चरक' पूजा होती थी। मेरे बड़े भाई लोग बांस के जंगल पार करके 'चरक' पूजा देखने जाते थे, वहाँ मुँह बाये बांस और रस्सी का खेल देखते थे। उसी दिन लोकनाथ पंजिका खरीदते थे सब। मेरे बड़े भाई लोग भी। वैसाख के पहले दिन तरह-तरह की मिट्टी के काम की चीजें, बेंत की बनी चीजें, लकड़ी

का काम, शोला की बनी चीजों का मेला लगता था। पश्चिम बंगाल में उसी दिन ही वैशाखी का उत्सव होता था। बांग्लादेश में हिन्दू, मुसलमान, बौद्ध, क्रिश्चियन सब बंगाली वैशाखी के उत्सव में हिस्सा लेते थे। गाँव में तरह-तरह की खेल प्रतियोगिताएँ होती थीं, जैसे नाव की रेस, कुस्ती, लाठी भाँजना, यही सब कुछ।

हमारे छोटे से मुफस्सिल शहर में हम बाँसुरी-बैलून यानी बाँसुरी वाला गुब्बारा बजाते थे। शाम को बिन्नी धान की खील, चीनी के हाथी, घोड़े और मिट्टी की गुड़िया के मेले में जाते थे।

क्या ये सब कुछ अभी भी है पहले की तरह। अब तो सुना है जो कुछ होता है शहर में ही होता है। जो लोग बंगाली संस्कृति को जिन्दा रखने की पूरी कोशिश कर रहे हैं, वही कलाकार और साहित्यिक लोग अलस्सुबह रमना के पीपल-तले गाना गाते हैं। सारा दिन गाते रहते हैं—"जो जीर्ण है, पुरातन है, वह बह जाये, बह जाये।" वैशाख की भोर वेला से ही रमना में संस्कृत मानसिकता और मुक्त मानसिकता वालों की भीड़ जुटती है, पान्ताभात (रातभर पानी में रखा भात) हरी मिर्च, हिलसा मछली खाने की धूम मच जाती है।

सूती साड़ी और पाजामा-कुर्ता छा जाता है पूरे रमना में। सन् 1967 से 'छायानट' नाम का एक गायन-दल वर्ष-वरण का यह अनुष्ठान रमना में कर रहा है। स्वतन्त्र बांग्लादेश ने जितना पाकिस्तानी शासकों का अत्याचार सहा है उससे भी अधिक अत्याचार सह रहा है। मुसलमान कट्टरपन्थी लोग वैशाखी के दिन ग्रेनेड मार रहे हैं। छायानट की संगीत सभा उनको पसन्द नहीं है। इस्लामी संस्कृति वैशाखी में 'छायानट' के अलावा भी उल्लेखनिय उत्सव है 'मंगल शोभायात्रा'। ढाका विश्वविद्यालय के चारुकला इंस्टीट्यूट की कोशिशों से, सुबह-सुबह यह जुलूस निकलता है, शहर की विभिन्न सड़कों पर घूमता है। कलाकार हाथ रंग-बिरंगे मुखौटे, बड़े-बड़े कागजी बाघ, भालू, हाथी, घोड़े पकड़े रहते हैं। नगाड़े, ढोल बजते रहते हैं। रोजमर्रा की साड़ी, धोती पहनकर लड़के-लड़कियाँ नाचती हैं। सुन्दर अल्पना से पिछली रात को ही पूरी सड़क भर दी जाती है। इस रंग-रँगीली शोभा-यात्रा को देखने के लिए आज भी भीड़ उमड़ती है। लेकिन सिर्फ़ विश्वविद्यालय की उसी सीमित सुरक्षित जगह में ही।

सुना है सोनारगाँव में बहू-मेला होता है सिद्धेश्वरी देवी की पूजा करने के लिए ही मूलतः लोग आते हैं।

सुना है अपने मन की गोपन इच्छा पूर्ति की आस में ही, लड़कियाँ ज़्यादा आती हैं। सुना है बकरे की बलि देने का रिवाज़ भी है। सोनारगाँव के पास ही एक और जगह घोड़ों का मेला भी लगता है। किसी एक समय कोई एक सज्जन

घोड़े पर चढ़कर आते थे और नववर्ष के दिन सब को प्रसाद खिलाते थे। उस सज्जन के मर जाने के बाद उनका स्मृति-स्तम्भ बनाया है गाँव के लोगों ने। हर वैशाखी के दिन उस स्मृति स्तम्भ पर एक मिट्टी का बना घोड़ा रखा जाता है और उसी के आस-पास ही बड़े शोर-शराबे के साथ मेला लगता है। इस मेले का खास आकर्षण है कि जो भी मेले में आता है लोग उसे खिचड़ी खिलाते हैं। एक दिन के इस मेले में हज़ारों लोगों का समागम होता है। सुना है आधी रात तक इस घोड़ा मेले में चरखी-कठपुतली नाच और सर्कस भी होता है, कीर्तन भी होता है। आजकल पता नहीं पहले की तरह कीर्तन होता है कि नहीं या फिर अब घोड़ा मेला भी होता है या नहीं और अगर होता भी है तो जाने कितने दिन और हो पायेंगे ये सब मेले।

बांग्लादेश में दो युग से भी ज़्यादा हो गये। बंगाली संस्कृति को झाड़ू फेर कर मिटा कर, अरबी संस्कृति को लाने का काम धर्मान्ध मूर्ख लोग ऐसे कर रहे हैं जैसे यह उनके जीने-मरने का सवाल हो, और इसमें वे लोग अविश्वसनीय रूप से सफल भी हैं। सौ-बटा-सौ नम्बर न मिले तो भी साठ-सत्तर नम्बर तो मिल ही रहे हैं। धर्म की रीत को छोड़ कर सब धर्मों के आचार-अनुष्ठान एक जैसे ही थे इतने दिन। अब सुन रही हूँ, बंगाली मुसलमानों ने 'गाये होलूद' यानी 'हल्दी' की रस्म का नाम बदल कर रखा है—मेंहदी।

मुसलमानी मेंहदी। पीली साड़ी के बदले लड़कियाँ मेंहदी रंग की साड़ियाँ पहनती हैं इस 'हल्दी वाले' दिन। हमेशा की लाल बनारसी के बदले सफ़ेद गाउन पहनकर कुछ लड़कियाँ शादी कर रही हैं। एक असाधारण संस्कृति को, पूर्वजों की परम्परा को और अपने परिचय का आँखों के सामने 'ख़तना' कर दिया जा रहा है। और खतना करने वाले हज्जाम, हाथ में छुरी लेकर तांडव नृत्य कर रहे हैं। मुँह बन्द कर सब लोग इन कसाइयों का नाच देख रहे हैं। इन कसाइयों से देश गिजगिजा रहा है। नयी पीढ़ी के बहुतों ने शायद देखा ही नहीं बहीखाता, गाँव-गाँव में वैशाखी में मुरमुरे, मुरकी, मीठेपूली मिठाइयों का मेला।

मैं बांग्लादेश के कसाइयों का नाच बन्द नहीं कर पाऊँगी। आज बीस साल हो गये उस देश से भी मुझे देशनिकाला दे दिया गया है। बंगाल के वैशाखी के उत्सव को और भी रंगीन मैं नहीं कर पाऊँगी।

उस राज्य से भी मुझे निकाल दिया गया है। दोनों जगहों में ही मूर्खों की संख्या बहुत है। उन मूर्खों को खुश करने के लिए ही बंगाल में मेरी उपस्थिति निषिद्ध कर दी गई है। मूर्ख ही मूर्खों को ख़ुश रखते हैं। मैं आज सिर्फ़ एक ही आवेदन कर रही हूँ—दोनों बंगाल में दो अलग-अलग दिन नहीं—एक ही दिन—एक

ही तारीख को वैशाखी का त्योहार—मनाया जाये—दो अलग-अलग दिन नहीं। बांग्ला कैलेण्डर की वैशाखी अंग्रेजी कैलेण्डर की तरह कभी तेरह, कभी चौदह, कभी पन्द्रह अप्रैल को होती है लेकिन बांग्लादेश में चौदह तारीख को वैशाखी के लिए जंजीर से जकड़ दिया गया है।

लेकिन ईद, रोज़ों की तारीखों को बाँधा नहीं गया। हिजरी कैलेण्डर के अनुसार वे त्योहार मनाये जाते हैं। फिर भी बूढ़े हाज़ी को बुलाकर बांग्ला कैलेण्डर को मुसलमानी कैलेण्डर बनाने की क्या जरूरत थी। हिन्दू से अलग होने के लिए बाहरी देश की संस्कृति को लाना, बंगाली संस्कृति को मिटा देना अरबी न होने पर भी अरबी होने की जबरदस्ती कोशिश करना, क्या यही सच्चे मुसलमान होने का रास्ता है? अपनी संस्कृति सम्पूर्ण रूप से विसर्जिन कर दूसरे देश की संस्कृति को अपनाकर, अपनी संस्कृति के रूप में वरण करने में कोई गौरव नहीं है। उस अरब देश में बैठकर किसी समय, किसी एक व्यक्ति ने धर्म की रचना की थी जिस धर्म के तुम अनुयायी हो, कारण, उस अंचल के कुछ लोग तुम्हारे इलाके में अपनी धर्मकथा सुनाने आये थे। या तो तुम्हारे पूर्वपुरुष या पूर्वनारी ने उनकी कथा पर मुग्ध होकर एक परदेसी मरुभूमि के धर्म को अपनाया या फिर नीची जात या गरीब होने के कारण अपने धर्म के कुछ दुष्ट व्यक्तियों द्वारा उपेक्षित और शोषित होते रहने पर धर्मान्तरण का रास्ता अपनाया। अरब देशों में भी तुम्हें 'भिखारी, मिसकीन कहकर अरबी लोग नफ़रत उलीच रहे हैं। उस दिन की ही तो बात है। आठ बंगाली मुस्लिम लोगों को सब के सामने ज़िबह (हलाल) किया। किन लोगों ने ज़िबह किया मुसलमानों को? मुसलमानों ने। जो तुम्हारे बाप दादाओं की संस्कृति नहीं है, उसी को तुम लोग बाप-दादाओं की संस्कृति मानकर दबोचे जा रहे हो। आज ऐसा भी नहीं कि प्यार से अपना रहे हो, डर से अपना रहे हो, समझ की कमी की वजह से अपना रहे हो। और परिणामस्वरूप नामहीन, ठिकानाहीन, परिचयहीन एक धर्म के पिंड रूप में ढल रह हो। मुसलमान होने के लिए मोर की पूँछ पर कौए के पर लगा रहे हो। नहीं, असत् (अनुचित) आचरण से शायद तुर्रम खाँ मुसलमान हुआ जा सकता है, भला इन्सान नहीं हुआ जा सकता।

दोनों बंगाल में वैशाखी की तारीख अगर एक हो तो कम-से-कम यह तो लगेगा कि यह उत्सव एक बंगाली उत्सव है। दोनों देशों के बांग्ला अकादमी के आला अफ़सर लोग कम-से-कम वैशाखी के उत्सव को बचाये रखने के लिए आपस में बातचीत करें। कम-से-कम एक दिन के लिए ही सही न हिन्दू न मुसलमान बने रहें, और एक दिन के लिए ही बंगाली बन जायें। बांग्लादेश की

बांग्ला अकादमी और हसीना सरकार आप सुन रही हैं? कैलेण्डर का कोई धर्म नहीं है, लिंग नहीं है। धर्महीन, लिंगहीन कैलेण्डर को कोंच-कोंच कर मुसलमान बना लिया है सोच रहे हैं? दरअसल वह मुसलमान बना नहीं है, वह अभी भी वही धर्महीन, लिंगहीन बांग्ला कैलेण्डर ही रह गया है। कैलेण्डर को मानिये। अल्लाह जानता है, आप बंगाली हैं, यह कोई शर्म की बात नहीं है। अरब के लोग भी जानते हैं आप बंगाली हैं, नकली अरबी बनने से अच्छा है बंगाली बनिये—इससे अरब वालों से श्रद्धा ही मिलेगी। नहीं तो जो मिसकीन (दीन हीन) हैं उसी तरह फटेहाल, नाम परिचयहीन मिसकीन ही रह जायेंगे जिन्दगी भर।

कहानी छोटे भैया की

बाबा (पिताजी) न तो जंगली हाथी थे, न बाघ-भालू, न तो भूतप्रेत थे लेकिन बाबा के डर से हम तटस्थ रहते थे। बाबा एक ऐसी दुनिया चाहते थे जिस दुनिया में कोई गलती नहीं कर सकता, न किसी में कोई कमी हो।

बेटे-बेटियाँ सारा दिन और सारी रात पढ़ने की मेज़ पर बैठे रहते हैं। किताब के पहले पन्ने से लेकर आख़िरी पन्ने तक रट डालते हैं। नहाना, खाना, पेशाब-पैखाना, सोना वगैरह में बहुत थोड़ा समय खर्च करते हैं, जितना कम-से-कम हो सके। बाबा ज्ञान की वर्षा करते थे संस्कृत का श्लोक बोलकर 'छात्राणाम् अध्ययनम् तपः।' घर के सामने बड़े-बड़े मैदान थे, उन मैदानों में खेलने की आज़ादी हमें बचपन और किशोरावस्था में नहीं थी। बाबा सोचते थे बेटा-बेटी विलायत से डिग्री लाकर बड़े-बड़े डॉक्टर बनेंगे। ऐसा ही होना है तो खेलकूद, हँसी-ठट्ठा, गप्पें, जमघट ये सब जन्म के बाद एकदम बन्द कर दिये जाते हैं। पढ़ाई-लिखाई के अलावा दूसरे हर काम को बाबा बेकार का काम समझते थे। ख़ुद बड़े नामी डॉक्टर थे। अच्छे डॉक्टर, बहुत दृढ़ मनोबल और लगन की वजह से ही धुर गाँव का लड़का शहर का एक बड़ा डॉक्टर बन सकता है। नहीं, आज मैं अपने बाबा की कहानी नहीं कहूँगी। आज कहूँगी छोटे भैया की कहानी। छोटा भैया हमारे घर में पहली क्रान्ति लाया था। बाबा के कदमों की आहट पाते ही बड़े भैया का पैंट में पेशाब निकल जाता था और छोटे भैया ने उन्हीं बाबा से अपने लिए एक गिटार खरीदवा लिया था। आज भी जब सोचती हूँ तो यक़ीन नहीं होता कि यह कैसे सम्भव हुआ था। छोटे भैया की वजह से हमारे घर पहली बार कोई साज़ आया था।

बाबा ने किताब, कॉपी, कलम, पेन्सिल के अलावा पहली बार कोई और चीज़ खरीदी थी। छोटे भैया ने तो हिमालय को हिला दिया था। इसके बाद आया क्रिकेट का बैट और बॉल। छोटे भैया अब सड़क पर उतरे, सन् 1969 का जन-आन्दोलन तब पूरे जोर-शोर से चल रहा था। इसी बीच पुलिस की गोलियाँ

चल रही थीं, कर्फ्यू चल रहा था। बाबा को पता चल जाये तो पीठ की चमड़ी उधेड़ दें, यह जानने के बाद भी। छोटे भैया के कारनामे देखकर डर लगता था। सोचती थी, किसी भी समय छोटे भैया पुलिस की गोली से मर जायेंगे।

गिटार तो आ गया, इसके बाद छोटे भैया एक और चीज़ घर में ले आये, जिसे भी हम सब इसे असम्भव ही मानते थे, कल्पना भी नहीं कर पाते थे। पूरे शहर-भर में एड़ियाँ घिसते घूमने वाले छोटे भैया के लिए ही यह सम्भव था। एक विशाल ऐलसेशियन कुत्ता घर लेकर आये। कुत्ते का नाम रॉकेट रखा गया। रॉकेट तरह-तरह के करतब दिखाता, सोफ़ा में सोता, हैंडशेक करता। एक विदेशी पादरी देश छोड़कर जा रहा था। जाते समय अपना कुत्ता छोटे भैया को देकर गया था। हमारे लिए तब पालतू कुत्ते का मतलब था जो सारा दिन जंजीर से बँधा रहता है और जिसको रात को छोड़ दिया जाता है चोर भगाने के लिए। छोटे भैया की वजह से ही एक ऐलसेशियन कुत्ता देखना हुआ। उस ऐलसेशियन के घर में रहने से उससे बड़ा लगाव हो गया था। यह जो मैं आजकल प्राणी जगत के सब पशुपक्षियों के अधिकारों की बात करती हूँ या घर में बिल्ली-कुत्ते पालती हूँ इसकी शुरुआत उसी रॉकेट से हुई थी, उसी ऐलसेशियन से। अब मैं जो भी कुत्ता पालती हूँ उसका नाम रॉकेट रखती हूँ। याद है कि छोटे भैया का वह रॉकेट जिस दिन मर गया था, मैं जन्म-भर के लिए रोयी थी। इसके बाद छोटा भैया दो और बड़े निषिद्ध काम में उलझ गया था। एक राजनीति, दूसरा प्रेम। विद्यार्थी यूनियन का काम करता फिरता था। प्यार करता-फिरता। घर में इन सब चीजों में उलझना तो दूर की बात, कल्पना करने का साहस नहीं था किसी में। छोटे भैया से उम्र में बड़े भैया तब प्रेम करने की बात सोच भी नहीं सकते थे। बड़े भैया के लिए सबसे साहस की बात जो सम्भव हुई थी, वह थी घर के कोने में बैठकर प्रेम कवितायें लिखना। छोटे भैया ही छोटे-छोटे रिवॉल्यूशन करते थे। एक समय आया जब उन्होंने भागकर शादी भी कर ली। अभी-अभी कॉलेज में दाखिला लिया और लड़के ने शादी कर ली। कहाँ तो बाबा ने सोचा था बड़े भैया से ज़्यादा ज़हीन, पढ़ाई-लिखाई में अच्छे छोटे भैया डॉक्टर-इंजीनियर बनेंगे, और बित्ते भर का लड़का, उसने शादी कर ली। वह भी हिन्दू लड़की से। बाबा के सिर पर आसमान टूट पड़ा। घर में लाकर जंजीर से बाँधकर छोटे-भैया की कुछ दिन तक पिटाई की पर कोई फ़ायदा न हुआ। छोटे भैया ने किसी भी तरह अपनी कॉलेज की सहपाठिनी को जिससे किसी को बिना बताये शादी की थी, छोड़ा नहीं।

छोटे भैया ऐसे जो काम कर पाते थे वैसे न तो मैं कर पाती थी और न

बड़े भैया और न मेरी छोटी बहन। छोटे भैया ही कर पाये थे। विल्पवी छोटे भैया। बिल्ली के गले में घंटी वे ही बाँधते थे। इसके बाद की जो क्रान्तियाँ हम भाई-बहन घर में ले आये थे, वे सब छोटे भैया से सीख कर ही लाये थे। अटपटापन, डर, दुविधा छोटे भैया ने ही ख़त्म किये थे। मैंने भी एक समय प्रेम करना शुरू किया छोटे भैया की तरह। मैंने भी एक दिन किसी को बिना बताये फट से शादी कर ली। मेरी छोटी बहन ने भी ऐसा ही किया। सिर्फ़ बड़े भैया ही बहुत डरपोक थे, इसीलिए बाबा से पिटाई के डर से न तो उन्होंने किसी से प्रेम किया और न ही की घर में बताकर किसी से शादी कर पाये।

बाबा ने छोटे भैया को गर्दन पकड़ कर घर से निकाल दिया। फिर घर लौटा लाये और कॉलेज में दाखिला करा दिया। लेकिन तब तक छोटे भैया का पढ़ाई-लिखाई से मन उचट गया था। दसवीं में कई स्टार लेकर फर्स्ट डिवीजन में पास करने वाला बेटा हायर सेकेन्ड्री में येन-केन-प्रकारेण पास होकर छोटी उम्र में ही नौकरी करने लगा। उस समय छोटे भैया के साथ मेरी बहुत दोस्ती थी। मैं अपने रिक्शा भाड़े से पैसे बचाकर दो-तीन रुपये उसे देती थी। कहानी की किताबें पढ़कर सुनाती थी। छोटे भैया के लिए मेरे मन में बहुत प्यार भरा दुख उपजता था। छोटे भैया की ज़िन्दगी में एक तरफ़ से संघर्ष और दूसरी ओर ऐसा जोख़िम भरा था जिसकी हम उस उम्र में कल्पना भी नहीं कर सकते थे। अचानक कॉलेज जाना बन्द कर देना, बस्ती में घर किराये पर लेकर रहना, ये सब सिनेमा में ही घटते देखते थे हम, और देखते थे छोटे भैया की ज़िन्दगी में। नियम-नीति के बाहर निकलना, किसी की परवाह न करना, यहाँ तक कि बाबा की तरह गम्भीर व्यक्ति की भी परवाह न करना, छोटे भैया से ही सीखा हुआ है। वह जो पहली बार गिटार ले आया था, इसके बाद बड़े भैया के लिए वायलिन आया था, मेरे लिए एक हवाईन गिटार और छोटी बहन के लिए हारमोनियम। छोटे भैया ने दरवाजा खोल दिया था जिस खुले दरवाजे से बाहर की दुनिया घुसी थी घर में। किसी-न-किसी को तो दरवाजा खोलना ही पड़ता है पहली बार।

आज मैं जो असाम्प्रदायिक हूँ तो वह क्या ऐसे ही? आसमान से असाम्प्रदायिकता की ज्ञान-बुद्धि मेरे ऊपर बरस रही है? नहीं, ऐसा नहीं हुआ, यह भी छोटे भैया की वजह से। जब समाज में हिन्दू-मुसलमानों में प्रेम या शादी का चलन नहीं था, तब छोटे भैया बिना दुविधा के हिन्दू लड़कियों से प्रेम करते थे। उनका ट्रंक हिन्दू लड़कियों के प्रेम पत्रों से भरा रहता था। मौका पाते ही मैं उन्हें पढ़ती थी और आश्चर्य से देखती थी निषेधों की दीवार लाँघने वाले छोटे भैया को। हिन्दू लड़की से शादी करने के बाद छोटे भैया घरवालों से छुप-छुपकर

दुर्गा पूजा की साड़ी खरीद कर देते थे। पूजा के समय बीबी को उसके पीहर ले जाते थे जिससे वह पूजा कर पाये। हमारे घर माँ के अलावा और कोई भी नमाज-रोजा नहीं करता था लेकिन इसका मतलब यह नहीं कि सभी अन्दर ही अन्दर असाम्प्रदायिक थे। मैं असाम्प्रदायिक हूँ यह बात मुँह से बोलना आसान है पर कार्य से प्रमाणित करना आसान नहीं है। युद्ध के समय नारायण नाम के एक हिन्दू लड़के को आश्रय देकर उसकी ज़िन्दगी बचायी थी बाबा ने और छोटे भैया ने एक प्रचण्ड हिन्दू विरोधी मुसलमान समाज में जन्म लेकर, एक हिन्दू लड़की से प्यार करके शादी कर अपने जीवन को प्रमाणित कर दिया था कि वह असाम्प्रदायिक है। बचपन में यह दो घटनायें अगर मैं अपनी आँखों से न देखती तो शायद 'लज्जा' नामक असाम्प्रदायिक किताब मैं न लिख पाती। आज दुनिया की तीस भाषाओं में अनुवादित 'लज्जा' साम्प्रदायिकता के विरुद्ध प्रतिवाद का एक अन्यतम ग्रन्थ है। छोटे भैया न होते तो मैं आज जैसी असाम्प्रदायिक, निडर, समझौताहीन हूँ, वह शायद कभी न हो पाती।

बचपन में जो छोटे भैया के प्रति एक ममता का भाव उपजा था, वह कभी तिरोहित नहीं हुआ। बड़े भैया ढाका विश्वविद्यालय में पढ़े थे, मैंने डॉक्टरी पास की थी, छोटी बहन ने एम.ए. की डिग्री हासिल की थी। हमारे लिए नौकरी-वौकरी मिलना मुश्किल न था।

बड़ी असहाय नजरों से छोटे भैया का जीवन युद्ध देखना पड़ता था हम लोगों को। एक समय, हालाँकि छोटे भैया अपने पैरों पर खड़े हो गये थे। बाबा के साथ सुलह भी हो गयी। बाबा दिल खोल देते थे। छोटे भैया का अभाव ख़त्म हो गया था। पर छोटे भैया के लिए एक ममता, एक लगाव की भावना रह ही गई थी।

कितना कुछ है जो मैंने माफ़ कर दिया है। जब सत्रह साल की थी तो मेरे निचले जबड़े के दो मोलर दाँतों में दर्द हो रहा था। बस, छोटे भैया अपने एक डॉक्टरी पढ़ने वाले दोस्त के पास मुझे ले गये और कहा, "जुयेल, इसके दो दाँत निकाल देना तो," छोटे भैया ने ही दिखा दिये कौन से दोनों दाँत उखाड़ने हैं। सत्रह साल की उम्र में खामख्वाह दो दाँत खोकर घर आई। बहुत साल बाद मुझे पता चला था कि छोटे भैया का दाँत उखाड़ने का फैसला गलत था। कुछ कहा नहीं मैंने, मन ही मन माफ़ कर दिया था। छोटे भैया ने तो जानबूझ कर वह काम नहीं किया था। उसने सोचा था किसी दाँत में जब भी दर्द हो उसे उखाड़ फेंकने में ही भला है। जैसे सिर में दर्द हो तो सिर-काट कर नहीं फेंका जाता वैसे ही दाँत में दर्द हो तो दाँत भी उखाड़ कर फेंका नहीं जाता। छोटे भैया ज़्यादातर समय बड़े सरल और निरीह होते थे। बाहर से सब समझ नहीं पाते थे।

मैं बचपन में सिनेमा की कीड़ा थी। एक समय सिनेमा पत्रिकाओं में लिखना शुरू किया मैंने। घर में सिनेमा की पत्रिकाओं के घुसने की मनाही थी। वह सब गयी-गुजरी पत्रिकायें पढ़ रही हूँ यह जानने पर बाबा मेरी हड्डी-पसली एक कर देंगे। पर छोटे भैया मुश्किल आसान करते थे। छोटे भैया वह सब पत्रिकायें घर में लाते थे। मेरा पहला लिखा लेख किसी एक सिनेमा पत्रिका में ही छपा था। सत्तर के दशक के बीचों-बीच सिनेमा की पत्र-पत्रिका ही होती थी साहित्य की पत्र-पत्रिकायें। उन्हीं में कहानी उपन्यास, कवितायें छपा करती थीं। उसी समय छोटे भैया चित्राली पाठक-पाठिका चलचित्र समिति के एक नामी कर्ताधर्ता बन बैठे। सिनेमा के हीरो को ढाका से मयमनसिंह ले आते थे अनुष्ठानों के लिए। अजीब चीजों के साथ ख़ुद को लिप्त कर लेने की क्षमता थी छोटे भैया के अन्दर। सब के अन्दर ये गुण नहीं होते। लोग छोटे भैया को बेहद प्यार करते थे। बचपन में ही देखा था कितने दोस्त थे छोटे भैया के। अपने से दुगनी उम्र के दोस्तों से मेल-मिलाप, फिर अपने से बहुत छोटे, जिस किसी से भी दोस्ती कर सकते थे छोटे भैया, किसी भी दल के साथ, किसी भी मानसिकता या मत के लोगों के साथ, बड़े विज्ञानी से लेकर रास्ते के भिखारी सब के साथ। पता नहीं कि उन सबके दिल में भी छोटे भैया के लिए स्नेह उपजता था परिवार के 'ब्लैकशीप' यानी औरों से बिल्कुल अलग जो होता है उसके लिए सबके मन में प्यार होता है—यह मैंने देखा है।

धीरे-धीरे बांग्लादेश का सिनेमा खराब होने लगा। सिने-पत्रिका पढ़ने का रिवाज़ भी खत्म होने लगा। हम लोग, जो कभी-कभार उन पत्रिकाओं में लिखते थे दूसरी पत्रिकाओं या 'लिटल मैगज़ीन्स' में लिखने लगे। एक समय ऐसा आया था कि मैंने ख़ुद कविता पत्रिका का सम्पादन करना शुरू कर दिया था, अपनी गाँठ से पैसे खर्च कर छपवाती भी थी। छोटे भैया विज्ञापन का जुगाड़ कर देते थे, प्रेस का जुगाड़ कर देते थे। जब वे हवाई जहाज में नौकरी पाकर ढाका चले गये, तब ढाका से 'सेजूंती' पत्रिका छपवा दी थी। छोटे भैया को हजार विषयों में दिलचस्पी थी। किसी भी दिन ऐसी कोई बात नहीं दिखी जिसमें छोटे भैया ने आग्रह नहीं दिखाया हो। छोटे भैया एक ऐसे अनूठे व्यक्ति थे जिनको "गंगू तेली से लेकर राजा भोज" में समान दिलचस्पी थी। छोटे भैया ने एक बार एक नाटकदल में नाम लिखवाया था। छोटे भैया की बदौलत ही एक बार मैंने एक बहुत बढ़िया नाटक किया था मयमनसिंह के टाउन हॉल के मंच पर। छोटे भैया को मैंने एक नाटक की स्क्रिप्ट दी थी, उसे पसन्द आयी और उसके बाद ही रिहर्सल शुरू हुई, कलाकारों को लेकर एक पुराने खंडहर बन चुके मकान में। मैं

अठारह की उम्र में ही नाटक की पक्की निर्देशक बन गयी थी। वह नाटक बहुत जनप्रिय हुआ था। टाउन हॉल में काफ़ी शो हुए थे। रात को बाबा की आँख में धूल झोंककर हम रिहर्सल के लिए जाते थे। छोटे भैया के 'ऐडवेंचर' ने अवश्य ही मुझे प्रभावित किया था। तभी से ही मैंने कला की दुनिया में अपने डगमगाते क़दमों से प्रवेश किया था।

इसी बीच बहुत से वर्ष बीत गये। देश छोड़कर मुझे आना पड़ा। बाबा के गुजर जाने के बाद उनकी अकूत सम्पत्ति को बड़े भैया और छोटे भैया ने आपस में बाँट ली, बहनों को कोई भी हिस्सा न देने पर मैं बहुत नाराज हुई थी। उसके बाद भी छोटे भैया को अमेरिका घुमाने ले गयी थी, कितने ही शहरों में लास वेगास, ग्रैंड कैन्यन, वॉशिंगटन डी.सी.। मैं जब हार्वर्ड विश्वविद्यालय में फेलोशिप कर रही थी—छोटे भैया आये थे। उनको घुमा-घुमा कर पूरा हार्वर्ड दिखाया था। इससे भी पहले जब मैं जर्मनी और स्वीडन में थी, छोटे भैया मुझसे मिलने आये थे, तब छोटे भैया ही "मेरा खोया हुआ देश" थे। छोटे भैया एक ऐसे इन्सान थे जिन पर ज़्यादा दिन नाराज़ होकर नहीं रहा जा सकता, या कि मैं ही ऐसी इन्सान हूँ जो किसी पर ज़्यादा दिन तक नाराज़ नहीं रह सकती, पता नहीं। शायद छोटे भैया ही ऐसे हैं जिन पर बचपन से ही हमसब में से ज़्यादा दिन तक कोई भी नाराज़ नहीं रह सका। छोटी उम्र में पढ़ाई छोड़कर जो गृहस्थी चलाने के लिए संघर्ष करता जा रहा था। शायद इसलिए कि उस छोटे भैया का संघर्ष हमने अपनी आँखों से देखा था। इस दुनिया में कुछ लोग ऐसे होते हैं जो हरदम गलत-सलत काम करते रहते हैं, सब उलट-पलट कर देते है, लेकिन ऐसे लोगों के लिए सहानुभूति कभी कम नहीं होती ज़िन्दगी में। मन रूठ जाता है, गुस्सा भी आता है लेकिन फिर भी कहीं न कहीं उनके लिए मन में करूणा और लगाव रह ही जाता है। छोटे भैया अपनी ज़िन्दगी और अपनी दुनिया लेकर व्यस्त रहते थे। भाई-बहन, माँ-बाबा के साथ समय बिताने का मौका उन्हें कम ही मिलता था। उनके लिए मेरे मन में शिकायतों का अन्त नहीं है, परन्तु फिर भी छोटे भैया के प्रति मैं बहुत कृतज्ञ रहती थी, बहुत सी चीजों के लिए। जब भारत सरकार ने मुझे देश से खदेड़ दिया, तब मैं तो दूर देश में जाकर बस गयी थी लेकिन मेरी पालतू बिल्ली को तो कोई दूर देश में घुसने ही नहीं देगा। भारत में उसकी देखभाल के लिए कोई न था। लिहाजा मैंने उसे ढाका, अपने फ्लैट में भेज दिया। वहाँ छोटे भैया ने ही उसे खिला-पिला कर ढाई साल जिन्दा रखा था। बाद में जब मैंने उसे लौटाने को कहा तो छोटे भैया का बहुत मन खराब हुआ था। कहा था, "एक जन रहा इतने दिन, चला जाये तो क्या तकलीफ़ नहीं होगी।"

इसी बीच अचानक एक दिन फ़ोन आया। क्या? छोटे भैया दिल्ली आयेंगे। रुटीन टेस्ट कराते समय लिवर में हेमनजिओमा। यह हेमनजिओमा कोई बहुत नुकसानदायक रोग नहीं है। फिर भी एक दूसरा मत भारत से कौन नहीं लेना चाहता? छोटे भैया सेहत के प्रति बहुत सचेत हैं। हमेशा 'फिट'। मेरे बाल पक कर सफ़ेद हो गये लेकिन छोटे भैया के बाल पकने के कोई आसार नहीं। छोटे भैया के साथ कहीं बाहर निकलती तो लोग मुझसे पूछते, वे मेरे छोटे भाई हैं क्या? मैं क्या कहती मुझ से नौ साल बड़े छोटे भैया को मुझ से छोटा ठहराया जा रहा है। दरअसल झूठ कुछ नहीं है। छोटे भैया की उम्र हो गयी लेकिन चमड़ी में कोई झुर्री नहीं आयी। बाल भी बहुत ही कम पके हैं। बियर पीने के बावजूद तोंद नहीं बढ़ी, हमेशा की तरह वे स्लिम ही रह गये। सुना है कुछ दिन पहले लाख रुपये खर्च कर एक ट्रेडमिल खरीदा है। एक घण्टा उसमें पैदल चलते हैं। हम सभी जानते थे कि हमारे चार भाई-बहनों में छोटे भैया की सेहत ही सबसे अच्छी है। सुन्दरी और विदुषी लड़कियाँ जो धड़ाधड़ उनके प्रेम में पड़ती थीं वह क्या ऐसे ही? वे चाहे किसी भी उम्र की हों, कैसी भी नौकरी या काम करती हों, सब ही दो दिन के अन्दर ही अन्दर उनके प्रेम में पड़ जाती थीं। कुछ तो था ही छोटे भैया के अन्दर—पता नहीं, वह बच्चों जैसी मुस्कान तो नहीं थी?

छोटे भैया दिल्ली आये। लिवर अस्पताल में मैंने पहले ही बात कर रखी थी। जिस रात को वे आये उसके बाद वाले दिन 9 बजे सुबह डॉक्टर से मिलना था। डॉक्टर ने भी एक ही बात कही, हेमनजिओमा बहुतों को होता है, घबराने की बात नहीं है, फिर भी उन्होंने कुछ टेस्ट करने को कहा। लिवर का एम.आर.आई. जब करीब ख़त्म हो रहा था, तब 'डाई' की जरूरत पड़ी। मेरा दिल धड़क उठा। 'डाई' की जरूरत क्यों? एम.आर.आई. डॉक्टर का मत था—शायद कुछ है पैनक्रियाज़ में। उसी दिन ख़ून की जाँच करने को दिया गया। दूसरे दिन बेहोश कर एंडोस्कोपी की गयी। मुझे अन्दरूनी हालत दिखाई गयी। डॉक्टर ने कहा—पैनक्रियाज़ का कैंसर है। छोटा नहीं है, काफ़ी बढ़ा हुआ है, ऐडवान्स्ड। ख़ून की एक नस को छू रहा है। माँ गुजरी हैं 'कोलोन कैंसर' में। चलो माँ को तो ज़िन्दगी भर लापरवाही भुगतनी पड़ी है, जला-भूना खाना पड़ा है, कैंसर होने से पहले 'पॉलिप' के लक्षण दिखाई देने पर भी कोई माँ को डॉक्टर के पास नहीं ले गया। लेकिन छोटे भैया को क्यों होगा कैंसर? वे तो कितनी बार डॉक्टर के पास जाते थे। हर साल 'रुटीन टेस्ट' कराते थे। जिस रोग का नाम लेने पर भी डर लगता है वही रोग छोटे भैया के शरीर में। दुनिया घूमने लगी चरखी की तरह। मेरा मन एकदम उखड़ गया। माँ के मृत्युशोक से आज भी उबर नहीं पाई। कुछ

दिन पहले ही आँसुओं से भीग-भीगकर पूरी एक किताब लिख डाली माँ को याद करके। और अब छोटे भैया की कैंसर की यंत्रणा आँखों से देखनी पड़ेगी। हैरान होकर देखती हूँ कि छोटे भैया ने इस कैंसर को आम रोग की तरह मानकर, जैसे यह अलसर जैसी कोई आम बीमारी है, महा उत्साह से इलाज शुरू किया। न आँखों में आँसू न लम्बी साँसें, कुछ नहीं। घंटों कमरे की छत को ताकना, गाड़ी चलाकर घूमने नहीं जाना खा रहे हैं, गप्पें कर रहे हैं। छोटे भैया की जगह मैं होती तो यह सब कर नहीं पाती। रो-धोकर, उम्मीद छोड़कर किसी बीहड़ जंगल में जाकर अकेले बैठी रहती।

छोटे भैया तभी से कम नहीं भुगत रहे। दिल्ली के सर गंगाराम अस्पताल में लाख-लाख रुपयों के बदले भी बहुत मुसीबतें झेलनी पड़ी। पैनक्रियाज का आपरेशन होगा, उससे पहले उड़ीसा के एक कार्डियोलॉजिस्ट ने फतवा दे दिया—पहले हार्ट का ऑपरेशन करना पड़ेगा। मैंने छोटे भैया से कहा था—तुम अमेरिका के स्लोअन केटरिंग में जाकर इलाज करवाओ। सिंगापुर का कैंसर अस्पताल अच्छा है, वहाँ चले जाओ। और दूर कहीं न जाना, चाहो तो मुंबई के टाटा मेमोरियल में ही चले जाओ। छोटे भैया ने निश्चय किया कि जो होगा दिल्ली में ही होगा। क्यों? दिल्ली में उसकी छोटी बहन, मैं जो हूँ। छोटी बहन डॉक्टर है। हाँ डॉक्टर तो हूँ पर डॉक्टरी तो नहीं करती। बहुत साल हो गये। मैं छोटी बहन जरूर हूँ लेकिन मैं कैंसर का इलाज कर अच्छा तो नहीं कर दूँगी। सबसे अच्छा इलाज जहाँ तुम्हें मिलेगा वहाँ जाओ। छोटे भैया नहीं माने। मेरे पास रहकर इलाज करवाया। खामख्वाह एक बाईपास का ऑपरेशन कराना पड़ा, न करने पर एनेस्थीसिया नहीं दिया जा सकता था—ऐसा कहा। क्योंकि पैनक्रियाज की बहुत लम्बी व्हीप्ल सर्जरी होती है। छोटे भैया ने उन भयंकर तकलीफदेह काटपीट को, सहा, कराहते रहे। दाँत पर दाँत दबाये झेलते रहे, आँखें खोलीं पर हिम्मत नहीं हारी। मैं उनकी तकलीफ़ को देख नहीं पाती। छाती भेदकर दीर्घश्वास निकलता था बार-बार। दूर-दूर ही रहती थी।

छोटे भैया ऑपरेशन के बाद कीमोथेरेपी की पर्ची लेकर ढाका लौट गये। हम लोग स्काइप से बातें करते थे। छोटे भैया ने सिर्फ़ बात करने के लिए ही एक लैपटॉप खरीदा था। कैंसर के बारे में ज़्यादा बातें नहीं करते थे। बांग्लादेश की राजनीति में क्या भयंकर काण्ड हो रहे हैं, वह सब खबरें मुझे देते थे। मुझे भी कैंसर के बारे में कुछ पूछने की इच्छा नहीं होती थी। लेकिन जोर-जबरदस्ती क्या मुँह बन्द करके रह सकती हूँ। चिन्ता किसी-न-किसी तरह प्रकट हो ही जाती थी। छोटे भैया नियमित रूप से डॉक्टर के पास जाने वाले व्यक्ति थे। सिर्फ़

जाँच के लिए ही सही। और उन्हीं को ही यह रोग लग गया। मैं तो डॉक्टर के पास कभी नहीं जाती। मेरे शरीर में भी शायद छुपकर घात लगाये बैठा है यह रोग। छोटे भैया को मैंने कहा था—हमारे जीन बहुत खराब हैं। बीमारियों से भरे हुए। हाईपरटेंशन, डायबिटीज, कैंसर। छोटे भैया को भी मालूम है हमारे जीन अच्छे नहीं हैं। मुझे बार-बार छोटे भैया ने कहा है कि मैं भी सब टेस्ट करवा लूँ। थोड़ी-बहुत शराब पीते थे, क्या इसीलिए कैंसर हुआ? कितने ही लोग हैं जो तीस-चालीस साल से हर शाम पीते हैं, उनके लिवर जस के तस हैं, पैनक्रियाज में रत्ती भर भी बदलाव नहीं। जीन खराब न होता तो शायद ऐसा न होता।

पैनक्रियाज का कैंसर ज़्यादातर इतनी जल्दी पकड़ में नहीं आता—जितनी जल्दी छोटे भैया का पकड़ में आ गया। कोई लक्षण ही नहीं थे। पैनक्रियाज ज़्यादा फैला भी नहीं था। इसीलिए मेरी उम्मीद बँधी थी। कारण व्हीपूल सर्जरी जब सफल है, तब जरूर ही छोटे भैया बहुत दिन जियेंगे। कितने जान-पहचान के लोग हैं जो कैंसर के बावजूद हँस-खेलकर बीस-पच्चीस साल तक जी रहे हैं। छोटे भैया के साथ भी जरूर ऐसा ही होगा। परन्तु तीन महीने बाद कीमोथेरेपी देने के बाद जब छोटे भैया फिर टेस्ट कराने दिल्ली आये, खून में काफ़ी मात्रा में कैंसर मिला। इसका मतलब कीमोथेरेपी के जहर से भी कर्कट रोग के जहर में रत्ती भर का भी फर्क नहीं आया, उल्टे पूरे शरीर में भरकर और भी तांडव नृत्य करने लगा है। तो फिर उतने बड़े विलायत से लौटे समीरन नन्दी—वे जरूर व्हीपूल सर्जरी ठीक से नहीं कर पाये। मैं जब आगबबूला होकर सब डॉक्टरों को भलाबुरा कह रही थी, छोटे भैया तब धीर शान्त थे। किसी भी डॉक्टर के प्रति उन्हें कोई शिकायत नहीं है। किसी भी डॉक्टर ने कोई गलत इलाज नहीं किया, वह मानते हैं। यह सब ही छोटे भैया की तकदीर है। मैं तकदीर में विश्वास नहीं करती। कहीं कोई गलती जरूर हुई है। मैं बेहद गुस्से में हूँ। समीरन नंदी से पूछा—गलती उन्हीं से हुई है क्या? कौन अपनी गलती स्वीकार करता है? छोटे भैया ढाका लौटकर नयी जाँच के मुताबिक रेडियोथेरेपी ले रहे हैं। मुझे पता नहीं पैनक्रियाज कैंसर में रेडियोथेरेपी कितनी कारगर होगी? मुझे बड़ा डर लगता है। अभी भी स्काइप से बातें होती हैं। पहले की तरह रोज छोटे भैया स्काइप पर आ नहीं सकते। सुना है बीच-बीच में ही तबियत बिगड़ जाती है डर के मारे मैं फ़ोन नहीं करती, फ़ोन आता है तो, कँपकँपी छूटती है कि न जाने क्या सुनूँगी। हर सुबह अगर स्काइप पर न आयें तो तिरतिराती पतली पानी की धार-सी दुश्चिन्ता कहीं मन में काँपती रहती है। दो दिन पहले मैंने उन्हें कहा था कि अब और दिल्ली-मुंबई न जाकर अमेरिका जाओ। वहाँ के बड़े कैंसर अस्पताल के डॉक्टर

को दिखाओ। जिन्दा रहने के लिए कोशिश तो करनी ही पड़ेगी। ज़िन्दगी एक ही तो है। बीच-बीच में उन्हें उपदेश भी देती हूँ कि हर पल को ही महत्त्व देना चाहिए। जो करने का उनका जी चाहे वही करें। जब मैं ऐसा कहती हूँ तो मुझे अपनी आवाज़ ही बड़ी अजीब लगती है। क्यों मैं ऐसा सोच रही हूँ कि छोटे भैया जल्दी ही गुजर जायेंगे और मैं जिन्दा रहूँगी अनन्त काल तक? दरअसल हर पल हरेक के लिए मूल्यवान है। ज़िन्दगी सब के पास एक बार के लिए ही आती है। इस पृथ्वी के बाद और कोई पृथ्वी नहीं है कोई दोज़ख, बहिश्त (स्वर्ग) नहीं है, कहीं पर भी हमारे जाने की कोई सम्भावना नहीं है। एक बार मर जाने से हमारी किसी से भी मुलाक़ात कभी नहीं होगी। जीवन सभी का अनिश्चित है। छोटे भैया जब बिस्तर पर लेटे-लेटे कैंसर के साथ युद्ध कर रहे हैं, हम सब बहुत चिन्तित हैं, बड़े भैया भी, तब बड़े भैया का ही हो गया एक "मैसिव हार्ट अटैक"। वे मर भी तो जा सकते थे। कैंसर तिल-तिल करके मारता है। हार्ट अटैक पलक झपकते ही मार डालता है।

छोटे भैया कैसे इस तरह धीर, इतने स्थिर, इतने शान्त बने रह सकते हैं पता नहीं। माँ भी ऐसी ही थीं। हालाँकि हममें से किसी ने उन्हें बताया नहीं था कि उन्हें कैंसर हुआ है। माँ को सब कुछ समझ में आ गया था। कोई शिकायत नहीं, कोई अफसोस नहीं, धरती की तरह सहिष्णु थीं माँ।

कभी-कभी लगता है छोटे भैया ने शायद कैंसर के आतंक, इसके सर्वग्रासी होने को, कैंसर में निहित मृत्यु को, एक ऐडवेंचर की तरह लिया है। वही छुटपन की तरह–गिटार, जनआन्दोलन, राजनीति, प्रेम, गन्धर्व विवाह, बस्ती का घर, थियेटर, दो सौ रुपये की नौकरी "खानाबदोश" ज़िन्दगी, हवाई जहाज, रमणियों के झुण्डों की तिरछी भौंहों की पुकार, शराबखोरी ये ऐडवेंचर थे। छोटे भैया के लिए एक ममता भरा लगाव था, बेहद लगाव और स्नेह। इस बार जब आये थे दिल्ली तो उम्मीद से भरे थे। परन्तु डॉक्टर ने कोई उम्मीद भरी बात नहीं की। न करे। फिर भी छोटे भैया को लेकर अच्छी-अच्छी मूवीज देखा, अच्छे रेस्तराँ में अच्छा-अच्छा खाना खाया। बचपन की, और उस समय की ढेर सारी गप्पें कीं। रह-रहकर मैंने विज्ञान की बातें छेड़ दीं–बिग बैंग, विश्व ब्रह्माण्ड, प्राणी का जन्म, धरती के विकास की, मानव जाति की। कितने सैकड़ों 'ईश्वर' को मनुष्य ने रचा है, कितने सैकड़ों ईश्वर निश्चिह्न हो गये हैं, छोटे भैया ने इस बार सब कुछ बड़े मन से सुना। मृत्यु को दो तरह से ग्रहण किया जा सकता है। एक–जा रहे हैं यह सोचकर जाना कि सामयिक परकाल में फिर मुलाक़ात होगी। दो–अब कभी भी मुलाक़ात नहीं होगी और सब प्राणी जैसे–बन्दर, चिंपाजी से लेकर, और

सब क्रमिक विकसित प्राणियों को जाना होता है। सहस्रों, करोड़ों वर्षों से प्राणी जगत में ऐसा ही हो रहा है। अच्छा तो है कि हम जन्मे थे, कितना कुछ तभी तो जाना है, देखा है, सीखा है, योगदान किया है। जीवन का कोई अर्थ नहीं है। पर जितना थोड़ा-बहुत ही सही—उतना सा अर्थपूर्ण तो किया ही है जीवन के लिए। इतनी सी ही सार्थकता है जीवन की।

मैं दूसरे मत का ही समर्थन करती हूँ। दूसरे मत में है सत्य को अपनाना। और पहले मत में है झूठ का आश्रय लेना, मृत्यु को न मान पाना। मृत्यु की तरह भयंकर सत्य को मनुष्य मान नहीं पाता इसीलिए तो स्वर्ग और नरक की कल्पना की है।

छोटे भैया और मैं किशोर अवस्था में 'अचिनपुर' नाम का एक उपन्यास पढ़ते थे। उपन्यास की पहली लाइन थी—"मरने के बाद क्या होता है?" एक आठ नौ साल का लड़का रात को पोखर के पानी में तैरते हुए अपने नबू मामा से यह प्रश्न करता है। नबू मामा ने जवाब दिया था—पता नहीं। यह छोटे भैया को याद है या नहीं पता नहीं।

हम चाहे जितना विज्ञान को समझते हैं, वे लोग चाहे जितना धर्म को समझते हैं कोई भी मरना नहीं चाहता। चाहे जितना भी कहें, लम्बी तकलीफ़ों भरी ज़िन्दगी से एक बढ़िया छोटी-सी ज़िन्दगी अच्छी है, दरअसल हम सभी जीना चाहते हैं। दुख कष्ट में जीवन डूबा रहे तो भी हम सब जीना चाहते हैं। अगर अनन्तकाल तक जीना सम्भव होता तो अनन्तकाल तक ही जीते। क्यों मरें? मर के कहाँ जायेंगे? कहीं नहीं। यह "कहीं नहीं" की कल्पना करते ही शरीर काँप उठता है। शायद ऐसा समय कभी आये, विज्ञान इतना आगे बढ़ जाये कि मनुष्य को मरना नहीं पड़े। हाल ही में तो बहुत चीजों के रिसर्च देखकर अनुमान किया जा सकता है कि भविष्य में मनुष्य जितने दिन चाहे, जी सकता है। यह हमारा दुर्भाग्य है, हम भविष्य में नहीं जन्मे हैं। वर्तमान में जन्मे हैं। दरअसल पूरे निश्चय से कुछ भी नहीं कहा जा सकता। और बीस साल बाद शायद पूरी धरती ही ध्वंस हो जायेगी अणुबम से। और तीस साल बाद शायद ऐस्ट्रोनॉट या कॉमेट (धूमकेतु) के वार से धरती के सब प्राणी विलुप्त हो जायेंगे। जैसे छह सौ पचास लाख साल पहले डायनासोर के साथ सब प्राणियों का नाश हो गया था।

जब चारों तरफ़ से कोई आशा की वाणी नहीं सुन पा रही थी, तब छोटे भैया ने दिल्ली में एक बात कही थी—वह बात अब भी सीने में दुख जगाती है, एक रुदन से भर जाता है मन, और बड़ी करुणा, स्नेह उपजता है छोटे भैया

के लिए। उन्होंने कहा था–"मर जाऊँगा यह जानना और मर जाऊँगा यह न जानना इन दोनों में बहुत फ़र्क़ है।"

मैं बहुत देर तक चुप थी। शायद अचानक मैं या बड़े भैया गुजर जायेंगे छोटे भैया रह जायेंगे। लेकिन हमारी मृत्यु में इतनी सी सांत्वना है कि मरने से पहले हर पल यह नहीं पता है हमें कि हम मर जायेंगे। मैं शरीर के किसी कोने में कैंसर पनप रहा है या नहीं, जानने के लिए डॉक्टर की शरण में नहीं जा रही हूँ या सारे टेस्ट नहीं करवा रही हूँ, सम्भव है इसी कारण से ही कि अगर कैंसर है तो जान लेने पर हर पल कष्ट पाना, दुश्चिन्ता करना, हताशा भोगने की कोई जरूरत नहीं है। मौत एक दिन ही आये–सौ बार नहीं हर दिन नहीं।

छोटे भैया ने एक और बात लम्बी साँस लेकर कही थी। उन्हें कैंसर है यह जानने के बाद दिन में सौ दो सौ लोग फ़ोन करते थे। अब और कोई फ़ोन नहीं करता। मन ही मन सोचता हूँ–कैंसर की खबर ही आजकल मौत की खबर जैसी है। सम्भवतः इसीलिए शोकवार्ता पहले भेज देते हैं।

"इतना खा रहा हूँ पर फिर भी वजन कम हो रहा है," छोटे भैया ने एक दिन अफ़सोस करते हुए कहा। मैं उन्हें कोई सांत्वना नहीं दे पायी। ज़िन्दगी में कोई-कोई समय ऐसा आता है जब यह ठीक से समझ नहीं आता कि क्या कहा जाए या क्या कहना ठीक रहेगा।

अगर ऐसा होता, तो रेडियोथेरेपी ख़त्म होने के बाद पता लगता कि छोटे भैया के सब कैंसर सेल्स मर गये, अब कैंसर फिर नहीं होगा। कम-से-कम बीस-पच्चीस साल के लिए तो नहीं ही। मैंने प्रकृति से, अलौकिक शक्तियों से प्रार्थना की है कि छोटे भैया जिन्दा रहें। विप्लवी छोटे भैया, हर घटना–दुर्घटना से नैया पार लगाने वाले, असम्भव को सम्भव करने वाले, छोटे भैया और भी लम्बे-लम्बे समय के लिए जीते रहें। इस तरह बीमार व्यक्ति की तरह बिस्तर में लेटे-लेटे नहीं। उड़कर, घूमकर, दौड़कर जिन्दा रहें। वे जो मर्ज़ी सो करनवाले आदमी हैं। वे और भी लम्बे सालों तक जो मर्ज़ी सो करते रहें। जीवन को और भी अर्थपूर्ण बनायें, आलोकित करें। फिर से गिटार में पहले जैसे सुर बजायें, जिस सुर से पूरा शहर एक समय मोहित हुआ करता था।

अपनी इच्छाओं की बातों को थोड़ा-थोड़ा कहती जाती हूँ। कहती तो हूँ, लेकिन छोटे भैया के उस लगातार वजन कम होने वाले शरीर को देखकर डर लगता रहता है। उस डर को किसी के साथ साझा नहीं कर सकती। बाबा नहीं हैं, माँ नहीं हैं। माँ के सामने यह घटना नहीं घटी। एक तरह से अच्छा ही हुआ। छोटे भैया को बेहद प्यार करती थीं माँ। देर से बोलना, देर से माँ का दूध छोड़ने

वाला बेटा माँ की आँखों का तारा था। छोटे भैया को कैंसर होने के बाद क्या माँ रत्तीभर भी सह पातीं? रो-रो कर ही एक दिन मर जातीं माँ। डर लगता है, परन्तु ख़ुद से कहती हूँ, "हम दोनों जरूर फिर से पहले की तरह चाय पीते-पीते कहानी की किताब पढ़ेंगे। मैं पढ़ूँगी, छोटे भैया सुनेंगे। फिर से छोटे भैया को नये-नये शहर दिखाने के लिए ले जाऊँगी, शहरों का इतिहास बताऊँगी, छोटे भैया मन लगा कर सुनेंगे। और जब छोटे भैया अपने अनुभवों की झोली खोलकर बतायेंगे, मैं सब कुछ मन लगाकर सुनूँगी, किसी दिन भी ख़त्म नहीं होंगी वह सब कहानियाँ, छोटे भैया की रोंगटे खड़े कर देने वाली कहानियाँ।"

हम लोगों के पास और है ही क्या—स्वप्नों को छोड़कर?

लिंग-सूत्र

तब मेरी उम्र तेरह साल की थी। एक दिन सुना राजशाही विश्वविद्यालय का एक छात्र अचानक लड़की हो गया। नाम था अबूल हुसैन, लड़की होने के बाद नाम रखा हुस्नआरा। कुछ दिन बाद ही हुस्नआरा ने लाल रंग की बनारसी साड़ी पहन कर अपने रूममेट से शादी कर ली। इस घटना ने मुझे बिल्कुल हिला दिया था। अख़बार में अबुल हुसैन और हुस्नआरा की फोटो पास-पास छपती थी। अबुल हुसैन हर समय मौलाना लोगों की तरह एक स्कार्फ़ पहनता था अपने वक्षों को ढकने के लिए। अन्दर ही अन्दर वह लड़की ही था, लेकिन जन्म के बाद उसके सगे-सम्बन्धी सोचते थे वह लड़का है, ऐसा सोचने का जरूर कोई कारण रहा होगा। बड़े होकर अबुल हुसैन समझ गया था कि वह लड़का नहीं है। शर्म और डर के मारे किसी से कुछ नहीं कहा उसने। लड़कों के हॉस्टल में रहता था, सब उसे लड़के के रूप में ही जानते थे। पर एक समय ऐसा आया कि उसका अट्पटापन बेइंतहा बढ़ गया, तब वह डॉक्टर की शरण में गया। डॉक्टर ने जाने क्या एक ऑपरेशन किया, बस अबुल हुसैन लड़की बन गया। यह ख़बर पढ़कर मुझे बड़ी इच्छा हुई थी कि मैं भी अचानक एक दिन लड़का बन जाऊँ। लेकिन मैं समझती थी कि अबुल हुसैन का शरीर जैसे अन्दर ही अन्दर लड़की का शरीर था, मेरा शरीर वैसे लड़के का शरीर नहीं है। दरअसल लड़कियों पर पारिवारिक, सामाजिक, धार्मिक, राष्ट्रीय अत्याचार इतने ज़्यादा होते थे कि मैं लड़के में रूपान्तरित होकर इन सबसे छुटकारा पाना चाहती थी, कोई और कारण नहीं था। लड़कियों की पोशाक पहनती थी, लेकिन मौक़ा मिलते ही, लड़कों की पोशाक पहनने की इच्छा होती थी। तब तक हमारे शहर में लड़कियों का लड़कों जैसा पैंट पहनने का चलन नहीं था। याद है पहली बार जब पैंट का कपड़ा खरीद कर दर्जी के पास जाकर अपने लिए एक पैंट बनाने के लिए कहा, तो दर्जी ने मना कर दिया, बाद में बड़े भैया के कहने पर बना जरूर दिया पर लड़कों के पैंट की तरह सामने चेन नहीं लगाई, चेन लगाई साइड में। कहने पर

भी पैंट में जेब नहीं लगाई। अगर लड़कियाँ पैंट पहनना ही चाहें तो वह पैंट मर्दों के पैंट से अलग तरह से बनाने वाले दर्जियों की कमी नहीं थी। सत्तर के दशक के हमारे मयमनसिंह शहर में पैंट पहनना ही तब एक क्रान्ति थी, शर्ट का तो प्रश्न ही नहीं उठता। हालाँकि मैंने शर्ट भी बनवाई थी। दर्जियों ने अलग कायदे से बनाई थी। 'बुकपॉकेट' तो थी ही नहीं, बल्कि सीने के ऊपर अनर्थक चुन्नटें डाल दी थीं। हालाँकि बाद में मैंने उसे डाँटा-फटकारा था और लेडीज़ और जेंट्स के पोशाक में जबरदस्ती भिन्नता लाने की उसकी कोशिश की शरारत को बन्द भी किया था। क्योंकि लड़कों की तरह पोशाक पहनने की मनाही थी। मनाही को तोड़ने के लिए ही वह काम मैं करती थी। कुछ लोग नियम बना देंगे, किस तरह चलना है, हँसना है, रोना है, क्या खाना है, कैसे बात करनी है, क्या बात करनी है, आवाज कितनी ऊपर उठानी है, कैसी पोशाक पहननी है, उनकी पसन्द की पोशाक के अलावा और दूसरी पोशाक नहीं पहन सकते। घर से कब निकलना है, कब लौटना है और मैं भी उन नियमों का अक्षरशः पालन करूँगी, कोई प्रश्न नहीं उठाऊँगी—इस तरह की मनाही उस किशोर अवस्था में ही मुझे अनुचित लगी थी। लड़कों की पोशाक लड़कियों को नहीं पहननी चाहिए। यह उपदेश उठते-बैठते सुनती थी—सिर्फ़ इसीलिए लड़कों की पोशाक पहनकर मैंने कहनेवालों को समझा दिया था कि अगर मर्जी हो तो कुछ भी पहना जा सकता है। मैं उस समय समझ नहीं पायी थी कि क्यों लड़के भी लड़कियों की पोशाक पहनकर बता नहीं देते कि वे भी नियम नहीं मानते। क्यों वे स्कर्ट नहीं पहनते? साड़ी, कमीज़ नहीं पहनते। पुरुषों ने तो कोई कम क्रान्तियाँ नहीं कीं तो फिर इस पोशाक क्रान्ति से परहेज़ क्यों? बाद में अवश्य समझ में आ गया था कि स्त्रियों का स्थान समाज में इतना नीचे धकेल दिया गया है कि ज़्यादातर पुरुष सोचते हैं कि कमतर लोगों की पोशाक पहनने का मतलब है ख़ुद कमतर होना या फिर दूसरे लिंग की पोशाक पहनने का मतलब है प्रथम लिंग का अपमान करना। और उधर स्त्रियाँ जो पुरुषों की पोशाक पहनती हैं उनमें से बहुत सी ऐसी हैं जो मन ही मन यह सोचकर सुख पाती हैं कि—''हम प्रभुओं की कतार में शामिल हो गये, मान बढ़ा। पुरुष क्रॉसजेन्डर्स में कई ट्रान्सजेंडर या रूपान्तरकामी होने पर भी स्त्री क्रॉसड्रेसर (पुरुष का पहनावा पहनने वाली) में से बहुत ऐसी नहीं हैं।

पुरुष और नारी के बीच सामाजिक वैषम्य न होता तो सम्भवतः दोनों एक ही पोशाक पहनते। अस्पताल में, जेल में दोनों की एक ही पोशाक होती है। डॉक्टरी शास्त्र की नज़रों में सब रोगी हैं, क़ानून की दृष्टि में सब अपराधी समान हैं—शायद इसलिए।

पुरुष और नारी शरीर में, कभी-कभी लगता है एक सूत का फ़र्क़ है। स्त्री भ्रूण से पुरुष की यात्रा शुरू होती है, बीच रास्ते में 'वाई क्रोमोज़ोम' आकर पुरुष भ्रूण में बदलाव लाती है। नारी-पुरुष दोनों के शरीर में ही रहता है पुरुष हारमोन 'टेस्टोस्टेरोन' और नारी हारमोन 'एस्ट्रोजन'। पुरुष शरीर में जरा ज़्यादा 'टेस्टोस्टेरोन' और नारी शरीर में जरा ज़्यादा ऐस्ट्रोजन, बस यही फ़र्क़ है। हारमोन का परिणाम जरा सा इधर-उधर हुआ तो लड़की दिखेगी लड़के की तरह और लड़का दिखेगा लड़की की तरह। चाहे तो 'हारमोन' और भी भयंकर काँड कर सकता है। पुल्लिंग और स्त्रीलिंग को बिल्कुल उलट-पुलट कर सकता है। लिंग निर्धारण इतना आसान नहीं है जितना आसान इसे समझा जाता है। लिंग सिर्फ़ शारीरिक ही नहीं होता, सामाजिक, सांस्कृतिक और मनोवैज्ञनिक भी होता है। ज़्यादातर लोग सोचते हैं दुनिया के सब स्वस्थ लोग ही शरीर से पुरुष हैं तो मन से पुरुष हैं या शरीर से नारी तो मन से भी नारी हैं। लेकिन इसका व्यतिक्रम भी है, व्यतिक्रम को समझने के लिए 'जेंडर' या 'मनोलिंग' को भी समझना पड़ेगा। शरीर में जैसे लिंग रहता है मन में भी एक क़िस्म का लिंग रहता है—लिंग बोध रहता है। जिनके 'जैव' लिंग के साथ मनोलिंग का कोई विरोध नहीं है वे सिसजेंडर होते है। दुनिया में हर कोई सिसजेंडर नहीं होता, बहुत से ट्रांसजेंडर होते हैं। इससे बिल्कुल उलटे। पुरुष का शरीर लेकर जन्मे हैं लेकिन ख़ुद को पुरुष नहीं समझते, बल्कि ख़ुद को स्त्री समझते हैं और दूसरी तरफ़ नारी शरीर लेकर जन्मी है कोई, लेकिन वह कतई विश्वास नहीं करती कि वह नारी है, उसका दृढ़ विश्वास है कि वह पुरुष है। यह 'ट्रांसजेंडर' या 'रूपान्तरकामी' लोग एक पक्के रूढ़िवादी पुरुषतान्त्रिक समाज के 'पेन इन द ऐस' यानी पिछवाड़े में दर्द अर्थात् बेहद असुविधाजनक और कष्टकारी जीवन झेलते हैं। इन लोगों की दुर्गति हर क़दम पर होती है। हालाँकि घिसे-पिटे लीक से बाहर जाने पर सभी को कष्ट झेलने पड़ते हैं।

मान लें कि जन्म के साथ-साथ ही शरीर में पुरुषांग की उपस्थिति देखकर ही माँ, बाप और डॉक्टरों ने राय दे दी कि—पुत्र सन्तान है। परिवार और समाज के सभी सदस्यों ने जाना कि वह लड़का है, लेकिन वह धीरे-धीरे बड़ा होता रहता है, अनुभव करता रहता है कि वह लड़का नहीं है लड़की है। जब वह ख़ुद को लड़की समझ कर लड़कियों की पोशाक में बाहर निकलता है और सच प्रकट कर ही देता है कि उसने पुरुष का शरीर अवश्य धारण किया है पर दरअसल वह पुरुष नहीं, स्त्री है, लोग उसे हँसी-मजाक की चीज समझते हैं, सर्कस क्लाउन से भी बड़ा जोकर समझते हैं, चिड़ियाखाने की चिड़िया समझते है, उसे जंजीर

से बाँधते है, पागलखाने में बन्द करते हैं। कोई छिः-छिः करता है कोई मजाक उड़ाता हैं, कोई गाली देता है, नंगा करके पीटते हैं। कोई-कोई तो जन्म-भर की पिटाई करके दिमाग का भूत भगाना चाहते हैं, सिर का भूत हालाँकि सिर छोड़कर एक क़दम भी नहीं हिलता। सिर का लिंग सिर पर दाँत गड़ाये पड़ा रहता है।

लड़कियाँ या स्त्रियाँ अगर पुरुषों की तरह बर्ताव करती हैं तो लोग फिर भी सह लेते हैं, लेकिन अगर लड़के लड़कियों की तरह बर्ताव करें तो आज भी ज़्यादातर लोग नहीं सहन करते हैं। द्वितीय लिंग प्रथम लिंग की नकल कर रहा है तो करे, लेकिन प्रथम लिंग में लिंगाभिमान इतना ज़्यादा है अगर वह दूसरे लिंग की नकल करे तो इसका मतलब होता है प्रथम लिंग का अपमान। लड़कियाँ मज़े में लड़कों की तरह वेशभूषा पहन रही हैं, बिजनेस वगैरह कर रही हैं, लड़कों की तरह शराब-गाँजा पी रही हैं, मोटरबाइक चला रही हैं, डॉक्टर, इंजीनियर, विज्ञानी, हवाई जहाज की पाइलट हो रही हैं, नेता मन्त्री बन रही हैं, हथियार हाथ में लेकर युद्ध कर रही हैं, मनुष्य का .ख़ून कर रही हैं। और उधर पुरुष या लड़के आँखों में जरा काजल, होंठों पर जरा लिपस्टिक, लड़कियों की तरह कपड़े जूते पहनें तो समाज की नींव ही हिल जाती है।

मनुष्य अपना जीवन बितायेगा या फिर अपने 'यौन परिचय' को लोगों में ग्रहण योग्य करने की लड़ाई ही करता रहेगा जीवन भर। अपना 'यौन परिचय' देने की ज़िम्मेदारी .ख़ुद पर हो तो बहुत से बेकार के झमेलों से मनुष्य मुक्त रहता है। तुम .ख़ुद को जिस लिंग का समझ रहे हो और कोई माने न माने वही तुम्हारा 'असली लिंग परिचय' या यौन परिचय है। कोई पुरुष अगर कहता है वह स्त्री है या कोई स्त्री अगर कहती है वह पुरुष है या फिर कोई कहता है कि वह न स्त्री है न पुरुष तो उसे पागल न समझ करके उसका विश्वास करना चाहिए, क्योंकि केवल वही व्यक्ति जानता है कि वह क्या है। हमारा समाज अब भी, स्त्री और पुरुष की टूटी-धारविहीन संज्ञा को जारी रखता है। पुरजोर स्वर से कहते हैं जिनके शरीर में एक्स-एक्स क्रोमोज़ोम हैं वे कोई पुरुष नहीं हो सकते, जिनके शरीर में एक्स-वाई वह कोई स्त्री नहीं हो सकती। क्यों नहीं हो सकती, सुनूँ जरा? जरूर हो सकती है। किसी भी क्रोमोज़ोम और कोई भी जैव लिंग पर 'मनोलिंग' निर्भर नहीं करता। शरीर की बाहरी बनावट पर निर्भर नहीं करता। आत्मीय स्वजन, नाते, रिश्तेदार-मित्रजन, डॉक्टर-वैद्य उसको किस लिंग का बताते हैं—उस पर भी निर्भर नहीं होता। जेंडर या मानसिक सेक्स जैव लिंग से भी बहुत विशेष या अहम है। काटकर, फाड़कर, मसलकर, जलाकर, गलाकर, रौंदकर किया जाये पर मन के लिंग पर इन चीजों का जोर नहीं चलता।

जैव लिंग शरीर है, मनोलिंग है 'आइडेंटिटी' या पहचान, सेल्फ प्रेजेन्टेशन, सेल्फ एक्सप्रेशन, इण्टर पर्सनल सम्बन्ध सोशियो कल्चरल रोल। कोई लड़की अपने शरीर को देखते ही अगर यह पाती है कि यह शरीर किसी दूसरे का है, शरीर को वह नहीं पहचानती। अजीब है, शरीर पुरुष का है? जो शरीर उसका शरीर होने पर भी उसका अपना शरीर नहीं है, उस शरीर को अपना मानने में उसे तकलीफ़ होती है अटपटा लगता है, यंत्रणा होती है यह शरीर उसको केवल असहनीय जीवन देता है तो वह क्या करे? अकेले कमरे में दरवाज़ा बन्द करके पूरी ज़िन्दगी सुबक-सुबक कर रोती रहे सबकी नज़रों से छिपकर पुरुषों की पोशाक खोलकर, स्त्री की पोशाक पहनकर चोरी से ख़ुद को आईने में देखे साल दर साल? बन्द दरवाजा खोलते ही या सत्य बोलते ही लोगों की लानत-मलामत सहनी पड़ेंगी उसको। यह किसका गुनाह है? उसका? या फिर उन लोगों का जो सच्चाई को नहीं मान पाते। यह उनका दोष है जो प्रकृति के एक रूप को स्वीकार करते हैं, दूसरे रूप को नहीं, जो लोग सोचते हैं—सिसजेंडर या एक ही रूप में रहने वाले कामी? सच है, ट्रांसजेंडर, रूपान्तरकामी नहीं है—जो लोग सोचते हैं स्त्री और पुरुषों का आपसी यौन आकर्षण ही सही यौन आकर्षण है—बाकी सारे यौन आकर्षण गलत हैं, झूठ हैं।

रूपान्तरकामी तुम ट्रांसजेंडर हो। तुम लिंग परिवर्तन करके अब ट्रांससेक्सयुअल हुए हो, तुम सजना, शृंगार करना पसन्द करते हो, जेवर पहनना पसन्द करते हो, स्त्रियों के पोशाक पहनना पसन्द करते हो। पुरुषों के साथ सोना पसन्द करते हो, इसका मतलब यह नहीं कि तुमने इसीलिए लिंग परिवर्तन किया है। तुमने लिंग परिवर्तन किया है, क्योंकि तुम मूलतः नारी हो तुमने अपने तरीके से अपने नारीत्व को प्रकट किया है। तुम्हारा जेंडर नारी का है, तुम्हारा शरीर, आकाश, वायु, हाथी, घोड़ा, एक्स वाई चाहे जो हो, तुम मन प्राण, अन्तर विश्वास से नारी हो। यौन सम्बन्ध के लिए तुम किसी पुरुष को पसन्द न करके किसी स्त्री को पसन्द कर सकते थे। सम्भवतः तुम मन ही मन विषमकामी या 'हेटेरोसेक्सयुअल' स्त्री हो इसीलिए पुरुषों के प्रति यौन आकर्षण का अनुभव कर रही हो। तुमने मगर अपने प्रेमी पुरुष को विषमकामीत्व का सुख देने के लिए अपना लिंग परिवर्तन नहीं किया, तुमने लिंग बदला क्योंकि तुम बहुत तकलीफ़ में थे—एक पुरुष शरीर को बेवजह साल-दर साल ढोते जाने में। यह काफ़ी कुछ 'कन्धे पर हिमालय लेकर चलने जैसा है। भालू की खाल ओढ़े रोज़ दिन गुजारने में मुझे कैसा लगेगा ठीक वैसे ही सोचती हूँ। ट्रांसजेंडर या रूपातरकामी लोगों को शायद ऐसे ही असहनीय अटपटापन लगता होगा और उस ऊपरी आवरण या खाल के

झमेले को उतार फेंकने के लिए शायद वे आतुर बेचैन हो उठते हैं। सब 'ट्रांस' लोग लिंग नहीं बदलते। कोई-कोई ही ऐसा करते हैं। करें या न करें, पर करने का अधिकार तो सबको है। मानवाधिकार तो सबके लिए ही है। जीवन एक ही होता है, इस एकमात्र जीवन को अपनी इच्छा अनुसार बिताने का हक़ सभी को है। जो 'लिंग' को 'अक्षत' रखना चाहते हैं रखें, जो इसको काटकर अलग करना चाहते हैं वैसा करें। जिस 'लिंग' को उनके मन-मस्तिष्क से अपना लिंग कहकर विश्वास करते हैं—उसी लिंग को अगर अपने शरीर में स्थापित करना चाहते हैं तो करें। अनिच्छित या अनचाहे लिंग का बोझ शरीर में ढोकर ज़िन्दगी भर के दुख भोगने से मुक्ति पायें। नारी शरीर को पुरुष का शरीर बना डालना या पुरुष शरीर को नारी शरीर बना डालना अगर सम्भव है तो क्यों नहीं करेंगे? अपने शरीर को लेकर मैं जो मर्जी सो करूँगा/करूँगी। इसमें दूसरों को आपत्ति क्यों? यह शरीर मेरा है या कि किसी और का?

हालाँकि लिंग परिवर्तन करके भी सौ प्रतिशत पुरुष या सौ प्रतिशत स्त्री नहीं हुआ जा सकता परन्तु जितना भी हुआ जा सकता है अगर उससे मनुष्य को सुख मिलता है तो वह सुख पाने का उन्हें सौ फ़ीसदी अधिकार है।

नाताली नाम की मेरी एक दोस्त अब सिर से पैर तक स्त्री है। कुछ दिन पहले तक उसका पूरा शरीर ही पुरुष का था। उसके मन ने उसके शरीर को कभी नहीं माना। सिर्फ़ स्त्री की पोशाक पहनकर नाताली के मन की आस नहीं मिटी, लिंग बदल कर ही उसने अपने मन की इच्छा मिटाई। अपने शरीर को लेकर जो मर्जी सो करने का अधिकार उसे हैं। किसी को कैफियत देनी ही क्यों पड़ेगी कि उसने क्या किया है और अब जो किया वह क्यों किया? नाताली को स्त्री के रूप में न मानने का मतलब है नाताली की बेइज़्ज़ती करना, उसके मानवाधिकार, उसके 'ट्रांस' अधिकारों का उल्लंघन करना। उसने पुरुषांग लेकर जन्म लिया था। उसी पुरुषांग की वजह से लिंग बदली हुई नाताली को अब पुरुष कहकर सम्बोधन करने से उसका बेहद अपमान करना होता है। कम-से-कम मैंने यह काम नहीं किया, उसे मिस्टर 'एक्स' कहकर नहीं मिस नाताली कह कर ही सम्बोधित किया। जिन लोगों ने लिंग बदल लिया है, सिर्फ़ उन्हीं को क्यों, शरीर में एक साबुत पुरुषांग रहते हुए भी जो व्यक्ति अपने को नारी समझता है, विश्वास करता है, उनको नारी के रूप में ही सम्बोधित करना चाहिए सभी को।

पुल्लिंग और स्त्रीलिंग या पुरुष और स्त्री सिर्फ़ इन्हीं को लेकर ही यह दुनिया बनी होती तो दुनिया बड़ी ही रसहीन, अटपटी और बोरिंग सी कुछ चीज

होती। अच्छा है कि दुनिया विचित्र है और दुनिया में दोनों लिंगों के अलावा एक तीसरा लिंग भी है। उभयलिंग की बात करें तो यह कि पुल्लिंग और स्त्रीलिंग एक शरीर में लिपटे-चिपटे रहते हैं। अगर प्रकृति सचमुच ही सब को नारी और पुरुष के रूप में चाहती तो फिर उभयलिंग नाम की कोई चीज़ नहीं रहती दुनिया में।

कितनी ही स्त्रियाँ 'क्रोमोज़ोम वाई' के साथ मज़े में ज़िन्दगी बिता रही हैं। यह 'जीन' पुरुषों का होता है। लेकिन 'ऐंड्रोजंन इनसेन्सिटिविटी सिन्ड्रोम' होने के कारण ऐन्ड्रोजन रिसेप्टिविटि कम है फलस्वरूप पुरुष हारमोन निकलकर भ्रूण को पूरी तरह से पुरुष भ्रूण बनायेगा, ऐसा नहीं होता। कलकत्ते की पिंकी प्रामाणिक सम्भवतः इसी सिंड्रोम की शिकार है। दूसरी तरफ़ ऐसी बहुत सी हैं, जिनमें जीन स्त्री का है लेकिन 'कॉनजेनिटल ऐड्रनल हाइपर प्लासिया' होने के कारण स्त्री हारमोन नहीं मिलते, इसी वजह से वे लड़की होते हुए भी पूरी तरह से लड़की नहीं होतीं। नारी का यौन आकर्षण पुरुष के लिए है और पुरुष का यौन आकर्षण नारी के लिए होता है, यही नेचुरल है या प्राकृतिक है, बाकी सब अप्राकृतिक, प्रकृति विरुद्ध है—ऐसा सोचना पूरी तरह से गलत है। समकामियों (होमोसेक्सयुअल) की संख्या दुनिया में कम नहीं है, अब इस बात का पता बड़ी शिद्दत से लग रहा है। सब समकामियों को एक ही बक्से में रखा नहीं जा सकता। समकामी लोग सौ प्रतिशत समकामी ही होते हैं ऐसा नहीं है। बाईजेंडर या उभयकामी (उभयलिंगी) व्यक्तियों की भी कमी नहीं है—इनकी संख्या भी काफ़ी है। सब उभयलिंगी भी सौ फ़ीसदी उभयलिंगी नहीं होते। पुरुष और स्त्री के प्रति कोई-कोई उभयलिंगी एक सा ही आकर्षण का अनुभव करते हैं और कोई-कोई बिल्कुल अलग-सा।

चारों तरफ़ विचित्र सब 'कामी' हैं, कोई-कोई बहुकामी यानी कि पॉलीजेंडर तो कोई सर्वकामी पैनजेंडर, कोई-कोई निष्कामी, जिसे किसी काम की जरूरत नहीं, खालिस ए-जेंडर या जेंडर न्यूट्रल जिसे कहते हैं, इसके अलावा जेंडर क्वीअर भी हैं—जो स्वयं को न तो नारी समझते हैं न पुरुष या फिर दोनों ही समझते हैं—दोनों में तैरते रहते हैं। उनका यौन-परिचय, यौनबोध, यौनिकता सब गड्ड-मड्ड हो जाती हैं। सब कामभावना, सब यौन आचरण—चाहे कितने कमसंख्यक लोग ही वैसा आचरण क्यों न करें—प्राकृतिक हैं, क्योंकि प्रकृति में ही ये घटनायें घटित हो रही हैं। बहुसंख्यक लोग जो आचरण करते हैं वही नेचुरल या प्राकृतिक या स्वाभाविक रूप में मान लिया जाता है। वह मान भी लिया जाये फिर भी भिन्नता और वेरियेशन (वैचित्र्य) को स्वाभाविक न मान लेने का कोई तर्क नहीं है, अल्पसंख्यक लोग प्रकृति के बाहर की कोई घटना नहीं हैं।

प्राणी जगत में मनुष्य के अलावा भी सैकड़ों प्रजातियों में विचित्र यौन प्रवृत्ति है, समकामिता, उभयकामिता, रूपान्तरकामिता। समलैंगिकता पूरी तरह से वास्तव है, यह कोई व्यतिक्रमी काम नहीं है, विकल्प यौनिकता नहीं है। समलैंगिकता, विषमलैंगिकता या विपरीत लिंग के प्रति यौन आकर्षण की तरह ही स्वाभाविक है। भेड़, चिम्पैंजी, हाथी, जिराफ़, बब्बर शेर, डॉलफिन, पेंगुइन, हंस अवसर पाते ही समलैंगिकता में मस्त हो जाते हैं। मनुष्य का सबसे करीबी रिश्तेदार 'बोनोबो', जिनके डी.एन.ए. के साथ हमारा डी.एन.ए. अठानवे प्रतिशत मिलता है—वे बहुत ज़्यादा उभयलिंगी होते हैं। प्रकृति सिर्फ़ 'प्रजनन करो प्रजाति बढ़ाओ' का मंत्र नहीं जपती। प्रकृति और बहुत कुछ करती है। क्रमिक विकास की मूल सोच से विचार करने पर भी समलैंगिक लोग समाज में पूरी तरह से ग़ैरजरूरी नहीं हैं। यौनिकता का एकमात्र उद्‌देश्य वंश बढ़ाना नहीं है। सामाजिकता भी यौनिकता का उद्‌देश्य है। 'बोनोबो' लोग अपनी स्वजाति के आसपास जिसको भी पाते हैं उसी के साथ यौन संगम करते हैं, इसके फलस्वरूप आपस में दोस्ती कायम होती है। एक की मुसीबत, में दूसरा आकर खड़ा होता है। सब मिलकर अपनी प्रजाति को जड़ से ख़त्म होने से बचाते हैं। यदि वंश-विस्तार ही प्रजाति के टिके रहने की एकमात्र पद्धति होती तो फिर चींटी, मधुमक्खी, ततैयों की दुनिया में इतनी नपुंसक सेना नहीं रहती, जिनका काम वंश बढ़ाना नहीं, वरन् प्रजाति को बाहरी दुश्मनों से बचाना है।

एक समय में समलैंगिकों को मानसिक रोगी कहा जाता था। समलैंगिकों पर भयानक अत्याचार किया जाता था। एक समय ऐसा था जब समलैंगिकता को 'जेनेटिक' बीमारी भी कहा जाता था। लेकिन वैज्ञानिकों ने साफ़-साफ़ कह दिया है कि यह जेनिटिक वेरियेशन या जेनेटिक प्रकरण हो सकता है, जेनेटिक रोग नहीं है। और समलैंगिकता कोई 'ऐंड्रोजन इनसेन्सिटिविटी सिन्ड्रोम' नहीं है—कोई मानसिक रोग तो नहीं ही है।

रूपान्तरकामी (ट्रांसजेंडर) लोग सब देशों में ही भुगत रहे हैं परन्तु सभी रूपान्तरकामी या ट्रांसजेंडर्स की समस्या एक सी नहीं है। ट्रांस स्त्रियों की समस्या ट्रांस पुरुषों की समस्या से बहुत ज़्यादा बड़ी है। 'ट्रांस' स्त्रियाँ नारी विद्वेष, नारी घृणा या 'मिस्रेजिनी' की शिकार हैं। 'सिस' स्त्रियाँ लड़की होने के अपराध में जन्म के बाद से ही नफ़रत, अवज्ञा, अवहेलना, अनदेखी, उत्पात, उपद्रव, अत्याचार और उत्पीड़न की शिकार होती हैं। 'ट्रांस' स्त्रियों के साथ ये सब तो होता ही है, वे और भी दुगनी लांछना का शिकार होती हैं, कारण पुरुष जैसे एक उच्चतर लिंग को अस्वीकार करके निम्नलिंगी नारी बनना बिल्कुल ही बेवकूफ़ी, पागलपन

और धृष्टता है—ये बात लगातार मजाक उड़ाते हुए पुरुषतान्त्रिक स्त्री विद्वेषी लोग लिंग बदलने वाली लड़कियों का जीवन हलकान कर देते हैं।

दुनिया में दुष्ट, धर्मान्ध जैसे दूसरों पर अपना धर्म लादकर घोर अन्याय करते हैं, दुष्ट विषमकामी भी ठीक वैसे ही औरों के ऊपर विषमकामी होने की ज़िम्मेदारी थोपकर घोर अन्याय करते हैं। धर्मान्ध लोग सैकड़ों वर्षों से धर्म न मानने वाले लोगों पर जैसे अत्याचार कर रहे हैं, विषमकामी लोग भी ठीक वैसा ही कर रहे हैं, उनको नीचा दिखा रहे हैं, जो लोग विषमकामी या हेटेरोसेक्सयुअल नहीं हैं यानी विपरीत लिंग के प्रति जिनका यौन-आकर्षण नहीं है, धार्मिक और विषमकामी संत्रासवादियों के डर से आज मानववादी नास्तिक, समलैंगिक, उभयलैंगिक, रूपान्तरकामी, रूपान्तरित लिंग बदलने वाले बेहद घबराये रहते हैं।

क्रमिक विकास या एवोल्यूशन के ढेरों प्रमाण होने के बावजूद ज़्यादातर लोग क्रमिक विकास पर विश्वास न करके भगवान पर विश्वास कर रहे हैं—जिन भगवान के अस्तित्व का आज भी कोई प्रमाण नहीं मिला है। तर्क और बुद्धि के सागर में मनुष्य को डुबोकर रखने पर भी मनुष्य निपट मूर्खता को जकड़े रहता है। प्रकृति से कितने के उदाहरण उनकी आँखों के सामने क्यों न रखूँ, उनके लिए रूपान्तरकामी, समलैंगिक, उभयलिंगी कोई भी नेचुरल नहीं हैं। उससे क्या? सभी को नेचुरल या स्वाभाविक क्यों होना पड़ेगा, सुनूँ? नेचुरल मामले हमेशा ही बड़े बोदे या बेस्वाद होते हैं। नेचुरल होने के लिए स्वतन्त्रता या अधिकार की जरूरत नहीं होती, अननेचुरल या अप्राकृतिक होने के लिए हिम्मत और झेलने की काफ़ी ताक़त होनी चाहिए। 'प्रकृति' को हथियार बनाकर मूर्ख और दुष्ट लोग क्या आज से लोगों को सता रहे हैं? एक समय ऐसा था जब स्त्रियों की लिखाई-पढ़ाई करना, घर के बाहर जाना, नौकरी-वौकरी करना सभी कुछ को लोगों ने प्रकृति के विरुद्ध कहा था। बहुत ज़्यादा दिनों की बात नहीं है यह। प्रकृति के बारे में कुछ भी न जानकर—प्रकृति-विशेषज्ञ बनने वाले लोगों की तो भरमार है।

प्रकृति हमेशा से ही विस्मयकारी, वैचित्र्यमय है। यौनिकता की तरह ही। फिर एक और प्रश्न यहाँ पर उठाया जा सकता है—किसने कहा कि प्रकृति का सभी कुछ, सब समय अच्छा होता है और ग्रहणयोग्य है, किसने कहा कि प्रकृति को मान लेना ही बुद्धिमान का काम है? क्या हम दिन-रात प्रकृति को अस्वीकार नहीं कर रहे हैं। अस्वीकार करके—क्या हम उन सब चीजों का निर्माण नहीं कर रहे हैं, प्रकृति के दिये से बेहतर कुछ? चमत्कार भरा कुछ? पंगु शिशु जन्म लेता है तो उसका पंगुत्व दूर कर रहे हैं। नकली कूल्हा लगा रहे हैं, पैर लगा रहे हैं, दिल में छेद लेकर जन्म ले रहे हैं लोग, नकली दिल तक लगा दे रहे हैं।

अपनी याददाश्त की कमियों का इलाज करने के लिए कागज, कलम, कम्प्यूटर का इस्तेमाल कर रहे हैं। तरह-तरह के यंत्र, औजारों की मदद से प्रकृति की मूल भ्रान्ति, अक्षमता, सीमितता का संशोधन कर रहे हैं प्रतिदिन। हमारे पंख नहीं हैं सो विमान बनाये उड़ने के लिए, प्रकृति ने हमें जो आँखें दी हैं उनकी क्षमता काफ़ी नहीं है, इस कारण टेलीस्कोप बनाया है, माइक्रोस्कोप का इस्तेमाल कर रहे हैं।

समाज में सम्मान सहित जिन्दा रहने का अधिकार सब लिंगों को समान रूप से मिला है, नारी लिंगी और उभयलिंगी को भी और पुरुष लिंग को भी। हेटेरोसेक्सयुअल अथवा विषमकामी लोगों का अधिकार जितना भी है, समलिंगी, उभयलिंगी और रुपान्तर लिंगी का भी उतना ही है। जो लोग इस पर विश्वास नहीं करते उनका मानवाधिकार पर विश्वास नहीं है। जो लोग समलैंगिकों और रूपान्तरकामियों को परेशान कर रहे हैं, जो लोग सिसजेंडर और विषमलिंगी को छोड़कर-यानी स्त्री-पुरुषों की कामभावना को प्राकृतिक और इससे बाहर सब कामभावनाओं को अस्वाभाविक और प्रकृति विरुद्ध मानते हैं और उसकी घोषणा करते हैं—उन्हें शिक्षित करना, सचेतन करना, रास्ते पर लाना बेहद जरूरी है। कूढ़मगजों की संख्या ज़्यादा है इसलिए उनकी मूर्खता को मान लेना पड़ेगा—ऐसा तो गणतन्त्र भी नहीं कहता। गणतन्त्र सब व्यक्तियों के समान अधिकार की बात करता है, सिर्फ़ इसीलिए कि समलैंगिक या रुपान्तरकामी हैं उनके व्यक्तिगत स्वतन्त्रता पर चोट पहुँचे और अधिकारों की कहीं भी कटौती हो तब तो यह बिल्कुल ही विषमतन्त्र है। गणतन्त्र नहीं।

रूपान्तरकामियों (ट्रांसजेंडर लोगों) के मानव अधिकारों को लेकर चारों ओर संघर्ष चल रहा है। वे चाह रहे हैं अपने 'जेंडर', अपना निर्णय-अधिकार और उस जेंडर को जनता के सामने प्रकट करने के अधिकार के साथ ही इस वजह से वे दण्डित या निगृहीत न होने का अधिकार, अपने जैवलिंग को बदलने का अधिकार, लिंग परिवर्तन के लिए चिकित्सा पाने का अधिकार, मानसिक रोगी के रूप में उनपर ठप्पा न लगाने का अधिकार, यौन संगम का अधिकार, शादी करने का अधिकार, सन्तान गोद लेने का अधिकार चाह रहे हैं। जिस समाज में आज भी स्त्री को स्त्री होकर जन्म लेने के लिए लांछित होना पड़ता है, उस समाज में समलैंगिक और रूपान्तरकामी लोगों के अधिकारों के लिए भी और भी लम्बे समय तक लड़ाई करनी पड़ेगी, यह अन्दाजा लगा सकती हूँ। मनुष्यों की प्रजाति उसी दिन सचमुच सभ्य होगी जिस दिन किसी मनुष्य को अपने मौलिक अधिकार के लिए और लड़ाई नहीं करनी पड़ेगी।

समलैंगिकों और रूपान्तरकामियों के मानवाधिकारों का उल्लंघन न हो इस

पर नज़र रखने की ज़िम्मेदारी सिर्फ़ उन्हीं की नहीं है, बहुसंख्यक विषमलैंगिकों की भी है। मानवता के लिए सभी मनुष्यों को आगे बढ़ना चाहिए। अगर सभी लोग आगे न भी बढ़ें तो कोई नुकसान नहीं है। लाखों-करोड़ों लोग दलबद्ध होकर दुनिया और समाज को नहीं बदलते। इतिहास बताता है कि गिनती के कुछ साहसी और स्पप्नद्रष्टा लोग ही समाज को बदलते हैं। इक्कीसवीं सदी चल रही है। मनुष्य कब सभ्य होगा? कभी-कभी लगता है जैसे अब भी मनुष्य गुफ़ा में रह रहा है। हजारों साल लगाकर, मेहनत करके जो एक समाज बनाया है उसमें मूर्खता का हर दिन धूमधाम से जश्न मनाया जाता है। समाज का चेहरा और चरित्र देखकर लगता है—ये और कुछ नहीं—एक-एक अँधेरी गुफ़ायें हैं। मनुष्य आँख, कान बन्द किये हुए अँधेरे में मुँह के बल पड़े हुए हैं। गुफ़ा से निकल ही नहीं रहे, आँखों पर रोशनी लगेगी इस डर से रोशनी की ओर देख तक नहीं रहे।

प्रेम-व्रेम

बहुत दिन प्रेम न करो तो ऐसा होता है, प्रेम करना भूल जाती हूँ। प्रेम किये बिना कैसे साल दर साल बिताऊँ? सोचते ही पूरे शरीर में तकलीफ़ होने लगती है। प्रेम किसके साथ करूँ? ऐरे-गैरे लोगों के साथ प्यार करने से बिल्ली के साथ खेलते रहना कहीं अच्छा है। प्रेम न करने की अच्छाइयाँ भी बहुत हैं। बहुत सारा समय मिलता है मनपन्सद काम करने का, पढ़ने का, लिखने का, सोचने का, कहीं जाने का। प्रेमी है तो इसका मतलब है चौबीसों घण्टे उसी को लेकर रहो, उसके साथ बात करनी होगी, उसके लिए फ़िक्र करनी होगी, बार-बार फ़ोन करना होगा, टेक्स्ट करना होगा, उसकी सुविधा-असुविधा का ख़याल रखना पड़ेगा, वह क्या खाना, क्या सुनना, क्या करना पसन्द करता है—सब याद रखना पड़ेगा। उसकी ज़िन्दगी से ताल मिलाकर चलना पड़ेगा। वह घूमने जाना चाहे तो घूमने जाना होगा, साथ बैठकर खाना होगा, सोना चाहे तो सोना पड़ेगा, जो कुछ भी कहे, चाहे जितनी ही अर्थहीन बात कहे, ध्यान लगाकर सुनना पड़ेगा। यह सब सोचने से ही मुझे बुखार चढ़ने लगता है। फुल टाइम प्रेमी के बदले पार्ट टाइम प्रेमी होना बेहतर है। मेरी ज़िन्दगी ज़्यादातर समय के लिए मेरी ही रही, फुल टाइम के धकापेल से बच गयी। पहाड़ जैसी ज़िम्मेदारियों के बोझ तले हड्डी-पसली चूर-चूर नहीं हुई। बीच-बीच में तूफानी प्यार भी चलता रहा, जिन्दगी सूखी-सड़ी होने से बच गयी। लेकिन ''सापियो सेक्सयुअल'' लोगों के लिए जिस तिस के साथ प्रेम करना जरा असुविधाजनक ही है। 'सापियो सेक्सयुअल' लोग, प्रतिभावान, बुद्धि से दमकते लोगों के सिवा और किसी के प्रति आकृष्ट नहीं होते। एक छह फुटा हैंडसम कूढ़मगज व्यक्ति लाकर दो, मैं उससे दो मिनट बात करके ही दिलचस्पी खो बैठूँगी। आख़िरी प्रेम मैंने तीन साल पहले किया था। पार्ट टाइम ही था। लेकिन बेचारे ने फुल टाइम प्रेमी की तरह बर्ताव करना शुरू किया था। उपद्रव विदा हुआ तो बच गई। आज फिर तीन साल का हिसाब-किताब करके लगा जीवन सूखता जा रहा है, कभी-कभार जरा शराब चखने जैसा, कभी-कभार थोड़ा

सा प्रेम न करने से और चल नहीं रहा। लम्बे अर्से तक लिखाई-पढ़ाई में डूबे रहने पर .खुद को जाने कैसा 'ज़ॉम्बी' सा लगता है। तब अँगड़ाई लेकर, सुस्ती हटाकर, चाय-वाय पीकर, नहा-धोकर, बिस्तर पर अलसाये से लेटने का दिल करता है, कोई आकर हल्के से मेरे होठों को चूमे, कविता सुनाये, थोड़ा सा प्यार करे। पगलाया सा प्यार करे—खून-खराबे वाली बात नहीं चाहती। कितनी ही बार ऐसे मौकों पर 'मुझे छोड़ दे तो जान बचे' के हाल में पल्ला छुड़ाकर भागना पड़ा है।

हमेशा, हर बार ही मैंने गलत व्यक्ति से प्यार किया है। इसमें सबसे बड़ी सुविधा जो हुई है वह यह कि किसी के साथ लम्बे समय के लिए गृहस्थी नहीं करनी पड़ी। साल दर साल और युगों तक एक आदमी मेरे सोने के कमरे में, पढ़ने के कमरे में, बैठने के कमरे में, मेरे बरामदे में, मेरे बाथरूम में बेरोकटोक घूमे-फिरे और प्यार के शर्तों के तहत मुझे उसको बताना पड़ेगा—मैं कहाँ गयी थी, मैंने क्या किया, क्या लिखा, क्या सोचा, क्या खाया, रह-रहकर मधुर मुस्कान बिखेरनी पड़ेगी और उसे सुख शान्ति-पहुँचाने के लिए सुबह-शाम कहना या समझाना पड़ेगा कि मैं उससे प्यार करती हूँ, यह सोचते ही मुझे साँस की तकलीफ़ होने लगती है। प्यार करने से किसी का गधापन और मिमियाहट सभी कुछ मीठा लगता है—यह जानती हूँ। लम्बे समय तक प्यार पाने पर 'पदार्थ' भी 'अपदार्थ' हो जाता है—और 'अपदार्थ' के साथ एक ही घर में ज़्यादा दिन ज़िन्दगी गुजारने से सचमुच का 'जॉम्बी' हो जाना पड़ता है। इससे बाहर आने का कोई रास्ता नहीं मिलता। बीच-बीच में सोचती हूँ गलत प्रेमी के बदले, ठीक-ठाक प्रेमी अगर मुझे मिलता तो मेरा सर्वनाश हो जाता। वही एक ही चेहरा देखते-देखते, वही एक पढ़ी हुई किताब पढ़ते-पढ़ते ऊबने और तंग आने की शक्ति भी शायद खो जाती। लम्बे समय तक किसी के साथ रहते रहो तो बुद्धि और अनुभूति लुप्त हो जाती है। उसके बाद बच्चे-कच्चे हो जायें तो इसका मतलब होता है सीधा परलोक चले जाना। गलत प्रेमियों ने मुझे जनम-जनम के लिए बचा दिया। अब एक गलत प्रेमी जुटा लिया जाए, ताकि तीन साल के लम्बे प्रेमहीन जीवन का दुख थोड़ा-बहुत कम किया जा सकता है। मुश्किल है कि वह 'जुटा लेना' जैसी चीज ही मैं सारी ज़िन्दगी कर न पाई। उस रास्ते पर मैं एक क़दम भी चल नहीं पाती हूँ। बल्कि समय-समय पर लोगों ने मुझ ही को 'जुटा लिया'। मैंने आज तक अपनी पसन्द का एक भी प्रेम नहीं किया। दूसरों के पसन्द पर बलि चढ़ गयी, सोचने पर ही सिहर उठती हूँ। अभी, उसी दिन तो पिछले हफ़्ते एक आँखों को चौंधिया देने वाले बेल्ज़ युवक के साथ परिचय हुआ। न्यूरो साइंस में पीएच.डी. कर रहा है। अब कुछ दिन के लिए शौकिया फिल्म फेस्टिवल सम्भाल रहा है।

मैं उस मिलेनियम फिल्म फेस्टिवल की अतिथि थी। तस्वीर में मेरे पास सफ़ेद कमीज़ पहने हुए लड़का ही डेविड है, जिसकी बात मैं कर रही थी।

उसे देखकर मुझे लगा प्रेम करने के लिए यह परफेक्ट लड़का है। बुद्धि से चमकता चेहरा, तिस पर सुदर्शन। पर उससे क्या? उम्र सुनकर प्रेम के बदले वात्सल्य की भावना जागी। यही जगह है जहाँ मैं पुरुषों जैसी नहीं हो सकती। यह न हो पाने के पीछे कितनी मैं हूँ और कितना मोरैलिटी लेसन है, वह नापना नहीं हुआ। बेटी के बराबर लड़कियों से पुरुष धड़ल्ले से प्रेम कर रहे हैं पर लड़कियों को तो जैसे अपने से दुगने, तिगने बड़ी उम्र के बूढ़े तोते को चुनना ही पड़ेगा। नहीं, आजकल मैं बुड्ढों को दूर-दूर तक अपने पास फटकने भी नहीं देती। कलकत्ते के एक सज्जन अन्दर ही अन्दर बुड्ढे थे, लेकिन बाहर से ताबड़-तोड़ जवान। उनके प्रेम में अचानक पड़ गयी, क्या गम्भीर रूप से पड़ गयी। कितना भयंकर धोखा खाया था। इस पूरी घटना का फ़ायदा इतना ही हुआ कि कविता की एक पूरी किताब लिखी गई। हालाँकि हम लोग अकसर ही बड़े ज्ञानी-गुणियों की तरह कहते हैं, जीवन एक बार ही आता है, बड़ी छोटी-सी है ज़िन्दगी, पलक झपकते ही खत्म हो जाती है, जीवन का उपभोग करो, अपनी साध मिटाकर प्रेम करो। लेकिन यह भी समझती हूँ कि कहना आसान है, करना नहीं। प्रेम करना क्या इतना ही आसान है? खासकर लड़की होकर जन्म लेने पर, इस पुरुषतान्त्रिक समाज में, जहाँ पुरुष लोग राजा हैं और स्त्रियाँ प्रजा? प्रभु और दासी की तुलना को चलो आज-छोड़ ही देती हूँ, जिस समाज में नारी-पुरुष का समानाधिकार नहीं है, उस समाज में स्त्री-पुरुषों के बीच चाहे और जो कुछ भी हो—प्रेम नहीं होता। समलैंगिकों का सम्बन्ध विषमलैंगिकों के सम्बन्ध की तुलना में कहीं अच्छा हो जाता है, ऐसा मैं सोचती हूँ। खासकर लिंग या जेंडर की विषमता—या ऊँच-नीच उनके सम्बन्धों में नहीं है बल्कि ऐसे समाज में प्रेम करने से बेहतर सेक्स करना कहीं अच्छा है। कम-से-कम जेंडर की ऊँच-नीच उनमें नहीं होती लेकिन ऐसा भी मैं कैसे कह सकती हूँ। पुरुष लोग सोचते हैं सेक्स है—ऑफ द पुरुष, फॉर द पुरुष बाई द पुरुष। भारतीय उपमहादेश के किसी भी पुरुष के मुँह से मैंने आजतक नहीं सुना—'वी मेक लव' और अबतक जो सुना है वह है—आई मेक लव टु हर। जो लोग ऐसा कहते हैं क्या उनके साथ सोना अच्छा लगता है? बिल्कुल ही नहीं। सिर्फ़ कहते ही नहीं, दिलोजान से विश्वास करते हैं कि सेक्स मैन थिंग या पुरुषों की मस्ती है। बड़ी करुणा होती है 'बेचारे' पुरुषों के लिए। दासी-बाँदी और अपने से कमतरों को जीवनसाथी बनाकर पीढ़ी दर पीढ़ी बिता दी इन्होंने। समकक्ष या अपनी बराबरी वाली जीवन संगिनियों के साथ पुरुष ने

एक सभ्य, समृद्ध जीवन नहीं बिताया। पुरुष और स्त्री में इतना बड़ा एक (मैन मेड) व्यवधान तैयार किया गया है कि इसको ठीक करने में जाने और कितने साल लगेंगे। जानती हूँ बहुत से लोग हैरान हो रहे हैं कि मैं इस उम्र में भी प्रेम और सेक्स को लेकर सोच रही हूँ। दरअसल ऐसे लोगों ने तो अपनी माँओं, नानियों को देखा होगा—बीस की उम्र में ही बुढ़िया हो जाती हैं। और अगर यह न भी हो तो "लड़कियाँ बीस साल में ही बुढ़ा जाती हैं" यह कहावत (बांग्ला में) सुनते-सुनते ही बड़े हुए होंगे। ऐसी घटिया किस्म की क़हावतें एक समय में मुझे भी प्रभावित करती थीं। उन्नीस की उम्र पार करते ही मेरे अन्दर बुढ़ापा धड़धड़ाता आ पहुँचा। इक्कीस साल की उम्र में काफ़ी सारी 'मृत्यु' पर कवितायें लिख डाली थीं। दरअसल मैंने जीना शुरू ही किया है चालीसवें साल के बाद। इससे पहले हर साल ही लोग मुझे यह सोचने पर मजबूर करते थे कि ज़िन्दगी ख़त्म हो गयी है, हालाँकि मैं काफ़ी लहलहाती भरपूर ज़िन्दगी बिताती आई हूँ, पुरुषतन्त्र पर कोड़े बरसाने की हिम्मत दिखाई है, सोलह-सत्रह साल की उम्र से ही किसी प्रचलित नियम-क़ानून को नहीं माना, हर मनाही और प्रचलित प्रथाओं से टक्कर ली है, हर निषेधों की दीवारों को फलाँगा है, रीत-रिवाजों को पैरों तले रौंदा है, बाधाओं को उखाड़ फेंका है, असम्भव से असम्भव काम किये हैं। मेरे जीवन में प्रेम की कोई अहम भूमिका कभी भी नहीं थी। जब प्रेम के लिए यौवन पूरा समय लगा देता है तब मैंने प्रेमी युवकों के सामने दीवार खड़ी करने में ही समय गुजार दिया, जिससे वे कभी मेरी परछाईं को भी न छू पायें। अपनी उस किशोरी उम्र से ही मैं छूने-पाने के बाहर एक दूर की किशोरी थी। बाबा (पिता) के दुर्गनुमा घर में ज़िन्दगी का ज़्यादातर समय बीता अस्पताल के चाहरदीवारी के अन्दर डॉक्टरी पढ़ने में फिर डॉक्टरी प्रैक्टिस करने में। बीस की उम्र, सुन्दरी विदुषी डॉक्टर-कम-लेखक वह भी जनप्रिय लेखक, लालच न करें ऐसे लड़के कम ही थे। कन्नी काटने में ही व्यस्त रहती थी, प्रेम करने की इच्छा अचानक समय-समय पर सिर उठाती थी—लेकिन वह सिर्फ़ कल्पना के किसी भलेमानस पुरुष के साथ। वास्तव में जिन पुरुषों को आँखों के सामने देखा है कोई भी मेरे भलेमानस पुरुष की तरह नहीं था। बिल्कुल सहज-सरल, गलत न समझना, जटिलता न समझना, ईर्ष्या, विद्वेष, छल-कपट को न समझने वाला, साहित्य और चिकित्साशास्त्र में डूबे रहना—मैंने इसके बाद भी दो-एक वास्तविक पुरुष को भलेमानस के रूप में कल्पना कर ली थी, पर उसे कल्पना कर लेने के दो दिन बाद ही जलभुन कर राख हो गयी। वह कहते हैं न कि दूध का जला छाछ भी फूँक कर पीता है' मेरे साथ भी ऐसा ही हुआ था। अपने आप ही गिरते-पड़ते

आने वाले मर्द मुझे नरक की आग की तरह लगते थे। नहीं, मुझे कोई छू नहीं सकता था। अपने चारों ओर मैंने एक अदृश्य दुर्ग बना रखा है। मेरे अलावा और किसी की हिम्मत नहीं कि वह दुर्ग का दरवाजा खोले।

ज़िन्दगी का बहुत सा रास्ता तय कर लेने के बाद एक चीज़ मैं जान गयी हूँ। बहुत कम मर्द, चाहे वे देश के हों या विदेश के, गोरे हों या काले—स्त्री-पुरुषों के समानाधिकार में विश्वास रखने वाले, सचेतन, शिक्षित, स्वनिर्भर स्त्रियों के साथ घर-गृहस्थी बसाने या प्रेम करने के इच्छुक होते हैं। पुरुष अगर 'इनसिक्योर' या असुरक्षित न होता तो वह ख़ुद पुरुषतन्त्र को कब का समाज से बाहर कर देता। आत्मविश्वास के अभाव से पीड़ित पुरुष ही विषमता की पुरानी प्रथा को जकड़े रहता है, वे बेहद डरे हुए हैं कि पुरुषतन्त्र अगर टूट जाये तो स्त्रियाँ ही पुरुषों की प्रभु या मालिक बन बैठेंगी, हज़ारों साल तक पुरुषों पर अत्याचार चलायेंगी, जैसे पुरुषों ने स्त्रियों पर हज़ारों साल से अत्याचार किया है। असुरक्षित लोगों से प्रेम करने में कोई आनन्द नहीं है—यह बात मैं निश्चित रूप से कह सकती हूँ।

दो-चार चाहतें

"प्यार करते हो? खाक् प्यार करते हो!" मेरी यह किताब बहुत ज़्यादा लोगों तक नहीं पहुँची। 2007 का साल था तब, मैं सरकार की क्रोधाग्नि की शिकार थी और तभी मेरे इतने दिनों के पुराने प्रकाशक आनन्द पब्लिशर्स ने मुझे बेतहाशा हैरान करते हुए मेरी किताबें पब्लिश करनी बन्द कर दीं। वही प्रकाशक जिन्होंने सन् 1992 से मेरी सब किताबें प्रकाशित की थीं। मुझे अपनी आँखों-कानों पर जैसे विश्वास ही नहीं हो रहा था। सरकार की विरोधिता सही जाती है, दोस्तों की नहीं, घरवालों की नहीं। दो-एक अनाड़ी लोगों ने वह किताब छापी थी। लिहाज़ा डिस्ट्रीब्यूशन के कायदे-कानूनों से अनभिज्ञ होने की वजह से वह किताब अपनी चाहरदीवारी से बाहर निकल ही नहीं पाई। उसी किताब की एक कविता आज अचानक जाने कैसे हाथ लग गई—पढ़ने के बाद लगा सुनाऊँ सबको यह कविता। सब कहाँ हैं? अब तो जो गिनती के कुछ लोग मेरी 'मुक्तचिन्ता' वाले लिखे को पढ़ते हैं—उन्हीं को सुनाऊँ।

मेरे लिए इस जीवन का अर्थ है
शुरू से आखिर तक अर्थहीन।
इस जीवन को बिताने की तैयारी करते-करते ही
बीत कर बिला जायेगी किसी भी दिन।
इस ग्रह का यह मानव जीवन, ब्रह्माण्ड के इतिहास में
है सिर्फ़ पलक भर की एक चमक
और कुछ भी नहीं
उस पार है स्वर्ग और नरक, इसी विश्वास से
मन लगा रहे हैं, धर्म-कर्म में,
जाने क्या हो न हो हर समय
धुकपुकाता वही संशय।
छोड़ो उनकी बातें सारी,

अब है कुछ सच कहने की बारी।
म्यान खोल निकाल ही लूँ शौकिया तलवार,
अपने ही बम से ध्वंस होगा मानव
आज नहीं तो कल, जग में होगी उथल-पुथल
और इसके अलावा कुछ दिन बाद
सूरज मामा गैस ख़त्म होने पर
मरते-मरते दिखा जायेगा खेला
ख़त्म होगा मेला।
जानने पर भी, दबोचकर फाड़कर, काटकर,
तुच्छ चीजों को पाने का लोभ
भयंकर आपसी हिंसा और क्षोभ
मनुष्य का कहाँ जायेगा दुर्योग?
ताकत लगती है, भविष्य की उम्मीद को फेंक कर
किसी और के महानन्द के क्षणों का भोग।
ताकत चाहिए, दिल चाहिए, सब कुछ बाँट
लेने को, बराबर हिस्सों में। कितने जने अपनी रंगीन
इच्छाओं पर लगाम कस सकते हैं? भूल जा कि
मिनट भर का भी नहीं है भरोसा, तेरे वे सीले
स्वप्न पालने वाले कुएँ के मेंढकों की-सी दशा।
दुख से भर जाता है मन देखकर तेरा यह
कीचड़ खँगालना।
अरण्य! तू कैसे दाँत गड़ाये है
इस छोटे से जमीन के टुकड़े पर?
धत्तेरे की,
समंदर के पास ही चल तो भाई!

याद है यह कविता लिखने के बाद बहुत अच्छा लगा था। अच्छे लगने का प्रधान कारण था—प्रेम विरह की कविताओं के घेरे से बाहर निकल आना। एक स्वाद मिला था मुक्ति का। प्रेम, कविता का एक बड़ा विषय है—पर एक तरह की जंजीर भी। कविता को लिखने के बाद आनन्द का एक और कारण था—छन्द। मात्रा में वृत्त मुझे बड़ा आनन्द देती है। अक्षर वृत्त अगर जीवन बिताना है, स्वर वृत्त अगर खेल का मैदान, तो मात्राओं का वृत्त है—प्रेम। और वृत्तों से बाहर निकल आना? वह है पगलाई हवा कुछ भी लिखने के दो तीन साल बाद,

मुझे वह और अच्छा नहीं लगता। शायद विषय अच्छा होता है, विषय के बारे में हमेशा मैं शिकायत नहीं जताती—सिर्फ़ प्रकाश को लेकर शिकायत करती हूँ। प्रकाश स्वच्छ नहीं है, मन को छू नहीं रहा, बाढ़ का पानी नहीं है, भयंकर तूफान नहीं है—इसीलिए मैं जो कुछ भी पुराना या प्राचीन है उसे दूर हटाती जाती हूँ। जो नया है उसकी ओर ही जाना चाहती हूँ।

कई सालों से मैं सोच रही हूँ कि कविता और छोटे-मोटे निबन्ध-प्रबन्ध लिख सकती हूँ तरह-तरह के विषयों पर—अपने अनुभव, दर्शन, उपलब्धियों वगैरह के ऊपर। लेकिन मैं क्यों विचित्र विषयों पर उपन्यास नहीं लिखती? इसका कारण है विचित्र विषयों के बारे में मुझे कोई अनुभव नहीं है। फिर एक बार किसी ने कहा था—गाँव की ज़िन्दगी के बारे में लिखो। मैंने कहा, कैसे लिखूँ, कभी गाँव गयी ही नहीं, रही भी नहीं। गाँव देखा ज़्यादातर ट्रेनों से या गाड़ी से और शहर के बहुत पास जो गाँव हैं, वहाँ कुल मिलाकर चार-पाँच बार गयी हूँ—वह भी बहुत थोड़े समय के लिए। बहुत पास से गाँव वालों की ज़िन्दगी नहीं देखी कभी। बस्ती का जीवन? वह भी देखना हुआ। चोर, बदमाश, भिखारी, नशेड़ी, मजदूर, राजनीति की दुनिया, बिजनेस वालों का मोहल्ला, वेश्यालय, ये कुछ भी बहुत पास से देखना नहीं हुआ। छोटी उम्र से ही इस दुनिया को जानना चाहती थी—बहुत देखना चाहती थी, लेकिन मुझे देखने नहीं दिया जाता। मामा, चाचा, बड़े भाई लोग किशोरावस्था से ही शहर में घूमते रहते थे। कितनी जगह जाते थे, दोस्तों के घर, यह पार्क, वह मैदान, सर्कस, घोड़े की रेस, बाजार, दुकानें, सिनेमा-थियेटर जंगल-वंगल, बस्तियाँ, पोखर के किनारे, नदी का तट, ये मेले, वे मेले—कितनी तरह के लोगों से मेल-मिलाप रखते थे, बात करते थे, दोस्ती करते थे। उन लोगों को खुली आज़ादी मिली हुई थी—लड़का होने की आज़ादी। हम लड़कियों के लिए ऐसा न था—सिर्फ़ स्कूल और घर—इसके बाहर कहीं भी जाना मना था। बाबा पर बहुत गुस्सा आता था क्योंकि घर से बाहर की दुनिया बाबा नहीं देखने देते थे। पर अब वैसा गुस्सा नहीं आता। क्योंकि लड़कियों के लिए उस समय 'बाहर' बहुत खराब था। अगर मैं भी अपने बड़े भाइयों की तरह घूमती-फिरती तो मुझे दो दिन में ही लोग फाड़ कर खा जाते या फिर मैं बहुत बदनाम हो जाती। बाबा टँगड़ी तोड़कर शायद पूरी ज़िन्दगी मुझे घर बैठा कर रखते। घर में बाबा, मामा लोग या बड़े भाइयों के दोस्त आते, हमें उठकर अन्दर चले जाना पड़ता था। कहा जाता कि लड़कियों को मर्दों की बातचीत के बीच रहना नहीं चाहिए। घरेलू ज़िन्दगी को बहुत अच्छी तरह पहचानती हूँ इसीलिए बाहर के अनपहचाने को पहचानने की बड़ी इच्छा थी। लड़कियों के

स्कूल-कॉलेज में पढ़ी हूँ तो लड़कियों के साथ मेल-मिलाप रहा है। लड़के तो एक बड़े रहस्य की तरह रहे। मेडिकल कॉलेज में लड़के भी पढ़े हैं हमारे साथ लेकिन बचपन और किशोरावस्था में एक दूरी बनने से जो हश्र होता है—आगे भी दूरी बरकरार ही रहती है। अगर समाज लड़कों के घूमने-फिरने की तरह लड़कियों के घूमने-फिरने को भी सहज रूप से मान लेता, तब लड़कियाँ इस दुनिया को देखने के अवसर से इस तरह वंचित न होतीं। और दुनिया को बारीकी से न देखें तो दुनिया के बारे में निबन्ध या कविता लिखी जा सकती है—लेकिन उपन्यास नहीं लिखा जा सकता। उपन्यास में सब बारीकियों का वर्णन करना पड़ता है—जीवन निर्वाह की सब बारीकियाँ। अपने उपन्यासों में मैंने देखा है, शायद इसीलिए कोई वैचित्र्य नहीं है। मध्यम-वर्गीय लड़कियों का घरेलू जीवन, उनके दुख-सुख ही मेरे उपन्यासों का विषय बन जाता है। अगर मैं थोड़ी-सी चालाकी से धोखे में रख पाती तो फिर बना-बना कर युद्ध क्षेत्र, खेत-खलिहान, कारखाने, जहाजघाट या फिर कोई विशाल पृष्ठभूमि को लेकर उपन्यास लिख सकती थी। लेकिन मुश्किल यही है कि मैं इस तरह धोखे में रखना नहीं जानती। अनुभवों का भण्डार समृद्ध होने से केवल उपन्यास ही नहीं दूसरी तरह की लिखाई में भी वैचित्र्य आता है। मुझे मालूम है बहुत से लोग कहेंगे—जब घरेलू जीवन को जानती हूँ तो, घर के जीवन को ही ठीक से क्यों नहीं उकेरती हूँ। वह कोशिश मैं करती हूँ लेकिन फिर भी दुख तो रह ही जाता है। चाहरदीवारी के अन्दर ज़िन्दगी का ज़्यादातर समय बिता देने का। एक नारी विद्वेषी समाज में जन्म लेने पर स्त्रियाँ ज़िन्दगी के कितने कुछ से वंचित रहती हैं। घर की ज़िन्दगी मेरे बड़े भाइयों ने देखी है और बाहर की ज़िन्दगी भी देखी है। और मैं और मेरी बहन लड़की होकर पैदा हुए हैं इसी वजह से हमने बचपन किशोरावस्था और तरुणावस्थाओं में सिर्फ़ घर की ज़िन्दगी ही देखी है। हमें तो अधिकार है इस दुनिया का सब कुछ देखने का! या कि नहीं है?

केवल जन्म के समय एक छोटा सा पुरुषांग नहीं था, इसी वजह से कितने अधिकारों से वंचित हुई हूँ। हमारे बड़े भाई लोग पुरुषांग लेकर जन्मे हैं, दुनिया देखी है, लेकिन लिखने की क्षमता नहीं है, इसी वजह से कुछ भी लिख नहीं पाये। शायद दूसरे क्षेत्र में अपने अनुभव का उपयोग किया है। लिखने का हुनर रहने पर भी अनुभव के अभाव की वजह से मैं कई दफ़ा मन खराब करके बैठी रहती हूँ। उस दिन बड़ी इच्छा हुई थी कन्स्ट्रक्शन वर्कर और ट्रेड यूनियन वालों को लेकर एक बड़ा उपन्यास लिखूँ लेकिन उन लोगों का जीवन पुरुष के रूप में विचरण करने पर जितना जाना जा सकता है, स्त्री होकर उतना जानना सम्भव

नहीं। बाहर की दुनिया में प्राय; हर कहीं स्त्रियाँ अवांछित, अनचाही होती हैं। चाहे जो भी घटता रहे, पुरुषांग लेकर नहीं जन्मी हूँ, इस वजह से मुझे कोई दुख, अफसोस नहीं होता, बल्कि चैन की साँस लेती हूँ। क्योंकि पुरुष शासित समाज में उस छोटे से अंग का होना बड़ा भयंकर है, बिल्कुल दिमाग़ खराब कर देता है, नीति बोध के नाम पर, विचार बोध के नाम पर कुछ नहीं रहता, सोचने-समझने की शक्ति को लुप्त कर देता है, स्वयं को ईश्वर की तरह महान होने का अनुभव होता है, मूढ़ता और मूर्खता का मुकुट पहने बैठे रहते हैं हमेशा। अगर मैं पुरुष होकर जन्म लेती तो और भी दसियों पुरुषों की तरह न होती ऐसी बात दावे के साथ कैसे कह सकती हूँ? अगर न भी होती, पुरुष जाति ही तो मेरी जाति होती, जिस जाति के अधिकतर लोग ही, अविवेचक, कूपमण्डूक होते हैं। शायद बहुत लोग कहें—ज़्यादातर पुरुष अच्छे होते हैं, समानाधिकार में विश्वास करते हैं, सिर्फ़ गिनती के कुछ मर्द नहीं करते। अगर ऐसा ही है, ज़्यादातर पुरुष ही अगर समानाधिकार में विश्वास रखते हैं तो फिर आज भी समाज में समानाधिकार दिखाई क्यों नहीं देता? कौन बाधा देता है? ज़्यादातर पुरुष ही—अगर पुरुष बहाल तबियत से, इतने जमकर, पूरे समाज में फैली विषमता की मूल अपशक्ति—पुरुषतन्त्र टिका हुआ है।

कथोपकथन

पिछले साल कलकत्ते के पुस्तक मेले में मेरी आत्मकथा का सातवाँ खण्ड 'निर्वासन' के विमोचन होने की बात थी। प्रकाशक ने ऑडिटोरियम किराये पर लिया था। लेकिन मुख्यमन्त्री ममता बैनर्जी ने वह पुस्तक विमोचन होने नहीं दिया। इसके बाद हॉल के बाहर सड़क पर कुछ पाठकों की उपस्थिति में प्रकाशक ने प्रतिवादस्वरूप एक विमोचन किया था उस पुस्तक का।

कुछ दिनों से 'कथोपकथन' के बारे में सोच रही थी। 'निर्वासन' में कथोपकथन के नाम से एक अध्याय है। वह अध्याय मुझे बहुत प्रिय है। अभी भी उस छह साल पहले का वह कथोपकथन लगता है जैसे कल की घटना हो। शरीर के रोंगटे खड़े हो जाते हैं यह सोचकर कि किस तरह शासक लोग दो-चार वोट के लिए, सत्ता की गद्दी के लिए, असहाय और निरीह लोगों पर अत्याचार करने में कोई दुविधा नहीं रखते, ऐसा कोई अन्याय नहीं है जो वे लोग नहीं करना जानते।

जिन लोगों ने 'निर्वासन' पढ़ा है उन लोगों ने तो पढ़ा ही है, और जिन्होंने नहीं पढ़ा, परन्तु पढ़ना चाहते हैं, उन लोगों के लिए 'कथोपकथन' का वह अध्याय यहाँ पर उद्धृत कर रही हूँ। बहुत लोग सोचते हैं 2007 साल के नवम्बर में पार्क सर्कस से निकलकर कुछ मुसलमानों ने जुलूस निकाला था, इसलिए मुझे देशनिकाला दिया गया है। लेकिन यह सही नहीं है, मुझे खदेड़कर निकाल देने की योजना बहुत पहले ही शुरू हो गयी थी।

मैं बन्दी हूँ। घर से बाहर निकलना मना है। शरीर पर काई जमी जा रही है। मन में भुतहा घर में उगी हुई लम्बी-लम्बी घासों की तरह घास उग आयी है। इन सब के दौरान सितम्बर के बीचों-बीच की एक शाम को वे आ पहुँचे। आने के दस मिनट पहले डी.सी.एस.बी. विनीत गोयल ने कह दिया पी.सी. आ रहे हैं। पुलिस कमिश्नर को संक्षेप में पी.सी. कहा जाता है। मुख्यमन्त्री को कहा जाता है सी.एम.। चीफ का पहला अक्षर 'सी' और मिनिस्टर का पहला वर्ण 'एम' को लेकर सी.एम., पश्चिम बंगाल के सी.एम. बुद्धदेव भट्टाचार्य। पी.सी. प्रसून

मुखर्जी। प्रसून मुखर्जी मेरे घर आयेंगे। गजब हो गया। इतने बड़े एक सज्जन मेरे घर क्यों आ रहे हैं? इस प्रश्न का कोई उत्तर मैं नहीं जानती। उत्तर ढूँढ़ने की कोई कोशिश भी मैंने नहीं की। हो सकता है कि यह मेरे घर आना सिर्फ़ सौजन्य के कारण हो। मुझे सुरक्षा दे रहे हैं, मैं तो कोई ऐरी-गैरी नहीं हूँ न। मुझसे मिलने की इच्छा उन्हें हो ही सकती है। पुलिस के दो बड़े अफ़सर इससे पहले मुझसे औपचारिक मुलाक़ात करके गये हैं। कहा है—मुझे कोई फ़िक्र नहीं करनी चाहिए। मेरी सुरक्षा के लिए हर तरह की व्यवस्था की गयी है। इन दो अफ़सरों में से एक थे शमीम अहमद, वाक़ई में 'हैंडसम'। बातों-बातों में उन्होंने कहा, ''हैदराबाद में जिन लोगों ने आप पर हमला बोला था, वे अनदेखी करने लायक लोग नहीं है। सभी उच्च शिक्षित हैं। शिक्षा प्राप्त करने के लिए विलायत तक गये हैं वे लोग। बढ़िया अंग्रेजी बोलते हैं। उनकी अंग्रेजी सुन कर लगता ही नहीं कि वे हिन्दुस्तानी हैं।'' शमीम अहमद की आँखों में हैदराबाद के 'ओवैसी' वंश के लोगों के लिए आदर, इज़्ज़त और प्रशंसा का भाव था। प्रसून मुखर्जी के आने पर मिठाई, चाय, बिस्कुट वगैरह से उनकी खातिरदारी की जाती है। इससे पहले फ़ोन पर उनके साथ बात हुई थी। अगर कहीं मिल भी जाते हैं तो 'कैसे हैं ठीक-ठाक' जैसी मामूली बातों के सिवा और ज़्यादा बात नहीं हुई। बात-चीत सिर्फ़ दो घण्टे की। मोटी-मोटी बातें, निम्नलिखित—

प्रसून मुखर्जी हालात बहुत खराब हैं।

तसलीमा खराब कैसे?

प्रसून मुखर्जी कुछ नॉन-बंगाली मुसलमानों ने तो आपको मार डालने का प्लान बना लिया है।

तसलीमा अच्छा, ऐसा?

प्रसून मुखर्जी हाँ, ऐसा ही। मैं तो आपको सिक्योरिटी दे रहा हूँ। मेरे लड़के तो यहीं हैं सब। सिक्योरिटी तो बढ़ा दी है मैंने बहुत। जानती हैं न?

तसलीमा हाँ, जरूर। बहुत धन्यवाद। मैं बहुत सुरक्षित महसूस कर रही हूँ अब।

प्रसून मुखर्जी लेकिन आप हैदराबाद नहीं भी जा सकती थीं। हैदाराबाद जाना उचित नहीं था आपका।

तसलीमा दरअसल कई सालों से ही कह रहे थे वे लोग, मैंने हर बार मना कर दिया था। लेकिन इस बार मेरी किताब के प्रकाशन के उत्सव सभा में आने के लिए इतने करुणा भाव से बार-बार

निमन्त्रण किया कि लगा कि चलो घूम ही आऊँ। उस नगर में गयी नहीं थी कभी, जाना भी हो जायेगा।

प्रसून मुखर्जी जाना नहीं चाहिए था।

तसलीमा वहाँ सिक्योरिटी का कोई इन्तजाम नहीं था, मुझे पता ही नहीं था। जिन लोगों ने मुझे बुलाया था, वे भी समझ नहीं पाये थे कि ऐसा कुछ होगा।

प्रसून मुखर्जी हूँ। बड़ी गलती की आपने।

तसलीमा गलती क्यों करूँगी? हैदराबाद में ऐसी घटना घटेगी—वह तो मुझे पहले से मालूम नहीं था।

प्रसून मुखर्जी हैदराबाद क्यों गयी थीं?

तसलीमा मेरी एक किताब तेलुगू भाषा में निकली है। उस किताब के विमोचन के लिए मुझे न्योता दिया था हैदाराबाद के प्रकाशक ने।

प्रसून मुखर्जी आपकी किताब? क्यों? क्यों उन लोगों ने तेलुगू भाषा में निकाली? किस कारण से?

तसलीमा मैं तो किताब लिखती हूँ बांग्लाभाषा में।

प्रसून मुखर्जी वह मैं जानता हूँ।

तसलीमा बांग्लाभाषा में किताब छपे तो फिर उसका विभिन्न भाषाओं में अनुवाद होता है। तेलुगू भाषा में भी हुआ।

प्रसून मुखर्जी अच्छा?

तसलीमा हाँ। तेलुगू भाषा के सिवाय और दूसरी भाषाओं में भी हुआ है।

प्रसून मुखर्जी सच कह रही हैं?

तसलीमा झूठ क्यों बोलूँगी?

प्रसून मुखर्जी किसी और भाषा में भी है किताब?

तसलीमा मराठी, हिन्दी, ओड़िया, असमिया, पंजाबी, मलयालम...

प्रसून मुखर्जी अच्छा, ऐसा? क्यों? उन भाषाओं में क्यों निकली है?

तसलीमा निकली है क्योंकि उन भाषाओं के बोलने वालों ने मेरी किताब पढ़नी चाही—इसलिए प्रकाशकों ने छापी है।

प्रसून मुखर्जी जो भी हो। आपको हैदराबाद जाना नहीं चाहिए था।

तसलीमा मैं तो भारत के और भी कई राज्यों में गयी थी। उन सभी जगहों पर मेरी संवर्धना हुई है। और विभिन्न संस्कृतियों के लोगों से मिलना मुझे अच्छा भी लगता है और पाठकों के साथ कथोपकथन तो अच्छा ही लगता है।

प्रसून मुखर्जी हैदराबाद के अलावा और भी किसी जगह गयी हैं?

तसलीमा हाँ, वह तो गयी ही हूँ। देश के विभिन्न राज्यों से ही मुझे बुलाया जाता है।

प्रसून मुखर्जी क्यों बुलाते हैं आपको? कौन बुलाता है?

तसलीमा प्रकाशक लोग आमन्त्रित करते हैं। साहित्य संगठन से भी बुलाया जाता है। हर समय जाना नहीं होता। कभी-कभार चली जाती हूँ कहीं पर भी तो अच्छा छोड़ कुछ बुरा नहीं घटता। हालाँकि सभी राज्यों में सुरक्षा-बन्दोबस्त होता है। दो बार दिल्ली गयी हूँ। एक बार विमेन्स वर्ल्ड के न्योते पर। एक बार रैडिकल ह्यूमैनिस्टों के बुलाने पर। तब कोई सिक्योरिटी नहीं थी। कोई भी मुसीबत नहीं आई।

प्रसून मुखर्जी अच्छा? क्यों बुलाया था उन लोगों ने?

तसलीमा मानवाधिकार पर या नारी अधिकार पर कुछ बोलने के लिए—या अपने लिखे में से कुछ पढ़ने के लिए, ऐसे आमन्त्रण तो आते ही हैं।

प्रसून मुखर्जी कौन लोग सुनते हैं?

तसलीमा लोग।

प्रसून मुखर्जी ओह।

तसलीमा (लम्बी साँस)

प्रसून मुखर्जी आपने हैदराबाद में क्या कहा था? क्यों आप पर आक्रमण किया गया?

तसलीमा 'शोध' नामक किताब का अनुवाद हुआ है वहाँ, एक लड़की की जीवन कथा। अपने वक्तव्य में मैंने सिर्फ़ स्त्रियों की डिग्निटी (गरिमा) को लेकर सम्मान सहित जीने के अधिकार के बारे में कहा है।

प्रसून मुखर्जी धर्म को लेकर कुछ कहा था?

तसलीमा धर्म का 'ध' भी उच्चारित नहीं किया—इस्लाम का 'इ' भी नहीं उच्चारित किया।

प्रसून मुखर्जी तो फिर वे भड़क क्यों गये?

तसलीमा मेरे बारे में चारों तरफ एक प्रचार हुआ है कि मैं तो इस्लाम विरोधी हूँ, उसी वजह से यह आक्रमण हुआ हालाँकि बाद में बहुत लिखा-पढ़ी के बाद मुझे पता लगा कि मुस्लिम वोट पाने

के लिए मुझ पर आक्रमण कर सबको समझाना चाहते हैं कि वे इस्लाम को मेरे हाथों से बचा रहे हैं।

प्रसून मुखर्जी आपके विरुद्ध कलकत्ते में भी फतवा जारी हुआ है।

तसलीमा 'फतवे' तो बहुत जारी हुए हैं। अब तो 'फतवे' को लेकर वैसा कुछ नहीं हो रहा है। और आप तो टीपू सुल्तान मस्जिद के इमाम को बुलाकर—उनसे मिलकर एक बार समझा सकते हैं। पिछली बार आपने उसे घर बुलाकर बात की थी, उसके बाद उसने कहा था—उसने 'फतवा' दिया ही नहीं। उसी तरह इस बार भी उसे बुला सकते हैं।

प्रसून मुखर्जी उस इमाम की बात छोड़िये। इमाम कोई भयंकर आदमी नहीं है। जो लोग सामने आ रहे हैं, 'फतवा' दे रहे हैं, वे अच्छे हैं। खराब लोग नहीं हैं। खराब लोग वे हैं जो गुटबाजी कर रहे हैं। वे खतरनाक हैं। लुक-छिप कर सब तैयार हैं। हमारे पास खबर है, उनका प्लान प्रोग्राम तैयार हो गया है आपको मार डालने का।

तसलीमा आप जानते हैं वे लोग कौन हैं?

प्रसून मुखर्जी जानता हूँ।

तसलीमा अगर सभी खबर जानते हैं कि कौन लोग ये सब कर रहे हैं, तब तो अरेस्ट कर सकते हैं।

प्रसून मुखर्जी नहीं, सम्भव नहीं है।

तसलीमा मुझे नहीं लगता, कुछ होगा। मेरे साथ तो सिक्योरिटी के लोग हैं। मुझे नहीं लगता इस कलकत्ते में वे एक जने को जान से मार डालने का साहस कर पायेंगे।

प्रसून मुखर्जी यह कैसे जानती हैं आप? मैं क्या बिना खबर जाने ही ये सब कह रहा हूँ?

तसलीमा कुछ भी तो हो नहीं रहा। सिद्दिकुल्लाह चौधरी ने कहा था महाकरण घेराव करेंगे। वह प्रोग्राम भी तो ख़त्म कर दिया गया।

प्रसून मुखर्जी (धमका कर ज़ोर से) आप मुझे इनफॉरमेशन देंगी या मैं आपको इन्फॉरमेशन दूँगा?

तसलीमा अख़बार में पढ़ा था न, इसलिए कह रही हूँ।

प्रसून मुखर्जी अख़बार कुछ नहीं जानता। हम सब जानते हैं। छुप-छुप कर क्या हो रहा है शहर में, वह जर्नलिस्ट लोग कैसे जानेंगे?

(धमकाना)

तसलीमा हाँ, वह तो ठीक है। लेकिन जो लोग मार डालने का प्लान बना रहे हैं, उन्हें गिरफ़्तार नहीं किया जा सकता? क्योंकि जान से मार डालने का प्लान बनाना तो क़ानूनन अपराध है, नहीं?

प्रसून मुखर्जी नहीं, अरेस्ट नहीं किया जा सकता, खासकर यह जब अल्पसंख्यकों का मसला है तब ऐसा नहीं हो सकता।

तसलीमा यह कोई बात हुई, कानून तो सभी के लिए एक-सा होना चाहिए।

प्रसून मुखर्जी रिलीजियस सेंटिमेंट्स अलग चीज है।

तसलीमा सो तो ठीक है। लेकिन ये टेररिस्ट, जिनकी बात आप बता रहे थे, क्या उन्होंने मेरी किताब पढ़ी है? लगता तो नहीं है।

प्रसून मुखर्जी वह मैं नहीं जानता। पर वे आपको मार डालने को तैयार हैं। सब तैयारियाँ कम्प्लीट हैं। अब सिर्फ़ समय का इन्तजार है और नवम्बर के बीचों-बीच तो विशाल बन्द का ऐलान किया जा रहा है आपके विरुद्ध। बहुत ख़राब घटना घटने जा रही है आपके विरुद्ध।

तसलीमा कैसे?

प्रसून मुखर्जी 'मॉब'–लोगों की भीड़ चली आ सकती है आपके घर।

तसलीमा अच्छा? ऐसा? उनके घर तक आ पहुँचने से पहले 'जरूर' रोका जायेगा उनको।

प्रसून मुखर्जी मैं तो आपको प्रोटेक्शन दे रहा हूँ। आपने जरूर ख़याल किया होगा कि मैंने सुरक्षा बढ़ाई है आपकी। लेकिन भीड़ चढ़ आये अगर मेरे लड़के (सिपाही) उनमें से एक पर भी गोली चलायें तो फिर तो रायट शुरू हो जायेगा।

तसलीमा आप कह क्या रहे हैं?

प्रसून मुखर्जी ठीक ही कह रहा हूँ।

तसलीमा रायट क्यों शुरू होगा?

प्रसून मुखर्जी हाँ, रायट ही होगा। आप चाहती हैं गोलियाँ चलें? आप चाहती हैं आपकी वजह से किसी पर गोली चलायी जाये?

तसलीमा नहीं, मैं नहीं चाहती।

प्रसून मुखर्जी उनके बदन पर एक भी गोली लगने से–दंगे शुरू हो जायेंगें जरूर। मुसलमान मोहल्लों में ख़बर पहुँच जायेगी। बस्।

तसलीमा 'रायट' (दंगे) क्यों? यहाँ तो कोई हिन्दू-मुसलमान का मसला

नहीं है। यह एक क्रिमिनैलिटी-आपराधिक मामला है। क़ानून क्या हिन्दू-मुसलमान की बात सोचता है?

प्रसून मुखर्जी सोचना पड़ता है। क़ानून की बात कर रही हैं। आप देख नहीं रही हैं आप के साथ क्या हो रहा है? किसी का सपोर्ट मिला है आपको? इस बात को ही लीजिए, यह जो हैदराबाद में मार खाई आप ने। किसी ने आप को सपोर्ट किया? किसी पॉलिटिकल पार्टी ने? सब ही को मुस्लिम वोट की जरूरत है। इसीलिए ये सब बातें आप को समझनी होंगी। वैसे सोसायटी में आपके लिए कोई सपोर्ट नहीं है।

तसलीमा मुझे तो साधारण लोगों का सपोर्ट मिलता है।

प्रसून मुखर्जी किसने कह दिया आपको?

तसलीमा मैं कह रही हूँ। लोगों ने मुझे फ़ोन किया है। चिट्ठियाँ लिखी हैं। कहते हैं, मेरा लिखा उन्हें अच्छा लगता है।

प्रसून मुखर्जी इन सबसे कुछ नहीं होगा। कोई भी पॉलिटिकल पार्टी आपको सपोर्ट नहीं कर रही है—यही बड़ी बात है। बहुत बुरी हालत है आपकी।

उस्रि मजुमदार ट्रे में बिस्कुट, सन्देश, मिठाई, और चाय देकर गयी। उस्रि और भी कई लोगों की तरह प्यार करने के कारण ही मेरे पास आती है। चाय-बिस्कुट खाते-खाते प्रसून मुखर्जी बातें करते रहते हैं।

प्रसून मुखर्जी माइनॉरिटी लीडर लोग सी.एम. से मिलेंगे। वे लोग तो आपके डीपॉर्टेशन की माँग को लेकर सड़क पर उतरे हैं। वे लोग प्लान कर रहे हैं कि वे सी.एम. के कॉनवॉय को रोकेंगे। उनके कॉनवॉय को रोकने पर हम लोगों को तो लाठीचार्ज करना पड़ेगा। और लाठी चार्ज का मतलब जानती हैं? ख़बर लग जायेगी तो बहुत बड़ा दंगा शुरू हो जायेगा। शुरू होगा ही।

तसलीमा अविश्वसनीय मामला है।

प्रसून मुखर्जी अविश्वसनीय नहीं। आपके लिए ही तो दंगे शुरू हो जायेंगे कलकत्ते में। आप रहेंगी तो दंगे शुरू होंगे ही।

तसलीमा मेरे कलकत्ते में रहने से दंगे शुरू हो जायेंगे? इतने साल से हूँ मैं कलकत्ते में, कभी कुछ नहीं घटा और अचानक दंगों की तरह काण्ड होगा—यह मुझे विश्वास नहीं होता।

प्रसून मुखर्जी अगर विश्वास नहीं होता तो वह आपकी प्रॉब्लम है। लेकिन ऐसी ही घटना घटने जा रही है। अब आपको डिसिजन लेना है।

तसलीमा कैसा डिसिजन?

प्रसून मुखर्जी आप कुछ दिन के लिए कहीं चली जाइए।

तसलीमा मतलब?

प्रसून मुखर्जी मतलब आपको कुछ दिन के लिए कलकत्ते के बाहर कहीं जाना होगा।

तसलीमा कहाँ?

प्रसून मुखर्जी यूरोप चले जाइये न।

तसलीमा यूरोप? लेकिन वहाँ तो मेरा घर-वर नहीं है।

प्रसून मुखर्जी देखिये—कहीं भी रहने का बन्दोबस्त कर लीजिए।

तसलीमा कब लौटूँगी?

प्रसून मुखर्जी परिस्थिति शान्त हो जाये तो लौटियेगा।

तसलीमा (हँसकर) याद आ रहा है, बांग्लादेश से जब सन् चौरानवे में मुझे प्लेन पर बैठा दिया गया था तब मुझे कहा गया था, परिस्थितियाँ शान्त हो जायें फिर लौटियेगा। आज तेरह साल हो गये, परिस्थितियाँ अब भी शान्त नहीं हुईं।

प्रसून मुखर्जी आप लौट आना चाहें तो जरूर लौट आयेंगी।

तसलीमा लेकिन मैं तो यूरोप नहीं जा पाऊँगी। मैं वहाँ से सब समेट कर चली आयी हूँ। अगर वहाँ जाऊँ तो मुझे अब होटल में रहना पड़ेगा। वह मेरे लिए सम्भव नहीं है और अब मेरे पास मेरी बहन आ रही है दो दिन बाद। बहुत दिनों तक रहेगी।

प्रसून मुखर्जी बहन को साथ लेकर चली जाइये।

तसलीमा कहाँ जाऊँगी?

प्रसून मुखर्जी अमेरिका चली जाइये।

तसलीमा बहन अमेरिका से ही तो आ रही है मेरे पास। उसे लेकर मैं अमेरिका चली जाऊँ?

प्रसून मुखर्जी तब फिर और कहीं चली जाइये।

तसलीमा मैंने तो कहा न आपसे, यूरोप या अमेरिका जाना मेरे लिए सम्भव नहीं होगा। इतना खर्चा उठाना मेरे बूते का नहीं है।

प्रसून मुखर्जी तो फिर भारत में ही कहीं और चली जाइये।

तसलीमा कहाँ चली जाऊँ?

प्रसून मुखर्जी वह तो आप ही ढूँढ़ लीजिए कहाँ जाना है। आपका परिचित या जान-पहचान का कोई नहीं है भारत के किसी राज्य में?

तसलीमा मेरी जान-पहचान में तो बहुत सारे मेरे पब्लिशर्स हैं—केरल में, महाराष्ट्र में, उड़ीसा में। केरल की सरकार से मेरे अच्छे सम्बन्ध भी हैं। शिक्षा मन्त्री एम.ए. बेदी ने मुझे अपने घर न्योता दिया है। फॉरेस्ट मिनिस्टर ने भी अपने घर ब्रेकफास्ट पर बुलाया था। बढ़िया लोग हैं।

प्रसून मुखर्जी केरल चले जाइये। अपने पब्लिशर को कहिये, आपके रहने का इन्तजाम कर दे।

तसलीमा लेकिन वहाँ तो लोगों को पता लग जायेगा कि मैं वहाँ गयी हूँ। पिछली बार केरल में कुछ कट्टरपन्थी मुस्लिमों ने मेरे ख़िलाफ़ प्रदर्शन किया था।

प्रसून मुखर्जी केरल में खबर कर दीजिए कि आप आ रही हैं। वहाँ वे आपकी सुरक्षा की व्यवस्था करेंगे, इसे लेकर आप चिन्ता मत कीजिए और कहाँ की बात कर रही थीं? महाराष्ट्र?

तसलीमा वहाँ मेरे मराठी पब्लिशर हैं—अनिल मेहता। वे भी बहुत अच्छे हैं।

प्रसून मुखर्जी मध्य प्रदेश चले जाइये न, वहाँ तो विशाल जंगल हैं।

तसलीमा आप मुझे जंगल भेज देना चाहते हैं?

प्रसून मुखर्जी (खिसियानी हँसी हँसकर) नहीं, दरअसल मुझे तो जंगल बहुत पसन्द है न, इसलिए कह रहा हूँ।

तसलीमा मुझे जंगल पसन्द नहीं।

प्रसून मुखर्जी तब फिर आपको क्या पसन्द है?

तसलीमा समुद्र, पहाड़। ये सब अच्छे लगते हैं।

प्रसून मुखर्जी तब केरल चले जाइये। वहाँ समुद्र का मजा उठाइये।

तसलीमा लौटूँगी कब?

प्रसून मुखर्जी तीन-चार महीने रहिये। इधर की आग ठण्डी हो जाये, तब लौटियेगा।

तसलीमा आग जैसा तो कुछ भी नजर नहीं आ रहा।

प्रसून मुखर्जी आपको नजर नहीं आ रहा? हमें तो आ रहा है।

तसलीमा ओऽऽऽ।

प्रसून मुखर्जी और लौट के आप यह फ्लैट बदल लीजिएगा। साउथ की तरफ़ कोई फ्लैट ले लीजिएगा। बालीगंज की तरफ़ लीजिएगा। यह मुस्लिम एरिया के बहुत पास है।

तसलीमा फ्लैट ढूँढ़ पाना बड़ा तकलीफ़देह है। बहुत फ्लैट देखे हैं। अच्छी जगह पर अच्छा फ्लैट अभी तक तो नहीं मिला। यह फ्लैट भी बड़ी जल्दी में लिया था। कोई उपाय न था। किराया बहुत ज़्यादा है। थोड़े कम किराये का फ्लैट मिले तो अच्छा है।

प्रसून मुखर्जी आप कोई चिन्ता मत कीजिए? हमीं लोग ढूँढ़ देंगे।

तसलीमा यह घर छोड़कर इतने दिन के लिए मैं कैसे दूर रहूँगी? इस घर में मेरी तो बहुत सारी जरूरी चीजें हैं—कितनी किताबें, कितने सर्टिफिकेट्स, डाक्यूमेंट्स। सारी चीजें इस तरह फेंक कर चले जाना ठीक रहेगा क्या?

प्रसून मुखर्जी कीमती क्या चीज है?

तसलीमा सोने के मेडल-वेडल हैं।

प्रसून मुखर्जी सुनिये, वैल्यूएबल चीजें आप साथ ले जाइये।

तसलीमा ले जाऊँ? उन्हें साथ लेकर घूमती रहूँ? रास्तों पर? और घर-द्वार ऐसे ही पड़ा रहेगा? मेरी बिल्ली कहाँ रहेगी?

प्रसून मुखर्जी जरा भी चिन्ता मत कीजिए। मेरे लड़के देखेंगे आप का फ्लैट। बिल्ली के लिए भी कोई फ़िक्र नहीं।

तसलीमा आप जो मुझे इस तरह बाहर चले जाने के लिए कह रहे हैं, कितने दिन के लिए जाने को कह रहे हैं। लौटूँगी कब? लौटने की कोई बात तो ठीक से नहीं बता रहे हैं?

प्रसून मुखर्जी जाइये, दो-तीन महीने बाद फिर लौट आइये।

तसलीमा दो-तीन महीने में क्या परिस्थिति शान्त हो जायेगी, ऐसा आपका विश्वास है?

प्रसून मुखर्जी हाँ, हो जायेगी। और कितना चलेगा? कुछेक महीने बाद ही सब ठीक हो जायेगा। साल भर के अन्दर तो हो ही जायेगा लग रहा है।

तसलीमा मुझे तो माहौल ज़रा भी अशान्त नहीं लग रहा है। लेकिन मेरे कलकत्ता में रहने से—जैसा कि आप कह रहे हैं—माहौल अशान्त हो जाता है। तब तो जब मैं लौटूँगी, माहौल फिर से बिगड़ जायेगा। मेरे लौट आने पर क्या वे लोग चुपचाप बैठे रहेंगे? मान लेंगे?

प्रसून मुखर्जी आप इस बात को लेकर सोचिए मत, तब की तब देखी जायेगी।

तसलीमा तब तो 'अब की अब' देखना ही अच्छा है। भाग कर क्या किसी

समस्या का सचमुच समाधान होता है? अगर उनको पता लगेगा कि मैं उनके डर से ही चली गयी हूँ तब तो उनकी बहुत बड़ी विक्ट्री—(जीत) होगी।

प्रसून मुखर्जी आप ने यह फ्लैट कब लिया है?

तसलीमा यही—तिनेक साल पहले।

प्रसून मुखर्जी यह जगह ठीक नहीं है। मुस्लिम एरिया के बहुत पास है। कभी भी अटैक हो सकता है। देखूँ तो—फ्लैट कितने स्क्वायर फुट का है?

तसलीमा ठीक से पता नहीं—लगता है सत्रह सौ-दो हजार भी हो सकता है। कोई कुछ, कोई कुछ कहता है।

प्रसून मुखर्जी (उठकर फ्लैट देखते-देखते) हाँ, ऐसा ही हम देख कर रखेंगे। बाथरूम उधर है?

तसलीमा हाँ, यही बाथरूम है।

प्रसून मुखर्जी (स्टडी में आकर) स्टडी?

तसलीमा हाँ, यहीं ज़्यादातर समय रहती हूँ।

प्रसून मुखर्जी यहीं ज़्यादातर समय क्यों? यहाँ क्या करती हैं?

तसलीमा लिखाई-पढ़ाई करती हूँ।

प्रसून मुखर्जी (कम्प्यूटर के पास आकर) कम्प्यूटर में लिखती हैं?

तसलीमा हाँ।

प्रसून मुखर्जी बांग्ला में लिखती हैं?

तसलीमा हाँ।

प्रसून मुखर्जी आश्चर्य है।

तसलीमा आश्चर्य क्यों?

प्रसून मुखर्जी कैसे लिखती हैं? दिखाइये तो?

तसलीमा (बांग्ला में एक पंक्ति) 'मेरे लिए कहीं जाना असम्भव है। नहीं, यह हो नहीं सकता' (लिखकर) ऐसे ही लिखती हूँ बांग्ला।

प्रसून मुखर्जी (थोड़ा मुस्कुरा कर) कैसे जानती हैं किस 'की' में बांग्ला के अक्षर हैं।

तसलीमा बहुत सालों से लिख रही हूँ कम्प्यूटर में। किस रोमन अक्षर के नीचे कौन-सा बांग्ला का अक्षर छुपा हुआ है—जान गयी हूँ।

प्रसून मुखर्जी (दरवाज़े के पास जाते हुए) आपकी बहन कब आ रही हैं?

तसलीमा यही तो, दो दिन बाद। वह बीमार है। डॉक्टर-वॉक्टर को दिखायेगी।

प्रसून मुखर्जी सुनिये, लेकिन आप चले जाइये—ऐज सून ऐज पॉसिबल। कब जा रही हैं यह मुझे फ़ोन पर बता दीजिएगा, जल्दी ही।

तसलीमा मुझे ज़रा सोचना पड़ेगा।

प्रसून मुखर्जी सोचने का कुछ नहीं है। ऐज सून ऐज पॉसिबल चले जाना होगा।

प्रसून मुखर्जी बाहर चले गये। दरवाज़े के उस पार पुलिस वाले पलभर में कुर्सी छोड़कर उठ खड़े हुए। ये लोग ऊँचे पद के अफ़सरों की बेहद इज्जत करते हैं। मैं दरवाज़ा बन्द करके स्टडी में आकर जड़ होकर बैठी रहती हूँ। गले के पास दर्द और दुख के थक्के जम गये हैं। उस्रि चली गयी—मैं पूरे कायनात में अकेली। पैरों के नीचे जैसे जमीन काँप रही हो। सबसे क़रीबी जिनके साथ मैं इस विषय पर बात कर सकती थी वह थे मानस घोष। उनकी पत्रिका में हर बुधवार को मेरा कॉलम निकलता है। मानस घोष को फ़ोन से खबर देते ही उन्होंने कहा, वे यह खबर सौगत राय को देंगे। मेरी जान-पहचान वालों का दायरा इतना छोटा है कि उसमें राजनीति समझने वाले लोग या बुरे समय में नसीहत देने वाले ज़्यादा लोग नहीं हैं। गिनती के कुछ लोगों को छोड़कर बाकी जाने-पहचाने लोग मेरी ही तरह राजनीति न समझने वाले लोग हैं। दोनों ही, मानस घोष और सौगत राय मेरे घर पहुँचे। प्रसून मुखर्ज़ी मेरे घर क़रीब दो घण्टे तक रहे मुझको कलकत्ता से जाने को कह रहे हैं, सुनकर मानस घोष समझ नहीं पा रहे थे कि क्या कहें—बस बार-बार यही कहते जा रहे थे—बहुत ख़राब, बहुत ख़राब। 'ख़ूब-ख़राब' के बाद क्या ठीक है? बहुत देर तक उनके मुँह की ओर देखकर भी मैं अन्दाजा नहीं लगा सकी। सौगत राय तो कहने ही लगे—"हाँ तुम थीं तो इस शहर में अच्छा ही लगता था। तुमको बहुत मिस करेंगे।"

सुनकर मेरी रूह काँप उठती। मैं भर्राये स्वर से कहती, "मिस करेंगे मतलब? आप क्या सचमुच सोच रहे हैं कि मुझे चले जाना होगा?"

"प्रशासन जब कह रही है, तो तुम्हारी सुरक्षा की बात सोच कर ही कही होगी। अभी तो तुम...पता नहीं कहाँ जाओगी, यूरोप?

"नहीं मैं कहीं नहीं जाऊँगी।"

सौगत राय ने प्रियरंजन दासमुंशी को फ़ोन किया। उस पार से जो बात फ़ोन पर तैरती हुई आयी वह यह—'मेरे हैदराबाद से लौटने के बाद प्रियरंजन बाबू ने मेरे पक्ष में बात की थी। अपराधियों को कड़ी सज़ा देने की बात भी की थी—ये बात छपी भी थी अख़बार में। इस वजह से उनको असुविधा भी उठानी पड़ी थी।'

"कैसी असुविधा?"

उत्तर नहीं मिलता। इस बात का अन्दाजा लगाया जा सकता है कि उनके

दल के सदस्यों ने या दल के मुस्लिमों ने ऐतराज किया है। इसी ऐतराज के कारण ही उन्होंने अपना मत बदला है।

प्रसून मुखर्जी ने जब ख़ुद मेरे घर आकर कहा है, शहर में शान्ति होने पर भी शायद किसी को भी यह विश्वास करने की इच्छा नहीं हो रही है कि शान्ति है। पुलिस कमिश्नर तो मजाक करने नहीं आये हैं, जरूर मेरी सुरक्षा की इतनी कमी दिखाई दे रही है कि पूरे राज्य की पुलिसवाहिनी मुझे, मेरी तरह अकेली जान को किसी भी तरह की सुरक्षा देने में अक्षम है। अक्षम है इसीलिए तो चले जाने को कहते हैं। एक तरह से उन्होंने मान लिया है और मन-ही-मन मेरी बुरी हालत के लिए दुख जताने के अलावा उनके पास दूसरा कोई उपाय है, ऐसा वे लोग नहीं मानते। शायद मुझे सात्वना देने के लिए ही कहा कि आज खास बात-चीत करने का मौक़ा नहीं है बहुत रात हो गयी है, कल तीन बजे यहाँ बैठा जायेगा—इसी कमरे में, मेरे लिखने के कमरे में, शाम तीन बजे—बचने का कोई उपाय है या नहीं इस बारे में बात-चीत करने।

सारी रात बेचैनी में कटी। दूसरे दिन दो जने आये जरूर, लेकिन किसी समस्या का समाधान नहीं हुआ। मैंने निश्चय किया, स्वयं ही किया, कहीं नहीं जाऊँगी मैं।

इधर एक घटना आग की तरह फैलती जा रही है कलकत्ता शहर में। रिज़वान नाम के एक गरीब मुसलमान के बेटे के साथ प्रियंका नाम की एक धनी हिन्दू लड़की का प्रेम, स्पेशल मैरिज एक्ट के तरत शादी, प्रियंका का पीहर चले जाना, रिज़वान की मौत। कोई कह रहा है आत्महत्या, कोई कह रहा है ख़ून। पुलिस के बड़े अफ़सरों ने नाक घुसाई थी बालिग रिज़वान और प्रियंका के व्यक्तिगत शादी के सम्बन्ध में, लाल बाजार के पुलिस ऑफिस में बुलाया गया था दम्पति को। प्रचार माध्यम तब से लगातार यही कहानी परोसे जा रहा है। अभियोग का इशारा पुलिस के बड़े अफ़सरों की ओर है। प्रसून मुखर्जी के साथ दो बड़े पुलिस अफ़सरों के हाल ठीक नहीं हैं। पर हाल ठीक न भी हों, उससे किसी को क्या? फ़ोन किया प्रसून मुखर्जी ने कि मुझे राज्य छोड़कर चले जाना पड़ेगा।

अब 'संवाद' फ़ोन पर।

प्रसून मुखर्जी हैलो।

तसलीमा नमस्कार। अच्छे हैं?

प्रसून मुखर्जी अच्छे रहने का कोई उपाय है? इधर टी.वी. में क्या हो रहा है, देख रही हैं न? हद है। लेकिन आप अभी तक जा नहीं रही हैं? क्या बात है?

तसलीमा कहाँ जाऊँ?

प्रसून मुखर्जी कहीं भी चले जाइये। आपको कितनी बार कहूँ कि आपके कलकत्ता में रहने से गड़बड़ होगी। रायट शुरू हो जायेंगे। मुस्लिम आर्गनाइजेशन्स बहुत बड़ा प्लान बना रही है। आप समझ नहीं रही हैं।

तसलीमा मेरी तो जाने की कोई जगह नहीं है।

प्रसून मुखर्जी लेकिन कहीं न कहीं तो आपको जाना ही पड़ेगा।

तसलीमा जगह ही जब नहीं है, तो जाऊँगी कहाँ?

प्रसून मुखर्जी केरल क्यों नहीं चली जातीं?

तसलीमा केरल में भी वही एक ही बात होगी। केरल सरकार मुझे केरल में रखना नहीं चाहेगी, अगर वहाँ कुछ घटना घट जाये तो आप लोगों की तरह उन्हें भी वैसा ही डर सतायेगा। जब आप ही मुझे सुरक्षा नहीं दे पा रहे हैं तो वे सुरक्षा कैसे देंगे? मैं पश्चिम बंगाल में रहती हूँ, केरल सरकार को यह मालूम है, वे लोग केरल में मेरी सुरक्षा की ज़िम्मेदारी क्यों लेंगे? बीच-बीच में साहित्यिक कार्यक्रम में शरीक होने जाती हूँ वहाँ दो-तीन दिन के लिए। वह अलग बात है।

प्रसून मुखर्जी हुम्। आप को यह बात गुप्त रखनी होगी।

तसलीमा कैसे गुप्त रखूँगी? कौन मुझे गुप्त रखने देगा। दूसरे लोग खोल देंगे यह रहस्य।

प्रसून मुखर्जी क्यों। गुप्त क्यों नहीं रखा जा सकता? आप किसी को बताइये मत कि आप आयी हैं।

तसलीमा मैं तो ढोल पीट कर सब को बताती नहीं कि मैं आई हूँ। क्या कुछ भी छुपा कर रखा जा सकता है? एक न एक दिन सबको पता चल ही जाना है। मुझे नहीं लगता छुपा कर इतना बड़ा काम किया जा सकता है। केरल चले जाना छुपकर। यह सब तो केरल सरकार मानेगी नहीं। मेरे लिए बिना सिक्योरिटी के कहीं रहना सम्भव नहीं होगा। इतना बड़ा जोखिम उठाने का प्रश्न ही नहीं उठता।

प्रसून मुखर्जी अच्छा, आप थाईलैंड या सिंगापुर कहीं भी नहीं जा सकतीं?

तसलीमा वहाँ कैसे चली जाऊँ? वहाँ किसी को पहचानती नहीं हूँ मैं। और फिर रहूँगी कहाँ? मेरे पास ढेरों पैसे नहीं है होटल में जाकर रहने को?

प्रसून मुखर्जी आप समझ नहीं रहीं—यहाँ बहुत खराब समस्या है। शहर बन्द वगैरह करने की बात कर रहे हैं।

तसलीमा मुझे नहीं लगता उन लोगों का बहुत बड़ा कोई वल-दल है।

प्रसून मुखर्जी आप नहीं तो शान्तिनिकेतन ही चले जाइये।

तसलीमा शान्तिनिकेतन?

प्रसून मुखर्जी वहाँ आप का कोई नहीं है?

तसलीमा नहीं, कोई नहीं है।

प्रसून मुखर्जी आप के इतने दोस्त परिचित हैं, उनके घर-मकान नहीं हैं?

तसलीमा है किसी-किसी का। लेकिन उनसे कहूँ कैसे? आप लोग कहिये। सुनील दा का घर है। अगर वहाँ रहने का बन्दोबस्त हो जाए—तो रह भी सकती हूँ।

प्रसून मुखर्जी पर आपको तो कलकत्ता छोड़ना पड़ेगा। कहीं भी चली जाइये, समझीं? मुझे जल्दी ही ख़बर कीजिएगा। देर करना ठीक नहीं होगा।

तसलीमा देखूँ—मैं कोशिश करूँगी।

मैं सचमुच ही सोचने बैठ जाती हूँ—कहाँ जाया जा सकता है। हालाँकि मुझे लग नहीं रहा कि बहुत ख़राब कुछ घटेगा। कलकत्ते की सड़कों पर कितने-कितने दिन बिना सिक्योरिटी गार्ड के घूमी हूँ। अगर शहर में इतने दुश्मन होते तो कभी-न-कभी कुछ घटता ही। कम-से-कम आक्रमण करने की कोशिश तो होती ही। ठीक से समझ नहीं पा रही हूँ कि क्या करूँ। आसपास तो दोस्त मित्र भी नहीं हैं जिनके साथ बात करूँ इस बारे में। दो-एक लोग जिनसे बात करती हूँ वे समझते ही नहीं कि मैं क्या कह रही हूँ। या फिर समझने पर भी इस विषय पर क्या टिप्पणी करेंगे—वह उन्हें पता नहीं। कुछ दिनों बाद फिर फ़ोन आया प्रसून बाबू का। उन्होंने इस बार पहले कही बात ही दोहराई, कुछ इस तरह...

प्रसून मुखर्जी सुनिये, सी.एम. आपको केरल चले जाने को कह रहे हैं, बहुत जल्दी। अगर जा सकें तो आज ही चले जाइये।

तसलीमा केरल?

प्रसून मुखर्जी हाँ, केरल। वहाँ सरकार के साथ बातचीत करके सुरक्षा की बातचीत सब कर ली है। आपको चले जाना पड़ेगा।

तसलीमा और केरल में जब लोगों को पता लगेगा कि मैं वहाँ हूँ तो? वहाँ

भी तो मुस्लिम कट्टरवादी हैं। वे लोग बैठे रहेंगे? कलकत्ते में जो लोग मुझे मार डालने को कह रहे थे—वे बैठे नहीं रहेंगे? वे तो केरल जाकर मुझे मार डालेंगे।

प्रसून मुखर्जी आप को जाना ही होगा—चाहे जैसे भी हो, सी.एम. ने कहा है।

तसलीमा हाँ, समझ रही हूँ। लेकिन मुझे अपनी ज़िन्दगी के बारे में भी तो सोचना है। आपने कह दिया कि 'जाना ही होगा' पर मैं तो कहीं भी मरने के लिए जा नहीं सकती। आप लोग मुझे जो कलकत्ता छोड़ने का निर्देश दे रहे है, मुझे तो उसके बारे में बताना होगा। नहीं तो अगर केरल जाकर मर जाऊँ, मतलब कोई मुझे मार डाले तो दोष मेरा ही होगा। लोग कहेंगे—अचानक मेरा दिमाग़ ख़राब हो गया था तभी कलकत्ता छोड़कर केरल चली गयी। क्यों गयी, किस कारण गयी वह बिना जाने लोग मुझे ही दोषी ठहरायेंगे। अगर जाना है तो लोगों को बताकर जाना है। लुकछिप कर भागकर, चुपचाप कहीं नहीं जाऊँगी।

प्रसून मुखर्जी नहीं-नहीं, यह सब मामले काफ़ी कॉनफ़िडियेंशली करने होंगे। कोई जान न पाये।

तसलीमा छुपाकर रखना चाहने से भी तो छुपा कर नहीं रखा जा सकता। मेरी शक्ल तो लोग पहचान लेते हैं—जानते ही हैं, कहीं भी जाऊँ तो .ख़ुद को छुपा कर रखना मुमकिन नहीं होगा। और मैं क्यों अपने को छुपा कर रखूँ बताइये तो। मैं तो झूठ नहीं बोलती। और अगर मुँह बन्द करके रखूँ तो भी वे कारण निकाल ही लेंगे। छुप-छुप कर राज्य के बाहर जाऊँगी। किसी को क्या पता नहीं चलेगा कि क्यों केरल गयी हूँ? सब सोचेंगे शौक से गयी हूँ, शौक से मरने गयी हूँ। पर ऐसा करूँ ही क्यों? उससे अच्छा तो सबको बताकर ही जाऊँ कि जा रही हूँ।

प्रसून मुखर्जी नहीं-नहीं, छुपाकर रखना होगा।

तसलीमा मैं तो छुपा कर रखना नहीं चाह रही हूँ। मैं तो बताकर ही जाना चाहती हूँ। या तो आप बताइये नहीं तो मैं बता दूँगी। किसी एक को तो बताना ही पड़ेगा। आपको बताना पड़ेगा कि आप मुझे कलकत्ता से चले जाने को कह रहे हैं क्योंकि आप मुझे सुरक्षा नहीं दे सकते। या फिर मुझे लोगों को यह बताना पड़ेगा।

प्रसून मुखर्जी हाँ, मैं ही बताऊँगा।

(खट्‌ट से फ़ोन रख दिया)

रख तो दिया। पर मेरे मन में एक अद्भुत शान्ति छा गयी। जो बातें कहनी चाहिए थीं वह कह डाली, कह पायी हूँ, इसी कारण। मेरे पास और खोने को क्या है? ज़िन्दगी में सब कुछ तो खो दिया। क्या अपराध किया है मैंने कि लुकछिप कर मुझे शहर छोड़ना पड़ेगा, एक दूसरे शहर के बिल में छुपकर रहना होगा? इसके कुछ दिन बाद ही फ़ोन किया लेखक सुनील गंगोपाध्याय ने। पश्चिम बंगाल सरकार के साथ सबसे अच्छे सम्बन्ध हैं जिन लेखक के। मेरे साथ भी लम्बे समय तक अच्छी दोस्ती थी।

सुनील दा हैलो, तसलीमा, मैं सुनील दा बोल रहा हूँ।

तसलीमा सुनील दा, अच्छे हैं, कितने दिन बाद आप के साथ बात हो रही है। अच्छे तो हैं न सुनील दा?

सुनील दा हाँ, ठीक हूँ। तुम कैसी हो?

तसलीमा नः सुनील दा, ठीक नहीं हूँ। मुझे कहीं भी निकलने नहीं दिया जा रहा है।

सुनील दा हुम।

तसलीमा घर से निकलना चाहूँ तो कह रहे हैं–सम्भव नहीं है। इस तरह घर में बैठे रहना अच्छा लगता है? आपको जरूर पता लग रहा होगा–कैसे दम घुट रहा है मेरा।

सुनील दा सुनो, तुम्हें जिस जरूरी वजह से फ़ोन कर रहा हूँ, वह है, पुलिस के पास ख़बर है, वह यह है कि यहाँ कुछ बंगाली मुसलमान तुम्हें मार डालने के लिए तैयार बैठे हैं। अब सबसे अच्छा हो कि तुम विदेश में कहीं चली जाओ।

तसलीमा मुझे मालूम है। प्रसून बाबू ने मुझे बताया है। उन्होंने भी मुझे सलाह दी है कि मैं विदेश चली जाऊँ। लेकिन सुनील दा, दुनिया की सब जगह में मुस्लिम कट्‌टरवादी हैं। यूरोप में, अमेरीका में, कहाँ नहीं हैं कट्‌टरवादी? दुनिया की हर जगह में ज़िन्दगी जोखिम भरी है और मैं यह देश छोड़कर जाऊँगी भी कहाँ? अगर बांग्लादेश में जाना सम्भव होता तो आज ही चली जाती। इतना अपमान सह कर इस देश में नहीं रहती। और सच कहूँ तो, मेरे जाने की कोई जगह नहीं है, सुनील दा। यूरोप से सब ख़त्म और समेट कर यहाँ इस देश में आयी हूँ। कलकत्ता में रहूँगी सोचकर।

यूरोप और अमेरिका में मैं तो रही हूँ। उन सब देशों में रहने की कोई इच्छा मुझमें नहीं है। अगर मुझे कोई मार डालना चाहे तो मार डाले। मैं कलकत्ता छोड़कर कहीं नहीं जाऊँगी।

सुलीन दा मुझे लगता है तुम एक बार और सोचो, सोचकर देखो।

तसलीमा मैंने सोच कर देखा है सुनील दा। मेरे जाने की जगह कहीं नहीं है। मरना हो तो इस शहर में ही मरूँगी।

सुनील दा अच्छा, तब फिर क्या कहा जाय। रख रहा हूँ।

तसलीमा ठीक है। आप ठीक रहियेगा।

सुनील गंगोपाध्याय के फ़ोन से मेरा भीतर तक काँप उठता है। मुख्यमन्त्री, प्रसून मुखर्जी, सुनील गंगोपाध्याय सभी के मारफ़त मुझे कहला रहे हैं, कलकत्ता छोड़ने को।

सुनील गंगोपाध्याय के फ़ोन के काफ़ी दिनों बाद फ़ोन आया एक और बड़े लेखक का। बुद्धदेव गुहा। उन्होंने भी वही एक ही बात कही—"चली जाओ। क्या जरूरत है कलकत्ता में रहने की? क्या है यहाँ?" उन्होंने सीधे कहा—"बुद्धदेव भट्टाचार्य से बातें हुई हैं—वे चाहते हैं कि तुम कलकत्ता छोड़कर किसी दूसरी जगह चली जाओ।"

इसके कुछ दिन बाद मकान मालिक की बीवी ने फ़ोन किया। मकान मालिक डॉक्टर देवल सेन की पत्नी। वे हर समय ही बड़ा अपनापन रखती हैं। घर का किराया अठारह हज़ार था, दो महीने बाद उसे बीस हज़ार कर दिया। कह भी दिया था कि बीस हज़ार से कम कोई किराये का घर नहीं होता। मैंने रत्ती भर-ऐतराज नहीं किया। इधर मेंटेनेन्स का खर्चा भी देना पड़ता है ढाई हज़ार के क़रीब। कुल मिलाकर साढ़े बाईस हज़ार में रह रही थी बढ़िया तरीके से। हालाँकि घर में रहने के बाद दूसरे किरायेदारों को जो भी मिलता है उससे मैं वंचित हो रही थी। जैसे, इण्टरकॉम ने थोड़े दिन बाद काम करना बन्द कर दिया। शिकायत करने के बाद भी उस यन्त्र को ठीक करने के लिए कोई नहीं आया। मकान मालिक के कुछ खटमलों से भरी कुर्सी-मेजों का मुझे इस्तेमाल करना पड़ा। और 'पूजा का घर' नाम का एक कमरा है, उस कमरे के कुछ बक्सों में मकान मालिक के कागज-पत्तर ठुँसे हुए हैं, वह भी मैं ही पाल रही हूँ। नहीं, उसे लेकर मैंने कभी भी कोई ऐतराज नहीं किया। शर्मिला सेन ने कहा था—उनके घर में जगह नहीं थी इसीलिए उन्होंने ये सामान इस घर में रखा है। हालाँकि इस घर में प्रवेश करने के बाद घर में काफ़ी टूट-फूट की मरम्मत करनी पड़ी, घर को रहने लायक बनाना पड़ा, इसके लिए भी कोई शिकायत नहीं की। देवल

सेन एक बहुत बड़े कार्डियोलॉजिस्ट हैं और साथ ही एक बड़े फोटोग्राफ़र भी। एक दिन अपनी फोटोग्राफ़ी की किताब भी देकर गये। वन्य जीव-जन्तुओं की फोटो खींचना उनका शौक है। लेकिन इसको सही तौर पर शौकिया फोटोग्राफ़ी नहीं कहा जा सकता, बिल्कुल सधे हाथ का काम है। ऐसे भद्र और विनीत देवल सेन की भी गले की आवाज़ को बदलते देखा। मैं उनके घर में किराये पर रहती हूँ यह बात हर छह महीने में लिखकर देना पड़ता है, जब मेरे 'रेज़िडेन्स परमिट' की मियाद बढ़ाने का समय आता है। 'ऐड्रेस प्रूफ़' नाम की एक चीज़ होती है—मैं कहाँ रहती हूँ, किस पते पर, तो मेरे पास जब कोई प्रमाण नहीं है, घर के बिजली का बिल क्योंकि देवल सेन के नाम से ही आता है उन्हीं को क़ाग़ज पर दस्तखत करके देना होता है कि—हाँ मैं उस घर में रहती हूँ। वही प्रमाणित करता है कि मैं बिना पते की सड़कछाप आतंकवादी हूँ, मेरा यही पता है। पर इस बार वे काग़ज़ को देखकर आसमान से गिरे। ये कैसे काग़ज़ है—वे पहचान नहीं पाये और दस्तखत नहीं किया। इधर शर्मिला सेन ने भी, जिन्होंने मेरा घर 'इतने सुन्दर तरीके से सजाया हुआ है, इतने करीने से रखा है, इतना बढ़िया लग रहा है—कहकर प्रशंसा किया करती थीं, एक दिन फ़ोन किया और कहा, यह मकान मुझे छोड़ देना पड़ेगा। उनकी इस बार की आवाज़ मेरे कानों को अजीब लगती है—

शर्मिला मकान अब आपको छोड़ना पड़ेगा।

तसलीमा मतलब? घर छोड़ने का प्रश्न क्यों उठ रहा है?

शर्मिला दरअसल क्या हुआ जानती हैं, बहुत ज़्यादा किराया देने वाला कोई मिला है, उनको वचन भी दे दिया है। अब अगले महीने में ही उस किरायेदार को घर किराये पर देना है।

तसलीमा इस तरह कहने से तो नहीं चलता। मुझे तो पहले कोई अपार्टमेण्ट चाहिए। नहीं तो मैं जाऊँगी कहाँ?

शर्मिला आप अगर इसी महीने के अन्दर मकान खाली कर दें तो अच्छा होगा। आपके बहुत दोस्त हैं। उन्हें कहिये आप के लिए घर ढूँढ़ें।

तसलीमा ठीक है, मैं मकान ढूँढ़ती रहूँगी। मिलने पर मैं जरूर चली जाऊँगी।

शर्मिला आप समझ गयीं न, जितने कम किराये पर आप रह रही हैं इस तरह के फ्लैट में इतने कम किराये में कोई नहीं रहता।

तसलीमा कितना किराया माँग रही हैं? अगर मैं उतने ही रुपये दूँ? तब तो जरूर आप मुझे घर छोड़ने को नहीं कहेंगी।

शर्मिला इस मकान का किराया पचास हज़ार है, मगर आप के लिए पैंतालीस पर राज़ी हो सकती हूँ।

चौंक उठती हूँ। इतना किराया होता है क्या? बीस हज़ार से एकदम उछल कर पैंतालीस हज़ार? कभी सुना नहीं ऐसा।

तसलीमा जहाँ तक मैं जानती हूँ दो-एक हज़ार रुपये ही बढ़ाये जाते हैं। इस तरह दुगने से भी ज़्यादा कोई बढ़ाता है कभी?

शर्मिला मुझे बढ़ाना पढ़ेगा। और कोई उपाय नहीं हैं मेरे पास। जब एक जना उतने रुपये किराया देने को कह रहे हैं, तब मैं हाथ पर हाथ रखे बैठी नहीं रह सकती न, कल ही घर देखने आयेंगे।

तसलीमा वह तो देखने दीजिए लेकिन आपको मुझे समय देना होगा, जब तक मुझे दूसरी जगह नहीं मिल जाती।

शर्मिला बहुत जल्दी, ठीक है?

इसके कुछ दिन बाद फिर शर्मिला का फ़ोन आया। वही एक ही बात। घर छोड़िये। फिर फ़ोन। अक्सर फ़ोन आ जाता—रोज़ फ़ोन आ जाता। घर छोड़िये।

विनीत गोयल कभी बहुत इज़्ज़त से बात करते थे। अब फ़ोन करते हैं, पर आवाज विनीत की नहीं होती, भाषा भी अलग, स्वर और सुर दोनों ही बदल गये हैं।

विनीत आपको कहीं चले जाना होगा।

तसलीमा मतलब?

विनीत शहर की हालत बहुत ख़राब है। कुछ दिन के लिए बाहर कहीं रह आइये।

तसलीमा शहर बिल्कुल पहले की तरह ही है। कुछ भी तो बदला हुआ नहीं लग रहा है।

विनीत आपके ख़िलाफ़ बड़ा जुलूस निकलेगा।

तसलीमा उस वजह से शहर क्यों छोड़ना पड़ेगा? और भी बहुतों के ख़िलाफ़ भी तो जुलूस निकलता है। वे लोग क्या इस वजह से शहर छोड़कर चले जाते हैं?

विनीत देखिये, मैं आपके भले के लिए कह रहा हूँ। क्या आप नहीं चाहतीं कि हम आपको सुरक्षा दें? अगर चारों तरफ़ अशान्ति फैल जाये तो हम आप को सुरक्षा नहीं दे पायेंगे। बिना सुरक्षा के आप शहर में कैसे रहेंगी?

एक अँधेरा मुझे निगलने लगता है।

रोज़मर्रा की साधारण कविता

मेरे काफ़ी दिनों के जाने-पहचाने एक कवि ने इसी बीच मेरी कई कवितायें पढ़ डाली हैं। उन्होंने कहा—मेरी कवितायें बहुत 'साधारण रोज़मर्रा की' हैं। 'साधारण, रोज़मर्रा' से उनका क्या तात्पर्य है पता नहीं। घरेलू-सा कुछ? जैसे—मछली-भात, नमक-हल्दी की तरह? पान का डब्बा, पेठाकद्दू, नानी जैसा? माँ जैसा? या फिर फ़र्श पर किये अल्पना? मुरमुरे का मिक्सचर, दोपहर को पढ़ी जाने वाली फ़िल्म पत्रिका 'उल्टारथ' या बड़ी बहनों का ससुराल चले जाना? पर इस शब्द 'रोज़मर्रा' का उच्चारण करते ही माँ की पहनी हुई घने खाली की तांत की साड़ी जैसे उड़कर आयी और मेरा पूरा चेहरा ढक दिया। मैंने बस आँखें बन्द किये साँसें भरकर माँ के शरीर की गन्ध को सूँघा। जूही के फूल जैसी गन्ध थी माँ की देह में। कितने हज़ार साल बीत गये, माँ को देखा नहीं।

माँ के गुजर जाने के बाद कई सालों तक मैं नींद में एक सपना देखती थी। वही एक ही सपना देखती थी मैं हर रात। सपना ऐसा था—माँ घर में हैं, चल-फिर रही हैं, हँस रही हैं बातें कर रही हैं। बिल्कुल पहले जैसा सब कुछ। माँ की हम लोग बहुत सेवा-टहल कर रहे हैं, ख़ूब प्यार कर रहे हैं, माँ भी घर में सब की खोज-ख़बर ले रही हैं कि सब ठीक से खा रहे हैं, सो रहे हैं या नहीं। घर लौट रहे हैं या नहीं। माँ बीमार हैं। पर बीमारी लेकर ही माँ जिये जा रही हैं। माँ गुजर जायेंगी, बहुत लोग ऐसा सोच रहे हैं—पर दरअसल माँ मर नहीं रही हैं या फिर मर गयी है—लेकिन जाने कैसे मौत को परे ठेल कर लौट आयी हैं। इस सपने की 'पंछी के पार' जैसी नर्म छुअन से मेरी नींद टूट जाती। नींद टूट जाने के बाद कितने समय तक मुझे लगता था जैसे सपना सच है। बहुत देर तक—शायद कुछ पल। सपनों के लिए, नींद के नशे के लिए, परावास्तविकता के लिए कुछ पल ही एक लम्बा अर्सा होता है। कुछ पल बीत जाने पर समझ जाती थी कि यह सिर्फ़ सपना था—माँ अब जिन्दा नहीं हैं। बहुत तकलीफ़ होती थी। यह सपना सच हो, कितनी शिद्दत से यह चाहती थी। माँ का न मरना अगर

सचमुच 'सच' होता। सपने को सच कर देना और सच को सपने में बदल डालने की इच्छा रखना—यह बात शायद हमेशा ही मेरे मन में बसी रहेगी। मुझे पता नहीं क्यों, आजकल मैं यह सपना नहीं देखती। क्यों मैं वह एक ही सपना हर रात देखती थी, वह भी मुझे पता नहीं। यह ठीक ही है कि आजकल माँ पहले से कम याद आती हैं। माँ के बारे में 'नहीं, कुछ नहीं है' किताब लिख डालने पर, मैंने महसूस किया कि, जैसे अपना दायित्व, अपनी ज़िम्मेदारी पूरी कर लेने पर मन में एक शान्ति उपजती है, वैसी ही शान्ति मेरे मन में थी। वेदना की तीव्रता धीरे-धीरे कम हो गयी थी। किताब को लिखते समय बहुत आँसू बहे हैं। एक हाथ से मैंने आँसू पोंछे हैं और दूसरे हाथ से लिखा है। लिखने से, मेरा विश्वास है दुख-दर्द बहुत कम होता है। शायद इसी वजह से मैं वह सपना अब और नहीं देखती। इच्छा बहुत होती है कि फिर से वह सपना देखूँ। फिर से देखूँ कि माँ घर में ही हैं, चल—फिर रही हैं, हँस रही हैं, बात कर रही हैं, ठीक पहले जैसा सब कुछ है। क्या लेखक लोग बहुत स्वार्थी होते हैं? मैंने तो कवितायें लिखकर भी बहुत सारी विरह यंत्रणा को कम किया है। स्त्रीवादी लेखों को लिखकर विषमता के विरुद्ध मन में, लम्बे समय से जमे हुए क्रोध और क्षोभ को कम किया है।

मुझे सीधी-सादी घरेलू ज़िन्दगी की ही चाहत है, मेरी कविता भी मेरी ज़िन्दगी की तरह है। एक तरह की ज़िन्दगी जीऊँगी और दूसरे तरह की कविता लिखूँगी, ऐसा मुझसे नहीं होगा। जिस भाषा में बात करती हूँ, उसी भाषा के शब्द और अक्षरों को ही तो रोपूँगी कविता की मिट्टी में। जीवन ही तो छत्रों-छन्दों में जन्म लेगा, जीवन को ही तो उठा लूँगी शब्दों के बीच से। उठाकर शहर, बंदरगाह, ग़ाँव में नंगे पाँव दौड़ती फिरूँगी, जिस जीवन को नहीं पहचानती, जिस शब्द को मैं रोज इस्तेमाल नहीं करती, जो वाक्य मैं नहीं बनाती, जो वाक्य मैं अपने चारों तरफ़ किसी को बनाते नहीं देखती, वह वाक्य और शब्द मैं अपनी कविता में इकट्ठा नहीं करती। जिस भाषा में अपने मन ही मन बात नहीं करती, उस भाषा में मैं कविता नहीं लिखती। अगर लिखूँ भी तो मुझे अच्छी तरह पता है, मुझे ख़ुद को वह मेरी लिखी कविता नहीं लगेगी। इस तरह लिखने पर वह झूठी कविता होगी। और झूठ के साथ मेरा उठना-बैठना नहीं है, लेन-देन नहीं है। किसी भी झूठ को मैं अपना नहीं सकती। मैं लिखने में टेढ़ापन, वक्रता इस्तेमाल नहीं करती। जो भी लिखती हूँ, हृदय से लिखती हूँ। क्या लिखने से अत्याधुनिक कविता होगी? किस ढंग से लिखने पर आलोचकों की प्रशंसा मिलेगी? किस तरह के छन्द से नयी कविता की धारा बनेगी? यह सब मेरी चिन्ता का विषय नहीं है। पाठक मेरा लिखा समझेंगे या नहीं, मेरे लिखे को अच्छा कहेंगे या नहीं, इन

सब बातों के बारे में भी मैं सोचती नहीं हूँ। पाठक को सुख या आनन्द पहुँचाने के लिए मैंने कभी कुछ नहीं लिखा। कुछ बातें कर मेरे मन के अन्दरवाले कमरे में दम घुटता-सा है इसीलिए मैं दरवाज़े-खिड़कियाँ खोल देती हूँ—बस इतना ही। जितना-सा भी लिखती हूँ, लिखती हूँ अपनी माँ की भाषा में, जो भाषा माँ ने मुझे सिखाई थी उसी भाषा में, हृदय की भाषा। उधार का नहीं लिखती—किसी की नकल करके नहीं लिखती। कविता को जादूघर में नहीं ले जाती, कविता को पड़े रहने देती हूँ कलमी लता से भरे पोखर के किनारे।

लम्बे निर्वासन की सांकल तोड़कर जब कलकत्ते में आकर रहना शुरू किया था, दोपहर को बरामदे की धूप में कपड़े सूखते थे और हवा में तैरती थी रसोई में पकते पकवानों की सुगन्ध, हल्दी, मिर्च, धनिया, जीरे की सुगन्ध। ठीक इसी तस्वीर को मैं स्थिर करके रखती थी मन में, यही तस्वीर मुझे मेरा बचपन लौटा देती थी, किशोरावस्था लौटा देती थी। विदेश की आधुनिक जीवन-यात्रा को तुच्छ करके उस तस्वीर के लिए मैं बंगाली रोज़मर्रा की साधारण ज़िन्दगी में लौट आयी थी। माँ के रोज़मर्रा की साड़ी के आँचल के पास। वह आँचल लोगों ने फाड़ डाली है।

लेकिन मैंने उस रोज़मर्रा की साधारण कविता को जिन्दा रखा है। उनको अभी तक कोई भी फाड़कर टुकड़े-टुकड़े नहीं कर पाया। मेरी कविता में सोंधी मिट्टी की गन्ध आती थी, वह पहले जैसी गन्ध अब भी आती है। सबसे ज़्यादा गन्ध आती है मेरी माँ के शरीर से जूही के फूल की गन्ध। पता नहीं और किसी को आती है कि नहीं, मुझे आती है। वह गन्ध जब तक मैं नहीं महसूस करती तब तक मुझे लगता है मेरी कविता-कविता नहीं बनी।

जीवन का पचासवाँ वर्ष

कल एक पत्रिका से एक संवाददाता ने मुझे फ़ोन करके जानना चाहा कि पचास की होने पर जीवन कैसा लग रहा है। वे 'पचास' को लेकर ही अख़बार में एक स्टोरी लिख रहे हैं। अपने आप ही कहने लगे—"पहले कहा जाता था, चालीसवें वर्ष में ज़िन्दगी शुरू होती है। अब कहते हैं पचास में जीवन शुरू होता है। आप भी शायद ऐसा ही सोचती हैं?"

मुझे पता था कि फ़ोन के उस तरफ़ से वह 'हाँ' कहने की उम्मीद लेकर बैठे थे। वह संवाददाता मेरी 'ना' सुनकर हैरान रह गये। उनके चौंकने की आवाज़ भी जैसे फ़ोन पर सुनाई दी, मैंने जो कहा वह था—पचास के बाद तो ज़िन्दगी शुरू होती है, यह कि केवल उम्र बढ़ने के कारण बेहद हताशा आती है मन में, उसके लिए सांत्वना जैसा है। पचास तो बल्कि जीवन के ख़त्म होने की शुरुआत है।' इन्सान की औसत उम्र ज़्यादा नहीं होती। बहुत से कछुए भी हम लोगों से ज़्यादा उम्र तक जीते हैं। बहुत ही भाग्यवान हो तो अस्सी या उससे ज़्यादा जीता है मनुष्य, नहीं तो साधारणतया पचास के बाद से ही कठिन रोग लगने शुरू हो जाते हैं। हार्ट अटैक, स्ट्रोक, कैंसर। मेरे परिवार में है हाई ब्लड प्रेशर, डायबिटीज, मायोकार्डियल इन्फेक्शन, किडनी फेलियर, कैंसर। मुझे इसी उम्र में हाई ब्लड प्रेशर ने पकड़ लिया है और उस दिन डेंगू अपने साथ ले आया हाई ब्लड शुगर। इन दो रोगों का टेंशन तो है ही तिस पर कि शरीर में कहीं कैंसर तो नहीं पनप रहा—चुपचाप? दुश्चिन्ता यह। कुछेक महीने पहले मेरे छोटे भैया को पैनक्रियाज़ का कैंसर हुआ। उनके कैंसर ने सचमुच बहुत डरा दिया है मुझे। माँ को कैंसर हुआ था, छोटे भैया को भी हुआ, तो क्या मुझको भी यह रोग होगा? मेरे 'जीन' में भी क्या कोई 'मॉन्सटर' घात लगाये बैठा है? माँ जिन्दा रही थीं सत्तावन की उम्र तक, बाबा गुजरे सड़सठ की उम्र में। बड़े भैया को एक मैसिव हार्ट अटैक हो गया साठ की उम्र लगते ही। हम लोगों का ज़िन्दा रहना यही पचास-साठ से ज़्यादा ऊपर नहीं जायेगा। इसके बाद भी सोचा था एक दफ़ा 'जीनोम सीक्वेंसिंग'

कराऊँगी। करोड़ रुपये का मामला है। जीनोम सीक्वेंसिंग कराने की बात सुनकर एक मित्र ने कहा, "मरने की हजार वजहें हो सकती हैं—क्या सिर्फ़ जेनेटिक डिज़ीज़—वंशगत बीमारियों से ही मरता है मनुष्य? ऐक्सिडेंट से नहीं मरते लोग?" सो तो है। इतनी आसमान में उड़ती रहती हूँ जाने कब प्लेन क्रैश हो जाये। बस इसके बाद से ही उस सीक्वेंसिंग की बात में और कोई उत्साह नहीं रहा। सारे कैंसर ही तो वंशगत नहीं होते। बहुत से डॉक्टर मेरी माँ और छोटे भैया के कैंसर को जेनेटिक नहीं मानते। न मानने पर भी अपनी दुश्चिन्ता से छुटकारा पाने के लिए उस दिन लिवर के अस्पताल में जाकर 'कोलोनोस्कोपी' करवा आयी। कोलोन तो ठीक है, लेकिन और दूसरे अंग ठीक हैं या नहीं यह कौन बतायेगा? लेकिन हरेक अंग का टेस्ट कराती फिरूँ इतना उत्साह नहीं है मुझमें। वैसे भी मैं डॉक्टर के पास जानेवालों में से नहीं हूँ। जितना हो सके डॉक्टर से बचकर ही रहती हूँ। पूरे साल बस जाऊँगी, जाऊँगी ही करती रहती हूँ—पर जाती नहीं हूँ। ख़ुद डॉक्टर होने पर शायद ऐसा ही होता है। डॉक्टर के साथ बातचीत करने में इतना तामझाम नहीं करना पड़ता। अपॉइंटमेण्ट लो, जाओ, रुपये दो लाइन में खड़े होओ। इन्तजार करो। डॉक्टर होने के नाते रुपये देने और लाइन में खड़े होने से बच जाती थी हर समय। पहले ये सब कुछ करना नहीं पड़ा। अब भी करने की कोई इच्छा नहीं होती। और बीमारी की पड़ताल करते वक़्त इस देश के डॉक्टर मेरे साथ डॉक्टरी भाषा में तो बात नहीं करते न। बल्कि अगर मैं डॉक्टरी भाषा में प्रश्न वगैरह करूँ तो डॉक्टर लोग सोचते है कि मैं शायद बहुत पढ़ी-लिखी रोगिणी हूँ या फिर इण्टरनेट में रोग के बारे में पढ़कर इतना ज्ञान अर्जन किया है। मैं ख़ुद डॉक्टर हूँ, यह बात ख़ुद अपने मुँह से किसी को नहीं कहती। आज बीस साल हो गये, डॉक्टरी नहीं करती। इतने साल तक डॉक्टरी न करो, तो ख़ुद को डॉक्टर कहने में अटपटा लगता है। और इधर डॉक्टर साहब तो हिदायतें दिये ही जा रहे हैं कि पैदल चलना जरूरी है। उस आधे घण्टे पैदल चलने की बात सोचते ही आलस की चादर ओढ़ लेती हूँ। इस अंचल में पैदल चलने से बहुत कतराती हूँ। लेकिन यूरोप, अमेरिका में ऐसा आलस नहीं आता। सच, परिवेश एक बहुत महत्त्वपूर्ण चीज़ है। जीवन कभी भी ख़त्म हो जायेगा, इस सच के बारे में आजकल ज़्यादा सोचती हूँ, शायद इसीलिए एक 'पॉजिटिव' बात पर ध्यान जाता है। मैं पहले की तरह वक़्त बरबाद नहीं करती। बीस से लेकर तीस तक की उम्र में बहुत समय गँवाया है गधे की तरह। तब तक इस बात का ज्ञानोदय नहीं हुआ था कि जीवन का समय बहुत कम है। जानती तो थी पर उस ज्ञान को मैं सिर्फ़ थ्योरीटिकल या किताबी ज्ञान कहूँगी। सचमुच का

ज्ञानोदय होने के लिए एक विशेष उम्र में क़दम रखना जरूरी है। चालीसवें साल में भी काफ़ी ज्ञानोदय हुआ था ऐसा नहीं कहूँगी पर पचासवें साल में क़दम रखते ही आँख खुल गयी। बहुत सारा लिख रही हूँ, पढ़ रही हूँ—फालतू के कामों में समय बरबाद नहीं करती। यहाँ तक कि रात की उस सात-आठ घण्टे की नींद को भी बेवजह समय बरबाद करना समझती हूँ। बहुत दिलचस्प और समान सोच वाले व्यक्ति अगर न हों तो जिस किसी के साथ गपशप भी आजकल नहीं करती। सोच रही हूँ और कुछ दिन बाद अकेले ही निकल पड़ूँगी इस पृथ्वी के पथ पर। जिन देशों को देखना नहीं हुआ, पर देखने की इच्छा बहुत है—उन्हें देखूँगी। इस जीवन को जितना अर्थपूर्ण बनाया जा सकता है—बनाऊँगी। जीवन को जितना समृद्ध बनाया जा सकता है—बनाऊँगी। संवाददाता ने पूछा—पहले से ज़्यादा सजती-सँवरती हूँ या नहीं?

उन्होंने उम्मीद की थी, इसका उत्तर 'हाँ' होगा। मैंने कहा—पहले भी मैं ज़्यादा सजती-सँवरती नहीं थी, अब भी नहीं। पचास की उम्र में आकर सजधज क्यों बढ़ाऊँगी? क्या मैं यह बात अस्वीकार करना चाहती हूँ कि मैं पचास की हो गयी? झुर्रियाँ जरूर पड़ गयी हैं—पर ऐसा भयंकर कुछ नहीं है। और झुर्रियाँ पड़ भी जायें तो क्या? क्या सिर्फ़ शरीर ही मेरी सम्पदा है, कि झुर्रियाँ वगैरह छुपाकर नन्ही-मुन्नी दिखने का भान करूँगी? हाँ? अस्वीकार नहीं करती ग्रे-हेयर-सफ़ेद बालों को। जाने कैसे हो गये? सत्तावन साल की उम्र में भी मेरी माँ का एक बाल भी सफ़ेद नहीं हुआ था। पचासी की उम्र में नानी के भी कुछ ही बाल पके थे। मेरे पिताजी के बाल मैंने हमेशा ही काले देखे। मेरे छोटे भैया के बाल भी नाम भर के लिए पके थे। पर बड़े भैया के बाल चालीस की उम्र में ही पककर पूरे सफ़ेद। मेरे और बड़े भैया के बाल पकने के 'जीन' एक से हैं—जरूर विरासत में पाये होंगे किसी रिश्तेदार से। पता नहीं किससे। इस समय से पहले सफ़ेदपन को बीच-बीच में काला या सुनहरा करती हूँ। किसी एक समय जब बड़े भैया की तरह पूरे बाल सफ़ेद हो जायेंगे, तब सोच रही हूँ ऐंडरसन कूपर या अमिताभ घोष की तरह बालों पर हाथ नहीं लगाऊँगी। अब ख़ूब समझती हूँ कि बाल पकने के साथ उम्र का कोई सम्बन्ध नहीं है। हमारे परिवार में उम्र को बढ़ाकर कहने का एक शौक-सा है। मेरे बाबा (पिता) साठ के होने पर ही .ख़ुद को अस्सी का कहने लगे थे। जब तक जिन्दा थे .ख़ुद को अस्सी का ही कहा और बड़े भैया तो उम्र बताते वक्त 'प्लस' जरूर कहेंगे। बत्तीस प्लस, फॉर्टी सिक्स प्लस, फिफ्टी टू प्लस। प्लस की कोई जरूरत नहीं, कोई नहीं कहता ऐसे—ये सब कहने पर भी मैंने देखा बड़े भैया उस 'प्लस' को 'माइनस' कर ही नहीं पाते थे। उस छोटी उम्र

से ही बड़े भैया को लगता था कि उम्र ज़्यादा हो तो समाज से ज़्यादा सम्मान पाया जाता है। सम्मान पाने का बड़े भैया को काफ़ी शौक था। उस ज़माने में माँ-बाप स्कूलों में उम्र ज़रा कम बताते थे। पर मेरे बाबा किसी और ही चीज़ के बने थे। माध्यमिक (हाईस्कूल) की परीक्षा के दरख्वास्त में सभी की उम्र एक-दो साल बढ़ाकर लिखाई थी। छोटी उम्र में शादी की थी उन्होंने। छोटी उम्र की वजह से अगर शादी न हो, इसी वजह से बाबा ने कुछेक वर्ष बढ़ा कर बोले थे। वह जो उम्र बढ़ाना शुरू किया, उम्र बढ़ाकर लिखने का रोग बाबा का कभी नहीं गया। अपनी उम्र तो बढ़ायी ही, अपने बेटे-बेटी की भी बढ़ाई। स्कूल में मुझे पाँच साल में दाखिल नहीं कराया। तीन साल की होते न होते हाथ-पाँव पकड़ कर झुलाते हुए तीसरी क्लास में पटक आये थे। मेरी भी आदत है कि फट से सही उम्र बता देती हूँ लेकिन बड़े भैया की तरह 'प्लस' लगा कर नहीं बताती। लोग कहते हैं लड़कियाँ अपनी सही उम्र नहीं बतातीं—यह सही नहीं है। बल्कि मेरे परिवार के बाहर जो पुरुष हैं उन्हें अपनी सही उम्र बताते नहीं सुना। कभी बताया भी तो दो-तीन साल कम करके बताया। दरअसल पचास की होने पर भी—पचास साल को शरीर में महसूस नहीं करती, शायद इसी कारण से विश्वास नहीं होता कि पचास की उम्र हो गयी है। शरीर की अनुभूतियाँ पहले की तरह ही हैं, इसका कारण? नहीं जानती, मैनोपॉज अभी तक न होने के कारण ही या नहीं। स्त्रियों की जितनी उम्र बढ़ती है उतनी वे साहसी होती हैं—पुरुष उम्र बढ़ने भर से डरपोक हो जाते हैं। लड़कियाँ—यौवन में दस बार सोचती हैं, आगे बढ़ना है कि नहीं, लड़के युवावस्था में डेयरिंग या साहसी होते है जितना यौवन कम रहता है उतना ही उनका मन सैकड़ों दुविधाओं, डर और ननु-नच की भावना में डूबता-उतरता रहता है। 'ट्वेन्ट्रीज' यानी बीस से उन्नीस की उम्र के बीच सेक्स को लेकर मन में बड़ा संकोच था—तीसवें दशक में भी था। चालीसवें में आकर वह संकोच जरा दूर हुआ। हारमोन वगैरह ख़त्म हो जाये तो कैसा अनुभव करूँगी, पता नहीं। पर उम्र बढ़ने के साथ-साथ और जो कुछ बढ़ता है उनका धड़ल्ले से उपभोग करके जाऊँगी। जैसे बुद्धि का बढ़ना, परिपक्वता का बढ़ना, ब्लैक ऐंड व्हाइट को न देखना—इसका बढ़ना, जटिलता को समझने की शक्ति का बढ़ना, जीवन के प्रति ज्ञान की वृद्धि। जीवन का सबसे अच्छा पक्ष अब मेरी मुट्ठी में है पर साथ ही जो नेगेटिव—नकारात्मक पहलू है वह है मैं नहीं हूँ। याद रखने की क्षमता पहले से कम है।

भूल जाना—मैंने ध्यान दिया है—कि पहले से ज़्यादा है। पन्द्रह साल की उम्र में याद है एक सिनेमा देखकर आयी और अपनी एक पड़ोसिन को पूरी फ़िल्म का

वर्णन कर दिया, हर संवाद, हर एक्शन बिल्कुल हूबहू। और अब सिनेमा देखने के महीने भर के अन्दर देखती हूँ कि सिनेमा का नाम भी भूल गयी। बहुत बार ऐसा भी होता है कि कोई मूवी थोड़ी सी देखने के बाद समझ में आता है कि पहले देखी है और लोगों का नाम-धाम भूल जाने की आदत तो मेरी बहुत पहले से ही शुरू हो गयी थी। निर्वासित जीवन में सैकड़ों-सैकड़ों लोगों के साथ सैकड़ों शहरों में मुलाक़ात हुई, बातचीत हुई, बाद में जब उनके साथ मुलाक़ात होती है, वे हँसकर, आगे बढ़कर कहते हैं, आप से मिले थे पहले तब बड़ी खिसियाहट होती है। अक्सर भूल जाती हूँ इसलिए बीच-बीच में आशंका होती है कि मुझे 'अलजाइमर' की बीमारी होकर ही रहेगी। मेरे परिवार में किसी को 'अलजाइमर' न था न है। मित्रजन सांत्वना देकर कहते हैं कि दरअसल इतने सारे लोगों से मेरा परिचय है कि सबको याद रखना मेरे लिए सम्भव नहीं होगा। कोई-कोई कहता है—मुझे 'सिलेक्टिव अलजाइमर' है। जो याद रखना है उसे ठीक याद रखती हूँ और जिन्हें भूल जाना है उन्हें भूले जा रही हूँ। संवाददाता ने अब पूछा कि मैं मोबाइल में नयी-नयी टेक्नोलॉजी का इस्तेमाल करती हूँ या नहीं? पचास की उम्र में लोगों की ज़िन्दगी शुरू होती है, आधुनिक टेक्नोलॉजी का इस्तेमाल करते-करते वह बिल्कुल 'नर्ड' या 'टैकी' बन जाता है। मैंने उन सज्जन से कहा मैं बहुत कम मोबाइल फ़ोन का इस्तेमाल करती हूँ। इतनी 'टैकी' नहीं हूँ। लेकिन 'मल्टी टास्किंग' खूब चलती है। चौबीसों घण्टे कम्प्यूटर पर लगी रहती हूँ। या डेस्क टॉप, नहीं तो लैपटॉप, आईपैड और नहीं तो आईफ़ोन। कुछ न कुछ हाथ में रहता ही है। सन नब्बे से कम्प्यूटर पर लिख रही हूँ। मेरी सब किताबें मेरी ही कम्पोज की हुई हैं। लिखने के लिए जितना 'टैकी' होने की जरूरत है, बस उतनी ही हूँ। पर खेलने-वेलने के लिए जितना 'टैकी' का होना जरूरी है उतनी नहीं हूँ। सोशल नेटवर्क का इस्तेमाल करती हूँ, 'ट्वीटर' में प्रचण्ड उपस्थिति है। फेसबुक में भी थोड़ा-बहुत है। दरअसल फेसबुक में लोगों ने मेरे नाम पर इतने 'फेक अकाउन्ट' खोल रखे हैं कि फेसबुक में जाने पर ही गुस्सा आता है। ब्लॉग लिखती हूँ अंग्रेजी और बांग्ला में। एक 'वेब साइट' है—अपडेट करना कम ही होता है। कम्प्यूटर में मूलतः लिखने-पढ़ने का काम ही करती हूँ। पर सच कहूँ तो, इण्टरनेट को अपना 'लाइफ सपोर्ट' जैसा ही मानती हूँ—जैसा कि किताबों की लाइब्रेरी लगती है। घर किताबों से भरा नहीं होगा, और जब मर्जी तब किताब उठाकर पढ़ नहीं पाऊँगी, तब ऐसा सोचते ही मन में पीड़ा होने लगती है।

ठीक हूँ या नहीं? ठीक ही हूँ। घर में एक बेहद बुद्धिमती बिल्ली है। कभी-कभार बहुत बुद्धिमान व्यक्तियों से मुलाक़ात होती है—बात वगैरह होती है।

कलकत्ते से मित्र-दोस्तजन साल में एक-दो बार आकर कुछ दिन यहाँ बिताकर जाते हैं। विदेश के विद्वत्जनों के साथ कॉनफ्रेन्स और सेमिनारों में मिलना और विचारों का लेन-देन होता है। कट्टरपन्थी स्त्री-विरोधी छोटे मन के जलनखोर लोग दुश्मनी करते हैं, यह ठीक है, लेकिन बड़े मन वाले लोगों से बहुत सम्मान मिलता है। अच्छी ही हूँ। उम्र हो रही है, इसे लेकर दुखी होने से तो कोई फायदा नहीं है। मैं जैसे यह विश्वास नहीं करती कि पचास की उम्र में ही ज़िन्दगी शुरू होती है, उसी तरह यह भी विश्वास नहीं करती कि पचास तक पहुँचते ही ज़िन्दगी का अन्त आ जाता है। हाँ, कोई भी उम्र ख़राब नहीं होती। हम धीरे-धीरे मृत्यु की ओर बढ़ रहें हैं, इस जीवन के बाद और कोई जीवन नहीं है, जीवन एक ही है, और चाहने पर भी किसी दिन ज़िन्दगी लौटकर नहीं आयेगी। इसीलिए ही उम्र हो जाने पर बढ़ती उम्र को मान लेना—और चाहे कोई भी उम्र हो, 'सेलिब्रेट' करना या उसका जश्न मनाना चाहिए। यह 'मनाना चाहिए' नाम को ही सार्थक करने की मैं कोशिश करती हूँ। धीरे-धीरे बीमारियाँ घेर लेंगी या फिर अचानक ही मर जाऊँगी—ये सब अप्रिय सत्य है। लेकिन 'प्रिय सत्य' भी तो है। जन्म लिया था इसी वजह से, कुछ समय तक जीवित रही। थी। इसीलिए तो इस महाविश्व को जान पा रही हूँ, कहाँ जन्मी थी, क्यों चारों ओर इतने सहस्र कोटि-कोटि ग्रह नक्षत्र हैं, वे कहाँ से आये हैं, क्योंकर विशाल विश्व ब्रह्मांड में इन चीज़ों का मेला है, खेल है, कैसे घूम रही है पृथ्वी, घूम रहे हैं ग्रह नक्षत्र, कैसे जीवन की सृष्टि हो रही है, क्यों हो रहा है क्रमिक विकास, कैसे मनुष्य और उसका इतिहास आगे बढ़ा? अगर न जन्म लेती तो, ये सब जानने से, देखने से, इनको समझने से, सब के रहस्यों को जानने और इसके आस्वादन से वंचित रह जाती। विश्व ब्रह्मांड का सब कुछ कविता की तरह सुन्दर है। सच की तरह सुन्दर और कुछ भी नहीं। बचपन से झूठ को कभी बरदाश्त नहीं कर पायी। सत्य में ही अपार सौंदर्य को देखा है। जब तक जीवन है, तब तक जीवन को जीऊँगी, जीवन का उत्सव मनाऊँगी। जिन्दा हूँ यही एक बड़ी बात है। अन्धापन, कुसंस्कार, अन्धविश्वास, ईर्ष्या, घृणा के बीच जीये जाने को मैं बिल्कुल भी सुखद जीवन जीना नहीं कहती। कई लोग अपने लिए सिर्फ़ मस्ती और आनन्द को ही जीवन की सार्थकता मान लेते हैं, कई सोचते हैं ढेरों रुपया कमाना ही सब कुछ है, तो कोई सोचता हैं कि दूसरों के लिए कुछ करने से ही जीवन अर्थपूर्ण होता है। कोई परिवार के लिए कुछ करके अपने जीवन को सार्थक बनाता है। हमारी ये छोटी-छोटी सार्थकताओं की, छोटे-छोटे जीवनों की या फिर उनकी व्यर्थताओं से इस महाविश्व का कुछ भी आता-जाता नहीं है, पर हम सोचकर तृप्ति पाते हैं कि हम सार्थक हैं। राह

पर चलने के लिए इस तृप्ति की भी शायद जरूरत है। यह तृप्ति ही हमारे चलने में प्राणों का संचार करती है चलने की गति में छन्द भरती है।

कभी सोचा नहीं था कि पचास की हो जाऊँगी। एक समय था जब बीस या तीस की उम्र को ही सब से ज़्यादा उम्र हो जाना सोचती थी, अब पचास की होकर भी लगता नहीं है कि उम्र हो गयी है। पर फिर कभी ऐसा लगता है जैसे हज़ार-हज़ार साल से जिये चली आ रही हूँ। उम्र न बालों की, न चमड़ी की होती है। उम्र होती है मन की। मेरे मन की उम्र अभी भी है इक्कीस। इक्कीस! जरा घिसापिटा 'क्लीशे' नहीं हो गया? नहीं, नहीं हुआ। क्योंकि इक्कीस जब कहा इक्कीस के उम्र का शरीर भी नहीं कहा मैंने, और गलतियाँ करने, ठोकर खाने की उम्र के बारे में भी नहीं कहा। इक्कीस की उम्र मतलब—चारों तरफ़ फैली अनगिनत-अनजानी चीजों को जानने की व्याकुलता और अदम्यं आग्रह की बात ही कहना चाहती थी मैं।

प्रश्नोत्तर

कलकत्ते की एक साहित्यिक पत्रिका बहुत दिनों से एक साक्षात्कार माँग रही है। आज दूँगी-कल दूँगी करके आज तक देना नहीं हुआ। आज द्वार खोलकर ही प्रश्नोत्तर दे रही हूँ।

प्रश्न – करीब दो साल पहले एक साहित्यिक पत्रिका के लिए आपका साक्षात्कार लिया था। तब आपकी आवाज़ में रूठने का भाव और क्षोभ बहुत मात्रा में था, मैंने देखा था। क्या अब वह स्थिति कुछ बदली है?

उत्तर – किस बात पर रूठी थी और क्षोभ प्रकट किया था, महाशय वह तो बतायेंगे! मेरे रूठने, क्षोभ, गुस्से के पीछे कोई बड़ा कारण होता है। वैसे मैं काफ़ी खुशदिल व्यक्ति हूँ, छोटी-मोटी गलतियों के लिए लोगों को निरन्तर क्षमा कर देती हूँ। इसका मतलब यह नहीं है कि किसी की कोई बदमाशी देखूँगी, और न देखने का बहाना करके मुँह फेर कर दूसरी तरफ़ चली जाऊँगी। अगर अन्याय देखूँ तो गुस्सा नहीं आयेगा क्या? जिस दिन किसी बात पर भी मेरा कुछ नहीं आयेगा-जायेगा, क्षोभ वगैरह मरखप जायेंगे, गुस्सा दिलाने वाली घटनाओं पर भी गुस्सा नहीं आयेगा, उस दिन समझियेंगा मेरी मृत्यु हो गयी है। यह जो आपने 'बहुत मात्रा' शब्द का इस्तेमाल किया—वह बहुत अजीब था। क्षोभ की मात्रा क्या नापी थी आपने? ठीक कितना क्षोभ मात्रा के अन्दर रहता है, कितना होने पर मात्रा के अन्दर नहीं रहता—वह कौन समझायेगा? यह मात्रा नापने वाला फीता किसके पास रहता है? जो क्षोभ दिखाता है या कि जो देखता है। या फिर तीसरा कोई व्यक्ति? अगर आप सभी समाज वाली मात्रा को नापने के धुरंधर बन जायें तो कैसे चले? लोगों को अपने तरीके से अपना मत प्रकट करने दीजिए। आपके सिर पर जब तक डण्डा नहीं मारती—अर्थात् जब तक हिंसा या 'वायलेंस' नहीं करती तब तक मुझे सहना सीखिये।

प्रश्न – उस साक्षात्कार में आपने एक प्रसंग उठाया था–जिसके बारे में पहले कोई नहीं जानता था। और भी ज़्यादा लोगों को इस बारे में पता होना चाहिए, इसीलिए वह बात मैं यहाँ एक बार फिर उठाना चाहती हूँ। आपने बताया था कि आप सिर्फ़ मुस्लिम कट्टरवाद के ख़िलाफ़ हैं, वह सही नहीं है–आप हर तरह के कट्टरवाद के विरुद्ध हैं, जिस वजह से गुजरात दंगों के बाद पश्चिम बंगाल में हिन्दू कट्टरवादियों के विरोध में संगठन बने, उसके लिए आपने एक समय में काफ़ी रुपया दिया था। आपने क्षोभ प्रकट किया था, ऐसा कहकर कि शंख घोष ने सब कुछ जानते हुए भी क्यों यह बात खोलकर नहीं कही। शंख घोष ने बाद में एक चिट्ठी में आपकी कही बात को स्वीकारा था और बताया था कि आपने ख़ुद ही वह बात सबके सामने प्रकट करने के लिए मना किया था। इस बारे में आप क्या कहेंगी?

उत्तर – मैं हर तरह के धार्मिक कट्टरवाद के ख़िलाफ़ हूँ–यह बात मेरी किताब पढ़ने से ही पता चलती है। आपको दिये साक्षात्कार में मैंने पहली बार ऐसा कहा है, ऐसा नहीं है। तो आप इसी क्षोभ की बात कर रही थीं। सुनिये, मैंने शंख घोष को कहा था कि मैंने गुजरात के शरणार्थी मुसलमानों के लिए जो धन दिया है, वह प्रचार के लिए नहीं है, कुछ दान कर बड़ाई बटोरना मुझे पसन्द नहीं। लोगों को मैं हमेशा बिना बताये ही सहायता करती हूँ ढोल नहीं पीटती। शंख घोष को विनम्रता से केवल बताया था कि मैं ढोल-पीटने में विश्वास नहीं रखती और ढोल की आवाज़ भी मुझे ज़रा बुझा देती है। लेकिन जब मुझे 'मुस्लिम विरोधी' कहकर बदनाम किया गया, शारीरिक आक्रमण किया गया, तब एक डरावनी मौत बिल्कुल मेरे क़रीब खड़ी थी, उसी दिन कलकत्ता लौटने पर सरकार ने मुझे कमरे में क़ैद कर दिया। पार्क सर्कस की सड़क पर कुछ जेबकतरे उतरे थे–तो मेरे 'मुस्लिम विरोधी' होने का बहाना बना कर, उसी दिन कलकत्ता लौट आने पर मुझे सरकार ने 'कमरे में बन्दी' बना दिया। रोज़ मुझ पर दबाव डाला जा रहा था देश छोड़ने के लिए। मुसलमान लोग हो-हल्ला करते हुए मुझे फाड़ खाने को तैयार थे–जब ऐसे राजनैतिक हालात थे–सामने मौत और देशनिकाला–इनमें से किसी एक को मुझे स्वीकारना होगा–तब शंख घोष चुपचाप बैठकर सब कुछ देख रहे थे–सब जान रहे थे। एकबार भी मुँह खोलकर यह नहीं कहा कि मुस्लिम-विरोधी कह कर जो प्रचार हो रहा है मेरे विरुद्ध

—वह सच नहीं है। शंख घोष ने चुप रहना ही सही समझा था। दान करके नाम कमाने का प्रचार और निर्वासन या मौत से मुझे बचाने की जरूरत से एक सच का प्रचार—इन दो 'प्रचारों' के बीच क्या फ़र्क है, यह शंख घोष नहीं जानते—मुझे इस पर विश्वास नहीं होता।

अगर शंख घोष उस दिन सच को प्रकट कर देते तो कितना लाभ होता पता नहीं। शायद उनका कहना तिनके की तरह ही मूल्यहीन होता—परन्तु उस मुश्किल की घड़ी में मैं हताशा के गहरे गड्ढे में डूबती जा रही थी—तब शायद जी-जान से एक तिनके का सहारा ही ढूँढ़ रही थी उससे चिपट कर बचे रहने के लिए।

जो हो गया—सो हो गया। छोड़िये वह सब पुरानी बातें। मुझे पश्चिम बंगाल से निकाल दिया गया था। पूरे भारतवर्ष से ही निकाल दिया गया था। कुछ सालों बाद अलबत्ता इजाज़त मिली है दिल्ली में रहने की लेकिन तब भी पैर तले की ज़मीन अब भी दरकती है।

प्रश्न – आपकी बिल्ली 'मीनू' को लेकर चूर्नी गांगुली मूवी बना रही हैं। जो दरअसल आपके जीवन का एक अंश है। आपके जीवन पर सीधे-सीधे आधारित फ़िल्म बनाने पर असुविधा हो सकती है, क्या यह सोचकर ही—वह नहीं करके 'मीनू' पर मूवी बनाने की सोच रही हैं चूर्नी?

उत्तर – चूर्नी ने क्या सोचा है यह तो मुझे नहीं पता महाशय। 'मीनू' पर कौशिक की एक स्क्रिप्ट तैयार थी। कौशिक ही बनायेगा फ़िल्म—ऐसी बात तय थी। पर अब उन लोगों ने तय किया है, कौशिक की स्क्रिप्ट पर फ़िल्म चूर्नी ही बनायेगी। चूर्नी आयी थी मीनू को देखने। मीनू तो बेहद ख़ुश। पता नहीं मुझे क्यों लगता है कि मीनू को समझ में आ गया है कि उस पर फ़िल्म बन रही है। तो वह नायिका जैसी ठसके से चलती-फिरती रही कुछ दिन। सुनिये भाई, मेरी ज़िन्दगी पर सिनेमा बनाने में लोगों को डर क्यों लगेगा? इसका कोई कारण तो मुझे नहीं दिखता। अगर कोई डरता है तो यह उसकी नसों का दोष है। कमज़ोर नसें। चाहो तो डरो, न चाहो तो डर लगता ही नहीं। जिन्हें डर लगता है उनके लिए मेरी बिल्ली ही क्यों मेरे घर से तीस मील दूर जो चूहे भाग-दौड़ कर रहे हैं उन चूहों की फोटो खींचते वक़्त भी देखियेगा उनके हाथ काँप रहे हैं।

प्रश्न – महेश भट्ट आपके जीवन पर फ़िल्म बनाना चाहते हैं, सुना है? उसका क्या हुआ?

उत्तर – उसका क्या हुआ यह तो महेश भट्ट से ही पूछिये। आज से तेरह साल पहले घोषणा की थी कि मुझ पर फ़िल्म बनायेंगे। उसके बाद शायद मूवी बनाने का आइडिया दिमाग़ से निकाल दिया था। कारण क्या है, कुछ भी नहीं जानती मुझे लगता है, कोई भी निर्देशक किसी एक विषय को लेकर मूवी बनाने की इच्छा प्रकट कर ही सकता है। बाद में वह इच्छा वे बदल भी सकते हैं। मनुष्य का जैसे मत प्रकट करने का अधिकार है, वैसे ही मत परिवर्तन का भी अधिकार है। पर हैरान रह गयी कुछ दिन पहले जब वे पूरी तरह से अस्वीकार कर बैठे कि मुझ पर फ़िल्म बनाने की बात उन्होंने कभी भी नहीं कही थी। सबसे मज़े की बात यह है कि इण्टरनेट की बदौलत पुरानी बातों को खँगालना बड़े मज़े से और बड़ी आसानी से हो सकता है।

प्रश्न – आप की अपनी भूमिका में अगर आप को अभिनय करने को कहा जाये, तो क्या आप राज़ी होंगी?

उत्तर – नहीं, कारण मैं अभिनय करना नहीं जानती। जो लोग झूठ बोलते हैं वे अभिनय करना जानते हैं। क्योंकि मैं झूठ बोलना नहीं जानती, मुझसे और जो भी करवा लें, यह अभिनय नहीं होगा।

प्रश्न – कट्टरपन्थियों के डर से सिर्फ़ राजनैतिक दल ही नहीं, विभिन्न मीडिया हाउसेज़ ने भी आपको 'निषिद्ध' (बैन) कर दिया है पर आजकल कुछ पत्रिकाओं में आपके लेख दिखाई पड़ रहे हैं। हालात क्या कुछ सुधरे हैं?

उत्तर – व्यक्तिगत रूप से दो-एक साधारण से संवाददाता किसी तरह की निषेधाज्ञा की परवाह किये बिना मेरा लिखा छाप रहे हैं बीच-बीच में। पाठकवर्ग इससे बेहद खुश है। क्यों इतने सारे पाठकों को वंचित किया जा रहा है। दुख होता है, दरअसल बात क्या है जानते हैं, डर एक बहुत ख़राब रोग है–यह रोग बंगाल में ही ज़्यादा है। एक समय बंगाल में सब निडर, प्रतिवादी, विप्लवी लोग वास करते थे। यह बंगाल अब वह वाला बंगाल नहीं है। बंगाल तो अब जाने कैसा–डरपोक लोगों का, सुलह कर लेने वालों का, सुविधावादियों का, आदर्शहीन लोगों का, बुद्धिहीनों का राज्य बन गया है। इसी बंगाल से प्यार होने के कारण उस दूर-बहुत दूर के निर्वासन से एक समय सात समुद्र तेरह नदियाँ पार करके यहाँ चली आयी थी, बड़े प्यार से, स्नेह उँडेल के बसेरा बनाया था। उस बसेरे को तोड़कर चूर-चूर कर दिया है बंगाल

के लोगों ने। सब से बड़ी चीज़ जो उन्होंने तोड़ दी है, वह है, मन। अभी भी वे दिन दुःस्वप्नों जैसे लगते हैं।

प्रश्न – सुना है बहुत से फ़िल्म परिचालक आपकी कहानी, उपन्यास पर आधारित फ़िल्म करने गये थे पर नाना कारणों से पीछे हट आये हैं।

उत्तर – कहीं पर अवश्य ही उनको समस्या हुई होगी। कहीं पर जाकर जरूर ही उन्हें रुकावट का सामना करना पड़ा होगा। कहाँ पर, अभी तक नहीं मालूम। यहाँ पर एक भुतहा मामला चलता है। निर्देशक लोग मेरे पास आ रहे हैं। स्क्रिप्ट पढ़वा कर दस्तखत करवा कर ले जा रहे हैं। उसके बाद जाने क्या हो जाता है, उन लोगों को किस खड्डे में धकेल दिया जाता है, कौन धकेल देता है, पता नहीं कौन क्या करता है–कैसे, कुछ भी मुझे पता नहीं। बहुतों को सिर्फ़ अँधेरे में खो जाते हुए देखा है।

प्रश्न – पश्चिम बंगाल में बहुत से कवि-साहित्यिक नहीं चाहते आपका लिखा यहाँ छपे या फिर आप कलकत्ते में स्थायी रूप से रहें। इन लोगों के इस तरह की भावना या सोच का कारण क्या है आपके विचार से।

उत्तर – क्यों नहीं चाहते वे लोग ये तो आप उन्हीं से पूछिये। ये मैं कैसे बताऊँ कि वे लोग क्यों नहीं चाहते कि मैं कलकत्ता में रहूँ या फिर यहाँ मेरा लिखा छपे। एक सुनील गंगोपाध्याय को छोड़कर किसी ने मुझे कलकत्ता छोड़कर जाने के लिए नहीं कहा। पूरे 2007 साल में पश्चिम बंगाल सरकार मुझे राज्य से निकाल देने के लिए बिल्कुल पगला गयी थी। तब सुनील गंगोपाध्याय ने मुझे एक बार कहा था कि मैं सही-सलामत यहाँ से चली जाऊँ। किसी और के मन में क्या था यह तो मैं बता न पाऊँगी। मन की बात खोलकर कहो तभी न समझ में आता है कि मन में क्या है। बिना बताये समझना जरा मुश्किल हो जाता है क्योंकि आमने-सामने मिलने पर तो सभी हँसकर संभाषण ही करते हैं। मुँह में कुछ मन में कुछ–ऐसे लोगों के साथ मुझे हमेशा समस्या ही होती है।

प्रश्न – आपकी जनप्रियता से ये लोग ईर्ष्या करते हैं ऐसा आप सोचती हैं?

उत्तर – मैं नहीं जानती कोई ईर्ष्या करता है या नहीं पर सहकर्मियों की जनप्रियता से थोड़ी-बहुत ईर्ष्या अक्सर सभी करते हैं। सिर्फ़ साहित्य जगत में ही नहीं, सभी जगह। लिखाई-पढ़ाई, खेल-कूद, नाटक, संगीत, शिल्प, वाणिज्य जगत में–सभी जगह। कहाँ नहीं है ईर्ष्या? ईर्ष्या का रहना

हानिकारक नहीं है बल्कि ईर्ष्या रहे तो प्रतियोगिता की भावना रहती है। और भी अच्छा कुछ लिखने का, और भी अच्छा कुछ करने का आग्रह पनपता है। बहुत कम लोग ही कहते हैं कि मैं अपना कन्धा दे रहा हूँ, कन्धे पर खड़े होकर तुम और थोड़ा बड़े हो जाओ। लेकिन उसकी जनप्रियता से ईर्ष्या होती है इसलिए उस जगह के आस-पास भी उसकी उपस्थिति नहीं चाहिए। कैसे भी हो, उसे ख़त्म कर दो, यह कोई भद्रजनों का निदान नहीं है। यह निदान बहुत कमज़ोर दिमाग़ वाले, कमज़ोर नस वाले और दुर्बल मन के व्यक्ति करते हैं। उनके द्वारा मतलब उन डरपोक और कुचक्री, छोटे मन वालों द्वारा अच्छे साहित्य का सृजन मुश्किल है। वे खाली मैदान में गोल ठोकनें को तैयार रहते हैं—समझते ही नहीं हैं कि इसमें कोई वीरता नहीं है।

प्रश्न – सुनील गंगोपाध्याय के विरुद्ध आपने जो यौन-छेड़खानी का अभियोग किया है—इससे बंगालियों की भावनाओं को धक्का लगेगा जानकर भी जोखिम उठाया है। इतने दिन बाद यह शिकायत करना क्या बहुत जरूरी था?

उत्तर – बंगालियों की भावनाओं को धक्का न पहुँचाने की ज़िम्मेदारी मुझे किसने सौंपी है? जिसने भी सौपी हो किसी की भावनाओं की हिफाजत करना मेरा काम नहीं है। विशेषरूप से वह भावना जो भावना सच सुनने को राजी नहीं है। सुनील गंगोपाध्याय कुछ समय से कहते आ रहे थे कि वे तो किताब बैन करने के विरुद्ध हैं। यह सच नहीं है। मेरी किताब 'द्विखण्डित' को बैन कराने के लिए साल 2003 में उन्होंने काफ़ी लिखा था साक्षात्कार दिये थे, सरकार को कहा था, और अब कहते हैं कि वह तो हमेशा से ही किसी भी तरह के 'बैन' के विरुद्ध हैं। मैंने सविनय उनको उनकी गलती दिखा दी है। तभी बातों-बातों में वह प्रसंग उठा कि यौन छेड़खानी करने में मुझे भी नहीं छोड़ा गया। शहर के साहित्य जगत में सुना है बहुत से लोग सुनील गंगोपाध्याय की बहुत सी बातें जानते हैं—लेकिन सुना है, सभी बात को दबा जाते हैं क्योंकि वे बड़े नामी-गिरामी व्यक्ति हैं। नामी-गिरामी व्यक्ति अगर अन्याय करे तो उन कृत्यों को अन्याय के रूप में नहीं लिया जाता। और पुरुषतांत्रिक समाज तो दिन-रात यही कह रहा है—"मर्द जात है न, वह, थोड़ा-बहुत ऐसा-वैसा तो करेगा ही"। मगर उनके 'ऐसे-वैसे' को अगर न मानूँ तो? तो दोष मेरा है। पुरुषों का गलत काम करना, गलत नहीं है।

उनके गलत काम को 'बेजा बात' समझना मेरी नासमझी या गलती है। इस समाज के नामी-गिरामी किसी के विरुद्ध यौन छेड़खानी का अभियोग लाने का मतलब .खुद जान बूझकर सूली पर चढ़ना है। इतने दिन बाद शिकायत क्यों कर रही हूँ? ठीक कितने दिन बाद अभियोग लाना ठीक होता है, और कितने दिन बाद लाना 'बेठीक' या गलत होता है, सुनूँ ज़रा? भैया क्या मैंने कोर्ट में जाकर पिनाइल वेजाईनल बलात्कार का अभियोग किया है? क्योंकि मुझे बहुत जल्दी ही शिकायत करनी चाहिए, कारण मुझे डॉक्टरी परीक्षा के लिए तैयार रहना पड़ेगा, क्योंकि कुछ दिन बाद परीक्षा सम्भव नहीं। यौन-छेड़खानी का मतलब ही ज़्यादातर 'डिकहैड' (बाइ द वे इस डिकहैड शब्द को बंगला भाषा में जोड़ना बहुत जरूरी है—इसका समानार्थक शब्द बंगला में नहीं है) सोचता है—यौन छेड़खानी का मतलब है पुरुषांग का स्त्री यौनांग में प्रवेश हुआ ही है—अरे भैया, इसके अलावा भी तो यौन-छेड़खानी होती है। मेरी बिना अनुमति के मुझे सीने से लगाकर वक्षस्थल को छेड़ना भी तो यौन छेड़खानी होती है, कि नहीं? इस गन्दी घटना को छिपा कर रखा था बरसों। कोर्ट में भी नहीं गयी, न अख़बारों में। उस दिन किताब को 'बैन' करने के बारे में अगर सुनील गंगोपाध्याय वह सफ़ेद झूठ न बोलते तब शायद कभी भी इस छेड़खानी की बात उजागर नहीं होती। कुछ लेखों में दुख जताकर थोड़ा-बहुत जो लिखा था—उतना ही रहता अब लगता है लिखकर अच्छा ही किया है। किसी भी बेचैनी को मन में पाल कर रखना ठीक नहीं है। महामानव का सम्मान पाते हैं और अन्दर ही अन्दर ये कारनामे करें—यह जानें लोगबाग। स्त्रियाँ अब मुँह खोलें, बहुत हो गया मुँह पर ताला लगाकर रहना, और कितने दिन, बांग्लादेश के एक लंपट का मुखौटा खोल दिया था, उस वजह से पूरे देश ने मुझे अश्लील भाषा में गाली-गलौज की। पश्चिम बंगाल में भी वही एक ही घटना घटी। जैसे कि सुनील के बारे में मैंने एक-एक अक्षर बनाकर बोले हैं। जो छेड़खानी की शिकार हुई है, उसको अपमान, तंग किया—और जिसने छेड़खानी की—उसे सिर-माथे बैठाकर सम्मान दिखाकर—इन्होंने एक बार फिर यह दिखा दिया कि ये लोग कितने नीच, कितने असभ्य, कितने नारी विद्वेषी, कितने पुरुषांग पुजारी हैं।

सुना है बादल बसु ने 'किताबों का देश' में सुनील का महामानव

के रूप में वर्णन करते समय मुझे बहुत बुरी तरह गाली-गलौज की है, मेरे बारे में बोरियाँ भर-भर के झूठ उँडेला है। सुनील की प्रशंसा करें तो उनके लिखे की बात कीजिए, उनके जीवन की अच्छी-अच्छी चीज़ों की बातें कीजिए—इसी से तो उन्हें बड़ा किया जा सकता है। मुझे छोटा करके उन्हें बड़ा क्यों दिखाया जाये? इतने छल-कपट और झूठ का सहारा क्यों लेना पड़ेगा? बादल बसु सुनील को मुझसे ज़्यादा पहचानते हैं। छेड़खानी और परेशान करने की ख़बर से वे अनजान नहीं हैं। लेकिन पुरुष-पुरुष का ही पक्ष लेता है। चाहे मैं कितनी ही बड़ी लेखिका होऊँ—उस वक़्त मैं 'सिर्फ़ एक औरत' हूँ। औरत मुँह खोले तो वे सभी बहुत नाराज़ होंगे।

प्रश्न – इतनी लोकप्रियता की आप हक़दार नहीं थीं—कट्टरपन्थियों ने आपको जनप्रिय बना दिया। आप को क्या कहना है?

उत्तर – बिल्कुल ही उल्टा। मैं बहुत लोकप्रिय लेखिका थी इसी वजह से कट्टरपन्थियों ने मेरी कलम छीन लेनी चाही या फिर मेरे लेखन को बन्द कर देना चाहा। अलोकप्रिय, अनाम लेखकों के बारे में वे सिर नहीं खपाते। डरते हैं जनप्रिय लेखक से, अगर वह कट्टरवादी विरोधी लेख न लिखें, जो दो खंभे कट्टरपन्थी लोग जकड़ कर पकड़े रहते हैं—धर्म और पुरुषतन्त्र उनमें यदि कोई अपने लेखन से दरार पैदा करे। जब सन् 92 में मुझे पहला आनन्द पुरस्कार मिला तब तक कट्टरपन्थी मेरे खिलाफ़ सड़क पर नहीं उतरे थे या मेरे नाम 'फतवा' जारी नहीं किया था। इसके डेढ़-दो साल बाद किया था। देश-विदेश में जनप्रिय होती जा रही हूँ यह बात उनके गले नहीं उतरी थी। कट्टरवादियों की वजह से मेरी जनप्रियता सिर्फ़ नष्ट ही नहीं हुई बल्कि आकाश से पाताल में चली गयी। उन लोगों के साथ हाथ मिला कर सरकार ने मेरे विरुद्ध मुकदमा ठोक दिया, मुझे देशनिकाला दिया, और उधर मुझे निकालकार भी कट्टरपन्थी लोग शान्त नहीं हुए। उनके अनगिनत प्रचार-मीडिया व्यस्त रहे मेरे विरुद्ध झूठी निन्दा फैलाने में, मेरे प्रति लोगों के मन में नफ़रत जगाने में, लोगों के मन से मेरा नाम मिटा देने में, मेरी किताबों को पाठकों के लिए वर्जित करने में। साल दर साल उन लोगों ने साधारण लोगों के दिमाग़ की धुलाई की है। कहा, मैंने तो बी.जो.पी. से पैसे लेकर 'लज्जा' लिखी है। मेरा चरित्र अच्छा नहीं है। एक अल्पशिक्षित धर्मभीरु, अन्धविश्वास से भरे नारी विरोधी समाज

में मेरे खिलाफ़ इस दुष्प्रचार ने जादू की तरह काम किया है। एक-एक कर मेरी किताबें निषिद्ध होती गयीं। प्रकाशकों ने किताबें छापनी बन्द कर दीं। जो लेखिका सबसे ज़्यादा जनप्रिय और अभिनन्दित थी बांग्लादेश में, वह सिर्फ़ कट्टरवादी, धर्मवादी, स्त्री-विरोधी पुरुषतन्त्र के दुष्प्रचार से थोड़े ही दिनों में एक बदनाम, निषिद्ध चीज या वस्तु में परिणत हो गयी। इतनी विरोधिता, इतना विद्वेष, इतने आक्रमण, इतनी निन्दा, इतनी बदनामी, इतना रूखापन, इतना अन्याय, इतना अविचार मेरा प्राप्य नहीं था।

प्रश्न – दूसरे देशों में लेखक के तौर पर आपको कैसा सम्मान मिलता है?

उत्तर – लेखक के तौर पर कहीं पर बहुत अधिक मिलता है, कहीं पर कुछ कम। कहीं पर बीच का–कहीं पर चलताऊ क़िस्म का, पर कोई भी देश पश्चिम बंगाल और बांग्लादेश की तरह इतना अपमान मेरा नहीं करता। दुनिया के किसी भी देश या राज्य से मुझे खदेड़ नहीं दिया जाता। कुछ उग्रपन्थी धर्मवादियों के मत के साथ मेरा मत नहीं मिलता–सिर्फ़ इसीलिए मुझे जन्मभर के लिए आँखों से ओझल होने को नहीं कहा जाता–निर्वासन का दण्ड भी नहीं दिया जाता। इतना अविवेकी और इतना असहिष्णु होते हुए किसी देश को भी नहीं देखा। किसी भी देश ने मेरे साथ इतनी निर्ममता का बर्ताव नहीं किया।

प्रश्न – दूसरे देशों से उल्लेखयोग्य कोई पुरस्कार?

उत्तर – हैं कई सारे। मेरी आत्मकथा पढ़कर देखिये और नहीं तो किताब के जैकेट में जो मेरा परिचय लिखा है। मेरी आत्मजीवनी पढ़ कर देखिये। मिल जायेगा। नहीं तो सभी किताब के जैकेट में मेरा परिचय लिखित है, पढ़ लीजिएगा, उसमें लिस्ट है।

प्रश्न – कट्टरपन्थियों के दबाव में बहुत से कलाकार और साहित्यिक देश छोड़ने पर मजबूर हुए हैं–मक़बूल फ़िदा हुसैन, सलमान रुश्दी, अयान हिरसी अली प्रमुख हैं उनमें। आप ख़ुद को इनसे अलग मानती हैं?

उत्तर – देख रही हूँ कुछ नाम आपने तोतारटंत कर रखे हैं। इनका इतिहास जानने की कोई कोशिश की है आपने, ऐसा तो नहीं लग रहा। जिन लोगों का नाम आपने लिया है, उनमें से एक मक़बूल फ़िदा हुसैन को छोड़कर और कोई भी कट्टरपन्थियों के दबाव में देश छोड़कर नहीं गया। सलमान रुश्दी दस साल की उम्र से इंग्लैंड में रह रहे हैं। इंग्लैंड ही उनका देश है। कट्टरपन्थियों के दबाव से उनको इंग्लैंड

छोड़ना नहीं पड़ा। बल्कि उन्हें वहाँ काफ़ी मात्रा में सिक्योरिटी गार्ड मिले हैं। अयान हिरसी अली सोमालिया से आकर नीदरलैंड में रहे थे, उस देश के नागरिक बन गये हैं। कट्टरपन्थियों की धमकी देने के बाद नीदरलैंड में ही थे, वहीं सिक्योरिटी मिलती थी। एक बार पुरानी फाइलों को उलट-पलट कर एक डच सदस्य ने पाया कि नीदरलैंड में आश्रय मिलने के समय अयान ने अपने बारे में झूठे तथ्य दिये थे। इस झूठे तथ्य देने के कारण अयान का पार्लियामेण्ट के सदस्य का पद चला गया। तब उन्होंने अमेरिकन एण्टरप्राइज नाम की एक दक्षिणपन्थी संगठन का न्योता पाकर अमेरिका की ओर कूच किया—वहीं पर स्कॉलर के हिसाब से हैं।

मेरा निर्वासन उनसे अलग है। मक़बूल फ़िदा हुसैन को भारत सरकार ने देशनिकाला नहीं दिया। मुझे बांग्लादेश सरकार ने देश से निकाल दिया है और बीस साल बीत गये, आज भी देश में लौटने नहीं दे रही। मक़बूल फ़िदा हुसैन को उलटे भारत सरकार ने देश लौटने के लिए बहुत अनुरोध किया था। लेकिन उन्होंने कतर की नागरिकता ले ली थी—देश नहीं लौटे थे।

प्रश्न – आप विवाह के विरुद्ध हैं, हालाँकि आपने पहले शादी की थी। तब आप नहीं समझी थीं विवाह-संस्था की अर्थहीनता?

उत्तर – नहीं, तब नहीं समझी थी। नहीं समझी थी तभी तो शादी की थी। मैं क्या जन्म से ही सर्वज्ञानी व्यक्ति हूँ? मैंने तो धोखा खाते-खाते, सहते-सहते, भुगतते-भुगतते जो सीखना है सीखा, और लोगों के जीवन और अनुभवों से बहुत कुछ सीखा जा सकता है, परन्तु अपने जीवन के अनुभवों के साथ और किसी की तुलना नहीं हो सकती। शादी की थी तभी तो शादी नामक संस्था की सारहीनता समझी हूँ। पुरुषतान्त्रिक समाज में शादी एक बहुत भोंडे प्रभु-दासी सम्बन्ध को मुँह बन्द किये सहते जाना और ढोते जाना है—अगर शादी न करती तो यह बात इतनी शिद्दत से न जान पाती। जिस समाज में स्त्रियों को समानाधिकार है उस समाज में अगर कोई विवाह करना चाहे तो कर सकता है।

प्रश्न – गृहस्थी से आप क्या समझती हैं?

उत्तर – 'गृहस्थी' कहने पर गृहस्थी ही समझती हूँ। हमेशा मैंने अपने अकेले की गृहस्थी ही चलायी है। मेरी अब की गृहस्थी है मेरी और मेरी

बिल्ली की। मैं पक्की गृहस्थ हूँ, घर सँवारना, सजाना, ख़ुद खरीददारी करना, बागबानी करना, खाना बनाना, दोस्तों को खाने पर दावत देना, हो-हल्ला मचाकर खाना-पीना, दोस्तों की महफ़िल में गप्पें मारना, यह सब तो है ही, और जब अकेले सिर्फ़ चुप्पी लेटी रहती है पास, तब मंथन करना, सोचना, लिखती-पढ़ती हूँ। यह समय मुझे बहुत प्रिय है। प्रिय इस कारण से भी कि मेरे सोचने, लिखने, पढ़ने के लिए जिस चुप्पी की जरूरत है जिस निर्जनता की जरूरत है वह मुझे मिल जाता है बहुत बढ़िया तरीके से। कोई चीखने-चिल्लाने वाला नहीं है, कोई माँग रखने, हुक्म करने, उपदेश देने, डाँट-फटकार करने वाला नहीं है—यह इस तरह का 'न रहना' दुनिया में सबसे जरूरी है। गृहस्थी या घर का अर्थ होता है—स्वतन्त्रता और सुरक्षा। यह दो चीजें अगर न हो—तो फिर वह घर-गृहस्थी नहीं संत्रास है—सिर्फ़ संत्रास।

प्रश्न – शाहबाग आन्दोलन को किस दृष्टि से देखती हैं?

उत्तर – बांग्लादेश की युवा पीढ़ी ने एक विशाल और महत्त्वपूर्ण घटना घटाई है। मैं तो बिल्कुल मुग्ध हूँ। 'नो कण्ट्री फॉर फ्री विमेन' नाम से जो 'फ्री थॉट ब्लॉग' लिखती हूँ मैं। उसमें क़रीब पन्द्रह-सोलह ब्लॉग लिखे हैं मैंने बांग्लादेश में सम्प्रति होने वाले धर्मनिरपेक्ष आन्दोलन को लेकर। कई भाषण थे मेरे पिछले कई महीनों में—यूरोपियन पार्लियामेण्ट, बेल्जियम की पार्लियामेण्ट, कनाडा, फ्रांस, आयरलैंड में इस आन्दोलन पर भाषण दिया है मैंने। अपने देश को लेकर मेरे मन में हताशा के अलावा और कुछ भी तो नहीं था, 'शाहबाग' ने कुछ उम्मीद जगाई है। कम-से-कम एक 'ट्रेन्ड' तो तैयार हुआ। लोगों ने दिखा दिया, जरूरत पड़ने पर लाख-लाख लोग सड़कों पर उतरकर धार्मिक बर्बरता का प्रतिवाद करना जानते हैं। इससे पहले तो मुँह बन्द करके रहने का ही नियम था, बात न करने की ही रीत थी। डरना ही संस्कृति थी। पर फिर भी शाहबाग आन्दोलन को मैंने सौ बटा सौ नम्बर ही दिये हैं, ऐसी बात भी नहीं। मैं मृत्युदण्ड के विरुद्ध हूँ। मृत्युदण्ड देने वालों का उसके पक्ष में दिये जाने वाले तर्क और दावे को मैंने नहीं माना। पर कट्टरपन्थ के विरुद्ध उनका जो आन्दोलन है उसका बड़ी शिद्दत से समर्थन किया है।

प्रश्न – आनेवाली पीढ़ी के लिए आप किस तरीके से चिह्नित होना पसन्द करेंगी?

उत्तर – आनेवाली पीढ़ी तो भेड़ है नहीं जो भेड़चाल होगी कि कोई लेखक के रूप में मुझे पसन्द कर सकता है, कोई मुझे ऐक्टिविस्ट के रूप में, कोई सिर्फ़ मनुष्य के रूप में मुझे पसन्द कर सकता है–मेरी सुलह के बगैर लड़ाई को ही शायद वह पसन्द करे, कोई-कोई उस लड़ाई की निष्ठा और सच्चाई को शायद पसन्द करे। कितने लोग कितने तरीके से चिह्नित कर सकते हैं मुझे। 'वह तो कोई लेखिका ही नहीं है'–कहेंगे कई लोग। कोई मुझे नास्तिक के रूप में चिह्नित करेगा या फिर मुझे भूल ही जाएगा। भविष्य में क्या होगा यह सोचकर मैं ज़रा भी चिन्तित नहीं हूँ। मुझे याद रखें या भूल जायें–एक ही बात है। जाने कब मैंने एक कविता लिखी थी–'अमरत्व' नाम से। 'अमरत्व' लोगे? ढेरों 'अमरत्व' हैं मेरी पढ़ने की मेज़ पर, किताबों की अलमारियों में, बिस्तर पर, तकिये के नीचे, घर से निकलूँ तो 'अमरत्व' रहता है मेरे बैग में, मेरी पतलून की जेब में, मेरी कमीज़ में–बालों में जाने कैसे, कब 'अमरत्व' ने मुझे ढूँढ निकाला था। अमरत्व लोगे? लो जितनी मर्ज़ी। अमरत्व का काँटा ऐसा चुभता है कि सारी रात सो नहीं पाती। जितनी भी है, पूरा अगर कोई ले ले तो थोड़ी-सी रिहाई मिले। अमरत्व में विश्वास नहीं है मुझे।

औरत जात तो इमली जैसी है

बांग्लादेश से बहुत कम ही फ़ोन आते हैं। साल में एक या दो। कभी-कभी .खुद ही चौंक उठी हूँ। उसी देश में जन्म लिया हैं शैशव, किशोरावस्था और यौवन बिताया है। उसी देश में है आत्मीय-स्वजन खेल के साथी, उसी देश में हैं एक समय के सहपाठी लोग, सहकर्मी लेखक—बन्धुजन, अनुरागी पाठकजन। बड़े मज़े में भूल गये सभी। खैर छोड़ो। मैं भी इस बात को लेकर दुखी होना भूल गयी हूँ, बहुत दिन हो गये। लेकिन आज फ़ोन आने या न आने को लेकर लिखने नहीं बैठी हूँ। लिख रही हूँ क्योंकि शाम को एक व्यक्ति ने फ़ोन किया था देश से। कट्टरपन्थी-विरोधी आन्दोलन से जुड़ा हुआ। शाहबाग में भी था। मेरा भक्त पाठक। दोस्त। कहा—आप कुछ लिख क्यों नहीं रही हैं—यह जो स्त्रियों की इमली से तुलना की है अल्लामा शफ़ी ने। मैंने पूछा "यह अल्लामा शफ़ी है कौन? सुनूँ।" कथोपकथन कुछ इस तरह आगे बढ़ा।

हिफ़ाजते इस्लामे अमीर।

हिफ़ाजते इस्लाम है क्या?

एक कट्टरपन्थी दल। कई लाख लोगों का जुलूस निकाला था ढाका में। अब उसके वक्तव्य को लेकर बहुत/विरोध हो रहा है। आपका लेखन 'मिस' कर रहा हूँ। लिखिये।

क्यों विरोध हो रहा है? क्या कहा है उसने?

जनसभा में कहा है—आप लोग लड़कियों को स्कूल, कॉलिज, युनिवर्सिटी में लिखाई-पढ़ाई करवा रहे हैं। काहे करवा रहे हैं? उनको चौथी-पाँचवीं तक पढ़ाइयेगा जिससे ब्याह-शादी के बाद मालिक के रुपैया-पइसा का हिसाब रख सके। अपने लड़कियन को स्कूल, कॉलेज, युनिवर्सिटी में पढाय रहे हैं, लाख-लाख रुपैया खरच रहे हैं। कुछ दिन बाद आपकी बिटिया अपने आप एकठो खाविंद जुटायके लव मैरिज-कोर्ट मैरिज करके चली गई है। आपको याद भी ना करिहै। और भी—महिलाओं को किलास में सामने की तरफ़ बैठाया जाता है—तो मर्द लोग क्या लिखाई-पढ़ाई करेंगे?" और भी गयी गुज़री बातें कही हैं।

जैसे?

कहा—आप अपनी बेटी को काहे गारमेण्ट्स में काम करने भेज रहे हैं। नौकरी तो बहुत लोग कर रहे हैं। आप .ख़ुद कर रहे हैं। आपकी बीवी कर रही है, बेटियाँ कर रही हैं। पर उस पर भी तो चल नहीं रहा है। सिर्फ़ अभाव और कमी। पहले के युग में सिर्फ़ पति ही कमाता था और सब मिल कर खाते थे। अब बरकत नाहीं है। सब मिलकर एतना रुपैया कमाय के भी तो पूरा नाहीं पड़त है।

गारमेण्ट में काहे भेज रहे हैं अपनी बिटिया को? सुबह सात-आठ बजे जाती है, रात दस-बारह बजे तक भी ना लौटती। कौन मरद के साथ घूम-फिर रही, तुम नहीं जानो। कितना मरद के साथ आपकी बेटी चला रही है वो तो जानो नहीं। ज़िना (व्यभिचार) करके रुपैया कमाय रही, बरकत कईसे होईहे? औरतों का काम घर के भीतर। जनाना को घर में रहने को कहे है इस्लाम। तुम लोग जाहिलीयत के समय की तरह बेपर्दा घर से ना निकलीओं नंगई हालत में मैदान, घाटे, हाट में खवातीन मार्किट करने नहीं जाओ। खाविंद अउलाद है, उनको जाने को बोलना। आप काहे जाओगी। आप खाविंद के घर के अन्दर रहकर उनके असबाब वगैरह की हिफ़ाजत करना, लड़का-अउलाद पालना-पोसना। ये ही आपका काम है। आप बाहर काहे जाओगी।

अच्छा? ऐसा?

कहा है परिवार नियोजन काहे करत हैं। बर्थ कंट्रोल काहे करत हैं। बर्थ कंट्रोल है मर्दों को मरद से खस्सी बनाय देना। महिलाओं की बच्चेदानी सिल देना। इसी का नाम है बर्थ कंट्रोल। बर्थ कंट्रोल करने से भी डेथ कंट्रोल तो ना कर पायेंगे। कर सको तो चार शादी करना। खिलायेंगे तो अल्लाह। बर्थ कंट्रोल नहीं करना। ये बड़े गुनाह का काम है।

अल्लाह तो खाना नहीं खिलाता है सबको। अल्लाह सिरफ पैसे वालन को खिलाता है। सेहतमन्द खाना, स्वादिष्ट खाना सभी कुछ अल्लाह तो एक ही तबके को खिलाता है। गरीबों को कब खिलाया अल्लाह ने? गरीब लोग हड्डी-तोड़ मेहनत करते हैं तब ही न काम चलाने लायक खाने का जुगाड़ करते हैं—तिस पर भी आधा पेट खाकर जिन्दा रहते हैं। और अगर कोई काम नहीं जुटता है या मेहनत करने की ताक़त अगर नहीं रहती है—तो बिना खाये मर जाते हैं। अल्लाह की बात छोड़ो, अल्लामा ने क्या कहा बताओ। इमली-उमली जाने क्या कह रहे थे न?

कहा है जनानियाँ हैं इमली की तरह। छोटा एक लड़का इमली खाय रहा

है—अगर आप देखें तो आप के मुँह से लार टपकने लगेगी। इमली के पेड़ के नीचे से आप चल कर जाइये तब भी आप के मुँह से लार टपकेगी। दुकान पर इमली बिक रही हो आपकी नज़र पड़ जाये तब भी लार टपकेगी। ठीक ऐसे ही महिलाओं को देखकर आप के दिल में से लार टपकेगी। शादी करने को मन चाहता है। लव मैरिज, कोर्ट मैरिज करने को मन चाहता है। दिन-रात लड़कियों के साथ आप अपना दिल ठीक नहीं रख सकते। चाहे जितने भी बुजुर्ग हों आपके मन के अन्दर बुरे ख़याल आ ही जायेंगे। यही है मन का ज़िना, दिल का ज़िना। यही एक समय असली ज़िना में बदल जायेगा। आपका रिऐक्शन?

इमली मुझे बहुत पसन्द थी छुटपन में। अभी भी इमली देखने से ही मुँह में पानी आ जाता है। इतने फल रहते अल्लामा आदमी ने इमली क्यों चुन ली है? मर्दों को तो इमली इतनी पसन्द नहीं। लड़कियों को पसन्द है। उस हालात में बल्कि लड़के को देखकर लड़की के मन में ख़याल आ सकते हैं कि लड़का इमली की तरह है। स्मार्ट, हैंडसम लड़के को देखकर लड़कियों के मुँह में लार आना स्वाभाविक है। मान लो किसी वजह से लड़कों के मुँह में पानी आ गया तो लार टपकने में नुकसान क्या है? सुनूँ? शादी करने का मन चाहा तो करेगा। इसमें दिक्कत कहाँ है? सेक्स, शादी ये सब तो कोई अन्याय काम नहीं है। अन्याय है दूसरे को ऐतराज होने पर भी शरीर के बल पर सेक्स करना या ज़बरदस्ती शादी करना।

—उफ़ अल्लामा शफ़ी की बातों का प्रतिवाद कीजिए, सीरियसली कीजिए।

—एक अनपढ़ मिसोजिनिस्ट (स्त्रीविद्वेषी) ने क्या कहा, नहीं कहा, इसे लेकर इतनी हायतौबा क्यों। उसको इतना भाव देने की क्या बात है?

क्या कह रही हैं? इतनी बकवास करके भी बचकर निकल जायेगा? आप प्लीज़ इसका प्रतिवाद कीजिए।

बचकर तो निकल ही जायेगा। प्रतिवाद करो तो भी, न करो तो भी। इस आदमी ने तो कुछ बातें ही की हैं, इस तरह के काम करके भी लाखों लोग रोज़ाना बच कर निकल रहे हैं। कोई भी तो उन्हें दोषी नहीं ठहरा रहा है। क्यों खामख्वाह बेचारे अल्लामा को दोष दे रहे हो। हर रोज़ लड़कियों की पढ़ाई-लिखाई बन्द करके जबरदस्ती उनकी शादी करा दी जा रही है, लड़कियों को घर से बाहर निकलने नहीं दिया जा रहा है, अगर निकलती हैं तो बुरका पहनकर निकलने दिया जा रहा है, लड़कियों को नौकरी नहीं करने दिया जा रहा, बर्थ कंट्रोल नहीं करने दिया जा रहा, औरतों से सिर्फ़ मर्दों की घर-गृहस्थी, बच्चे सँभालने का काम करवाया जा रहा है। हर रोज़ स्त्रियाँ घर में, घर के बाहर सिर्फ़ यौन-वस्तु के रूप

में इस्तेमाल हो रही हैं। अल्लामा के इन बातों के न कहने पर भी, समाज इसी तरह से ही चल रहा था। पुरुष तान्त्रिक समाज व्यवस्था के कारण ही तो चल रहा था। इसी को तो तुम लोग ट्रैडीशन और कल्चर–धरोहर और संस्कृति कहते हो। अल्लामा, मुझे लगता है बड़ा सच्चा आदमी है। पॉलिटिकली करेक्ट यानी राजनैतिक रूप से सही होने का क़ायदा नहीं सीखा अभी। धुरंधर लोग सब सीख लेते हैं पहले ही। फिर अन्दर ही अन्दर समाज को नष्ट करते हैं। अल्लामा ने कोई नयी बात नहीं की। जो सब जानते हैं, वही बात कही।

'सच्चा आदमी' कह रही हैं एक कट्टरवादी को?

कह रही हूँ क्योंकि वह जिस बात पर विश्वास करता है बिना लाग-लपेट के उसे कह दिया उसने। समाज के भद्र लोग अपने मन की बात नहीं बताते। छुपा कर रखते हैं। और ऊपर से आधुनिक होने का भाव दिखाते हैं। स्त्रियों की स्वतन्त्रता और अधिकार पर विश्वास करते हैं–ऐसा भान करते हैं, लेकिन उन्हें ज़रा सा भी उधेड़ो तो पता चलेगा कि वे किसी चीज़ पर ही विश्वास नहीं करते। दरअसल सभी खुले तौर पर या छुपे तौर पर उन्हीं अल्लामा शफ़ी के आदर्श पर ही विश्वास करते हैं। अल्लामा का आदर्श तो दरअसल अल्लाह पाक का ही आदर्श है, हज़रत का आदर्श है। क़ुरान में है, सैकड़ों हदीस में भी लिखी हैं ये सब बातें। चार शादी की बात क्या अल्लामा ने पहली बार कही? वह तो स्वयं अल्लाह पाक ने ही कह दिया है। इसके बाद लो, स्त्रियों का घर से बाहर न निकलने की बात, गैर मर्द के सामने न निकलने की बात। यह सब तो हदीस की बात है। घर से बाहर न निकलने पर, पराये मर्द के सामने न निकलने पर तुम स्कूल और कॉलेज जाओगी कैसे, सुनूँ जरा? नौकरी-वौकरी करोगी कैसे? इस्लाम धर्म में विश्वास करोगे और स्त्री स्वतन्त्रता पर भी विश्वास करोगे वह तो नहीं होता न। दोनों परस्पर विरोधी चीज़ें हैं।

देश के लोग तो अल्लामा की तरह टुच्चे लोग नहीं हैं।

लोग दलबल समेत 'बड़े आदमी' कब बने? शायद कोई-कोई टुच्चे नहीं हैं। लेकिन अल्लामा ने जो कुछ कहा वह शायद बांग्लादेश के ज़्यादातर लोगों की मन की बात है। शायद लड़कियों को सिर्फ़ चौथी क्लास तक पढ़ाने के बदले कोई-कोई ग्यारहवीं-बारहवीं तक पढ़ाना चाहता है, कोई एम.ए.-बी.ए. या उससे भी ज़्यादा पढ़ाना चाहता है, कोई-कोई लड़कियाँ नौकरी करें ये भी चाहते हैं–ये सभी लोग–देखो जाकर–लड़कियों को इमली की तरह ही देखते है।

आप कह रही हैं–और लोग भी स्त्रियों, लड़कियों को इमली की तरह मानते हैं, सिर्फ़ अल्लामा ही नहीं?

हाँ वह तो नहीं ही है। ज़्यादातर लोग ही स्त्रियों को इमली जैसा मानते हैं। क्यों, कितने ही पुरुष कवियों ने स्त्री की तुलना फूलों और फलों से की है, तुमने नहीं पढ़ा? संतरा, अनार, नाशपाति, सेब, अमरूद, अनन्नास, गुलाब, मोगरा–ऐसे और भी कितने नामों से बुलाया है लड़कियों को। सिर्फ़ इमली कहने पर ही ग़ुस्सा चढ़ता है? इमली बड़ी सस्ती है इसलिए? महँगे फलों के साथ तुलना की होती तो शायद इतनी नाराज़गी न होती। और केवल फूल-फल ही क्यों? तुलना के लिए सब्जी को भी तो लिया गया है। परवल की फाँकों की तरह आँखें। सुनो, स्त्री-पुरुषों का परस्पर एक-दूसरे के प्रति यौन-आकर्षण का होना बहुत स्वाभाविक है। परन्तु नारी को सिर्फ़ 'वस्तु' सोच लेना-'यौन वस्तु' सोचना ठीक नहीं है। जैसे एक भरी पूरी स्त्री सिर्फ़ एक योनी है, स्त्री सिर्फ़ एक जोड़ा स्तन है, सिर्फ़ चमड़ी, नाक, आँखें, बाल–बस इसके सिवा और कुछ भी नहीं है, जैसे स्त्रियों की ज्ञानबुद्धि, सोच, इच्छा, अनिच्छा, निजस्वता, स्वकीयता, सम्मान, व्यक्तित्व यह सब नहीं है या फिर है भी तो इनका कोई मूल्य नहीं है। स्त्रियों ने तो जैसे अपने लिए जन्म ही नहीं लिया, जन्म लिया है पुरुषों के लिए, पुरुषों की यौन तृष्णा मिटाने के लिए। पुरुष की सन्तान को जन्म देना उस सन्तान को पालना-पोसना, गृहस्थी का सब काम निपटाना, रसोई करना, खाना देना इसके सिवाय औरतों को और कोई काम नहीं है वह पुरुषों की माँ, पत्नी, बहन, बेटी यही है। स्त्रियों का और दूसरा कोई परिचय समाज के कितने लोग मानते है बोलो। पुरुषतन्त्र है, स्त्रियों को बन्दी बनाकर रखने के लिए, बुर्क़े की तरह बन्द एक कारागार।

और किसी ने भी तो अल्लामा शफ़ी की तरह ऐसी अजीब बात पहले नहीं कही।

सभी ने कहा है। अल्लामा ने बिना दबाए-छुपाए थोड़ी असभ्य भाषा में कहा हैं बस इतना ही। सभ्य लोग जब कहते हैं, तब तुम लोगों को सुनना इतना बुरा नहीं लगता। कुरान हदीस भी अच्छी तरह ज़रा पढ़ कर देखो, यही सब बातें लिखी हैं। कुरान हदीस है कट्टर पुरुषतन्त्र। बिल्कुल अल्लामा की तरह बात करता है, चौदह सौ साल पहले एक आदमी, अल्लाह का प्यारा बन्दा, दोस्त दूत रसूल वगैरह बन गया था। उसी रसूल को तुम लोग जी-जान से श्रद्धा कर रहे हो, उस पर विश्वास कर रहे हो और बिल्कुल एक ही तरह की बात कहने पर भी आज अल्लामा शफ़ी पर विश्वास नहीं कर रहे हो, बल्कि उनसे नफ़रत कर रहे हो। बिल्कुल ही विपरीत। क्यों अल्लामा को बुरा भला कह रहे हो, उसकी निंदा कर रहे हो? उसने तो तुम्हारे रसूल करीम के विश्वास के विपरीत कोई बात

नहीं की। रसूल की बातों को ही भोलेपन से, युग के अनुकूल बनाकर दोहराया है अल्लामा ने।

क्या कह रही हैं आप?

हाँ, जो कह रही हूँ ठीक ही कह रही हूँ। चाहते क्या हो तुम? वैषम्य या समता, बर्बरता या मानवता—इनमें से किसी एक को तुम्हें चुनना होगा। धर्म में—सीधी, साफ़ बात, समानाधिकार नहीं है, सचमुच की मानवता भी नहीं है। मैंने पहले भी कहा है धर्म शुरू से आख़िर तक मतलब टॉप टु बॉटम पुरुषतन्त्र है। अगर इस्लाम में किसी को अविश्वास है तो उसे कोंचकर मार डालने की बात लिखी हुई है। इससे ज़्यादा मानवता-विरोधी काम और क्या हो सकता है? ऐडलट्री (पति के अलावा किसी और से शरीर-मन का सम्बन्ध) करने पर पत्थर मार-मार कर मार डालना चाहिए स्त्रियों को। स्त्रियों को सिर से पैर तक ख़ुद को ढककर रखना चाहिए। क्योंकि उन्हें देखने पर पुरुषों की यौनेच्छा जाग सकती है। पुरुषों की यौनेच्छा जाग ही सकती है, जगे। स्त्रियों की यौनेच्छा यदि साथ ही न जगे तो पुरुषों को कंट्रोल करना पड़ेगा। ऐसा ही स्त्रियों के बारे में भी। स्त्रियाँ तो कंट्रोल कर रही हैं, पुरुष क्यों नहीं करेंगे?

पुरुष लोग तो कंट्रोल करना नहीं जानते।

कौन कहता है नहीं जानते? जो नहीं जानते वे चरित्रहीन, बदमाश, लुच्चे हैं। स्त्रियों का बुर्क़ा पहनना ही प्रमाणित करता है कि समाज के सब पुरुष चरित्रहीन हैं। स्त्रियों को बुर्क़ा ओढ़ाकर उन्हें छोटा किया जाता है, किसने कहा? दरअसल छोटा किया जाता है पुरुषों को। उस समाज के पुरुष लोगों की कोई जाति नहीं होती, सब मर्द ही अक्षरशः एक 'डिकहैड' हैं, यही प्रमाणित होता है। कौन कहता है कि पुरुष लोग यौनेच्छा का दमन नहीं कर सकते? सभ्य समाज के सभ्य पुरुष लोग तो कर ही रहे हैं। उनके समाज की स्त्रियाँ अधनंगी होकर चलने पर भी पुरुष लोग यह नहीं समझ रहे हैं कि उन स्त्रियों पर झपट पड़ें, तुम कर रहे हो, तुम्हारे समाज में पुरुष ख़ुद को कंट्रोल करना नहीं जानते। लेकिन दबाव के नीचे हों तो जरूर जानते हैं। लेकिन दबाव तो नहीं है न अब। पुरुष लोग ही तुम्हारे पिछड़े समाज के मातवर हैं। मातवर लोग समझते हैं उनको अपनी यौनेच्छा को दबाने की कोई जरूरत नहीं है। वे जो इच्छा सो कर सकते हैं। मर्जी हो तो किसी पर भी झपट पड़ना, बलात्कार करने का अधिकार उन्हें है। उनकी पेशियों में बल है, स्त्रियों पर अपनी पेशियों का ज़ोर वे आजमायेंगे ही। यह पेशियों का ज़ोर अल्लाह का दिया हुआ है। यह पूरी दुनिया उन्हीं की मौज़-मस्ती के लिए है। लेकिन दरअसल यह सही नहीं

है। यह दुनिया स्त्री-पुरुष दोनों की है। आपसी सम्मान न हो तो यह दुनिया नहीं चलेगी। स्त्रियों को घर में बन्द न करके, बुर्क़ा न पहनाकर इसकी जगह पुरुषों को सही रास्ते पर लाने की कोशिश करें—सही मायने में इन्सान बनायें। पुरुष लुच्चापन करेंगे इसीलिए स्त्रियों को उनके प्राप्य अधिकार से वंचित करने से ज़्यादा बड़ा अन्याय और कुछ नहीं है। हम जितने सभ्य हो रहे हैं, उतना ही समाज को बदल रहे हैं। हमने कह-सुन लिया कि हम पेशी के बल पर या पुरुषांग के बल पर दुनिया, राष्ट्र या समाज नहीं चलायेंगे—बुद्धि से और सुविवेचना से चलायेंगे।

अवश्य ही सब पुरुष एक से नहीं होते। बहुत से पुरुष ही नारी के समानाधिकार पर विश्वास करते हैं। परन्तु उनकी संख्या बहुत ही कम है। यह संख्या बहुत जल्दी बढ़नी चाहिए। सिर्फ़ पुरुष ही नहीं नारी के समानाधिकार पर विश्वास करने वाली नारियों की संख्या बहुत ज़्यादा नहीं है। उस संख्या को भी बढ़ाना पड़ेगा।

और अल्लामा का क्या होगा? उसके अनुयायियों की संख्या भी तो बहुत ज़्यादा है।

वह तो उसकी अपनी कामयाबी है। तुम लोग पितृतन्त्र पर चोट करने में असफल रहे। इसी वजह से ऐसा हो रहा है। लोगों को विज्ञान की शिक्षा में काफ़ी शिक्षित नहीं कर पाये, इसी वजह से वे आज अंधापन, कुसंस्कार और पुराणपन्थी विचारों के बीच बड़े हो रहे हैं। समता, समानाधिकार, नारी स्वाधीनता वगैरह विषयों में मनुष्यों को शिक्षित नहीं किया। इसीलिए मनुष्य आज नारी विरोधिता, नारी-घृणा, पुरुष दम्भ जैसी भावनाओं को लेकर बड़े हुए हैं। इसी वजह से आसानी से अल्लामा शफ़ी की बातें उनके मन को भा जाती हैं। शफ़ी की बातों का प्रतिवाद करके जितना फ़ायदा होगा, उससे बड़ा यह काम होगा अगर प्रचार माध्यम का इस्तेमाल करो स्त्रियों के अधिकारों के बारे में, मानवाधिकार के बारे में साधारण लोगों को ज्ञान और जानकारी देने के लिए। स्कूलों में विज्ञान की शिक्षा को अनिवार्य करो। धर्म की शिक्षा ख़त्म करो स्कूल सिलेबस से। मदरसे ख़त्म कर दो। धर्म सीखने की चीज़ नहीं है। धर्म विश्वास करने की चीज़ है। उलटे-सीधे, अजीब, अवास्तव कथाओं को आँख-कान बन्द किये विश्वास करने की चीज़ है। इसे घर बैठकर जितना चाहे विश्वास करो। घर से बाहर को धर्ममुक्त रखो। विज्ञान को अवश्य ही अच्छी तरह से समझने पर धर्म पर से विश्वास ख़त्म होकर ही रहेगा। और इसी से पुरुषतन्त्र का, धर्म का, अल्लामा शफ़ी का और अल्लाहर नबी के फतवे को चुनौती देना होगा। दो-दिन

जुलूस निकालकर तीन कॉलम लिखकर, चार दिन चीखने-चिल्लाने से समाज को ज़्यादा बदला नहीं जा सकता। तुम लोगों को साधारण लोगों के पास तक पहुँचना है। मुश्किल यही है कि तुम लोगों ने साल-दर-साल बीत जाने दिया और उसी बीच शहर, बंदरगाह, गाँव, गंज के लोगों के पास पहुँच गये हैं अल्लामा लोग। इसीलिए उनके एक बुलावे पर चींटियों की तरह लोग निकल आते हैं सड़कों पर। हमारी आँखों के सामने ही देखते-देखते ही तैयार हो गया एक कूढ़मगज़ों का समाज। बेहद दुख होता है।

मोगरे का पौधा आँगन में

उस दिन मल्ली मछली खरीदी मैंने। यह मछली मैंने ज़िन्दगी में बहुत कम खरीदी या फिर पहली बार ही खरीदी। बाबा खरीदते थे। मुझे इसका नाम पसन्द नहीं था शायद इसलिए खाने का जी नहीं करता था। स्वाद में भी ऐसा कुछ खास नहीं था। इसलिए बड़े होकर भी कभी शौक से मल्ली नहीं खरीदी। परन्तु उस दिन इस वजह से मल्ली खरीदी कि कुछ दिन पहले छोटे भैया ने मल्ली की कहानी सुनायी थी। कहा था कि हफ्ते दो हफ्ते पहले देश वाले घर में मल्ली पकायी गयी थी, कारण दादा (बड़े भाई) को मल्ली का सिर खाने का बहुत शौक चढ़ा था। जब खाने लगे तो शोर मचाया की मछली ठीक तरह से पकायी नहीं गयी। दूसरे दिन फिर मल्ली पकायी गयी। बड़े भैया उस दिन भी गुस्सा करने लगे। बड़े भैया ने रट लगायी—तरी सिर्फ़ गाढ़ी ही नहीं होनी चाहिए, थोड़ी लेसदार भी होनी चाहिए, नानी जैसे बनाती थीं कुछ वैसे ही। अब नानी कैसे बनाती थीं, वह न तो मामी जानती थीं न और कोई खाना पकाने वाले। कारण क्या है उन्हें पता नहीं। और वैसी ही गाढ़ी-गाढ़ी तरी जबतक न हो, बड़े भैया मछली की तरी को मुँह तक नहीं लगायेंगे। इसका नाम क्या है, इस नखरे का? यादों की तड़प? पागलपन? चाहे जो भी नाम दूँ, अन्दर ही अन्दर मैं भी महसूस करती हूँ ऐसा ही कुछ। बड़े भैया नाराज हो सकते हैं, नखरा कर सकते हैं, फरमाइश कर सकते हैं, भरापूरा घर है उनका। मेरा तो वैसा नहीं है। पूरे घर में मैं अकेली हूँ। बीस साल पहले देश छोड़कर, देश के लोग-बागों को छोड़कर जब एक बिल्कुल नये परिवेश में आ पड़ी थी, मुझे अकेले ही खरीदारी करनी पड़ती थी, अकेले खाना बनाना पड़ता था, हालाँकि खाना बनाना ही सीखना नहीं हुआ मेरा, जब मैं देश में थी। उस समय अनाड़ी हाथों से खाना बनाती थी, सिर्फ़ ध्यान रखती थी कि माँ के हाथ की तरह खाना पक रहा है या नहीं। माँ के पकाये खाने में जो स्वाद होता था, जब तक वैसा स्वाद न आ जाये—तब तक मैंने अपने पकाये खाने को कभी अच्छा नहीं कहा। वह जो शुरू हुआ था, अब भी वैसा ही चल

रहा है। छोटी बहन का भी वही हाल है, खाना अगर पकाना है तो वह माँ के पकाये जैसा होना चाहिए। उसे इस मामले में मुझसे ज़्यादा ज्ञान है कि किस तरह माँ जैसा पकाना चाहिए—उन जैसा स्वाद लाने के लिए। बहन के घर कुछ दिन रहने पर मेरा दो-तीन किलो वजन तो बढ़ेगा ही। कैसे बरसों तक जुबान पर पहलेवाला स्वाद लगा रहता है पता नहीं। दरअसल यह जीभ का मामला नहीं है, यह दिमाग़ का मामला है। दिमाग़ के उन यादों की कोठरियों में कैसे सब कुछ गड़े रहते हैं पता नहीं। बड़े भैया के उस गाढ़ी-गाढ़ी मछली की तरी, और मल्ली मछली का सिर खाने की लालसा को दोष नहीं दे सकती। उस दिन मल्ली खरीदकर मैंने भी तो बिल्कुल वैसी ही 'गाढ़ी तरी' बनाने की कोशिश की थी।

बचपन में जाने कितनी क़िस्म की मछलियाँ खाती थी। सब मछलियों के नाम भी अभी याद नहीं हैं। हिलसा, झींगा, कोची, रेहू, मांगुर, मछली खाना अच्छा लगता था। हालाँकि झींगा को मछली कहना ठीक नहीं होगा, लेकिन झींगा मछली नहीं है यह सोचते बुरा लगता है। तब 'रेहू' मछलियों का राजा हुआ करता था। आजकल जैसे 'जनता मछली' हो गया है, पहले वैसा नहीं था। सच कहूँ तो पिछले कुछ वर्षों से जिस मछली को जानबूझ कर अनदेखा करती हूँ वह है 'रेहू'। कलकत्ते में रहते समय इस मछली के प्रति उदासीनता ने मुझे घेरा था। जहाँ जाऊँ, जिधर देखूँ, बस रेहू, और रेहू। खाते-खाते एक समय में यह बिल्कुल बे-स्वाद लगने लगी। लगता जैसे घास खा रही हूँ। कलकत्ते के यदु बाज़ार गड़ियाहाट और मानिकतला से कितने क़िस्म की मछली खरीदती थी मैं। इतनी विचित्र मछलियाँ शायद अपने देश के बाज़ार में नहीं देखीं मैंने। हालाँकि देश के बाज़ार में मैं गयी ही कितने दिन हूँ। हमारे समय में लड़कियों का मछली बाज़ार में जाने का रिवाज़ नहीं था। 'मांगुर' नाम हालाँकि मुझे बिल्कुल नहीं भाता पर खाने में स्वादिष्ट लगता था। खासकर माँ जब हरा धनिया और टमाटर से तरी बनाती थी। एक बार किसी कविता में मैंने मांगुर मछली का उल्लेख किया था, उस कारण कवियों ने नाक भौंह सिकोड़ी थी। कविता में 'मांगुर' क्यों आयेगा, हिलसा, चीतल आ सकता है। 'मागुर' शब्द कविता को नष्ट कर देता है। उनकी बातों की वजह से लेकिन मैंने अपनी कविता से 'मांगुर' शब्द को नहीं निकाला। भेटकी शब्द बहुत खराब लगता था कलकत्ते में इसी वजह से मैं पहले भेटकी कभी नहीं खरीदती थी। रेस्तराँ और दोस्तों के घर खाते-खाते एक समय लगा अरे यह तो बड़ी स्वादिष्ट मछली है। इसके बाद से ही भेटकी खरीदना शुरू हुआ मेरा। अब भी खरीदती हूँ। कलकत्ते के लोग 'रूपचाँद' मछली को क्यों 'पॉमफ्रेट' कहते हैं। फ्रेंच में आलू चिप्स को 'पॉमफ्रेट' कहते हैं। 'पॉमफ्रेट' नाम

कहाँ से आया ढूँढ़ते हुए पाया कि 'पैमफ्लेट' से आया है। पॉर्चगीज़ (पुर्तगाली) भाषा में किसी एक मछली को 'पैमो' कहते हैं। वही पैमो ही इसका उद्गम है। पॉमफ्रेट समुद्री मछली है। पता नहीं क्यों समुद्री मछली नदी की मछली की तरह स्वादिष्ट नहीं होती। या फिर मीठे पानी की मछली खाते-खाते मेरी जीभ ही मीठी हो गयी है। रूपचाँद नाम मुझे बहुत भाता है लेकिन समुद्री मछली है इसी वजह से शायद खाने में कभी अच्छी नहीं लगी। ठीक से याद नहीं माँ कैसे रूपचाँद मछली पकाती थीं। शायद तलती थीं। तलने पर हालाँकि बहुत सी बेस्वाद चीजें भी स्वादिष्ट बन जाती हैं।

चाहे मानें या न मानें हम अपने बचपन और किशोरावस्था को ज़िन्दगी भर साथ लिए जीते हैं। बड़े होने पर भी बड़े नहीं होते। नानी के घर पीढ़े पर बैठकर या फिर ज़मीन पर चटाई पर बैठे जो पकवान हम खाते थे वे पकवान आज भी दुनिया के बेहतरीन पकवान हैं। मिट्टी के चूल्हे में, फूँकनी फूँककर या सूखी डाल-पत्तियाँ जलाकर माँ जो भी पकाकर देती थीं वही खाना आजतक दुनिया का सबसे स्वादिष्ट और बढ़िया खाना है। आजकल के अति आधुनिक बिजली के स्टोव पर ओवन में, गैस पर बना हुआ खाना खाया है, पर कोई भी खाना माँ के उस मिट्टी के चूल्हे में पके खाने से बेहतर नहीं। क्या ऐसा इसलिए कि माँ को प्यार करती हूँ। नहीं, माँ को कहाँ प्यार कर पायी? माँ तो, प्यार के लिए तरसते-तरसते ही एक दिन हमेशा के लिए चली गयीं। कितना दुखभरा जीवन बिताया माँ ने। मेरी बहन ने भी। उसका जीवन भी बहुत-कुछ माँ की तरह ही है। बहन देखने में माँ की तरह नहीं है, मैं हूँ देखने में अक्षरशः माँ। लेकिन मेरा जीवन माँ के जीवन से बिल्कुल ही अलग है। परिवार घर-संसार के दुख-कष्ट सहने से मैंने ख़ुद को बचाया है लेकिन न तो माँ अपने को उस दुख से बचा पायीं और न बहन।

माँ के बहुत से गुण थे, पर माँ के गुण, गुण ही नहीं लगते थे। शायद माँ हैं इसीलिए। हम माँओं को सिर्फ़ माँ के रूप में ही लेते हैं एक मनुष्य के रूप में नहीं। माँओं के गुणों को देखते जरूर हैं लेकिन अनदेखा कर देते हैं। खाना बनाने के अलावा भी नानी के असाधारण कई गुण हैं लेकिन कितने लोगों ने नानी को ऐसा कहा है। नानी के अपने ही बच्चों ने कभी ऐसा कहा है? प्रशंसा की है? मुझे नहीं लगता। माँ ने जिन्दा रहते, अपने अनगिनत गुणों के लिए एक भी प्रशंसा का वाक्य नहीं सुना वह मैं जानती हूँ। चलो माँ तो आज नहीं हैं नानी तो हैं। जिस नानी का बनाया मल्ली मछली के शोरबे की तरह अगर शोरबा न बने तो बड़े भैया खाते ही नहीं, उसी नानी से मिलने बड़े भैया कितने दिन गये

हैं? एक ही शहर में तो रहते हैं। कितने दिन नानी के सिरहाने बैठकर पुराने दिनों की बातें की हैं। शायद एक दिन भी नहीं। अगर कभी गये भी होंगे, तो अपने स्वार्थ से गये होंगे। नानी शायद अब ज़्यादा दिनों की मेहमान नहीं हैं। देश से फ़ोन आता है तो डर लगता है कि शायद अभी सुनूँगी कि नानी नहीं रहीं। हमारा बचपन नानी के घर ही बीता है। जब माँ ने बड़े भैया को जन्म दिया था—तब वे छोटी उम्र की किशोरी थीं। माँ के लिए अकेले बेटे को पालना सम्भव नहीं था। नानी मदद करती थीं। अब बड़े भैया को समय नहीं है नानी के पास जाने का। अगर मैं देश में रहती तो कई-कई बार नानी के पास जाती। अब मैं मनुष्य के रहने और न रहने के फ़र्क़ को बड़ी अच्छी तरह से जानती हूँ। माँ थीं, माँ नहीं हैं। बाबा थे, बाबा भी नहीं हैं। एक के बाद एक कई खाला, मामा, जिनके पास बचपन में बड़ी हुई—चले गये। नानी अब भी हैं, हीरे की तरह जिन्दा हैं। जब तक नानी जिन्दा हैं, उनके जीते रहने का उत्सव तो मनाया जाना चाहिए। नानी पूरी ज़िन्दगी देती ही रही हैं, उनको देने वाला कोई नहीं है। औरतों का जीवन ही जैसे देते-देते खाली होने के लिए ही है। खाली होते-होते मर जाने के लिए ही है। कुछ पाने के लिए नहीं है। नानी का दिमाग़ अभी भी तेज़ है, अभी तक याददाश्त ठीक है। लेकिन ये सब होने से क्या? लोगों से भरा घर, सिर्फ़ नानी के कमरे में किसी का आना-जाना नहीं है। सब इन्तजार कर रहे हैं नानी की मृत्यु का। मनुष्य उदार हो सकता है—यह ठीक है, लेकिन उससे सौ गुणा ज़्यादा निर्दयी हो सकता है।

निर्वासन ने मुझे मेरे सब अधिकारों से वंचित किया है। मुझे मेरी नानी का ऋण चुकाने नहीं दे रहा है। माँ-बाबा का ऋण भी चुकाने नहीं दिया। जिनसे प्यार करती हूँ उन सबसे मुझे दूर रख रहा है निर्वासन। मेरे उस बचपन, किशोरवय वाले जीवन से लाखों योजन दूर। जिससें भूल जाऊँ सब कुछ। पर मैं तो किसी को भी भूल नहीं सकती। छोटा-सा एक मोगरे का पौधा था आँगन में उसको भी आजतक भूल नहीं पायी।

डायरी

उस दिन बेल्जियम के रॉयल अकादमी ऑफ साइंस आर्ट ऐंड लिटरेचर से एक पुरस्कार मिला। उधर पेरिस से एक 'यूनिवर्सल सिटिजनशिप' पासपोर्ट भी मिला।

यह पासपोर्ट एकदम स्वप्न की तरह था। शायद कभी दुनिया ऐसी होगी जब किसी भी देश की सीमा या बॉर्डर के नाम से कुछ नहीं होगा—यह दुनिया ही सबका देश होगी। किसी को भी किसी वीज़ा पासपोर्ट की जरूरत नहीं होगी। जहाँ मर्जी जाने की, जहाँ मर्ज़ी रहने की आज़ादी रहेगी हर इन्सान को।

यूरोपियन पार्लियामेण्ट, बेल्जियम, सीनेट, रॉयल अकादमी, ह्यूमनिस्ट कॉन्फ्रेंस के साथ-साथ लगभग सभी जगह अभिनंदन, सम्मान मिला है और भाषण के बाद स्टैंडिंग ऑवेशन। स्टैडिंग ऑवेशन का बांग्ला क्या है? कुछ शब्दों को लेकर आजकल इतनी मुसीबत में पड़ती हूँ। अंग्रेजी शब्दों का बांग्ला नहीं जानती अथवा बांग्ला की अंग्रेजी नहीं जानती। बहुत से शब्द हैं जिनका दूसरी भाषा में ठीक-ठाक अनुवाद नहीं किया जा सकता। 'रूठना' शब्द का आज भी मैं अंग्रेजी समझ नहीं सकती। स्टैंडिंग ऑवेशन मैं देख रही हूँ, बड़े धुरंधर वक्ताओं को भी नहीं मिल रहा है पर मुझे मिल रहा है। इस बार मशहूर 'क्रमिक विकास' से सम्बन्धित वैज्ञानिक ब्लॉगर पी.जी. मायर्स को डबलिन की सड़क पर चलते-चलते मैंने पूछा था—"अच्छा बताइये तो, आप लोग तो इतने बड़े-बड़े स्पीकर हैं, आप लोग 'स्टैंडिंग ऑवेशन' नहीं पाते मुझे क्यों मिलता है। मेरी भाषा तो अंग्रेजी नहीं है। भाषण में कितनी ग्रामर की गलतियाँ होती हैं तिस पर उच्चारण की भी गलतियाँ होती हैं, मुझे क्यों 'स्टैंडिंग ऑवेशन' दिया जाता है सब जगह?" पी.जी. मायर्स ने कहा—"लोग गलत उच्चारण, गलत व्याकरण की कोई परवाह नहीं करते। तुम्हारे स्पीच की सबसे ज़बरदस्त चीज़ है कंटेन्ट यानी तथ्य, विषय। वही मनुष्य को छूता है। क्या मालूम, अगर कंटेन्ट कहें तो मुझे लगता है कि मेरे भाषण से ज़्यादा उनके भाषण में कंटेन्ट होता है। वे लोग जिस तरह से अपनी मातृभाषा अंग्रेजी में बोल पाते हैं, व्याख्या कर सकते हैं, ढेरों तर्क देकर समझा

सकते हैं, मैं तो उनके सामने कुछ भी नहीं। भाषा का सीमित होना तो है ही, पर मेरा मस्तिष्क भी उतना व्यापक नहीं है, याददाशत भी कमतर है। तब क्या यह सम्मान, निर्वासित जीवन जी रही हूँ, इसलिए ही मिलता है? पाश्चात्य शिक्षित, बुद्धिमान लोगों को जितना मैं जानती हूँ किसी के निर्वासन की सहानुभूति के कारण कुर्सी छोड़कर खड़े नहीं हो जाते। मंच से उतर आने पर जो लोग मुझे घेर कर खड़े हो जाते हैं, वे सब लोग मेरे निर्वासित जीवन के लिए आँसू बहा रहे हैं, ऐसा नहीं है। कुछ तो जरूर है मुझमें। क्या है वह? सच्चाई? निष्ठा? पता नहीं क्या, होगा।

यह जो मुझे विदेश में सम्मान मिलता है पर इसके बारे में अपने देश के लोग नहीं जानते क्योंकि देश में कहीं भी यह ख़बर नहीं छपती। कभी-कभी मुझे लगता था कि देश के लोग मुझे भूल ही गये हैं। मेरा ऐसा सोचना स्वाभाविक ही है, जिस देश में मेरी किताब नहीं छापी जाती, पत्रिकाओं में लेख नहीं छापे जाते, उस देश में एक लेखक को आख़िर कितने दिन तक याद रख सकते हैं। लेकिन लोग मुझे एकदम ही नहीं भूले उसका प्रमाण मिलता है जब मीडिया मेरे बारे में बड़े उत्साह से लिखती है और पाठक लोग सशब्द भुक्खड़ों की तरह निगलते हैं। हालाँकि मेरे बारे में तभी कुछ लिखा जाता है जब कोई मेरी पिटाई करता है, गाली-गलौज करता है, तंज कसता है, असम्मान करता है, जब मुझे देशनिकाला दिया जाता है, मेरी क़िताब निषिद्ध कर दी जाती है। मेरे खिलाफ़ मुक़दमे ठोक दिये जाते हैं। लेकिन लोगों की भीड़ मेरी क़िताबें ख़रीदती है, क़िताबें पढ़कर प्रशंसा करते हैं लोग, बहुत से लोग क़िताबें पढ़कर सचेतन होते हैं, देश में नहीं तो विदेश में बहुत सम्मान मिलता है। इन सब ख़बरों का कोई नामोनिशान भी उपमहादेश के किसी जगह दिखाई नहीं देता। हो सकता है विदेश की 'मेन स्ट्रीम' की सब घटनायें देशीय सांवादिकों को मालूम होना सम्भव नहीं होता। लेकिन अगर जानना संभव होता? मुझे विश्वास है मेरे सम्मान की बात कोई कहीं भी नहीं लिखता। इसका कारण शायद यह है कि मीडिया लम्बे अर्से से मेरे खिलाफ़ लिख-लिख कर झूठ फैलाकर आख़िरकार सफल हो गयी है। लोगों के मन में मेरे प्रति एक नफ़रत उगाने में, मुझे एक जीती-जागती नफ़रत की चीज़ बना देने में। उनके इतने दिन की मेहनत की इस फ़सल को, इस 'क्रियेशन' को, एक-दो अच्छी, ख़बरों या सच्ची ख़बरों के बारे में लिखकर नष्ट नहीं किया जा सकता। और पाठक भी मुझसे नफ़रत करते-करते ही बढ़े हैं। उस पाठक को अब तो ऐसा कुछ खिलाया नहीं जा सकता जो उसे हजम न हो। प्रश्न उठ सकता है कि मीडिया को मेरा इतना विरोध करने की, हाथ धोकर पीछे

पड़ने की क्या जरूरत थी? जरूरत जरूर थी—और अब भी है। मैं नास्तिक हूँ इस वजह से, और इस्लाम और इस्लामी कानूनों के खिलाफ़ बोला है—इसीलिए इतना ग़ुस्सा? वह बीस प्रतिशत, अस्सी प्रतिशत ग़ुस्सा है शायद पुरुषतन्त्र की निन्दा की है इसलिए। कम-से-कम देख-सुनकर इतना ही समझ में आया है। पुरुषतान्त्रिक समाज को जो व्यक्ति बदलना चाहता है उसे एक फूँक से गायब कर देना सबके लिए जरूरी है। सरकार, समाज, परिवार और पुरुषों की जरूरत है यह। मीडिया भी समाज का एक हिस्सा है। समाज जैसे पुरुषतान्त्रिक है, मीडिया भी पुरुषतान्त्रिक है। और किसी भी तरह अगर उसे ध्वंस न किया जा सके तो बदनामी फैलाकर किया जा सकता है—खासकर स्त्रियों के बारे में। यह बात तो किसी गधे को भी मालूम है।

बहुत लोग मेरे दुश्मन हैं, सिर्फ़ कट्टरपन्थी ही नहीं, स्त्रियों से नफ़रत करने वाले भी। मैं इन बातों से अनजान नहीं हूँ। इस वजह से क्या मेरा कुछ आता-जाता है? क्या मैं धार्मिक कट्टरवादी या पुरुषतान्त्रिक कट्टरपन्थियों से समर्थन माँगती हूँ? चाहती हूँ कि वे मेरे मित्र बनें? क्या मैं नहीं जानती कि उनकी दोस्ती मेरे लिए सर्वनाशी है। अपनी नीति, अपने आदर्श की तिलांजलि देकर मर जाना है?

पुरुषतान्त्रिक समाज स्त्रीवादियों की आवाज़ को दबाता रहा है। आज से नहीं, इसकी शुरुआत बहुत पहले ही हो गयी है। बहुत देशों में। आज भी चल रहा है। प्रथा के विरुद्ध बातें करके छुटकारा पाना क्या इतना आसान है? ख़ासकर स्त्री-विरोधी देशों में? मेरा जन्म ही हुआ है ऐसे देश में। ऐसा भी नहीं था कुछ अच्छे लोग नहीं थे मेरे साथ खड़े होने के लिए। निर्वासन—देशनिकाले के तूफ़ान ने आकर मुझे उन अच्छे लोगों से दूर पटक दिया। अपने देश से निर्वासित हूँ—मैं, आज बीस साल हो गये। अब देश शब्द कहने पर मुझे देश का अर्थ समझ नहीं आता। समझ में आता है, थोड़े से लोग, जो सभ्य शिक्षित एक समाज का स्वप्न देखते हैं, जो लोग स्त्रियों की पूर्ण स्वतन्त्रता पर विश्वास करते हैं, जो समाज से पुरुषतन्त्र, स्त्री-विद्वेष, समकामिता से नफ़रत वगैरह को दूर करना चाहते हैं। राष्ट्र, क़ानून-शिक्षा व्यवस्था की ज़मीन में जड़ जमाये, धर्म को दूर करना चाहते हैं, जो सत् हैं, साहसी हैं जो कुसंस्कारमुक्त, ईश्वरमुक्त हैं—वे ही मेरे सचमुच के अपने हैं। वे किसी भी रंग के, किसी भी जाति के, किसी भी लिंग के, किसी भी देश के, किसी भी भाषा के लोग हैं। अगर उस समूचे देश को, यानी मिट्टी के उस पिंड को मेरे हाथों पर लाकर रख दिया जाये, तो शायद उस देश को मैं

लूँगी ही नहीं। बल्कि उन लोगों को ही मैं अपना देश मानूँगी जो प्यार करते हैं। जो घृणा के लोग हैं, नफ़रत ही जिनकी दौलत है उनके साथ रहकर मैं अपनी अकाल-मृत्यु को क्यों बुलावा दूँगी? जीवन क्या सैकड़ों बार मिलता है? उन्हीं लोगों को मैं अपना देश ज़िन्दगी भर मानती रहूँगी जो सुख-दुख, विपत्ति और बुरे समय में मेरे साथ रहते हैं।

रफ़ कॉपी

बचपन में मेरी दो तरह की कॉपियाँ होती थीं, रफ़ कॉपी और फेयर कॉपी। फेयर कॉपी में कोई उलटी-सीधी लिखाई नहीं चलेगी। रफ़ कॉपी में चलेगी। रफ़ कॉपी में चलती थी मेरी दुनिया भर की उलटी-सीधी लिखाई। जब भी लिखती पहले रफ़ कॉपी में उसके बाद ही फेयर कॉपी में लिखती थी। रफ़ कॉपी थी आज़ादी, फेयर कॉपी थी एक तरह की दमघोंटू पराधीनता। रफ़ कॉपी के हाशिये में या बीच में, गणित के सवाल हल करते समय या कितने ही घरेलू काम की सूची बनाते जाने कितनी मन की बातें लिखती थी कि उसका कोई हिसाब नहीं। साल ख़त्म होने पर नयी क्लास में जाने पर पुरानी क़िताबें, कापियाँ सेर के हिसाब से बेच दी जाती थी और अगर न भी बिकें, फिर भी उन्हें सहेज कर नहीं रखा जाता था, दीमक खा जाते थे। मेरी लिखने की शुरुआत हुई थी रफ़ कॉपी में।

एक समय मैंने पूरी रफ़ कापी को ही अपने लिखने की कॉपी बना डाली। और लिखने को लेकर अपने स्कूल की लिखाई-पढ़ाई में ही ज़्यादा व्यस्त हो गयी। यह कॉपी मुझे माँ-बाबा से छुपाकर रखनी पड़ती थी। पर मैं इस कॉपी को छुपाकर स्कूल ले जाती थी। क्लास की लड़कियाँ छीना-झपटी करके जैसे तो निगलती थीं मेरा लिखा। एक समय ऐसा आया कि वे मेरा लिखा घर ले जाने लगीं, पढ़कर लौटा लातीं या फिर दूसरी कोई पढ़ती। जिसकी कॉपी थी उसके हाथ पहुँचते-पहुँचते महीना बीत जाता था। भाई लोग कविता की पत्रिका निकालते थे, ग्राहकों को घर से ही पत्रिका को फोल्ड करके पोस्ट किया जाता था। इस काम में मैं भी सहायता करती। छपी हुई कविताओं को याद कर लेती थी। पत्रिका में भाई लोग कविता लिखते थे तब तक कविता छपवाने की मेरी उम्र नहीं हुई थी।

लेकिन उम्र होने से पहले ही मेरा लिखा सिर्फ़ भैया लोगों की मैगज़ीन में ही नहीं शहर के बाहर लिट्ल मैगज़ीन में भी छपना शुरू हो गया, यहाँ तक कि नेशनल पत्रिकाओं में भी छपना शुरू हो गया था। कविता पत्रिका का सम्पादन और प्रकाशन दोनों ही मैंने शुरू कर दिये थे। तब मेरी उम्र महज़ सत्रह साल की थी।

वह जो लिखना शुरू किया। आज भी चल रहा है। बीच में मेडिकल कॉलेज की मुश्किल पढ़ाई, अस्पताल की नौकरी। लिखने की गति कम हो गयी, लेकिन लिखना नहीं छोड़ा मैंने। क्यों नहीं छोड़ा? छोड़ नहीं पायी इसलिए नहीं छोड़ा। क्योंकि जो भी बातें मन में आती-जाती रहती हैं, वे बातें किसी और तरह से मैं प्रकट नहीं कर सकती हूँ। मैं न तो गाना जानती हूँ, न नाचना जानती हूँ। न मैं नाटक कर सकती हूँ न अच्छी चित्रकारी ही जानती हूँ। लिखने के ज़रिये ही बता सकती हूँ कि क्या कहना चाह रही हूँ। जो लिखकर समझा सकती हूँ वह बोलकर समझा नहीं सकती। बोलने जाऊँ तो सब कुछ गुल-गपाड़ा हो जाता है। और मन में जो बातें हैं मुझे प्रकट करनी ही है? नहीं, मन में नया कोई वैज्ञानिक तत्त्व नहीं है, ग्रह-नक्षत्र के आविष्कार की गुप्त योजना भी ताक-झाँक नहीं रही है। बहुत साधरण सी कुछ बातें मन में उठती हैं। न बताऊँ तो हमेशा के लिए उन बातों को मन में पाल कर रखना पड़ेगा। साधारण-सी बातें, मैं चाहती हूँ, क्या नहीं चाहती हूँ मुझे क्या अच्छा लगता है, क्या नहीं अच्छा लगता, यही सब कुछ। मर्द लोग कह देते हैं। ज़्यादातर औरतें नहीं बतातीं क्योंकि औरतों को ज़्यादा बातें नहीं करनी चाहिए, बहुत चाहत भी नहीं होनी चाहिए, इतना 'मेरा, 'अपना' की भावना नहीं होनी चाहिए—दूसरों के भले में ही औरतों का भला है।

पर क्योंकि मैं विश्वास नहीं करती कि मैं स्त्री हूँ तो कुछ कमतर इन्सान हूँ, क्योंकि मैं विश्वास नहीं करती कि 'अधिकार' और 'स्वतन्त्रता' थोड़ी कम होने से भी मेरा चल जायेगा—इसीलिए मैं बोलती हूँ, लिखती हूँ, सिर्फ़ अपने लिए ही नहीं लिखती। उन लोगों के लिए भी ज़्यादातर लिखती हूँ जिनको यह जानने नहीं दिया जाता कि उनका अधिकार कितना है—अपनी ज़िन्दगी को अपनी पसन्द के तरीके से जीने का अधिकार। लिखकर उन स्त्रियों के ठहरे हुए जीवन में अगर थोड़ी-बहुत तरंगें उपजा सकूँ—तभी मेरा लेखन सार्थक है। सार्थक होती हूँ, इसीलिए और कुछ भी छोड़ सकती हूँ—लिखना छोड़ नहीं पाती।

ब्रह्मपुत्र के किनारे

'ब्रह्मपुत्र के किनारे' नाम से एक छोटा उपन्यास लिखा है पिछले साल। वह किताब पढ़कर मेरी जान-पहचान वाले सभी ने कहा कि यह तो मेरी जीवनी है। उनका कहना है, यमुना मैं हूँ, मैं ही हूँ। मेरे अलावा यमुना और कोई हो ही नहीं सकती। लेकिन यमुना के साथ मेरे जीवन का कुछ भी मेल नहीं खाता।

सुस्मिता भट्टाचार्य के साथ इस विषय में उस दिन बातचीत हुई।

तुम्हारी 'ब्रह्मपुत्र के किनारे' क़िताब पढ़ी बहुत ही अच्छी लगी। अभी भी नशे में हूँ। मैं अब यमुना के साथ बात कर रही हूँ, सोचने में ही अच्छा लग रहा है।

'यमुना के साथ' मतलब?

यमुना के साथ, मतलब तुम्हारे साथ।

सुस्मिता दी, किस वजह से तुम्हें लग रहा है कि, यमुना मैं हूँ?

लग रहा है, क्योंकि तुमने अपनी जीवन कथा ही तो लिखी है।

लेकिन 'ब्रह्मपुत्र के किनारे' तो मेरी आत्मकथा नहीं है, यह एक उपन्यास है।

हाँ, उपन्यास तो है, लेकिन है आत्मकथात्मक।

मेरा नाम तो यमुना नहीं है। यमुना बांग्लादेश की लड़की है इसीलिए कह रही हो? मेरे उपन्यास में बांग्लादेश, मयमनसिंह, ब्रह्मपुत्र यह सब बहुत रहता है। मेरा जन्म और बड़ा होना उसी देश और उस शहर में, उस नदी के किनारे हुआ था, शायद इसीलिए। पर इसका मतलब यह नहीं है कि मैं उपन्यास की 'वह यमुना' हूँ।

तुम्हारा नाम यमुना नहीं है। नाम तुमने बदल दिया है।

अच्छा, ऐसा? यमुना की शादी उसके पिता ने की थी, पर मेरे बाबा ने तो उस तरीके से मेरी शादी नहीं की थी।

हाँ, वह तो नहीं की थी।

यमुना ने तलाक लेने के बाद अपने एक प्रेमी के बच्चे को जन्म दिया था। उस तरह की कोई भी घटना मेरे जीवन में नहीं घटी। मेरा कोई बच्चा नहीं है।

हाँ, वह तो नहीं है।

यमुना ने फिज़िक्स में पीएच.डी. किया था। नौकरी करती थी सोलर एनर्जी में। मैंने फिज़िक्स भी नहीं पढ़ी, और इस तरह की कोई नौकरी भी नहीं की कहीं।

हाँ, वह तो नहीं किया।

यमुना ने अपने प्रेमी का .ख़ून किया था। मैंने किसी का .ख़ून नहीं किया।

हाँ, वह तो नहीं किया।

.ख़ून की सज़ा से बचने के लिए यमुना देश छोड़कर भाग गयी थी। मैं देश छोड़कर भागी नहीं थी।

तुम देश छोड़कर चली गयी थीं।

सरकार ने मुझे देश छोड़ने पर मजबूर किया था। राजनैतिक कारण से। दोनों के देश छोड़ने का कारण एक-सा नहीं है।

वह तो नहीं है।

यमुना ने एक मलयाली लड़के से शादी करके भारत की नागरिकता ली थी, जब वह केरल में सोलर एनर्जी पर शोध कर रही थी। मैंने केरल में किसी विषय पर शोध नहीं किया, भारत के किसी आदमी से शादी भी नहीं की, भारत की नागरिकता भी नहीं ली।

हाँ, वह तो नहीं लिया।

यमुना केरल से कलकत्ता गयी थी। कलकत्ते में नौकरी करती थी, मकान खरीदा था, बेटी को अच्छे स्कूल में पढ़ाती थी। ये सब कुछ भी मेरी ज़िन्दगी में नहीं घटा। मैं कलकत्ता में रही जरूर थी, पर नौकरी नहीं की, घर भी नहीं खरीदा।

हाँ, सो ठीक है।

यमुना का लेस्बियन सम्बन्ध था। वह निर्मला नाम की एक लड़की के साथ रहती थी। मैं कलकत्ते में अकेली थी। किसी लड़की के साथ मेरा सम्बन्ध नहीं था।

हाँ, वह सही है, नहीं था।

यमुना की बेटी हार्वर्ड में पढ़ती थी। मेरा कोई बेटा या बेटी नहीं है, हार्वर्ड में भी नहीं पढ़ते।

वह तो ठीक है।

यमुना मर गयी है, मैं मरी नहीं हूँ।

हाँ, नहीं मरी हो।

यमुना ने आत्महत्या की थी। मैं आत्महत्या के विरुद्ध हूँ। यमुना की बहन आकर उसकी अर्थी ले जाती है अपने देश में। मैं न तो मरी और न मेरी अर्थी लेकर कोई कहीं गया।

हाँ, वह तो नहीं गया।

तो फिर क्यों कह रही हो कि मैं यमुना हूँ।

जो भी तुम कह रही हो, मैं सब मान रही हूँ। फिर भी मैं कहूँगी कि तुम यमुना हो।

क्यों? यमुना साहसी थी, इसीलिए। और तुम मुझे भी साहसी समझती हो इसी वजह से? लेकिन साहसी स्त्रियों की कथा तो हमेशा ही लिख रहे हैं लेखक लोग। और यमुना मुझे बहुत साहसी स्त्री नहीं लगती। अगर उसमें साहस होता तो वह आत्महत्या न करती।

वह तो सही है।

अभी भी कहोगी मैं ही यमुना हूँ? जरूर, नहीं।

दरअसल चाहे तुम जितना भी अस्वीकार करो, तुम ही यमुना हो।

इसके बाद और मुझमें बात करने का उत्साह न रहा। किस वजह से मेरे उपन्यास के चरित्र को मेरा चरित्र माना जाता है, मैं नहीं जानती। क्या कुछ साल तक मेरी आत्मकथा पढ़ी है, इस वजह से सब मिलाकर गड़बड़ कर देती? उपन्यास और आत्मकथा में जो अन्तर है उसे समझ नहीं पाती? मुझे यह ठीक से समझ नहीं आता कि यह लेखक का दोष है या पाठक का? यमुना ने जो काम किये हैं वे सब मैंने कुछ भी नहीं किये। यमुना जिस भाषा में बात करती है उस भाषा में मैं बात नहीं करती। तो फिर क्या कारण है कि मुझे यमुना माना जाता है। यमुना का जन्म मयमनसिंह में हुआ है? जीवन का कुछ समय कलकत्ते में बिताया था, यमुना की एक बहन है, अमेरिका में रहती है, यमुना के भाई ने पुश्तैनी जायदाद हड़प ली है, इन बातों के अलावा और किसी भी चीज में मेरा और यमुना का कुछ नहीं मिलता। लेकिन सिर्फ़ इतना सी समानता की वजह से मुझे यमुना सोचना, तर्क से परे है।

मैं तो अपनी परिचित दुनिया की बातें ही उपन्यास में लिखूँगी। जो जानती नहीं, पहचानती नहीं वह कैसे लिखूँगी? लिखते वक़्त मेरी अपनी ज़िन्दगी, मेरे चारों तरफ़ की ज़िन्दगी, मैं जो देखती हूँ, सुनती हूँ, पढ़ती हूँ, तरह-तरह के जीवन के अनुभव ही मेरी कहानियों और उपन्यासों में चले आते हैं। लेकिन उपन्यास के किसी चरित्र को मेरा चरित्र मान लेने का कारण क्या है? हो सकता है लिखते-लिखते, अनजाने में किसी न किसी तरह मैं उस चरित्र के साथ पूरी तरह से घुल-मिल जाती हूँ। उस चरित्र और मेरे चरित्र में, अन्तर होने पर भी कहीं न कहीं दोनों चरित्रों में गहरा मेल रह ही जाता है, ऊपरी तौर पर जो मेल दिखायी नहीं देता और दिखने पर भी शायद मैं देख नहीं पाती—दूसरों को दिखाई देता है या फिर जो मेरे जान-पहचान वाले हैं, जो कहते हैं उपन्यास का चरित्र मैं ही हूँ, जो लोग कहते हैं वे मुझे जानते हैं, पहचानते हैं, ऐसा उनका विश्वास है दरअसल वे मुझे जानते ही नहीं और न पहचानते हैं।

बंगालियों का बुर्क़ा

साठ के दशक के अन्त में मैं विद्यामयी स्कूल में पढ़ती थी। मयमनसिंह शहर का सबसे नामी स्कूल। हज़ारों छात्रायें लेकिन कोई कभी बुर्क़ा नहीं पहनती थी। छात्रा तो नहीं ही कोई शिक्षिका भी नहीं। बुर्क़े का चलन ही नहीं था। बहुत पर्दानशीन मौलवी परिवार की बुजुर्ग महिलायें बाहर निकलते समय मुँह को साड़ी से ढक लेती थीं। उनके पास भी पहनने के लिए बुर्क़ा नहीं था। सत्तर के दशक में मैं उसी शहर के रेजिडेंशियल मॉडल स्कूल में पढ़ती थी। पूरे स्कूल में एक ही लड़की बुर्क़ा पहनती थी। उन दिनों बुर्क़ा दुकानों में नहीं मिलता था। अगर पहनना हो तो कपड़ा खरीदकर बनवाना पड़ता था। उस लड़की का बुर्क़ा भी कपड़ा खरीदकर बनवाया हुआ था। उसके मौलवी पिता जबरदस्ती उसे बुर्क़ा पहनवाते थे। वह लड़की हमारी क्लास में ही पढ़ती थी। नाम था हैपी। लम्बी दुबली सींक सी लड़की। मैं भी हैपी की तरह ही दुबली-पतली सींक सी थी। हैपी स्कूल के गेट तक पहुँचते ही अपना बुर्क़ा उतार देती थी। बुर्क़े को स्कूल बैग के अन्दर रखकर ही वह स्कूल के अन्दर दाखिल होती थी। किसी को पता नहीं लगने देती थी कि वह बुर्क़ा पहनती है। लेकिन एक दिन इसका पता लग ही गया। पता लगने के बाद सभी हैपी का मज़ाक़ उड़ाने लगते। हैपी क्लास की आखिरी बेंच पर बैठती थी बुर्क़ा पहनने की झेंप की वजह से। साथ ही इस बात की भी शर्मिंदगी थी कि वह पढ़ने में अच्छी नहीं थी। मैं पढ़ने में अच्छी होने के बावजूद उससे दोस्ती रखती थी और सभी से मिलती थी। हैपी बड़ी गन्दी-गन्दी गालियाँ जानती थी। क्लास की दूसरी लड़कियों को गन्दी गालियों का इतना इल्म नहीं था। मैंने तो इतनी गन्दी गालियाँ कभी सुनी भी नहीं थीं। हैपी जब नौवीं या दसवीं में थी तो उसके पिता ज़बरदस्ती उसकी शादी करना चाहते थे। हैपी अपने होनेवाले पति की बातें करती थी और उसके बाप-माँ को गाली-गलौज देती थी। मैं हैरान होकर वह सब सुनती, क्लास की सबसे अक्खड़, बद्‌जबान लड़की और बुर्क़ा पहने हैपी से। और हम, जिन्हें कोई भी गाली नहीं

आती, हम, जो सरल-सीधे भलेमानस, उन्होंने कभी बुर्क़े की कल्पना तक नहीं की है। साठ और सत्तर के दशक में बुर्क़ा एक हास्यास्पद, बेतुका पहनावा था। दो-एक जने, जो मजबूरी में पहनती थीं, वे सड़क पर चलते समय शर्म से जमीन पर गड़ी रहती थीं।

अस्सी के दशक के आख़िर में, साड़ी के ऊपर एक ओढ़नीनुमा कपड़ा ओढ़ना शुरू हुआ था। नब्बे के दशक के शुरू में भी वैसा ही था। एक गन्दी हवा चल पड़ी थी, पता लग रहा था, जी जान से उस हवा को रोकना भी चाह रही थी। समाज का इस्लामीकरण और स्त्री-विरोधी इस्लामी क़ानून का विरोध किया था। उसी वजह से मुझे अपने देश से खदेड़ दिया गया। सन् 1994 से देश के बाहर हूँ। निर्वासन के दौरान देश में क्या हो रहा है और क्या नहीं हो रहा, इन सबकी ख़बर रखने का अवसर नहीं होता था। अचानक उस दिन, यही कोई दो साल पहले, चौंक उठी कुछ तसवीरें देखकर। हमारे मयमनसिंह मेडिकल कॉलेज के एक रजत जयन्ती उत्सव की तसवीर, जिस उत्सव में मेरे कितने ही सहपाठी गये थे। सभी आजकल देश-विदेश के विशेषज्ञ डॉक्टर हैं। उन तसवीरों के सामने मैं हताश, और भौचक्की होकर बैठी रही सारे दिन। क़रीब सभी सहपाठिनियों के सिर पर हिजाब काले कपड़े से माथे तक ढका हुआ इतने सुन्दर बाल—सब छुपा दिये गये हैं। और सब लड़के सहपाठियों के चेहरों पर दाढ़ी, नहीं तो सिर पर टोपी, —ज़मीन पर माथा ठोकने से माथे पर पड़ा काला निशान। इन लड़के-लड़कियों ने पूरे अस्सी के दशक में मेरे साथ डॉक्टरी की पढ़ाई पढ़ी है, किसी दिन भी किसी को एक वक़्त नमाज़ पढ़ते नहीं देखा, किसी दिन किसी को अल्लाह का नाम मुँह से निकालते नहीं सुना। ऐसे आधुनिक सब चिकित्सा विज्ञानी आज बन गये हैं 'धुत' क़िस्म के धर्मान्ध? इन विज्ञानियों की खोपड़ी में किसने गोबर भर दिया? तब क्या वह दूषित हवा, जिसे मैं रोकना चाहती थी पर रोकने नहीं दिया गया—वही अपने साथ ले आया था यह ज़हरीला वायरस, युक्ति, बुद्धि, सोचने की शक्ति को लुप्त कर देने वाला वायरस? अगर डॉक्टरों का ही यह हाल है, तो कल्पना कर सकती हूँ कि साधारण मनुष्य अब धर्मान्धता के किस स्तर पर पहुँचे होंगे। 'पहुँचे होंगे' न कहकर उनको 'पहुँचाया गया है' कहना बेहतर होगा। आज वतन से किसी ने ख़बर भेजी कि मीता हक़ के वक़्तव्य को लेकर वतन में बड़ी 'हायतौबा' मच रही है। कुछ समय पहले यू ट्यूब में उनकी बात सुनी। चलते-फिरते सड़क बाज़ार दफ़्तर में कहीं भी औरतें नज़र आती हैं तो उन सभी का शरीर ढका होता है बुर्क़े से, सिर्फ़ दो आँखें खुली होती हैं जिससे ठोकर न खायें। क़रीब-क़रीब सभी चलती फिरती क़ैदी हैं। सभी के शरीर पर एक बड़ा

सा काला 'सतीत्व' का बंधन। मीता हक़ ने जो कहना चाहा है, वह है—अपनी संस्कृति का सम्मान करो। अरब वालों का धर्म ग्रहण किया है, लेकिन अरब की पोशाक, उसकी संस्कृति को क्यों अपनाना है?

बुर्क़ा सही तौर पर अरब की पोशाक नहीं है, बुर्क़ा इस्लाम का है। अरब में इस्लाम के आने से पहले बुर्क़ा नाम की कोई चीज़ नहीं थी। इस्लाम को सीधे-सादे बंगालियों के दिमाग़ के जर्रे-जर्रे में ऐसी गहराई से घुसा दिया गया है कि बीते दो दशकों से बंगाली मुसलमान स्त्रियाँ बुर्क़े को अपने परिचय का एक हिस्सा समझ बैठी हैं या फिर समझने को मजबूर हैं। "हम बौद्ध हैं हम हिन्दू हैं हम ईसाई हैं, हम मुसलमान हैं, हम सब बंगाली हैं—सत्तर के दशक में बंगाली लोग यह गीत बहुत गाते थे। यह गीत अब कोई गाता है ऐसा नहीं लगता। अब बंगाली होने के परिचय से बड़ा परिचय है मुसलमान होना। जब यह परिचय बड़ा हो जाता है—तब बुर्क़े का प्रचलन बढ़ जाता है, दाढ़ी-टोपी का प्रकोप बढ़ जाता है। तुम मस्जिद-मदरसे बना-बना कर देश को भर दोगे, तुम देश में इस्लामी क़ानून बहाल करोगे, तुम संविधान में राष्ट्रधर्म-इस्लाम रखोगे, तुम इस्लामी कट्टरवादियों को राजनीति करने दोगे, उनको संसद में बैठने दोगे, उन लोगों को बेरोक-टोक, वाज़ महफिल और इस्लामी जलसे करने दोगे, तुम्हारी आँखों के सामने ही देश का इस्लामीकरण हो जायेगा, कट्टरपन्थी-संत्रासवादी लोगों का गुट ढेरों पैसे भेजेगा देश के युवा समाज को भ्रष्ट करने के लिए, युवा समाज नष्ट होता रहेगा और तुम साड़ी पहनकर, माथे पर बिन्दी लगाये साहित्य-संस्कृति की एक छोटी सी शहरी गोष्ठी में घूमोगी-फिरोगी, रवीन्द्र संगीत गाते-गाते सपना देखोगी कि बंगालियों के लिए बंगाली होने का परिचय बड़ा है बनिस्बत मुसलमान होने के परिचय से-ऐसा होता है क्या? यह तो बिल्कुल जागकर सोने जैसा है।

स्त्रियों के बुर्क़ा पहनने का मतलब है, स्त्रियाँ लोभ की वस्तु हैं, भोग की वस्तु हैं, स्त्रियों के शरीर का कोई भी अंग पुरुषों की नज़रों से टकरा जाये तो पुरुष की यौन कामना की आग की लपटें दहक उठेंगी, लोभ-लालसा की बाढ़ उतर आयेगी, बलात्कार किये बिना ठंडक नहीं पहुँचेगी। पुरुषों की इस यौन समस्या की वजह से स्त्रियों को सिर से पैर तक ढक कर रखना पड़ेगा। यह है सातवीं सदी में जन्में इस्लाम का विधान। यह विधान कहता है सारे पुरुष असभ्य हैं, सब बुरे हैं, सब भुक्खड़ हैं, बलात्कारी, उन्हें अपनी यौनेच्छा को दबाना नहीं आता, नहीं जानते इसीलिए अपने को सिर से पैर तक ढक कर रखने की ज़िम्मेदारी स्त्रियों को लेनी पड़ती है। सच कहा जाये तो बुर्क़ा स्त्रियों का जितना अपमान करता है उससे ज़्यादा अपमान पुरुषों का करता है। बुर्क़े का विरोध पुरुषों को

ही करना चाहिए। हैरान हो जाती हूँ, कैसे-कैसे पुरुष लोग अपने 'बलात्कारी' परिचय को टिकाकर रखना चाहते हैं स्त्रियों के बुर्क़ा पहनने की रीत को जारी रखकर। अपने आत्म-सम्मान की अनुभूति ज़रा भी नहीं है उनमें? वे लोग अब भी यह क्यों नहीं कह रहे हैं—"हम औरत को देखते ही झपट नहीं पड़ेंगे, हम अपनी यौनेच्छा पर लगाम लगा सकते हैं, हम बर्बर नहीं हैं हम असभ्य, बेलगाम बलात्कारी नहीं हैं। हम शिक्षित, सभ्य हैं। स्त्रियाँ भी हमारी ही तरह मनुष्य हैं। स्त्रियों में भी यौनेच्छा होती है। उसकी वजह से हम पुरुषों को तो बुर्क़ा पहनना नहीं पड़ता। अगर स्त्रियाँ अपनी यौनेच्छा पर संयम की लगाम लगा सकती हैं तो फिर हम क्यों नहीं कर सकते? हम स्त्रियों का सम्मान करना जानते हैं। हमारे बहाने स्त्रियों को बुर्क़े के कारागार में बन्द करके अत्याचार चलाना अब नहीं चलेगा।" मीता हक़ को अरबी संस्कृति से काफ़ी नाराज़गी है। अरब की संस्कृति क्यों बांग्लादेश में आयी है यह प्रश्न ग़ैरजरूरी है। अरब, फारस, तुर्की, समरकन्द—इन सब देशों से मुसलमान लोग भारत आये हैं, साथ आया है इस्लाम। दसवीं-ग्यारहवीं शताब्दी में मुस्लिम सूफ़ी काफ़ी जनप्रिय होने लगे। हमारे हिन्दू पुरखों ने धर्मान्तरण किया है कई कारणों से, सूफियों के प्रेमपूर्ण बर्ताव की वजह से या फिर ब्राह्मणों के जातपाँत के अत्याचार से। कोई भी भाषा या कोई भी संस्कृति बुरी और असुन्दर नहीं होती। हमारी अपनी भाषा और संस्कृति भी दुनिया की दूसरी भाषाओं और संस्कृतियों से मिली है। भाषा और संस्कृति का क्रमिक विकास हर काल में घटित हुआ है और हो रहा है, बंगाल की स्त्रियाँ हर समय इसी तरह की साड़ी नहीं पहनती थीं जैसी अब पहनती हैं। बंगाली लोग ठीक इसी भाषा में बात नहीं करते थे, जिस भाषा में हम अब बात करते हैं, या लिखते हैं। हमारी भाषा में बहुत सारे देशी शब्द आये हैं, दरवाज़े खुले रखना ही बेहतर है, पराये शब्द, पराया सुर, परायी कहानियाँ अन्दर आना चाहे तो आयें। अपनी भाषा और संस्कृति इससे मर नहीं जाती, बल्कि समृद्ध ही होती है। लेकिन नुकसान तब होता है जब कोई धर्म अपना कट्टरपन्थी चरित्र लेकर प्रवेश करता है क्योंकि कट्टरपन्थी धर्म मानवता और मानवाधिकार का घोर विरोधी है। भारतवर्ष में जिस सूफ़ी इस्लाम का प्रचार हुआ था, उसका चरित्र था उदार। सूफ़ी लोग नमाज़, रोज़े पर विश्वास नहीं करते थे। बुल्लेशाह नाम के एक सूफ़ी कवि तो मन्दिर, मस्जिद सब तोड़ डालने की बात करते थे। कहते थे—"मन्दिर-मस्जिद सब तोड़ डालो, दिल मत तोड़ना;" दिल ही सबसे पवित्र स्थान है, काबे से भी पवित्र। सूफ़ी इस्लाम को हटाकर कट्टरपन्थी इस्लाम अपना झण्डा गाड़ के बैठ गया, शायद तीसवीं-चालीसवीं सदी में। समूची दुनिया

में दखल करने के जिहादी सपने सँजोकर उसी समय मौलाना मौदूदी ने अपना जमायते-इस्लामी दल बना लिया। भारत विभाजन के बाद, भौगोलिक सुविधा के कारण कट्टरपन्थी इस्लाम इतनी जल्दी पूर्वी पाकिस्तान, जिसमें काफ़ी संख्या में हिन्दू और बौद्ध थे, वहाँ के बंगाली मुसलमानों का ज़्यादा कुछ नहीं बिगाड़ सके। इसके अलावा उस समय पूर्वी पाकिस्तान अपने को पश्चिमी पाकिस्तान के शासकों के दुःशासन से ख़ुद को बचाने में व्यस्त था। सूफ़ी इस्लाम का असर होने के कारण उस समय मुसलमानत्व से ज़्यादा बंगालीत्व बड़ा था। इकहत्तर के बाद जब सेना वाहिनी के लोग देश पर शासन करने लगे—तब कट्टरपन्थी इस्लाम को बड़े आदर सत्कार से बैठने को जगह दी, खिला-पिलाकर मोटा-ताज़ा बनाया और उधर देश सही मायने में नष्ट होता रहा। कट्टरवादी या रूढ़िवादी इस्लाम पूरे देश में छा गया और तभी बंगाली होने के परिचय से कही ज़्यादा और महत्त्वपूर्ण हो गया मुसलमान होना, बांग्लाभाषा से ज़्यादा महत्त्वपूर्ण हो गयी अरबी भाषा। दिल से ज़्यादा पवित्र हो गये मक्का-मदीना। मुझे नहीं लगता उस समय किसी प्यार और लगाव की वजह से अरबी संस्कृति को अपनाया गया। डर की वजह से, अल्लाह के डर से, दोज़ख के डर से अपनाया गया। इस्लाम की जन्मभूमि की सब बातों का अनुकरण करके अगर दोज़ख की आग से बचा जाये, तो कोशिश करो। मनुष्य उस समय विभ्रांत था, चकराया-सा। ढेर सारी रूप-कथाओं के अंबार को अगर सच मान लिया जाये तो पगलाया-सा आचारण तो वह करेगा ही। दुकानों, बाज़ारों में तो सैकड़ों-सैकड़ों बुर्क़े लटके रहेंगे। काले कपड़े से ढक दिये जायेंगे, स्त्रियों के नाम, परिचय, स्त्रियों का अस्तित्व। स्त्रियाँ तब सिर्फ़ 'जॉम्बी' चलती-फिरती लाश—फेसलेस—चेहराविहीन नज़र आयेंगी। दुख और अफ़सोस नहीं कि इतनी सी बात को समझने की क्षमता भी स्त्रियों ने खो दी है कि बुर्क़ा उनको 'कोई' से 'कोई नहीं' बना देता है।

बुर्क़े के खिलाफ़ बोली हैं इसलिए, सुना है मीता हक़ को लोगों ने बहुत गाली-गालौज की है। जो मर्द कहते हैं, बुर्क़ा बहुत अच्छा पहनावा है, सुन्दर पहनावा है बढ़िया, तो फिर वे मर्द ही क्यों नहीं वह पहनावा पहन लेते—कभी किसी ने यह पूछा है? कोई क्यों नहीं उनसे पूछता—बुर्क़ा अगर इतना अच्छा पहनावा है, तब तुम लोग बुर्क़ा क्यों नहीं पहन रहे हो? दो दिन अच्छी पोशाक पहनकर देखो न, कैसा लगता है?

अपने कुछ व्यक्तिगत ईर्ष्या से उपजे कारणों से अपनी स्त्रियों के लिए बुर्क़े का प्रचलन शुरू किया था पैगम्बर ने। सब ठीक-ठाक चल रहा था अचानक जाने क्या मन में आया—कह दिया कि सब मुसलमान स्त्रियों को अब से बुर्क़ा

पहनना पड़ेगा। चौदह सौ साल पहले चाहे जिस कारण से भी मुसलमान स्त्रियों में बुर्क़े का चलन हुआ होगा, अब इस इक्कीसवीं सदी में स्त्रियों के बुर्क़ा पहनने का कोई तर्क नहीं है। सच कहें तो बुर्क़ा स्त्रियों के काम नहीं आता—आता है मर्दों के काम। बुर्क़ा दरअसल पुरुषों की पोशाक है, चोर-डकैत, .खूनी पुरुषों की पोशाक। मर्द लोग जब चोरी-डकैती करते हैं, .खून करते हैं तो बुर्क़ा ओढ़ लेते हैं। इससे उनको काफ़ी सुविधा होती है कोई पहचान नहीं पाता। चोर-डकैतों की पोशाक को धर्म के नाम से स्त्रियों के शरीर पर लादने का कोई अर्थ होता है क्या?

सीधा-सादा साक्षात्कार

हिन्दी साहित्य पत्रिका 'हंस' में मैं लिखती हूँ। कुछ दिन पहने 'हंस' से मेरा एक साक्षात्कार माँगा गया है। प्रश्नोत्तर इस प्रकार है–

प्रश्न – शाहबाग आन्दोलन, उसके बाद जमायते इस्लामी को निषिद्ध करने की हाईकोर्ट की राय–आपको क्या लगता है–क्या यह जनगण में परिवर्तन का सूचक है? राजनैतिक बदलाव का द्योतक है?

उत्तर – बहुत अच्छी एक राय है। लेकिन इस राय की वजह से बांग्लादेश चुटकी बजाते ही धार्मिक राष्ट्र से धर्मनिरपेक्ष राज्य में बदल जायेगा, ऐसा क़तई नहीं है। पिछले तीस सालों से देश का जो इस्लामीकरण चालू है वह एक राय से पीछे नहीं हटेगा। इस्लाम को लाना बहुत आसान है, लेकिन हटाना इतना आसान नहीं है। यह उस दुष्ट 'वायरस' की तरह है, जो एक बार आ जाये तो गहरी जड़ें जमाकर बैठ जाता है। जमायते इस्लामी पर बहुत से धर्मनिरपेक्ष लोगों को नाराज़गी थी। कारण, अगर यह दल सत्ता में आ जाये, तो इस्लामी शरिया क़ानून ले आयेगा और देश का सर्वनाश करेगा। स्त्रियों को पत्थर मार-मार कर मार डालेंगे, मुक्त चिन्तक लोगों को पकड़-पकड़ कर उनको जिबह करेंगे। वर्तमान सरकार को भी एक ही डर है, वह यह कि इस दल के साथ हाथ मिलाकर प्रधान विरोधी दल सत्ता में चला आ सकता है, क्योंकि ऐसी घटना पहले भी घट चुकी है, इसीलिए इस दल को निषिद्ध करने की माँग जब जनता ने उठाई है–और उन्हीं लोगों ने उठाई है जिन्होंने अवामी लीग को वोटों से जिताया है–उनको भी चुप किया गया और कुछ समय के लिए विरोधी दल को भी निरस्त्र किया गया। अब चुनाव जीतने के लिए अवामी लीग के विरुद्ध बी.एन.पी. को एड़ीचोटी का ज़ोर लगाकर लड़ाई चलानी पड़ेगी। जमायते-इस्लामी को बगल में दाबकर बगल बजाते हुए जीत हासिल करने के आरामतलबी

को बन्द करना पड़ेगा। जमायते इस्लामी को निषिद्ध या बैन करने के पीछे शायद यही सब राजनीति थी। विचार व्यवस्था यानी क़ानूनी व्यवस्था राष्ट्र से अलग होने पर भी काफ़ी हद तक प्रभावित है।

सब कुछ हो जाने पर भी एक धर्म आक्रांत देश में धर्म की बुनियाद पर फलने-फूलने वाली राजनीति निषिद्ध हो गयी—इससे बढ़कर अच्छी ख़बर और कुछ नहीं है। इसके बाद कट्टरपन्थ को लोग कितना बढ़ावा देते हैं, समाज पर इसका प्रभाव कितना होगा, यह सभी कुछ निर्भर करता है देश के लोगों पर।

प्रश्न – आपको देश लौटने की कोई उम्मीद है?

उत्तर – आज बीस साल से निर्वासन का जीवन बिता रही हूँ। अवामी लीग के लोग खुद को सेक्यूलर या धर्मनिरपेक्ष दल कहते हैं। यही अवामी लीग जब सत्ता में आई बहुतों ने सोचा, अब मैं देश लौट सकूँगी। लेकिन अवामी लीग भी बी.एन.पी. की तरह आचरण कर रही है। दरअसल मैंने देखा है कि मेरे बारे में सब राजनैतिक दल एक ही भूमिका का पालन करते हैं। सभी दल मेरे प्रवेश द्वार पर ताला ठोक कर रखते है। ख़ुद आपस में कितनी ही लड़ाई हो, मेरे बारे में सभी हाथ से हाथ मिलाते हैं। मुझे अपने ही देश में प्रवेश न करने देने का क्या कारण है, यह किसी भी सरकार ने मुझे नहीं बताया।

मुझे लगता है, अगर मुझे देश में प्रवेश करने की अनुमति मिल जाय तो कट्टरपन्थी लोग सरकार को दोष देंगे? दो-चार वोट बेकार चले जायें, इसी वजह से कोई भी जोखिम नहीं उठाता। ज़्यादातार देखा गया है राजनीति जानने वाले न्याय या सत्य के पक्ष में नहीं खड़े होते। मेरे पक्ष में बात करने से किसी की राजनीतिक स्वार्थसिद्धि नहीं होती, क्योंकि मुझे देशनिकाला देने पर लोग ज़्यादा प्रतिवाद नहीं करते, क्योंकि साल दर साल मुझे देश में न आने देने पर भी सब चुप रहते हैं, क्योंकि कोई दल या संगठन ऐसा नहीं है जो मेरा समर्थन करे, इसीलिए कोई भी सरकार मेरे लिए दरवाज़े खोलने की जरूरत महसूस नहीं करती। सच कहूँ तो मैंने इसकी उम्मीद ही छोड़ दी है।

प्रश्न – सन् 2007 साल में आपको कलकत्ता छोड़ना पड़ा था, उसके बाद कितनी ही कोशिश की थी कलकत्ता लौटने की, पर वह सम्भव नहीं हुआ। वर्तमान सरकार बदली है और वे परिवर्तन की बातें करते हैं—इस पृष्ठभूमि में आप क्या सोचती हैं? आप फिर से कलकत्ता लौट सकेंगी?

आप ने नयी सरकार से आवेदन किया है क्या?

उत्तर – बहुत कोशिश की है कलकत्ता लौटने की। नयी सरकार से भी आवेदन किया है। पर वे लोग राजी नही हैं। सी.पी.एम. से हर विषय में तृणमूल का विपरीत मत होने पर भी मेरे बारे में दोनों एकमत हैं। इस मामले में दोनों का गणित एकदम मेल खाता है। अब तो मैंने उम्मीद छोड़ दी है। सच कहूँ तो मैं बांग्लादेश और पश्चिम बंगाल के बीच कोई फ़र्क़ नहीं पाती। दोनों देशों से ही एक लेखक को अन्यायपूर्वक निकाल दिया गया है, सिर्फ़ वही नहीं—वह फिर लौट न पाये इसका भी पक्का बन्दोबस्त कर दिया गया है। मुझे इनके लिए बड़ी शर्म महसूस होती है। बड़े तंगदिल लोग हैं ये। दूरदृष्टि तो नहीं ही है, दिमाग़ भी खुराफ़ातों से भरा है।

प्रश्न – एशिया के बाहर आपके समर्थन में इतने विद्वान-इतने साहित्यिक समाजकर्मी और जनता आगे आयी है—परन्तु एशिया महादेश में से एक सामाजिक सामग्रिक आवाज़ क्यों नहीं उठी आज तक आपके पक्ष में?

उत्तर – मैं जो बातें कह रही हूँ उन्हें मान लेने के लिए एशिया अभी तक मानसिक रूप से तैयार नहीं है। एशिया अभी भी घोर पुरुषतान्त्रिक घोर धर्मान्ध है। पर फिर भी राष्ट्र या किसी भारी-भरकम संगठन द्वारा स्वीकृति न मिलने पर भी एशिया के साधारण पाठकों से ढेर सारा प्यार मिला है। जो प्यार करते हैं, समर्थन करते हैं, सम्भवतः वे संगठित नहीं हैं इसी वजह से बड़ी आवाज नहीं उठती। क्या नहीं मिला यह सोच-सोच कर दुखी होने से बेहतर है क्या मिला है यह सोचकर .ख़ुश रहना—मेरा इसी में विश्वास है।

प्रश्न – आपने जो कुछ किया, इसके अलावा भी मलाला युसुफ़ज़ई, अमीना वदूद, बीनाशाह और भी बहुतों ने धार्मिक पुराण पन्थ के विरुद्ध आवाज़ उठायी है, खासकर मुस्लिम महिलाओं के लिए भी आवाज़ उठायी गयी है। अगर आप आज ये दस-बीस वर्ष आगे बढ़ जायें तो आप क्या बदलाव देख पाती हैं? मुस्लिम महिलाओं के जीवन में क्या प्रगति देख पाती हैं?

उत्तर – दस-बीस साल में काफ़ी परिवर्तन देख पाऊँगी ऐसा मुझे नहीं लगता। मुस्लिम देशों में अभी भी इस्लामी कट्टरपन्थी गुट बेहद प्रभावशाली हैं। व्यक्तिगत रूप से कोई-कोई प्रतिवाद जरूर कर रहे हैं, पर इतना

ही प्रतिवाद काफ़ी नहीं है। जब तक राष्ट्रशक्ति और दूसरे राजनैतिक दल, मानवाधिकार संगठन, नारी संगठन इकट्ठे होकर मुस्लिम स्त्रियों के समानाधिकार की व्यवस्था नहीं कर रहे हैं, तब तक सही मायने में प्रगति नहीं आयेगी। सचमुच की प्रगति लाना चाहें तो राष्ट्र से, समाज से, शिक्षा से, क़ानून से धर्म को दूर रखना पड़ेगा। धर्म भी रहेगा और स्त्री-स्वतन्त्रता भी रहेगी यह किसी मूर्ख की कल्पना-विलास है। क्योंकि धर्म स्त्री स्वतन्त्रता और स्त्री-अधिकार के खिलाफ़ है, इसीलिए धर्म को, धर्म की विषमता को धर्म के क़ानूनों को, बिना कोई चोट पहुँचाये अपने सिर-माथे रखने पर नारी स्वतन्त्रता सम्भव नहीं है। यहाँ पर मैं सभी धर्म की बात कर रही हूँ। दूसरे स्त्री-विरोधी धर्मों की तरह इस्लाम भी एक स्त्री-विरोधी धर्म है। सिर्फ़ इस्लाम ही बुरा है और सब धर्म अच्छे हैं, यह उद्‌भट विचार मेरा नहीं है।

इतने युगों की पुरुषतान्त्रिक समाज व्यवस्था की वजह से जिस तरह का भयंकर नारी-विद्वेष समाज की नस-नस में फैल गया है उसे दूर करने के लिए अच्छी सोच वाले सभी लोगों को काम करना पड़ेगा। दूसरे लोग समाज को बदलेंगे फिर मैं उसका भोग करूँगा, यही सोच कर बैठे रहने से समाज में बदलाव देर से आता है। यह दुनिया हमारी है। यह समय हमारा है। यह समाज हमारा है। यह जीवन हमारा है। इसको सुन्दर बनाने की ज़िम्मेदारी हम सभी की है। अपनी प्रजाति के आधे हिस्से को पिछड़ा बनाकर अत्याचार करते रहेंगे और अपने को श्रेष्ठ प्रजाति कहेंगे—इससे बढ़कर हास्यास्पद और दुखद बात और क्या हो सकती है।

प्रश्न – इस उपमहादेश में धर्म और राजनीति एक-दूसरे के साथ लिपटे हुए हैं। इस हिसाब से आप एक ही चोट से दो बार विध्वस्त हुई हैं। आपके अलावा और भी कई लोग इस चोट के शिकार बने हैं। इस बारे में आपका क्या कहना है?

उत्तर – धर्म और राजनीति को मिलाने पर धर्म भी नष्ट होता है और राजनीति भी नष्ट होती है। इन दोनों का अलग होना बेहद जरूरी है। जो लोग विज्ञान को जानने में आलस करते हैं या फिर विज्ञान को जानने में कठिनाई महसूस करते हैं, वे धर्म का आश्रय ले लेते हैं, धर्म में ही सहजता और आराम महसूस करते हैं, क्योंकि धर्म ही सब चीजों का सहज और बढ़िया समाधान देता है। धर्म के बारे में जानने के लिए

बुद्धि का ज़ोर नहीं लगाना पढ़ता, गहराई से सोचना नहीं पड़ता, किसी तरह का प्रश्न भी नहीं करना पड़ता। जो लोग धर्म की तरह एक अविज्ञान और नारी विद्वेष के एक पिंड के अन्दर स्वयं को भरकर सुखी होना चाहते हैं वे हों। लेकिन देश की राजनीति यह अविज्ञान और स्त्री-विद्वेष के साथ भाईचारा क्यों स्थापित करें। इन दोनों के साथ भाईचारा स्थापित करने से मनुष्य का दिमाग़ ख़राब हो जाता है, परिवार नष्ट हो जाता है, समाज नष्ट होता है, देश नष्ट होता है। सब कुछ बिगड़े हुए लोगों की दखल में चला जाता है। राजनीति का काम है देश के लोगों की देखभाल करना। राजनीति अच्छी हो तो मनुष्य सुख चैन से रहता है, अभाव-तंगी दूर होती है, सबके लिए शिक्षा और स्वास्थ्य का बन्दोबस्त होता है, काम करने के अवसर मिलते हैं, भ्रष्टाचार का प्रकोप कम हो जाता है। राजनीति में अगर धर्म का एक बूँद भी घुस जाये तो सर्वनाश हो जाता है। इन दोनों को अलग करने की कोशिश करते ही देखती हूँ–मुझे बेहद चोट पहुँचायी जा रही है। सिर्फ़ मैं ही नहीं और भी बहुत से लोग हैं जो इस वीभत्स धर्म-राजनीति का शिकार हुए हैं। धर्म का सहारा लेने वाली राजनीति हर देश में निषिद्ध होनी चाहिए। इसका एक ही कारण है धर्म के साथ, गणतन्त्र मानवाधिकार, नारी अधिकार, बोलने की स्वाधीनता, ये सब फिट नहीं होते। हमेशा से ही इन सबका विरोध रहा है।

राष्ट्र और राजनीति से धर्म को अलग न किया जाये तो मनुष्य के कष्टों, तकलीफ़ों का अन्त कभी नहीं होगा। सच्चे और साहसी लोगों का .ख़ून होता रहेगा, जेल में सड़ना पॅड़ेगा, नहीं तो मेरी तरह निर्वासन वाला जीवन बिताना पड़ेगा।

प्रश्न – ऐड्वर्ड स्नोडेन को भारत ने राजनैतिक आश्रय नहीं दिया। आपको क्या लगता है राजनैतिक आश्रय देना भारत के लिए उचित था?

उत्तर – पहले ही कहना पड़ेगा स्नोडेन को तंग करना, तकलीफ़ में रखना, अमेरिका के लिए उचित नहीं था। उसने क्या अन्याय किया है? अन्दर की गुप्त ख़बरों को जगजाहिर कर दिया है–यही न? मैं बहुत .ख़ुश होती अगर स्नोडेन अमेरिका में बैठकर यह काम करते और अमेरिकी सरकार उन्हें तंग नहीं करती। यूरोप, जो इतना मानवधिकार का हिमायती बना हुआ है, यूरोप विशेष रूप से पश्चिमी यूरोप स्नोडेन को राजनैतिक आश्रय क्यों नहीं दे रहा है? भारत की बात ही क्यों उठ

रही है? भारत उनको आश्रय दे ही सकता है। लेकिन शायद भारत सोच रहा है कि ऐसे समय में अमेरिका के साथ दुश्मनी नहीं मोल लेनी चाहिए। भारत की सैकड़ों समस्यायें हैं। दर्जनभर मुस्लिम कट्टरवादी सड़क पर उतर कर हो-हल्ला मचायें तो भारत को निर्णय लेना पड़ता है आश्रित लेखक को राज्य या देश से बाहर निकाल देने का। ऐसी हालत में मैं कैसे सोच सकती हूँ कि भारत स्नोडेन को राजनैतिक आश्रय देकर अमेरिका जैसी भयंकर शाक्ति के विरुद्ध खड़ा होगा?

पूरी दुनिया जब स्नोडेन को आश्रय देने में असमर्थ थी, तब अगर भारत उसको आश्रय दे पाता, तब सिर्फ़ मैं ही क्यों इस दुनिया के करोड़ों-करोड़ लोग भारत को लेकर गौरव कर सकते थे। जो नहीं हुआ नहीं हुआ। अभी तो स्नोडेन सुरक्षित रूप से हैं रूस में।

मैं जिस स्थिति का स्वप्न देखती हूँ वह विपत्ति में पड़े लेखकों, कलाकारों को अच्छे देशों का राजनैतिक आश्रय देना नहीं है। मैं सपना देखती हूँ कि किसी देश में भी ऐसे हालात न बने जिससे कि देश के लेखक कलाकारों को देश छोड़कर निकल जाना पड़े, निकलकर दूसरे देशों से आश्रय माँगना पड़े। सब जगहों में ही मनुष्यों के प्रवेश का अधिकार हो। सब अंचल, सब देश, धरती का हर कोना मनुष्य के लिए सुरक्षित हो।

प्रश्न – इस वर्ष आपको बेल्जियम के रॉयल अकादमी ऑफ आर्ट्स, साइंस ऐंड लिटरेचर से मिला अकादमी पुरस्कार के अलावा पेरिस से यूनिवर्सल सिटिजनशिप पासपोर्ट मिला है? यह पासपोर्ट सही मायने में कैसा पासपोर्ट है। आपको मिले पुरस्कारों में सबसे अहम् कौन सा है?

उत्तर – यूनिवर्सल सिटिजनशिप पासपोर्ट बहुत कुछ प्रतीकी पासपोर्ट है, यह पासपोर्ट सभ्य लोगों का पासपोर्ट है, भविष्य का पासपोर्ट है। इस पासपोर्ट में लेकिन अपना जेंडर, जात, धर्म, आँखों का रंग, बालों का रंग, बदन का रंग, देश इन सब चीजों का उल्लेख नहीं है। सिर्फ़ अपना नाम और उम्र, बस। इस पासपोर्ट में किसी वीज़ा की जरूरत नहीं होती, इस वीज़ा से दुनिया के सब देशों में घूमा जा सकता है, सिर्फ़ घूमना ही नहीं जिस देश या अंचल में रहना चाहो, वहाँ रह सकते हो। बाधा देने वाले नियम वगैरह नहीं है। यह बिल्कुल सपने जैसा है। यह सपना भी शायद किसी दिन सच होगा। लेकिन आज हम लोगों ने एक सपना तैयार किया। जो लोग एक सुन्दरतम दुनिया

का स्वप्न देखते हैं, उन्हीं को दिया गया है यह पासपोर्ट।

जीवन में बहुत पुरस्कार मिले हैं। सबसे बड़ा पुरस्कार लोगों का प्यार। मेरी किताब पढ़कर दुनिया के विभिन्न प्रदेशों की स्त्रियाँ जब मुझसे प्यार दर्शाती हैं, कहती हैं—मेरी क़िताबें उनका साहस और शक्ति बढ़ाती हैं, सिर ऊँचा करके खड़ा होना सिखाती हैं, तब बड़ा अच्छा लगता है। इससे बड़ा पुरस्कार एक लेखक के लिए और क्या हो सकता है।

प्रश्न – गुज़रे दो महीने में आपने कनाड़ा और आयरलैंड में एथीईस्ट ह्यूमैनिस्ट कॉन्फ्रेंस में योगदान किया था। क्या ये लोग विशेष किसी संगठन से हैं? इनका प्रधान उद्‌देश्य क्या है?

उत्तर – पूरी दुनिया में ही वैज्ञानिक चिन्तन वाले, धर्ममुक्त, तर्कबुद्धि से सम्पन्न लोग हैं। उनमें से कइयों ने संगठन बनाया है। इन संगठनों द्वारा बीच-बीच में सेमिनार और कन्वेन्शन आयोजित किये जाते हैं, जिनमें मुक्तचिन्ता में विश्वास रखने वाले, वैज्ञानिक सोच वाले, दार्शनिक और सर्जनात्मक चिन्तन के लेखकों, कलाकारों को आमन्त्रण दिया जाता है। जिन विचारों को रूढ़िवादी समाज नहीं मानता उन विचारों को सब लोग उन सेमिनारों और कन्वेन्शनों में निश्चिंत होकर प्रकट करते हैं। उत्साही विज्ञानप्रिय लोग विद्वत्‌जनों का वक्तव्य सुनने आते हैं। वक़्ता, श्रोता और समझने वालों के बीच मतों का आदान-प्रदान होता है। साधारण व्यक्ति को विज्ञान की सीख में उत्साहित करना, विकास क्रम के ज्ञान को शिक्षा प्रतिष्ठानों और प्रचार माध्यम से लोगों में प्रसारित करना, धर्मान्धता, अन्धविश्वास का विरोध करने की प्रेरणा दी जाती है।

सिर्फ़ यही नहीं मानवाधिकार, नारी अधिकार, शिशु अधिकार, समकामियों और रूपान्तरकामियों के अधिकारों के पक्ष में भी हम पुरज़ोर आवाज़ से बोलते हैं। गणतन्त्र, मानवतन्त्र और विषमताहीन समाज की प्रतिष्ठा करने के लिए जो करने की जरूरत है, सब मिलकर उसकी परिकल्पना करते हैं। मूलतः हमारा स्वप्न है, एक स्वस्थ सुन्दर, पृथ्वी का निर्माण करना, जहाँ धर्म का, पुरुषतन्त्र का और शोषक श्रेणी का अत्याचार नहीं है।

प्रश्न – आप लम्बे समय से 'बोलने की आज़ादी' की हिमायती रही हैं और साहित्यिक प्रतिबन्धिता के विरुद्ध लड़ती आयी हैं। इस साल 31 जुलाई को 'हंस' पत्रिका ने अपने वार्षिक अनुष्ठान में आपको आमन्त्रित

किया था। इस अनुष्ठान का मूल वक्तव्य जो था—उसी को लेकर आपकी लड़ाई है। तो फिर वह सम्भव क्यों नहीं हुआ?

उत्तर – भारत के हैदराबाद में पुस्तक विमोचन के समारोह में मुझ पर कट्टरपन्थियों का आक्रमण एक अलिखित हलफ़नामा है मेरा भारत के साथ वह यह कि जनता की भीड़ में किसी समारोह वगैरह में मैं मंच पर उपस्थित नहीं होऊँगी। मैं तो बहुत चाहती हूँ लोगों के साथ बातचीत करना, मतों के लेन-देन में हिस्सा लेना। पर फिलहाल यह सम्भव नहीं है। मेरी सुरक्षा की ज़िम्मेदारी जिन पर है, उनकी सलाह मुझे माननी पड़ती है। इसी वजह से मैं 'हंस' के समारोह में जा नहीं पायी थी। मैंने सुना था वहाँ बहुत लोग मुझसे मिलने की उम्मीद से गये थे। लेकिन वहाँ मैं उपस्थित न हो सकी, इसका मुझे बेहद दुख है।

मेरी लड़ाई 'बोलने की आज़ादी' को लेकर है। हंस के समारोह में न जाने का यह मतलब नहीं कि मैंने बोलने की आज़ादी को कोई महत्त्व नहीं दिया। ज़िन्दगी की सुरक्षा की वजहों से किसी जगह शारीरिक रूप से उपस्थित न रह पाने का मतलब बोलने की आज़ादी के विरुद्ध जाना नहीं है। मैं अपनी बोलने की आज़ादी की कैसे रक्षा कर रही हूँ और दूसरों की बोलने की आज़ादी के कितने पक्ष में हूँ—यह तो मेरी किताबों और ब्लॉगों को पढ़कर ही पता लगाया जा सकता है। अपने जीवन का जोख़िम उठाकर भी वह सब विचार मैंने व्यक्त किये हैं। लेकिन सुरक्षाकर्मियों द्वारा जहाँ रुकावट पैदा की जाती है वहाँ मुझे अनुपस्थिति के लिए दोष देना ठीक नहीं है।

मुझे उम्मीद है, मेरे जिन्दा रहते-रहते वह दिन ज़रूर आयेगा जब भारत के किसी भी कोने में जाने के लिए मुझे किसी बाधा का सामना नहीं करना पड़ेगा। जनता की भीड़ में, और सब लोगों की तरह मैं भी अपने स्वयं के परिचय से चल फिर सकूँगी। किसी सुरक्षा रक्षक की ज़रूरत नहीं होगी। लोगों का प्यार ही मेरी सुरक्षा होगी। वह दिन आये कि मैं चाहे जितनी भी धर्म की बहसबाज़ी करूँ, कोई मेरे 'सिर की कीमत' की घोषणा नहीं करेगा, कोई हत्या करने को नहीं आयेगा कोई 'फतवा' नहीं देगा। एक दिन मैं भी और दूसरे कवियों की तरह कविता पाठ कर सकूँगी। मैं भी 'पुस्तक मेले' में ऑटोग्राफ दे पाऊँगी और सब लेखकों की तरह मैं भी साहित्य-संस्कृति के उत्सवों में अपने

विचार, मत प्रकट कर पाऊँगी, निर्भय होकर, सुरक्षा की भावना से भरपूर।

प्रश्न – 'हंस' पत्रिका पिछले डेढ़ साल से आपके लेखन का हिन्दी अनुवाद प्रकाशित कर रही है। इस पत्रिका के सम्पादक की कोशिशों का किस प्रकार से स्वागत करेंगी?

उत्तर – मैं राजेन्द्र यादव की बहुत ही आभारी हूँ। भारत में जिस दिन मेरी किताब 'बैन' हुई उसी दिन से पूरा माहौल ही बदल गया। मेरी क़िताब प्रकाशित करते लोग डरते हैं, मेरा लेखन छापने में सम्पादक डरते हैं। सरकार मेरे विरुद्ध है–इस ख़बर ने मुस्लिम कट्टरपन्थियों के दिमाग़ में ऐसी आग लगाई कि वे लोग झुण्ड के झुण्ड मेरे खिलाफ़ फ़तवा देने लगे, सड़क पर उतरना शुरू कर दिया, देश से मुझे खदेड़ने की माँग भी करने लगे। अगर पश्चिम बंगाल सरकार मेरी क़िताब को निषिद्ध (बैन) नहीं करती, तब मेरे खिलाफ़ फ़तवा, सिर की कीमत इत्यादि कुछ भी नहीं होते। सबसे बड़ा दुख यह है कि क़िताब को 'बैन' करने का प्रस्ताव कट्टरपन्थियों की तरफ़ से नहीं आया। कलकत्ते के कुछ जले-भुने ईर्ष्या के मारे लेखक साहित्यिकों की ओर से आया है। सरकार ने क़िताब को निषिद्ध किया था लेखकों की माँग पर। जब सरकार इस बहाने से क़िताब को बैन करती है कि किसी की धार्मिक अनुभूति को चोट पहुँचेगी–तब सरकार ख़ुद ही उन कथित लोगों की धार्मिक भावनाओं को उकसा देती है हज़ार गुणा, और उस धर्म के कट्टरपन्थियों के हाथों में हथियार पकड़ा देती है उसको हैरान-परेशान करने के लिए, उसकी पिटाई करने के लिए, हत्या करने के लिए।

'धार्मिक भावनाओं को चोट पहुँचेगी इस बहाने जब किसी लेखक की क़िताब को निषिद्ध किया जाता है, तो क़िताब के प्रकाशक, पत्रिका के सम्पादक, यहाँ तक कि पाठक भी सरकार और मौलवियों के डर से भयभीत हुए रहते हैं। भारतीय उपमहादेश के ज़्यादातर लोग अभी भी ठीक से नहीं जानते कि 'वाक् स्वाधीनता' यानी लिखने-बोलने की आज़ादी की प्रयोजनीयता क्या है।

हंस पत्रिका की नीति के प्रति मेरी अथाह श्रद्धा है। राजेन्द्र यादव की तरह साहसी और सच्चे लेखक का समाज में बहुत अभाव है।

प्रश्न – हिन्दी में अनुवाद की हुई आपकी हाल ही की क़िताब मिलने की कब तक उम्मीद की जा सकती है? क़िताब किस विषय पर है?

उत्तर – जो क़िताब निकलने जा रही है—उसका नाम है 'निर्वासन'। कैसे मैं पहले पश्चिम बंगाल से निकाली गयी, फिर मुझे भारतवर्ष छोड़ना पड़ा, इसी की कहानी है। 'निर्वासन' मेरी आत्मकथा का सातवाँ खण्ड है। मैंने तो रामायण के सात खण्डों की तरह अपनी जीवनी लिखी। पहले खण्ड का नाम ''आमार मेयेबेला'' मेरे बचपन का जीवन। इस क़िताब को बंगाल का एक बहुत नामी पुरस्कार 'आनन्द पुरस्कार' मिला। इन क़िताबों के सभी खण्ड बहुत सी भाषाओं में छपे हैं। लोग भुक्खड़ों की तरह पढ़ते हैं इन आत्मकथाओं को। इसमें सिर्फ़ मेरी ही जीवन-कथायें नहीं हैं—और हज़ारों लड़कियों-स्त्रियों की कहानी हैं। तीसरा खण्ड है 'द्विखण्डित', जिसको निषिद्ध किया गया था। कलकत्ते के मानवअधिकार संगठन से कुछ लोगों ने 'द्विखण्डित' पर 'बैन' के खिलाफ़ कोर्ट में मुक़दमा दायर किया था। कलकत्ता हाईकोर्ट को उस क़िताब में निषिद्ध होने लायक कुछ मिला नहीं था। तो बिना दुविधा के उसे मुक्त कर दिया था। निषिद्ध होने के दो साल बाद क़िताब को मुक्ति मिली। जनता किताब को निषिद्ध नहीं करती। शासक लोग करते हैं। दुष्ट लोगों की दुष्ट बुद्धि हमेशा ही क़िताबों का निषिद्ध करती आ रही है। क़िताब को निषिद्ध करना बड़ा ही गन्दा काम है। बांग्लादेश की सरकार ने इसमें बड़ा ही हुनर हासिल किया है। उस देश में मेरी पाँच क़िताबें निषिद्ध हैं। उस देश के लोग भी गन्दे हैं। किसी ने भी अभी तक निषिद्ध क़िताबों के विरुद्ध मुक़दमा दायर नहीं किया है उस देश में।

प्रश्न – यह शहर आप को कैसा लगता है? कभी ऐसा भी लगता है कि यह भी आपका घर है? आपको क्या करना सबसे अच्छा लगता है?

उत्तर – कोई भी ज़मीन, जगह, देश, मकान मेरा घर नहीं है। मेरा घर मनुष्य है, मनुष्य का हृदय—दिल। दुनिया में जहाँ भी लोग सपना देखते हैं सुन्दर का, सत्य का, जिनकी सोच, जिनका मन मुझ जैसा है, मेरे साथ है, जिनका समर्थन मुझे मिलता है जिनकी श्रद्धा, प्यार मुझे मिलता है, वे लोग ही मेरा 'घर' हैं। ऐसे लोगों का हृदय ही मेरा सुरक्षित स्वदेश है।

प्रश्न – क्या आप भविष्य में गृहस्थ जीवन में ख़ुद को सेटल करने की बात सोचती हैं?

उत्तर – मेरा जो जीवन है, क्या वह अगृहस्त जीवन है? मैं क्या किसी घर

में नहीं सोती, दाल-चावल नहीं खरीदती, खाना नहीं पकाती, खाती नहीं। सोती हूँ, खाना बनाती हूँ, खाती हूँ। मेरे घर में क्या मेहमान और रिश्तेदार घूमने नहीं आते? आते हैं। मेहमाननवाजी नहीं करती उनकी? करती हूँ। आप क्या सिर्फ़ पति और बच्चों के साथ रहने को ही गृहस्थ जीवन कहते हैं? ऐसी क्षुद्र संज्ञाओं यानी 'बेमतलब नामों' की जकड़न से मैं बहुत समय पहले ही मुक्त हो गयी हूँ।

प्रश्न – तसलीमा नसरीन एक लेखक हैं, एक ऐक्टिविस्ट—सामाजिक कार्यकर्त्ता एक मनुष्य के तौर पर ख़ुद को किस नज़रिये से देखती हैं?

उत्तर – एक ईमानदार (सत्) मनुष्य के रूप में देखती हूँ। एक निःस्वार्थ हृदयवान मनुष्य।

प्रश्न – आप हिन्दी साहित्य जगह में अब काफ़ी परिचित है। बांग्ला और हिन्दी साहित्य की आप कैसे तुलना करेंगी।

उत्तर – क्योंकि मैं बंगाली हूँ, बांग्ला मेरी भाषा है, बांग्ला साहित्य मैं बचपन से पढ़ रही हूँ, इसी वजह से बांग्ला साहित्य के बारे में मेरा ज्ञान और दूसरे साहित्यों की तुलना में बहुत ज़्यादा है। हिन्दी साहित्य पढ़ना चाहूँ तो अनुवाद पढ़ना पड़ता है। जितना पढ़ा है, उससे मैं मुग्ध हूँ। सब भाषा में ही उच्च, माध्यम और निम्न मानक की रचनायें हैं। लम्बे समय से बांग्ला भाषा में साहित्य रचना हो रही है, सम्भवतः इसी वजह से बांग्ला में उच्चमान का साहित्य ज़्यादा है।

प्रश्न – हिन्दी पाठकों के लिए आप क्या सन्देश देंगी?

उत्तर – मैं राजनैतिक नेता या धार्मिक गुरु नहीं हूँ। रोज़-रोज़ वक्तव्य देना या भाषण देने की आदत मुझे नहीं है। मैं उपदेश वर्षा भी कम करती हूँ। मुझे जो कहना होता है वह मैं लिखती हूँ। लेखक का काम ही तो है लिखना।

मीडिया और मिडिल क्लास मीडियोकर

कल सुबह कलकत्ते से एक मित्र का फ़ोन आया। हमारी बातचीत कुछ इस प्रकार थी–

श आह, कितना अच्छा लग रहा है आज। आनन्द बाज़ार में आज तुम्हारे बारे में लिखा है। मैं पढ़ रही हूँ सुनो। वही आग जल उठी है अब तसलीमा नसरीन के अन्दर भी। इण्टरनेट खोलने पर ही पूरी दुनिया उनके कमरे के अन्दर। क्योंकि समय ख़त्म होता जा रहा है इसलिए जीवन का सब रस सम्पूर्ण रूप से पा लेने की इच्छा होती है उनको। फेसबुक और ट्विटर द्वारा दोस्तों के साथ हर पल सम्पर्क रख रही हैं। आईपैड की भी समान रूप से सिद्धहस्त हैं। और इन सबके साथ वे अब अपने बावनवें वर्ष में मजे में हैं।

त बावनवें वर्ष में?

श हाँ, बावनवें में।

त बावनवें लिखा है?

श हाँ, बावनवा ही लिखा है।

त लेकिन मैं तो बावन की नहीं हूँ।

श बावन की नहीं हूँ मतलब? बावन ही तो लिखा है यहाँ।

त किसने लिखा है?

श संयुक्ता वसु ने लिखा है। आनन्द बाज़ार की सांवादिक।

त उसने तो मुझे फ़ोन किया था कई दिन पहले। 'बावन' शब्द तो बोला नहीं गया। पचास को लेकर ही बात हो रही थी। उसने कुछ प्रश्न किये थे। उसके प्रश्न और अपने उत्तर को लेकर एक ब्लॉग भी लिखा है मैंने। संयुक्ता ने तो पढ़ा है वह ब्लॉग।

श तुम्हारा वह पचास नाम का ब्लॉग न? मैंने भी तो वह पढ़ा है। मैं तुम्हारे सब ब्लॉग पढ़ती हूँ।

त लेकिन सोच रही हूँ, संयुक्ता ने यह गलती की क्यों? पचास के बदले बावन लिखने की वजह क्या है? क्या उसे मेरी उम्र नहीं पता? मुझे तो उसने पूछा कि पचास के बाद आप कैसा फील कर रही हैं, बताइये। मेरी उम्र का पता न होने पर क्या वह पूछ नहीं सकती थी, मेरी कोई भी क़िताब खोलने पर जैकेट पर लिखी जन्म-तारीख है, मेरे वेबसाइट पर भी है, 'नेट' में सर्च करने पर ही पता लग जाता। मेरी उम्र का पता लगाना तो बेहद आसान है। पर बावन क्यों लिखेगी, आजकल सांवादिक लोग बड़े आलसी हो गये हैं। शाम को किस शराब की पार्टी में जाना है उसका हिसाब रखने में ही मसरूफ़ रहते हैं। गम्भीर सांवादिक का काम नहीं करते। मतलब 'बट मूव' यानी पिछवाड़ा नहीं हिलाते। डेस्क में बैठकर ही दुनिया भर की ख़बरें लिख डालते हैं।

श सुनो, हमारे कलकत्ते में हम लोग ऐसे ही बोलते हैं।

त मतलब?

श मतलब हम 'प्लस' लगाकर उम्र बताते हैं। जैसे –साठ प्लस, बासठ प्लस।

त लेकिन उसने तो प्लस नहीं लिखा। लिखा है–बावन। और अगर प्लस भी कहो तो तुम तो पचास प्लस ही कहोगी, मुझे बावन तो नहीं न।

श बावन तो पचास के बाद ही आता है।

त बावन कैसे हो गया। तुम तो उस दिन मेरा पचासवाँ जन्मदिन मनाने आयी थी। इसके बाद तो साल भर भी नहीं गुज़रा। इक्यावन के उत्सव में तुमने कहा कि नहीं आ पाओगी। तो फिर यहाँ 'बावन' तुम्हें कहाँ से मिल गया?

श पचास हो गये। अब इक्यावन होंगे–और इक्यावन होने से हम इक्यावन प्लस कहते हैं–उसका मतलब ही है बावन।

त लेकिन मेरी उम्र तो अभी इक्यावन नहीं हुई है। इक्यावन न होने पर इक्यावन प्लस हो नहीं सकता। और जिसकी उम्र इक्यावन प्लस नहीं हुई तो बावन कैसे हो जाती है?

श हम लोग कलकत्ते में ऐसा ही कहते हैं।

त फिर कह रही हो–'ऐसा ही कहते हैं'। कैसे कहते हो? जिसकी उम्र पचास की हुई उसको बावन का कहती हो?

श तुम बावन की न होती तो 'आनन्द बाज़ार' क्यों लिखता 'बावन'?

त वही तो मैं कह रही हूँ। लिखना ठीक नहीं हुआ। तुम्हें अब भी क्या लग रही है मेरी उम्र बावन है?

श अख़बार में तो यही लिखा था। तुम्हारी उम्र जरूर बावन ही है।

त तब मेरा सचमुच का जन्मवर्ष क्या गलत है?

श वह मैं कैसे जानूँगी?

त तब क्या तुम यह सोचती हो—आनन्द बाज़ार अख़बार में संयुक्ता बसु नाम की जो महिला नौकरी करती है, जिसको मैं पहचानती भी नहीं, वह मेरी जो उम्र लिख रही है, वह सही है और मेरी उम्र जो जन्म से ही मेरी माँ जानती हैं, जो जन्म साल मेरे पासपोर्ट में है, क़िताबों के जैकेट में है, मेरे सर्टिफ़िकेट में है, मेरे सब परिचयों में है—सब गलत है?

श अख़बार में क्या ऐसे ही लिखेंगे?

त तुम जो मेरा जन्मदिन मनाने आई थीं वह कितने साल वाला जन्मदिन था?

श पचास।

त तुम जब आयी थीं तब से अब तक एक साल गुज़र गया?

श नहीं।

त तो फिर मेरी उम्र अब कितनी है?

श बावन।

त मेरी उम्र तो पचास हुई है। तब तो पचास ही है जरूर।

श लेकिन आनन्द बाज़ार ने तो बावन लिखा है।

त क्योंकि आनन्द बाज़ार ने बावन लिखा है, तुम्हारे हिसाब से न मिलने पर भी मेरी उम्र 'बावन' होगी?

श तुम्हारी उम्र अगर 'बावन' की नहीं होगी तो आनन्द बाज़ार क्यों बावन लिखेगा?

त यही तो कह रही हूँ, उन्होंने गलती की है।

श गलती की है? अख़बार ने गलती की है?

त हाँ, क्यों? क्या तुम्हें लगता है कि अपनी उम्र के बारे में मैं गलती कर सकती हूँ, अख़बार से कोई गलती नहीं हो सकती?

श अख़बार से क्यों गलती होगी?

त ख़ैर, छोड़ो एक बात बताओ तो मेरे कलकत्ता छोड़ने के बाद तुम और मेरे दूसरे मित्र लोग एक ही शिकायत करते हो कि मैं किसी की ख़ैर-ख़बर नहीं लेती, किसी को फ़ोन नहीं-करती, ई-मेल नहीं करतीं।

श हाँ, वह तो करती ही हूँ? तुम तो कभी किसी दोस्त के साथ कोई कॉन्टैक्ट नहीं रखतीं।

त और फेसबुक, ट्वीटर पर?

श कितने मैसेज़ छोड़े हैं फेसबुक पर, कभी किसी का जवाब नहीं दिया। तुम्हारे मित्र अब तुमसे किसी उत्तर की अपेक्षा भी नहीं करते। हम सब जानते हैं कि तुम लिखने-विखने में व्यस्त रहती हो। यूरोप, अमेरिका आये दिन जाती रहती हो, भाषण देने के लिए। तुम्हारी तरह व्यस्त लेखक कितने हैं? तुम हमें फ़ोन करोगी, एस. एम.एस. करोगी, ई-मेल करोगी, फेसबुक में आऊँगी स्काइप में आऊँगी, सच कहती हूँ, यह सब हमारी कल्पना के बाहर है। तुम मन लगाकर लिखो। अपना काम करो, यही चाहती हूँ। तुमसे कॉन्टैक्ट हम ही कर लेंगे। सात दिन फ़ोन न रिसीव करो, तो भी एक दिन तो करोगी। यह क्या कोई नयी बात है? हमें तो अब इस नियम की आदत पड़ गयी है।

त तब आनन्द बाज़ार का यह लेख तुम्हें अच्छा क्यों लगा?

श इसमें लेख अच्छा न लगने की क्या बात है? तुम पर कितने दिन बाद लिखा।

त अख़बार में तो लिखा है कि मैं दोस्तों के साथ बहुत कॉन्टैक्ट रखती हूँ।

श हाँ, लिखा है। जरूर ही रखती होंगी। नहीं तो क्यों लिखेंगे।

त तुम्हीं ने तो थोड़ी देर पहले कहा, मैं किसी भी दोस्त-मित्रों से कोई कॉन्टैक्ट नहीं रखती।

श हाँ, नहीं रखतीं। लेकिन शायद रखती हो।

त तुम तो मेरे घर बहुत दिन रह कर भी गयी हो। तुमने देखा है मुझे किसी से कॉन्टैक्ट करते?

श हाँ, उस तरह से तो नहीं देखा। मैं क्या खबरियों की तरह वैसे देखना जानती हूँ? सांवादिक लोग बड़े लोग होते हैं। उनकी तुलना में हम अत्यन्त तुच्छ, अति साधारण लोग हैं। तुम सेलिब्रिटी बनकर हमारे साथ घुलमिल कर रही हो। कितने सेलिब्रिटी इस तरह मेल-मिलाप करेंगे?

त इसका मतलब तुम्हारे साथ नेट से कॉन्टैक्ट करती हूँ, गप्पें करती हूँ जो तुम और मैं नहीं जानते लेकिन अख़बार वाले जानते हैं।

श अख़बार वाले बहुत कुछ जानते हैं।

त तो फिर यह भी इस कॉन्टैक्ट की बात तुम्हें लगता है ठीक लिखा है उन्होंने?

श आनन्द बाज़ार ठीक क्यों नहीं लिखेगा?

त यह नहीं हो सकता कि उन्होंने गलत लिखा है?

श आनन्द बाज़ार?

त हाँ, आनन्द बाज़ार।

श मुझे पता है आनन्द बाज़ार से तुम्हें बहुत नाराज़गी है...।

त तुम क्यों सोच रही हो कि मैं नाराज़ होकर ये सब कह रही हूँ? तुम्हें मेरी बातों में कोई तर्क नहीं दिखाई दे रहा? दोस्त लोग, जान-पहचान वाले सभी को शिकायत है कि मैं कोई 'कॉन्टैक्ट' नहीं रखती—यह मुझे भी पता है कि मैं ऐसी ही हूँ। लेकिन इस मामले में जिसने यह लिख दिया कि मैं दोस्तों के साथ हमेशा से कॉन्टैक्ट रखती हूँ, इससे तुम्हें यह नहीं लगता कि वे एक गलत बात छाप रहे है या कि इस बात को छपे अक्षरों में देख रही हो, इसलिए तुम विश्वास कर रही हो कि यह 'ध्रुवसत्य' है, और जो मैं और तुम जानती हैं, मैं जो देख रही हूँ तुमने जो देखा, वह सब कुछ झूठ है, गलत है?

फ़ोन रखकर मैंने दूसरे एक मित्र को फ़ोन किया। फ़ोन करते ही उसने कहा, सूर्य क्या पश्चिम से निकला?

त क्यों?

प मुझे फ़ोन किया? तुम तो फ़ोन नहीं करती न? इसी से कहा।

त आज का आनन्द बाज़ार पढ़ा है?

प हाँ, पढ़ा है। तुम्हारा अंश काफ़ी अच्छा लगा।

त क्यों अच्छा लगा? क्या लिखा है?

प लिखा है मज़े में हो?

त उम्र की बात क्या लिखी है?

प उम्र बावन।

त कैसे? तुम तो जानती थीं मैं पचास की हूँ, नहीं?

प पचास नहीं, बावन।

त क्यों? बावन क्यों?

प आनन्द बाज़ार ने तो बावन ही लिखा है।

त तुम तो मेरे यहाँ पचासवाँ जन्मदिन मनाने आयी थीं। नहीं? फिर इक्यावनवाँ जन्मदिन भी मनाने आओगी कह रही हो—तो फिर मेरी उम्र बावन कैसे हुई?

प अरे छोड़ो भी, पचास और बावन, एक ही चीज़ है।

त लेकिन एक ही चीज़ तो नहीं है, क्या तुम्हें बावन शब्द पढ़कर ज़रा भी हैरानी नहीं हुई?

प कहाँ, नहीं तो?

त क्यों?

प क्यों हैरानी होगी? हैरानी की क्या बात है?

त अख़बार में गलत लिखा है, ऐसा नहीं लगता?

प अख़बार में गलत क्यों लिखेंगे? मुझे तो कोई वजह नज़र नहीं आ रही। तुम्हारी उम्र गलत लिखने के पीछे अख़बार का क्या स्वार्थ है?

त तब तो तुम सोच रही हो, क्योंकि मेरी गलत उम्र लिखने के पीछे उनका कोई स्वार्थ नहीं है, इसलिए जो उम्र लिखी है, वही असली उम्र है

प हाँ, क्यों? ठीक नहीं है?

इसी बीच दूसरे किसी मित्र ने फ़ोन किया, कलकत्ते से ही।

त ए, आज आनन्द बाज़ार में मेरी उम्र बावन लिखी है, सुना?

स हाँ, ऐसा ही तो पढ़ा? मैं तो जानती थी पचास।

त तो?

स कब से इधर बावन बनकर बैठी हो, वह ख़बर मुझे मालूम नहीं

त तुम्हारे हाथ के पास मेरी कोई क़िताब है?

स ठीक हाथ के पास नहीं है। पास के कमरे में जाना पड़ेगा। वहाँ है।

त तो वहाँ जाओ। एक क़िताब खोलो तो

स जा रही हूँ।

त क़िताब खोलो। क्या लिखा है?

स लिखा तो है जन्मसाल 25 अगस्त, 1962

त गिनो अब। कितनी बनती है उम्र?

स (गिनकर) बनती तो पचास है।

त तब क्यों कह रही हो बावन की हो गयी हूँ?

स कारण, अख़बार में तो गलती नहीं होती।

त अख़बार में कभी भी गलत ख़बर नहीं मिली? गलत ख़बर नहीं पढ़ी?

स मुझे तो समझ नहीं आ रहा, यह गलती वे लोग क्यों करेंगे? जानबूझकर किया है कह रही हो?

त जानबूझकर नहीं किया? मान लो कि गलती से किया हैं। क्या यह हो नहीं सकता? सोचा होगा मैं बावन की हूँ। कहीं से चेक नहीं किया है कि ठीक होगा कि नहीं। यह नहीं हो सकता?

स उन्होंने गलती की है? क्यों करेंगे?

त अच्छा तो क्योंकि तुम्हें समझ में नहीं आ रहा कि वह गलती क्यों करेंगे—इसीलिए उन्होंने कोई गलती नहीं की थी।

स सम्भवतः अख़बार का और कोई हिसाब होगा।

त हिसाब? जैसे?

स तुमने जिस उम्र में क़दम रखा शायद वह गिनती में नहीं आता, जिस उम्र में क़दम रखोगी उसे गिनेंगे।

त मतलब भविष्य की उम्र?

स समझ लो ऐसा ही।

त मतलब मैं इक्यावन की होऊँगी, भविष्य की वही उम्र मेरी असली उम्र है।

स हाँ।

त ठीक है। तब तो मैं इक्यावन की होऊँगी, बावन आया कहाँ से?

स इक्यावन और बावन में बहुत फ़र्क़ है क्या?

त तब तो तुम सोच रही हो, भविष्य में मेरी जो उम्र होने वाली है वह अभी से बता दी जाये तो उसमें कोई दिक्कत नहीं है।

स दिक्कत क्यों?

इसके बाद मैंने तर्क को और आगे नहीं बढ़ाया।

यह कुछ भी नहीं है। लोग छपे हुए अक्षर का कितना विश्वास करते हैं उसकी एक बड़ी अटपटी घटना की साक्षी रही मैं। मैं उस समय गृहबन्दी या 'घर की क़ैदी' की हालत में दिन बता रही थी। उस समय काफ़ी मित्रजन और रिश्तेदार मेरे घर आये थे। सारे दिन हम घर से बाहर नहीं निकलते थे। सब घर में ही थे। खाना-पीना, चाय, गप्पें, सिनेमा यही सब हुआ है सारा दिन-सारी रात, घर पर ही। दूसरे दिन पत्रिका आयी। उस में लिखा था–कल मुझे, नदी किनारे लाल साड़ी पहने देखा गया है, अकेले-अकेले, अनमनी सी पैदल जा रही थी मैं। मैं पिछले दो दिनों से, घर में एक नीला टीशर्ट और सफ़ेद शॉर्ट्स पहने थी–सबकी आँखों के सामने ही। सब जानते हैं कल मैं बाहर निकली ही नहीं। सिर्फ़ कल ही क्यों, पिछले दो महीने से सरकार मुझे घर से बाहर नहीं निकलने दे रही है। बाहर जाने की इजाजत नहीं है, इसी वजह से दोस्त-मित्र मेरा साथ देने के लिए आये हैं लेकिन अख़बार में उस लिखे को पढ़कर सब एक-दूसरे का मुँह ताकने लगे। फुसफुसाकर कहने लगे।

बाहर कब गयी, पता ही नहीं चला? ए तूने देखा है?

मैंने नहीं देखा।

तो फिर किसने देखा?

तुम जानते हो?

मैंने तो नहीं देखा।

'ब' से पूछो, 'ब' ने देखा है क्या?

नहीं, मैंने तो नहीं देखा। दरवाज़े पर अन्दर से ताला मैंने ही लगाया है। चाबी मेरे बैग में है, अलमारी में।

अलमारी की चाबी किसके पास है?

वह भी मेरे पास है।

'ब' क्या तुम सो गये थे?

मैं तो रात के दो बजे सोने के लिए गया।

नहीं, नहीं फिर तो नहीं। अख़बार में लिखा है शाम को। तुम शाम को क्या कर रहे थे?

शाम को तो सब सिनेमा देख रहे थे

उस समय कैसे सबकी नजरों से बचकर चली गयी, पता हीं नहीं

पिक्चर जब चल रही थी, देखा था —लगा एक बार बरामदे में गयी थी।

बरामदे में नहीं, बाथरूम में गई थी। वह निकली तो मैं गयी।

बाथरूम से निकलकर ही क्या चली गयी थी?

बाथरूम से तो कमरे में आयी थी सिनेमा देखने।

सुबह आठ बजे उठी, नौ बजे नाश्ता किया, दस बजे के क़रीब क्या किया?

दस बजे चाय पीते-पीते पेपर पढ़ा और पुराने दिन की बातें करती रही। 'ट' और 'न' ने गाना गया, उसने सुना। बारह बजे तक तो यही होता रहा। उसके बाद खाना बनाया। दोपहर को सबने मिलकर खाना खाया। खाने के बाद तो अपर्णा और ऋतुपर्ण की मूवी एक के बाद एक देखी। मूवी देखना खत्म हुआ शाम छह बजे। उसके बाद फिर चाय पी, ताश खेली, कम्प्यूटर में जाने क्या काम किया, नौ बजे तक। नौ बजे डिनर किया। उसके बाद?

उसके बाद फिर कम्प्यूटर में लिखा, स्टडी के पलंग पर सो गयी।

कितने बजे सोयी थी?

ग्यारह, साढ़े ग्यारह बजे।

इधर बेडरूम में तो हम लोगों ने बड़ी देर तक महिफ़ल जमायी थी, देर रात सोये।

उस समय कहीं गयी थी वह?

नहीं, उस समय स्टडी में बैठकर उसी की एक किताब पढ़ रही थी।

जब वह सो रही थी।

हाँ, जब सो रही थी।

और आज तो सुबह सात बजे उठी। अपने आप चाय बनाकर पी।

तब फिर गयी कब?

वही तो समझ नहीं आ रहा। लेकिन गयी तो जरूर है।

अलमारी के अन्दर गेट की चाबी है। अलमारी की चाबी तो तेरे पास है।

हाँ, मेरी जेब में है।

जाने कैसा रहस्यमय लग रहा है सब कुछ।

बड़ा भुतहा मामला है।

किस कमरे में साड़ी पहनी, पता ही न लगा।

लाल साड़ी कब खरीदी उसने? उसके पास तो कोई लाल साड़ी नहीं है। कभी देखा नहीं।

शायद खरीदी हो इसी बीच।

कल ही तो अलमारी खोली थी। सब साड़ियाँ देखीं।

शायद हमें लाल साड़ी की बात मालूम नहीं। शायद कहीं और रखी होगी।

साड़ी और कहाँ रखी होगी?

आजकल तो साड़ी-वाड़ी पहनती नहीं।

लेकिन देखो, कल साड़ी पहनकर निकली। किसने कहा। नहीं पहनती। बेशक पहनती है।

मैं सोच रही हूँ—कहाँ पहनी होगी साड़ी।

जरूर किसी कमरे में ही पहनी होगी।

शायद बाथरूम में।

लेकिन बाथरूम तो एक बार ही गयी थी। जब निकली थी बाथरूम से तब तो शॉर्ट्स ही पहन रखी थी।

इसी बीच वह निकल गयी, हम सब कोई समझ ही न पाये।

किसी को बताया नहीं? बड़ा आश्चर्य है।

अलमारी की चाबी कैसे ली। देखो, किसी को कुछ नहीं बताया। बता देती तो क्या होता?

छुपकर जाने की क्या बात थी? हममें से कोई तो साथ जा सकता था।

मैं घर से निकली हूँ, सब विश्वास कर रहे हैं। बाहर निकलने का कोई सबूत नहीं है फिर भी यक़ीन कर रहे हैं, मैं घर में थी—इस बात के सारे सबूत होने पर भी यक़ीन कर रहे हैं, मैंने पूछा—तुममें से किसी को भी क्या एकबार भी ऐसा नहीं लग रहा है कि अख़बार में गलत लिखा है? तुम सब जानते हो, कल सारा दिन मैं तुम लोगों के साथ ही यहाँ थी, रात को तुम्हारे सामने ही

सोई हूँ। तुम लोगों में से किसी ने भी मुझे घर से निकलते हुए नहीं देखा। नहीं देखा क्योंकि मैं निकली ही नहीं। तो फिर तुम्हें क्यों नहीं लग रहा कि अख़बार के लोगों ने गलती की है?

नहीं, किसी को भी ऐसा नहीं लग रहा है कि अख़बार में गलत लिखा है। कारण, अखबार में छपा है कि कल मैं नदी के किनारे अनमनी-सी घूम रही थी, इसलिए यह झूठ नहीं हो सकता। घर में इतने लोग रहने के बावजूद, सबकी आँखों के सामने हट्टी-कट्टी मैं, सारे दिन एक छोटे से तीन कमरों वाले फ्लैट में समय बिताने पर भी, मेरे बाहर जाने का कोई भी प्रमाण न रहने पर भी, उन लोगों को पक्का विश्वास है कि मैं बाहर गयी थी, नदी के किनारे पैदल चली हूँ।

कोई इस बात में विश्वास नहीं करता कि किसी बड़ी पत्रिका में छपे अक्षरों में अगर कुछ लिखा रहे, तो वह गलत भी हो सकता है। वे जीती-जागती तुमको अस्वीकार करते हैं, वे अपनी आँखों को अस्वीकार करते हैं, लेकिन अख़बार के झूठ को सच मानते हैं। मैं जिन लोगों की बात कर रही हूँ वे साधारण मध्यवर्ग के लोग हैं। वे हैं, सम्भवतः इसीलिए मीडिया है।

जिसका कोई नहीं, उसका भगवान है—कहते हैं। इन मध्यवर्गीय 'मीडियाकरों' के लिए मीडिया ही भगवान है। भगवान क्या कभी गलती कर सकते हैं? गलती तो मनुष्य करते हैं!

अमेरिका का बंग सम्मेलन

अमेरिका के बंग-सम्मेलन में सिर्फ़ एक बार ही गयी थी। वही पहली और सम्भवतः आख़िरी बार था। प्रदीप मुखर्जी या प्रदीप घोष-वोष ऐसे ही कुछ कोई कर्णधार थे बंग सम्मेलन के। वे मुझे कई महीनों से शब्दशः पैर पड़कर अनुरोध कर रहे थे वहाँ के बंग सम्मेलन में शिरकत करने के लिए। मैं यूरोप अमेरिका के किसी भी बंगाली समारोह में नहीं गयी थी। सभी पश्चिम बंगाल के हिन्दू-बंगाली थे, इसी वजह से थोड़ी राहत थी। बांग्लादेश के बंगाली होते तो कोई प्रश्न ही नहीं था समारोह में भाग लेने का।

न्यूयॉर्क शहर के मैडिसन स्क्वायर गार्डन में समारोह हुआ था। दर्शकों में क़रीब पन्द्रह हजार बंगाली थे। प्रायः सभी पश्चिम बंगाल के, अपने देश का गाना-बजाना सुनने आये थे, देसी नाच देखने आये थे। वहाँ मैंने अमेरिका की विदेश नीति की आलोचना करते हुए एक कविता पढ़ी। एक गुट ने चिल्लाकर कहा—वे अमेरिका की आलोचना नहीं सुनना चाहते, अमेरिका उनको खिला-पहना रहा है, अमेरिका इराक और अफगानिस्तान में जो भी कर रहा है, ठीक कर रहा है, मुसलमानों को मार कर ख़त्म कर डालना चाहिए। कविता पढ़ना ख़त्म होते ही मुझे मंच पर से उतर आने को मजबूर किया गया। पूरे मैडिसन स्कवायर गार्डन एरिया से मुझे दुरदुराकर खदेड़ दिया गया—वही उस प्रदीप नाम के व्यक्ति के द्वारा। एफ.बी.आई. आ रही है, अमेरिका-विरोधी कविता पढ़ी है मैंने इसलिए। अब आयोजन के प्रबन्धकों की गिरफ्तारी होगी। मेरी वजह से बंग-सम्मेलन ही नष्ट हो गया—यह सब कहता जा रहा था और मुझ पर आग-बबूला हो रहा था वह व्यक्ति। नहीं, यह कविता अमेरिका-विरोधी कविता नहीं है, यह अमेरिका के साधारण शान्तिप्रिय लोगों के पक्ष में लिखी हुई कविता है, मानवता के पक्ष में लिखी कविता है।

अमेरिका

कब तुम्हें शर्म आयेगी अमेरिका?
कब तुम चेतोगे अमेरिका?
कब तुम अपना संत्रास बंद करोगे, अमेरिका?
कब तुम इस धरती के लोगों को जिन्दा रहने दोगे, अमेरिका?
कब तुम मनुष्य को मनुष्य मान पाओगे, अमेरिका?
कब तक इस धरती को टिके रहने दोगे, अमेरिका?
शक्तिमान अमेरिका! तुम्हारे बम से आज मृत है मनुष्य
तुम्हारे बमों से आज ध्वस्त है नगरी
तुम्हारे बमों से आज चूर-चूर है सभ्यता
तुम्हारे बमों से आज नष्ट हैं सम्भावनायें
तुम्हारे बमों से आज विलुप्त हैं सपने।
कब अपने हत्यायज्ञ की ओर, कुत्सित मन की ओर
कलंक की ओर देखोगे, अमेरिका?
कब तुम होओगे अनुतृप्त, अमेरिका?
कब तुम सच बोलोगे, अमेरिका?
कब तुम रोओगे, अमेरिका?
कब तुम क्षमा माँगोगे, अमेरिका?

हम तुम्हारी ओर घृणा फेंक रहे हैं अमेरिका, हम घृणा करते रहेंगे तब तक जब तक तुम अपनी मौत के हथियार ध्वंस कर घुटनों के बल न बैठोगे, घृणा करते ही रहेंगे, जितने दिन तुम प्रायश्चित्त न करो, हम नफ़रत उलीचेंगे, हमारी सन्तानें उलीचेंगी, सन्तान की सन्तानें उलीचेंगी, इस नफ़रत से तुम निज़ात नहीं पाओगे अमेरिका।

अपने कितने आदिवासियों का तुमने .खून किया है
कितने .खून किये हैं, अल साल्वाडोर में
.खून किया है निकारागुआ में
.खून किया है चिलि में, क्यूबा में
किया है पनामा में, इंडोनेशिया में, कोरिया में
.खून किया है फ़िलीपीन्स में, किया है ईरान, ईराक में
लीबिया, मिश्र में
वियतनाम में, सूडान में, अफ़गानिस्तान में

उन मौतों का हिसाब लगाओ,
अमेरिका तुम हिसाब लगाओ।
.ख़ुद से नफ़रत करो तुम अमेरिका।
अभी भी समय है, .ख़ुद से नफ़रत करो
अभी भी अपना चेहरा छिपाओ दोनों हाथों से,
अभी भी, भाग जाओ किसी झाड़ी, जंगल में
ग्लानि से सिकुड़ जाओ, सिमट जाओ
तुम आत्महत्या करो।
रुको, थोड़ी देर ठहरो
अमेरिका, गणतन्त्र हो तुम, तुम तो हो स्वतन्त्र।
तुम तो हो जेफ़रसन का अमेरिका
लिंकन का अमेरिका, तुम मार्टीन लूथरकिंग का अमेरिका,
तुम ललकारो, ललकार उठो एक बार
आखिरी बार, मानवता के लिए।

पुंपूजा

सतीदाह बन्द हो गया लेकिन नारी-विरोधी बहुत सी प्रथायें काफ़ी बहाल तबियत से जिन्दा हैं इस भारतीय उपमहादेश में। इन कुप्रथाओं को दूर करने की कोई कोशिश तो नहीं की जा रही है, बल्कि और भी ज़ोर-शोर से इनका पालन करने की व्यवस्था हो रही है, और भी तड़क-भड़क से उत्सव मनाये जा रहे हैं। कुछ दिन पहले ही बंगाली हिन्दू स्त्रियों का 'सिन्दूर खेला' उत्सव हुआ। दुर्गा प्रतिमा के विसर्जन—यानी दशहरे के दिन आपस में मुँह, गाल, माथे, ठुड्ढी, नाक कानों पर सिन्दूर पोतना चलता रहा। यह उत्सव मूलतः पति दीर्घजीवी हो, अनन्त काल तक जीता रहे, पति को हारी-बीमारी न हो, दुर्घटनायें न हों, पति स्वस्थ रहे, कभी भी न मरे, हमें चाहे जो हो जाये—हमारी सेहत का कबाड़ा हो जाये, हमारी लम्बी उम्र पर बिजली गिरे—इन्हीं सबका उत्सव। विधवाओं और अविवाहिताओं के लिए 'सिन्दूर का खेला' मना है। मना है क्योंकि उनके पति नहीं हैं। उनकी माँगें सिन्दूर से भरी नहीं हैं, या फिर सिन्दूर पोछ दिया गया है।

दो बालिग मनुष्यों ने विवाह किया है, पर एक जने के शरीर पर शांखा (शंख का सफ़ेद कड़ा) सिन्दूर पॉला, लोहा (सुहाग के चिह्न) का उपद्रव लाद दिया जाता है—और दूसरे जने (वर) का शरीर शब्दशः 'जैसे का तैसा' रह जाता है। क्या कोई यह प्रश्न करता है कि जिस वजह से विवाहिता स्त्रियाँ शांखा, सिन्दूर लगा रहीं हैं, लोहा पहन रही हैं उसी वजह से विवाहित पुरुष लोग शांखा, सिन्दूर, पॉला, लोहा क्यों नहीं अपना रहे? क्यों विवाहित स्त्रियाँ पुरुषों की तरह इन विवाह-चिह्नों से मुक्त नहीं हैं।

साफ़ बात है, पुरुष विश्वास करते हैं और स्त्रियों को भी विश्वास करने पर मजबूर करते हैं कि इस विश्व ब्रह्माण्ड में सबसे मूल्यवान वस्तु है—मनुष्य प्रजाति में 'पुरुष' नामक जो प्राणी है, उसकी जाँघों के बीच दो-तीन इंच का जो लिंग लटका रहता है—वही। यह अंग जिसके पास है उस पर कोई ज्यादती नहीं होनी चाहिए। उनकी जीवनसंगिनी या स्त्री के स्वस्थ रहने के लिए, उसकी लम्बी

उम्र के लिए कोई व्रत पालन नहीं किया जाता। उसके धनदौलत लाभ के लिए भगवान से प्रार्थना या कोई पूजा-पाठ नहीं करनी पड़ती, पत्नी की मंगल कामना के लिए दिन भर व्रत-उपवास नहीं रखना पड़ता, सिन्दूर का खेल नहीं खेलना पड़ता—जैसा स्त्रियों को पति की मंगल कामना के लिए खेलना पड़ता है। बल्कि पुरुष लोग बड़े मज़े में नारीकुल के इस 'पुल्लिग पूजा' को दूर बैठे उपभोग करते हैं। पुरुषतान्त्रिक समाज में सुबह-शाम जो पूजा चलती रहती है—वह है 'पुल्लिग पूजा'। पुरुष समाज के ईश्वर हैं समाज के महाशक्तिमान, महाक्षमतावान, स्त्रियों के महाप्रभु अभिभावक, स्त्रियों के कर्त्ता, देवता। पुरुषों की और शक्ति, क्षमता और प्रभाव, प्रताप और खुशहाली, धनवृद्धि, दीर्घजीवन और अमरत्व के लिए स्त्रियों को, कमजोरों को, बदनसीबों को, दलितों को, अत्याचारित, निपीड़ितों को व्रत रखना होता है, प्रार्थना करनी होती है भगवान से। पुरुषों की मंगलकामना, सुखकामना, स्वास्थ्यकामना के लिए भैयादूज, शिवरात्रि, राखी, सावन का सोमवार —और भी जाने क्या-क्या पूरे साल पालन करना पड़ता है स्त्रियों को।

स्त्री शिक्षित हो रही है, यहाँ तक कि स्वनिर्भर हो रही है, पतियों पर आर्थिक निर्भरता बहुतों की नहीं है—पति के बिना नहीं चलेगा—ऐसी कोई भी बात नहीं है—पर ऐसी स्त्रियाँ भी पुरुषतान्त्रिक विधि नियमों को सिर झुकाकर मान ले रही हैं; कोई प्रश्न नहीं कर रहा है, शादी के बाद क्यों स्त्री को नाम, जाति बदलनी पड़ेगी, सरनेम बदलना पड़ेगा—और पुरुष को नहीं? क्यों स्त्री को सुसराल में रहना पड़ेगा—क्यों स्त्री की तरह पुरुषों का भी कर्त्तव्य नहीं होता ससुराल में रहना और सास-ससुर की सेवा करना। दहेज अगर देना ही है तो स्त्री को ही देना पड़ता है पति क्यों नहीं दहेज देता पत्नी को? जिसके पास है, उसी को सिर्फ़ चाहिए और चाहिए। समूचा समाज ही उसे उँडेल कर दे रहा है, भर भरकर दे रहा है, जिसके पास पहले से ही बहुत है। अत्याचारी को दुगुना अत्याचारी बनाया जा रहा है। छल, बल, कौशल से स्त्रियों को आर्थिक पराधीनता परोसी गयी है और इस पर जबरदस्ती जोड़ दी गयी है, शारीरिक और मानसिक पराधीनता।

भारत के कई राज्यों में विवाहितायें 'करवाचौथ' का व्रत रखती हैं। सूर्योदय से चंद्रोदय तक पति के स्वास्थ्य और मंगलकामना में उपवास। चाँद देखेंगी तब पानी का घूँट भरेंगी लाखों पतिव्रता स्त्रियाँ। यह भी 'पुंपूजा' है। इन सब आचार-अनुष्ठानों का एक ही सार अर्थ है—इस दुनिया में पत्नी का नहीं पति का जीवन ही मूल्यवान है। गरीब, अनपढ़ परनिर्भर स्त्रियाँ नहीं, इन पुरुषतान्त्रिक रीति-रिवाजों का पालन कर रही हैं ज्यादातर उच्चवर्ग और मध्यवर्ग की शिक्षित, स्वनिर्भर स्त्रियाँ। यही स्त्रियाँ ही लेकिन आजकल बलात्कार और

दूसरे नारी-अत्याचार के विरुद्ध ख़ूब आवाज़ उठाती हैं, लेकिन 'सिन्दूर खेला' और 'करवाचौथ' का पालन कर रही है जोर-शोर से। बलात्कार, नारी उत्पीड़न, करवाचौथ और सिन्दूर खेला ये सभी पुरुषतन्त्र के नारी-विरोधी लक्षण हैं। एक समय था जब बलात्कार को अपराध नहीं माना जाता था, आजकल बलात्कार-विरोधी आन्दोलन के फलस्वरूप बलात्कार को भयावह अपराध माना जाता है। अगर करवाचौथ के विरुद्ध मीडिया आवाज़ उठाये, लोग सड़कों पर उतर आयें, तो करवाचौथ को बहुत खराब समझने लगेंगे और अन्याय समझने लगेंगे ज्यादातर लोग। नारी-विरोधी इन सब त्योहार अनुष्ठानों को लेकर दुकानदारी और व्यापार भी चल रहा है आजकल। करवाचौथ का आँखें चौंधियाने वाला उत्सव आजकल सिनेमा, थियेटर और टी.वी. सीरियल पर चल रहा है। विज्ञापन और मर्दवादी आचार वगैरह से लैस, गहनों से सजी-सजायी स्त्रियों का झिलमिलाता दृश्य। जो स्त्रियाँ दूर से देखती हैं ये सब, जिनका जीवन दुख दुर्दशा से भरा हुआ है, जिनकी इच्छा होती है कि वे भी सजी-धजी, गोरी-चिट्टी, सुखी-सुखी स्त्रियों की तरह ही उत्सव करें। वे भी एक समय अनजाने में बाज़ारवाद के फंदे में फँस जाती है, साड़ी-गहने खरीदने के फंदे में। वैसे भी इस समाज में स्त्रियों को एक वस्तु की तरह समझा जाता है। पुंपूजा (पुरुषपूजा) की रीत में हिस्सा लेकर स्त्रियाँ स्वयं को और भी 'बड़ा 'पण्य' या बिकाऊ वस्तु बना देती हैं। ये सब करके स्त्रियाँ पुरुषों को जितना ज्यादा मूल्यवान और कीमती बनाती हैं, उतना ज्यादा स्वयं को मूल्यहीन बना डालती हैं। पुरुषतान्त्रिक असभ्यता को, ग़ैरबराबरी को, लिंगभेद को, नारी-विरोधिता को, नारी-विद्वेष को, गन्दगी को सिर्फ़ सहनीय ही नहीं, वरन् आदरणीय और आकर्षणीय बनाने के पैंतरे चल रहे हैं चारों तरफ़। जिन-जिन राज्यों में 'करवाचौथ' मनाया नहीं जाता था, अब उन राज्यों में भी मनाया जाता है। पुरुषतन्त्र बड़ा संक्रामक है।

मनुष्य आगे की ओर बढ़ता है, सभ्य होता है, वैषम्य-ग़ैरबराबरी को दूर करता है। समाज को बदलता है, लेकिन भारतीय उपमहादेश की स्त्रियाँ जितनी शिक्षित होती हैं, जितनी स्वनिर्भर होती हैं, उतना ही पितृतन्त्र को सिर पर उठाकर नाचती हैं, उतना ही धर्म का ढोल बजाती हैं। ऊपर-ऊपर से लगता है समाज बदल गया है, लेकिन अन्दर ही अन्दर हजारों साल पुराना समाज अपना सड़ा-गला शरीर लेकर अँधेरे में पैर गड़ा कर बैठा है—उसे उसकी जगह से हिलाये यह किसकी मज़ाल।

यह समाज स्त्री को तरह-तरह से उकसाता और उत्साहित करता है पुरुषतन्त्र का शिकार होने के लिए। पुरुष की अधीनता मान लेने पर समाज नारी की

वाहवाही करता है। अपने अधीन नहीं, स्त्री किसी-न-किसी पुरुष के अधीन रहे बस। स्त्री की अधीनता या पराधीनता को स्त्री का 'गुण' माना जाता है। 'गुणवन्ती नारी' होने का पुरस्कार जिसके भाग में जुटता है, समाज उस पर बड़ा खुश रहता है और समाज को खुश रखना, चाहे जैसे भी हो, स्त्रियाँ पसन्द करती हैं। क्योंकि समाज को नाखुश रखकर या असन्तुष्ट रखकर पुरुषतान्त्रिक समाज में जिन्दा रहना क़रीब-क़रीब असम्भव है।

पुरुष जिस समाज में रोजाना वधूहत्या, वधू अत्याचार, बलात्कार, सामूहिक बलात्कार, शिशुकन्या की हत्या कर रहे हैं, उसी समाज में स्त्रियाँ ही धूमधाम से पुरुष पूजा कर रही हैं। पुरुष पूजा के दृश्य देखकर बीच-बीच में चौंक उठती हूँ भौचक्की रह जाती हूँ। पुरुषों की चेतना जागेगी कभी? पुंग आधिपत्यवाद का कौशल सीखकर बड़े हुए पुरुष क्या कभी अपने दिमाग़ से वह सब निकाल फेंक सकेंगे जो उन्होंने इतने दिन सीखा? अगर पिछला सीखा सब कुछ झाड़कर फेंक न पायें, समानाधिकार की शिक्षा ग्रहण करना तो बड़ा मुश्किल होगा। समानाधिकार की कोई चर्चा ही नहीं है स्त्री-पुरुषों के बीच। पुरुष सोचता है, अगर उसका पुरुषत्व जरा भी खिसक जाये तो यह उसका अपमान है। स्त्री सोच रही है उसका नारीत्व जरा कम हो जाये तो .ख़ैर नहीं। कोई-कोई तो जी-जान से बनाये रखना चाहते हैं स्त्री-पुरुष की कुछ चारित्रिक विशेषतायें, पुरुषतत्व और नारीत्व। अगर यह मान भी लेती हूँ कि पुरुष में यह तथाकथित पुरुषत्व और नारी में यह तथाकथित नारीत्व है, उसके बाद भी लेकिन निश्चित रूप से कहा जा सकता है कि पुरुष के अन्दर जो है वह सौ फ़ीसदी पुरुषत्व और स्त्री के अन्दर जो है वह सौ फ़ीसदी नारीत्व ही है—यह सम्पूर्ण रूप से .ग़लत धारणा है। समाज आँखें तरेरता है इस वजह से पुरुष प्रकट नहीं करना चाहता उसके अन्दर जितना-सा भी नारीत्व है उतना-सा था। और नारी को अपने अन्दर के थोड़े-बहुत पुरुषत्व को प्रकट करने से रोका जाता है। अगर समाज में ये बाधा न रहती, अगर सचमुच दोनों स्वयं को खोलकर, अपना सही-सही चरित्र प्रकट कर पाते तो सम्बन्धों में समानता आती। तब पुरुष भी तकलीफ़ पाने पर सुबक कर रोता, बच्चों का लालन-पालन करता, जिसे प्यार करता है उसको खाना बनाकर खिलाता, उसकी साड़ी, कपड़े धोकर इस्त्री करके रखता। लेकिन पुरुषतान्त्रिक समाज सिर पर सवार होकर निगरानी जो कर रहा है। पुरुष को हमेशा नृशंसता किये जाना है, नारी को सर्वंसहा की तरह हमेशा सहते ही जाना है। चाहे जो हो। लेकिन स्त्री ने यह प्रमाणित कर दिया है कि पुरुष जो कर सकता है स्त्री भी वह कर सकती है। स्त्री पुरुषों की तरह ही पोशाक पहन सकती है, पुरुषों

की तरह ही युद्धक्षेत्र में युद्ध कर सकती है, पुरुषों की तरह ही पर्वतों की चोटी पर चढ़ सकती है, महाशून्य में उड़ सकती है, सात समन्दर तेरह नदी पार कर व्यापार के लिए जा सकती है। पुरुष लेकिन आज भी प्रमाणित नहीं कर पा रहा कि जो नारी कर सकती है वह भी वही कर सकता है। घर-द्वार साफ़ करना, परिवार का खाना बनाना, खाना परोसना, बच्चों का लालन-पालन अभी तक भी पुरुष नहीं कर रहे हैं। जब तक नहीं करेंगे तब तक यह बात नहीं कही जा सकती कि दुनिया में विषमता नहीं है।

जब तक समाज में पितृतन्त्र या पुरुषतन्त्र टिका हुआ है, तब तक यह समाज किसी को भी समता और समानाधिकार की ओर हाथ बढ़ाने नहीं देगा। 'हायारर्की' यानी स्तरतन्त्र बना है लेकिन 'पैट्रियार्की' यानी पितृतन्त्र के ढाँचे की भीत पर ही। स्तरतन्त्र (हायारर्की) की अधीनता और आधिपत्य का खात्मा करना या क्षमता के ऊँचे-नीचे स्तर को तोड़कर समतल कर देना सम्भव नहीं है। सम्भव करना है तो पहले स्तरतन्त्र (हायारर्की) को ही .ख़त्म करना होगा। स्त्री-पुरुषों की समता भी तब तक सम्भव नहीं है जब तक पितृतन्त्र की विलुप्ति नहीं होती। 'दहेज-प्रथा बन्द करो', 'बलात्कार बन्द करो', 'वधू-उत्पीड़न बन्द करो' बोल-बोलकर पूरा साल चीखने-चिल्लाने पर भी ये सब बातें कभी निश्चित नहीं हो जायेंगी। जितने दिन रोग है, रोग के लक्षण भी दबे-छुपे बने रहेंगे। इस रोग का इलाज करना होगा।

'देश' का दरअसल मतलब क्या है?

अब मैं यह नहीं जानती कि देश का दरअसल मतलब क्या है? आज बीस साल हो गये, देश से बाहर हूँ। आज बीस साल हो गये अपने देश में प्रवेश करने का और वहाँ रहने का अधिकार मुझे नहीं है। जो भी सत्ता में आ रहे हैं, वे मेरे नागरिक अधिकार का हनन कर रहे हैं। मेरी अवहेलना करना, मुझे अपमान करना, मुझे धत्ता बताना, मेरी बेइज़्ज़ती करना, गरदन धकेलना, लात मारना। घर से बाहर निकाल देना जितना आसान है वैसा और किसी के साथ ये सब करना आसान नहीं है, जो लोग सत्ता में हैं वे इस बात को बड़ी अच्छी तरह समझते हैं। क्या मैंने कोई अन्याय किया है? किसी का ख़ून किया है? चोरी-डकैती की है? किसी को लूटा है? किसी का सब कुछ छीन लिया है? नहीं, मैंने ऐसा नहीं किया। राजनीति की है, अपनी सुविधओं की माँग की हैं लोगों को ठगा है क्या? नहीं, ऐसा भी नहीं किया है। तो फिर किया क्या है जिसकी सजा हमेशा के लिए देश-निकाला है? क्या किया है मैंने कि हसीना, खालिदा या केयरटेकर सरकार, सभी के शासन काल में मुझे मेरे अपने ही देश में घुसने नहीं दिया जायेगा—ऐसा निश्चय किया गया? किसी एक विषय के बारे में सब राजनीतिज्ञों की सोच में ऐसा बढ़िया मेल और कहाँ मिलेगा? किसी अकेले एक मनुष्य के विरुद्ध चरम अन्याय करके भी कोई सरकार ऐसे मजे में छुटकारा पा सकती है? एक व्यक्ति पर अत्याचार हो रहा है, यह देखकर भी देश के सब लोग ऐसे मुँह बन्द करके रह सकते हैं? साल दर साल, युगों-युगों तक? ऐसा अद्भुत काण्ड शायद इतिहास में नहीं है। किसी लेखक की इतनी सारी किताबें किसी भी देश की किसी भी सरकार ने निषिद्ध नहीं की। लेखकों को 'निर्वासन' दिया जाता है। लेकिन सरकार बदलने पर लेखक फिर से अपने देश लौट जाते हैं। मैं अपने देश में लौट नहीं सकती, कारण, मेरे देश में सरकार बदलती है, सरकार की बदमाशी नहीं बदलती। मेरे देश की सब सरकारें समझती हैं कि देश उनके बाप की जायदाद है। इसलिए उनके बाप की जायदाद पर क़दम रखने का मेरा कोई अधिकार नहीं है। विदेश मन्त्री के विदेश आने पर

उन्हें बहुत लोग सवाल पूछते हैं, "तसलीमा को क्यों देश में जाने नहीं दे रहे हैं?" तपाक से वे जवाब देते हैं देश लौटने में तो उनपर कोई रोक नहीं है, वो जा क्यों नहीं रहीं?" विदेश मन्त्री जानते है वे झूठ बोल रहे हैं। वे जरूर यह बात अच्छी तरह से जानते हैं कि बांग्लादेश के सारे दूतावासों को सरकार का कड़ा निर्देश है कि मेरा बांग्लादेश के पासपोर्ट का नवीनीकरण न किया जाये और मेरे यूरोप के पासपोर्ट से बांग्लादेश का वीजा कतई न दिया जाये। बांग्लादेश के दूतावासों से देश के मंत्रालयों में पासपोर्ट के नवीनीकरण के लिए बार-बार दरख्वास्तें दी है, क़रीब दो युग से, जवाब में या तो 'ना' मिला है या चुप्पी। प्रधानमन्त्री विदेशमन्त्री और लगभग सभी मन्त्री भी यह बात जानते हैं कि 'वैलिड' पासपोर्ट या वीजा बगैर देश की ओर रवाना होने वाले जहाज या हवाई जहाज़ में चढ़ नहीं पाऊँगी देश की मिट्टी पर क़दम रखना तो दूर की बात। झूठ बोलने की क्या जरूरत है, सीधे-सीधे बता दे सकते हैं—"हम उसे देश में घुसने नहीं दे रहे हैं, देंगे भी नहीं। क्योंकि हम जो मर्ज़ी सो करने वाले लोग हैं।" इसको लेकर विरोधी दल के लोग कोई प्रश्न नहीं करेंगे देश के जनगण भी चूं-चपड़ नहीं करेंगे, तब फिर उसके नागरिक अधिकारों को लेकर हमारी सिरदर्दी क्यों?

मैंने चिकित्सा विज्ञान पढ़ा है। डॉक्टरी की है देश के सरकारी अस्पतालों में। बचपन से ही लिखने-विखने की आदत है, इसीलिए डॉक्टरी के साथ-साथ वह भी चालू रखा। मनुष्य पर मनुष्य का अत्याचार देखकर कष्ट पाती थी, लोगों की दुख-दुर्दशा मिटाना चाहती थी, लिखती थी—जिससे समाज से बुरे संस्कार और अन्धविश्वास दूर हो, लोगों के मन का झुकाव, विज्ञान की ओर हो, ज्ञान के आलोक से आलोकित हों किसी के मन में ईर्ष्या, घृणा, भय न रहे, मनुष्य मनुष्य का सम्मान करे, श्रद्धा करे, प्यार करे। मैंने लिखा भी है, वह किताब बेहद लोकप्रिय भी हुई है, लेकिन लोकप्रिय किताबों को ही सरकार ने निषिद्ध करना शुरू किया। एक सरकार की देखा देखी दूसरी सरकार ने भी वही किताबें निषिद्ध कीं। 'निषिद्ध' चीज़ ही है, बड़ी संक्रामक। एकबार निषिद्ध करके देखा जाये कि कोई प्रतिवाद नहीं हो रहा है, तब तो निषिद्ध करना एक नशा बन जाता है। मेरी किताबें तो जैसे सरकार के खिलौने हैं। खिलौनों को लेकर जो मर्ज़ी सो कर रहे हैं तोड़ रहे हैं, उठा कर फेंक रहे हैं, मस्ती कर रहे हैं, खालिदा सरकार ने 'लज्जा' को निषिद्ध किया, 'लज्जा' साम्प्रदायिकता के विरुद्ध एक मानवीय दलील थी। 'आमार मेयेबेला' (मेरा लड़कीपन) नामक किताब को शेख हसीना ने बैन किया। इस किताब को बंगला साहित्य का एक बड़ा पुरस्कार—'आनन्द पुरस्कार' के अलावा भी बहुत से विदेशी पुरस्कार और बहुत प्रशंसा मिली है। इसके बाद एक के बाद एक मेरी आत्मकथा

के विभिन्न खण्ड 'उत्ताल हवा', 'क', वे अँधेरे दिन, निषिद्ध हुए हैं। किसी ने भी किताब निषिद्ध होने के ख़िलाफ़ ऐतराज़ नहीं जताया। नाजी लोगों ने जर्मनी में किताबें जलाई थी। वह किताब जलाने वाला काला दिन आज भी इतिहास का काला दिन है। एक के बाद एक मेरी किताबें निषिद्ध करके बांग्लादेश सरकार ने क्या उन्हीं वीभत्स नाज़ी लोगों की तरह आचरण नहीं किया? मुश्किल यही है कि ज़्यादातर सरकारें साहित्य के बारे में कुछ भी नहीं जानतीं, मत प्रकट करने की आज़ादी के बारे में भी उनको कोई ज्ञान नहीं है, या फिर ज्ञान है लेकिन परवाह नहीं करते हैं किसी की। जनगण के सेवक गद्दी पर बैठने का मौक़ा मिलते ही शासक बन जाते है–शोषक बनने में भी बहुत ज़्यादा समय नहीं लेते।

पाकिस्तान की लड़की मलाला यूसुफ़जई को उस दिन यूरोपियन यूनियन का सबसे बड़ा पुरस्कार 'सखारोव' मिला। मलाला एक साहसी और बुद्धिमती लड़की है उसको पुरस्कार मिलने पर मैं बहुत खुश हूँ। बांग्लादेश का संवाद-माध्यम भी मलाला के पुरस्कार पाने पर इतना खुश था कि इस खबर का व्यापक प्रचार-प्रसार किया था। मलाला को जो 'साखारोव' पुरस्कार इस साल मिला वही पुरस्कार मुझे 1994 में मिला था। लेकिन पिछले बीस सालों में बांग्लादेश ने लेकिन एक अक्षर भी खर्च नहीं किया अपने देश की इस लड़की के पुरस्कार के बारे में कुछ लिखकर। फ्रांस सरकार का दिया हुआ मानवाधिकार–पुरस्कार या सिमोन द बुवोया पुरस्कार, यूनेस्को पुरस्कार, विश्वविद्यालय की डॉक्टरेट डिग्री–मेरे किसी भी सम्मान या पुरस्कार पाने की ओर देखा तक नहीं बांग्लादेश के संवाद माध्यम ने। सबसे ज़्यादा हास्यास्पद तो बनाई बांग्लादेश के दूतावासों ने। आमन्त्रित होने पर भी, आजतक कोई भी राष्ट्रदूत मेरे सम्मान सभा में उपस्थित नहीं हुए। यूरोप अमेरीका में किसी को कोई बड़ा सम्मान मिले तो देश के राष्ट्रदूत को बुलाया जाता है समारोह में। उसी दिन ही तो, बेल्जियम रायल अकादमी ऑफ साइंस, आर्ट्स एण्ड लिटरेचर द्वारा भी जब मुझे पुरस्कार मिला अकादमी के प्रेसिडेण्ट ने रीत के अनुसार मेरे देश के राष्ट्रदूत को आमन्त्रित किया था पर, जैसा कि होता है, राष्ट्रदूत अनुपस्थित थे। प्रेसिडेण्ट ने शायद अनुमान कर लिया था कि राष्ट्रदूत टुच्चे हैं। सबसे ज़्यादा टुच्चापन दिखाया था बीस साल पहले बेल्जियम में जो बांग्लादेश के राष्ट्रदूत थे। उन्होंने एक लम्बी चिट्ठी लिखी थी यूरोपीय पार्लियामेण्ट के प्रेसिडेण्ट को। बड़ी मिन्नतें की थीं कि मुझे–'साखारोव पुरस्कार' हरगिज न मिले। प्रेसिडेण्ट ने मुझे राष्ट्रदूत की चिट्ठी पढ़ने को दी थी फिर वापस नहीं ली। अगले दिन बड़े शानो-शौकत से मुझे साखारोव पुरस्कार दिया गया था।

हर बार जब भी सम्मानित हुई हूँ, मुझे अपने देश के लिए शर्मिंदगी महसूस

हुई। आज भी होती है। मेरे पिताजी जब मृत्युशैय्या में थे, प्रधानमन्त्री हसीना को मैंने बड़ी मिन्नत की थी कि मुझे सिर्फ़ दो दिन के लिए देश में लौटने की अनुमति दें। मेरे बाबा (पिता) कितने व्याकुल थे मुझे सिर्फ़ एक बार देखने के लिए। दिन ब दिन रोये हैं, पर हसीना ने मुझे देश जाने की इजाज़त नहीं दी। या तो वे अपने पिता के अलावा और किसी के पिता को इज्ज़त नहीं देतीं या वे अपने पिता से भी प्यार नहीं करतीं। पिता को लेकर राजनीति करना पसन्द करती हैं। अगर कोई अपने पिता को प्यार करता है तो वह इस तरह दूसरों के पिता के साथ ऐसा नहीं कर सकता, खासकर जब कोई पिता अपनी बेटी से आख़िरी बार मिलना चाहता हो। बेटी का हाथ आख़िरी बार छूने के लिए मृत्युशैय्या में जब पिता रोते हैं, तो कोई दुश्मन भी उन्हें 'न' नहीं कह सकता।

ज़िन्दगी में कट्टरपन्थियों के अत्याचार बहुत सहे हैं, उनके जारी किये फ़तवे, मुकदमे, उनकी हड़तालें, उनके जुलूस। इनमें से किसी ने भी मुझे इतना दुख नहीं दिया जितना मुझे अपने बीमार पिता से सिर्फ़ एक बार के लिए, न मिलने देने का सरकारी हुक्म से। मुझे कट्टरपन्थियों ने देशनिकाला नहीं दिया है, दिया है सरकार ने। बांग्लादेश और पश्चिम बंगाल में कोई खास फ़र्क नहीं है। बांग्लादेश से जिस तरह मुझे निकाला गया था पश्चिम बंगाल से भी, ठीक उसी तरह निकाला गया कट्टरपन्थियों के चेहरों पर मुस्कुराहट लाने के लिए।

कुछ अदूरदर्शिता और स्वार्थी राजनैतिक कारणों से आज मैं निर्वासित हूँ। एक बंगाली लेखक के लिए आज बंगाल में जगह नहीं है। बंगला भाषा से हज़ारों मील दूर बैठकर बंगाल के लोगों के लिए मुझे बंगला भाषा में किताबें लिखनी पड़ रही हैं। कितनी जघन्य, कितनी निर्मम, कितनी भयंकर है यह सज़ा। क्या गुनाह है मेरा? अपना मत प्रकट किया है इसलिए? क्योंकि मेरा मत कुछ मूर्ख, धर्मान्ध और नारी विद्वेषी लोगों से अलग है?

माँ, नहीं हैं, बाबा (पिता) नहीं हैं, जो प्यार करते थे उनमें से कोई भी नहीं है। शमसुर रहमान नहीं हैं, के. एम. सोबान, कबीर चौधरी, रशीद करीम, वाहेदुल हक़ नहीं हैं। पूरा देश बियाबान सा बन गया है। फिर भी अपने देश के लिए, देश में पीछे छोड़ आयी वह नदी, वह स्कूल बिल्डिंग, बचपन का वह आँगन, खेल का वह मैदान, माँ का लगाया वह कामिनी फूल का पेड़, वह नारियल, कमरख, उस अमरूद के पेड़ के लिए मन तरसता है, सब कुछ याद आता है। कोई नहीं है, कुछ नहीं है, सब बदल गया है। देश अब और देश नहीं है, लेकिन इन सब के बाद भी 'देश' शब्द के उच्चारण के साथ-साथ सीने में एक तकलीफ़-सी महसूस होती है—इस कष्ट को मैं व्यक्त भी नहीं कर सकती।

बहुत लोग पूछते हैं, यूरोप की नागरिक होकर भी, अमेरिका की स्थायी बाशिन्दा होते हुए भी क्यों मैं दिल्ली में, भारत में रहती हूँ। मैं जवाब देती हूँ–'यहाँ' रहती हूँ क्योंकि यहाँ के पेड़ों के नाम जानती हूँ। ये साल, टीक (सागवान), गुलमोहर, सेमल, काठचम्पा–इन पेड़ों को मैं बचपन से जानती हूँ। जब भी इन पेड़ों को देखती हूँ लगता है मैं अपने देश में हूँ। हिन्दी मेरी भाषा नहीं है, लेकिन इस भाषा के अन्दर संस्कृत शब्द बंगला की तरह सुनाई पड़ते हैं, क्या यही कारण है कि मैं यूरोप, अमेरिका में न रहकर यहाँ रहती हूँ। और यह जो मैं कुछ दिनों बाद यमुना के किनारे जा रही हूँ सो क्यों? क्या है उस नदी में? एक दिन यमुना किनारे खड़े होकर एक जान-पहचान के सज्जन से कहा था, ''जानते हो, मेरे देश में भी एक नदी है, नदी का नाम है यमुना। सज्जन ने कहा–''लेकिन वह नदी और यह नदी तो एक नहीं है।'' मैंने कहा–''उससे क्या–नाम तो एक है।''

उस दिन देखा दो कबूतर उड़कर आये और मेरी खिड़की पर बैठ गये। मेरी माँ जैसे कबूतर पालती थीं बिल्कुल वैसे ही दो कबूतर। उनकी ओर देखते-देखते आँखों में पानी भर आया था। शाम को सड़क पर पैदल चलते-चलते बीच-बीच में ठिठक कर रुक जाती हूँ। किशोरावस्था में मुझे मोगरा की गन्ध बहुत आती थी। खुशबू जिस तरफ़ से आती है, उस तरफ़ चली जाती हूँ, झाड़-जंगल चाहे जो भी हो रास्ते में, जाती हूँ। और इधर अपने बरामदे के गमले में रात की रानी का पौधा लगाया है। उसकी सुगन्ध हमें सुलाती थी। पता नहीं इसका क्या नाम है यहाँ। इन बीस सालों में धरती के रास्तों पर पैदल चली हूँ। लोगों का प्यार मिला है ढेर सारा। जो लोग प्यार करते हैं, जो लोग मेरी तरह रोशनी के हक़ के पक्ष में खड़े होते हैं, मेरी नीति और आदर्शों पर जिनको विश्वास है, जो लोग विषमता के विरुद्ध मेरी तरह ही आवाज़ उठाते हैं वे ही मुझे अपने देश जैसे लगते हैं। वे लोग मेरे बगल में रहें तो मैं सुरक्षित महसूस करती हूँ। 'देश' का मतलब मेरी समझ में 'प्यार' है, सुरक्षा है। जो देश नफ़रत से दूर उठाकर फेंक देता है, डराता है, वह देश अपने देश जैसा क्यों लगेगा। जन्म देने से ही तो माँ नहीं बना जा सकता। माँ बनना चाहो तो सन्तान से प्यार करना होता है। देश तो केवल मिट्टी, नदी, पेड़-पौधे और मकान-घर नहीं है–देश इन सबसे और भी बड़ा है–बहुत बड़ा है।

जिन्दा रहते शायद अपने देश को बहुत उदार और मानवीयता से भरपूर नहीं देख पाऊँगी, लेकिन इन्तजार करूँगी ऐसे दिन का, जिस दिन अपने देश को लेकर गर्व कर सकूँ। इसके लिए इन्तजार करूँगी आख़िरी दिन तक।

बाबा

छोटा-सा छरहरा-सा साफ-सुथरा शहर। दोपहर को सड़कें सूनी हो जाती हैं। कुछ कुत्ते जबान बाहर निकाले चलते रहते हैं, कुछ पेड़ की छाँव में सोते रहते हैं। रात को भी यह शहर चुप्पी के कुएँ में डूबा रहता है। ऐसे एक शहर में अचानक तरह-तरह के लोगों ने आना शुरू कर दिया। कारण? कारखाने वगैरह बनते जा रहे हैं, लोगों को ढेरों रोजगार मिल रहे हैं। जमीन के नीचे प्राकृतिक गैस का आविष्कार हुआ था कई साल पहले। इसके बाद लोग शायद गैस की बात भूल ही गये थे, लेकिन राजधानी के लोग नहीं भूले। सही तरीके से घोषणा करके गैस निकालने का दिन, तारीख पक्की कर ली गई है। आसपास के गाँव के लोग, चींटियों की तरह आ रहे हैं। जैसे कि शहर में, गैस नहीं, गुड़ मिल रहा है, फ्री गुड़।

इसी समय जब लोगों को चारों तरफ़ नौकरियाँ मिल रही हैं—बाबा की नौकरी चली गयी। बाबा एक फर्नीचर कम्पनी में डिजाइनर का काम करते थे। जिस बिल्डिंग में कम्पनी थी उस बिल्डिंग को अब गैस-बिल्डिंग बनाया गया है। आसपास भी जितनी बिल्डिंगें थीं गैसवालों ने खरीद ली हैं। कम्पनी के मालिक ने कहा—समय माफ़िक उनको बताया जायेगा कि फिर कब नौकरी पर लगना है। बाबा ने छह महीने बैठकर गुज़ार दिये। पर गृहस्थी तो इस तरह चलती नहीं। मामा लोग सहायता कर रहे हैं। छह महीने बाबा ने तरह-तरह के व्यवसाय में रुपये लगाकर रुपयों का सत्यानाश किया। घर में हताशा कुण्डली मारे पड़ी रहती है। चारों तरफ़ से ढेरों सलाह-मशविरा आ रहे हैं। रामेन्दू बाबा से मिलने की सलाह। रामेन्दू बाबा का नाम क़रीब दो साल से सबके मुँह पर चढ़ा हुआ है। उनके आशीर्वाद की बदौलत सुना है लोगों को नौकरी मिल रही है, बिजनेस अच्छा चल रहा है। बाबा ने ये सब सुनकर बिल्कुल फ़िजूल की बात कह कर उड़ा दिया था। बाबा को किसी 'बाबा' वगैरह में विश्वास नहीं था, यह उन्होंने साफ़-साफ़ कह दिया था। चिल्ला कर कहा था—"मैं जाऊँगा लोगों को ठगने वाले ढोंगी आदमी के पास आशीर्वाद माँगने? मैं नहीं मेरी लाश जायेगी।

कोई चार सप्ताह बाद बाबा की लाश नहीं बाबा ख़ुद गये रामेन्दू बाबा के घर। लौटे हैं हँसी ख़ुशी चेहरा लिए। इसके बाद क़रीब हर रोज़ ही गये हैं। सिर से पैर तक विज्ञान में विश्वास रखने वाले बाबा आँखों के सामने रामेन्दू बाबा के भक्त बन गये। रामेन्दू बाबा ने आशा दिलाई है कि जल्दी ही बाबा को अच्छी नौकरी मिलेगी या फिर अच्छा बिजनेस होगा। थोड़े दिन बाद बाबा ने कहा रामेन्दू बाबा ने सबको लेकर उनके पास आने को कहा है। मैंने कह दिया "मैं नहीं जाऊँगी"। पल भर में बाबा का वह हँसता हुआ चेहरा मुरझा गया। उसके बाद, हालाँकि उनकी हँसी लौटाने के लिए मुझे ही कहना पड़ा–"जाऊँगी।" घर में सब यानी कि बाबा माँ मैं और मेरा छोटा भाई संतु। हम एक दिन उनके पास गये। अपने अच्छे-अच्छे कपड़े पहन कर गये। रामेन्दू बाबा ने गेरुआ कपड़ा शरीर पर लपेट रखा था। आस-पास ढेरों लोग। आंगन में मखमल की चादर बिछी है। सारे मकान में रामेन्दू बाबा की बड़ी-बड़ी मूर्तिया। जैसे कि भगवान वही है। बाबा ने साष्टांग प्रणाम किया, माँ ने भी किया, मुझे और संतु को कहा गया प्रणाम करने, संतु ने किया, मैंने नहीं किया। वह आदमी शुरू से ही जाने कैसी नज़रों से मेरी ओर देख रहा था, मुझे अच्छा नहीं लग रहा था। रामेन्दू बाबा की नज़रों से मुझे अग्नि की नज़रें ज्यादा अच्छी लगती हैं, अग्नि मेरा दोस्त है। "अच्छा लगना" तक ही अग्नि के साथ मेरा रिश्ता अटका हुआ है। बाबा को वह पसन्द है लेकिन माँ को पसन्द नहीं। माँ कहती है, अग्नि छोटी जात का है। जात पाँत मैं नहीं मानती, मैं काफ़ी कुछ बाबा की तरह हूँ। बाबा भी जात-पाँत नहीं मानते। लेकिन बाबा भी नाराज़ हुए थे तब जब मैं अग्नि के साथ जयदेव के मेले में गयी थी। लौटी थी तीन दिन बाद। माँ ने कहा था–शादी से पहले लड़कियों का किसी से सम्बन्ध रहे तो फिर वर मिलने की दिक्कत होती है। ये सब खबरें छुपी नहीं रहती। जयदेव के मेले में तीन दिन तक खो जाने की बात को लड़के वाले जाने कैसे लेंगे पता नहीं–पूछताछ करेंगे जरूर। माँ इसके बाद भी अग्नि को होने वाले वर के रूप में ले नहीं पायी थी। रामेन्दू बाबा ने सबके सिर छूकर आशीर्वाद किया। सिर्फ़ मुझे ही एक झटके से अपने पास खींचकर सर–पीठ पर हाथ फेरने लगा, सिर पर हाथ फेरते हुए कहा–यह बहुत शरारती है, क्या? इसने तो मुझे प्रणाम तक नहीं किया। यह लड़की भगवान पर विश्वास नहीं करती? माँ ने जल्दी से कहा "हाँ–सो तो करती है जरूर, दरअसल काफ़ी दिनों से उसका मन ठीक नहीं है, तबियत भी ठीक नहीं चल रही है। हायर सेकण्ड्री पास की। एन्ट्रेन्स परीक्षा को लेकर काफ़ी टेनूशन रहता है। बहुत सी जगहों पर अप्लाई किया है। रामेन्दू बाबा ने हँसकर कहा" अच्छा? ऐसा? तब तो उसे

शनि या मंगलवार को मेरे पास भेज देना। शाम के पाँच बजे चली आना बेटी, समझी? दो चार दिन आशीर्वाद लेती रहो। मेरी बात मानकर काम करो, शरीर मन सब ठीक हो जायेगा। एन्ट्रेन्स परीक्षा में पास हो जाओगी। चिन्तामुक्त रहो।

बातें करते-करते कितने जादू के खेल दिखा रहा था रामेन्दू बाबा—जेब से एक रुपया निकाला—पलभर में रुपया गायब कर दिया, पास से एक रुमाल उठा लिया—रुमाल अचानक कलम बन गया। ये सब देखकर सबसे .खुश हुआ संतु उसके बाद हुई माँ, माँ तो भक्ति से गद्‌गद्। उनका वश चलता तो आज ही वे मुझको रामेन्दू बाबा के आश्रम में छोड़कर जातीं।

मुझे शनिवार को आना ही पड़ा रामेन्दू बाबा के आश्रम में। बाबा और माँ दोनों जबरदस्ती पकड़कर रामेन्दू बाबा के आश्रम में उनकी ज़िम्मेदारी पर रख गये। रामेन्दू बाबा ने मुझे कमरे के अन्दर ले जाकर कई बार बलात्कार किया। मैं उन बलात्कार की घटनाओं का और वर्णन नहीं करना चाहती। अगर करुँ तो मुझे पता है मैं और बोल नहीं पाऊँगी, मेरा सारा शरीर काँपेगा, मैं रोऊँगी, चीखूँगी, जैसे उस दिन किया था और मेरे हाथ पैरों को कस कर पकड़ कर रखा था दो लोगों ने, मुँह को दबाकर रखा था एक महिला ने और नंगधड़ंग रामेन्दू—बाबा जैसे तो मुझे कच्चा ही चबा जायेंगे ऐसे बलात्कार कर रहे थे। इसके बाद मुझे एक बाथटब में गर्म पानी में लिटा कर रखा गया। महिला जिन्होंने मेरा मुँह दबाये रखा था, एक खुशबूदार साबुन में भीगा स्पाँज मेरे सारे बदन पर फेरती रही। मैंने इस तरह कभी स्नान नहीं किया। बाबा मुझे लेने आये तो रामेन्दू बाबा ने कह दिया "वह सो रही है, आज की रात उसे आश्रम में ही बिताने दो। बेहद डिप्रेशन में थी लड़की अब ठीक हो जायेगी चिन्ता मत करो।" नहलाने वाली लड़की मन्दिरा ने मुझे बताया कि रामेन्दू ने बाबा को क्या कहा है। मन्दिरा ने मुझे बाथटब से उठाकर एक नर्म सफ़ेद तैलिये से मेरा बदन पोंछ दिया फिर एक ठण्डे-ठण्डे लैवेंडर की खुशबू से भरे कमरे में मुझे ले आयी। सफ़ेद नर्म बिस्तर पर लिटा दिया। वह काफी सारे स्वादिष्ट मिठाई खिला देती है, पीले-पीले रंग का ठण्डा शरबत मुँह के सामने रखती है जिसे पीना पड़ता है। मेरी इतनी सेवा की ज़ाती है जैसे मुझे कोई कठिन बीमारी हुई हो। कुछ तो हुआ ही है, शरीर में जैसे ताकत ही नहीं है। अभी सो रही हूँ तो दूसरे पल जाग रही हूँ। शायद नींद की दवाई और दर्द की दवा दोनों में मुझे डुबो रखा गया है। रात को अचानक नींद टूट जाने पर देखती हूँ कमरे में और कोई नहीं है, मेरे शरीर पर रामेन्दू का विशाल बड़ा शरीर। उसके उस शरीर ने मुझे भींच कर चपटा कर दिया है। वह आदमी उम्र में मेरे पिता से भी बड़ा है। मेरे मुँह से आवाज़ नहीं निकलती। मैं दाँत पर

दाँत भींचकर यंत्रणा सहती हूँ। क्यों सहती हूँ कौन जाने। मैं तो चीख-चिल्लाकर उस आदमी को अपनी पूरी ताकत से धकेलकर, यहाँ से निकलकर जा सकती हूँ। कम से कम कोशिश तो कर सकती हूँ। लेकिन शरीर में बूँद भर भी ताकत है ऐसा नहीं लगता। यहाँ तक कि चीख भी नहीं सकती—कोशिश करके देखा है। दो दिन बाद घर पहुँची हूँ। घर में भी सोती रही। किसी के साथ कोई बातचीत नहीं की। माँ पलँग के पास मेज़ पर खाना रख कर गयी हैं। थोड़ा-सा खाकर फिर सो गयी हूँ। शायद कोई बहुत कड़ी नींद की दवा रामेन्दू बाबा ने मुझे खिलाई थी। मुझे इतना सोते हुए देखकर माँ-बाबा दोनों ने ही सोचा—मेरी दुश्चितायें ख़त्म हो गयी हैं। रामेन्दू बाबा के पास जाने से पहले मुझे नींद ही नहीं आती थी। इंसोम्निया (अनिद्रा) हो गया था। चलो, वह तो .ख़त्म हुआ। माँ की आँखें मेरे शरीर पर हुए बलात्कार को देख नहीं पा रही हैं। मैं तो यही जानती थी कि औरतें औरतों की शरीर को समझती है। भक्ति शायद मनुष्य को अन्धा बना देती है। इसके बाद वाले सप्ताह में मुझे फिर से घसीट कर ले जाया जाता है रामेन्दू बाबा के आश्रम में, वहाँ छोड़ दिया जाता है। दो दिन बाद घर लौटा लाया जाता है। बाबा क्या समझते नहीं हैं? माँ भी क्या नहीं समझतीं कि उस बलात्कारी के घर मुझे छोड़कर नहीं आना चाहिए! या कि एक अच्छी नौकरी के लिए या अच्छे कारोबार के लिए अपनी ही बेटी का सर्वनाश करने में उन दोनों को कोई दुविधा नहीं है? शायद सब कुछ जानते हुए भी न जानने का नाटक कर रहे हैं दोनों? दूसरी बार घर लौटकर मैंने बाबा और माँ दोनों को ही बताया कि रामेन्दू बाबा ने मुझसे बलात्कार किया है। सुनकर बाबा ने कसकर मेरे गाल पर थप्पड़ जड़ा। कहा—.ख़बरदार, गुरुजी के नाम पर झूठा इल्जाम न लगा, एक बोल भी नहीं। वह आदमी, जो भगवान का दूत नहीं है, एक बलात्कारी है, यह मैंने बार-बार कहा है। लेकिन मेरी बात समझने या सुनने का किसी के पास मन ही नहीं है। भगवान अगर कहे तो लोग अपनी सन्तान का भी गला काट सकते हैं। मेरे बाबा, माँ और सब लोगों की तरह ही हैं। माँ ने कहा—इसका तो धर्म में विश्वास ही नहीं है। पूजा-वगैरह तो कुछ भी नहीं करती, दिमाग़ में सिर्फ़ पाप की चिन्ता। बाबा और माँ दोनों ही रामेन्दू बाबा या गुरुजी कहते नहीं थकते। नौकरी जो अभी तक नहीं मिल रही, उसे लेकर भी बाबा को कोई सिरदर्दी नहीं है। बाबा-माँ अब और पहलेवाले बाबा-माँ नहीं हैं। गुरुजी जो कहते हैं वह अक्षरशः मानते व पालन करते हैं—"इसका गला घोंट कर मार डालो," गुरुजी यह आदेश दें तो मुझे यक़ीन है, माँ-बाबा मुझे बिल्कुल कहे अनुसार गला घोंट कर मार डालेंगे। चाहे जो भी हो जाये घर में, मैं अब कभी रामेन्दू बाबा के पास नहीं जाऊँगी, जोर-जबरदस्ती की

तो पुलिस बुलाऊँगी—मैंने यह घोषणा कर दी। यह कहा मैंने—"मैं नहीं जाऊँगी, अगर जाना ही पड़े तो अपनी लाश के ऊपर से जाऊँगी मैं।"

इसके बाद पेट में बच्चा आया। माँ को बताया। माँ ने विलाप शुरू कर दिया। उन्होंने बाबा को बताया, बाबा स्तब्ध हो बैठे रहे। दोनों का ही पक्का विश्वास था कि बच्चा अग्नि का है। अग्नि के साथ मेरा कोई शारीरिक सम्बन्ध नहीं है। फिर भी उनकी शिकायतें सुननी पड़ती हैं चुपचाप बैठे-बैठे। जितनी बार कहती हूँ कि मैं प्रेगनेन्ट हुई हूँ रामेन्दू बाबा के बलात्कार की वजह से, बाबा और माँ दोनों मुझे जाहिलों की तरह पीटना शुरू कर देते हैं, कोई विश्वास नहीं करता कि रामेन्दू बाबा ने मेरा शरीर छुआ है। गर्भ का बच्चा मैं गिरा दूँगी, यह बता देने पर भी कोई आगे बढ़कर नहीं आया। जैसे कि अब मेरे बारे में किसी को कोई उत्साह ही नहीं है। जैसे कि अपनी जिन्दगी को लेकर मैं जो चाहे करूँ। वे लोग अब मेरा मुँह तक देखना नहीं चाहते। मैंने उनकी इज़्ज़त, उनका नाम सब धूल में मिला दिया। वे कहीं भी मुँह दिखाने लायक नहीं रहे। आखिरकार अग्नि को आने के लिए कहती हूँ। अग्नि को सब कुछ बताने पर अग्नि मुझे क्लीनिक ले जाकर अबार्शन करवा लाता है। अबार्शन के बाद दो हफ्ते मुझे लेटे रहना पड़ता है। अग्नि का घर में आना मना है। माँ और बाबा कोई नहीं चाहते कि अग्नि अब और मेरे पास आये। पर इस हालत में मैं घर से निकलकर भी नहीं जा सकती। एक स्नेह, प्यार भरा परिवार तहस-नहस हो गया। अग्नि को जो कहना चाहती हूँ कि घर से चली जाऊँगी, अग्नि के साथ रहूँगी वह भी नहीं कह रही हूँ। अग्नि .ख़ुद ही अभी कॉलेज में पढ़ रहा है। छोटी जात का है, गरीब है, इसी वजह से अवहेलना, अपमान ही मिलता है उसे हर तरफ से। वह पढ़ाई-लिखाई ख़त्म करके कोई अच्छा काम करे। उसके कन्धों पर सवार होकर उसके स्वप्नों को मार डालना मैं नहीं चाहती। हमारी फोन पर बात होती है—रोज़।

पूरी तरह से स्वस्थ नहीं हो पाई अभी तक। एक दिन अग्नि से सुना मेरे बाबा ने अग्नि के विरुद्ध बलात्कार का मुकदमा ठोक दिया है। गिरफ्तारी का परवाना जारी हुआ है। फिलहाल अग्नि शहर छोड़कर भागा जा रहा है। अग्नि के लिए मुझे बड़ी तकलीफ़ होती रहती है। एक बार लगता है आत्महत्या कर लूँ। लेकिन उस रास्ते पर न जाकर मैं .ख़ुद को समझाती हूँ। थोड़ी सीधी खड़ी हो पाऊँ तो रामेन्दू बाबा के ख़िलाफ़ मुकदमा मैं .ख़ुद ही करूँगी, पुलिस अगर मेरी न सुने तो सीधे-सीधे मीडिया में जाऊँगी। बैठे-बैठे आँसू बहाने से अच्छा है आँसू पोंछकर 'विरोध' में खड़े हो जाना। इन सब बलात्कारी बाबाओं का मुखौटा अब न खोले जायें तो कब खुलेंगे?

सेक्सब्वॉय

चैताली इन्तजार कर रही है 'सेक्यबॉय' के लिए। साँझ भी उतरेगी और 'सेक्सब्वॉय' भी उतरेगा कलकत्ते में। अँधेरे का हाथ पकड़कर दक्षिण कलकत्ते की इस गली में घुसेगी एयरपोर्ट से आयी सेक्सब्वॉय की टैक्सी। बॉम्बे से आ रहा है वह। चैताली के घर ही ठहरेगा। पिछले छह महीने में दोनों के बीच क़रीब-क़रीब सभी कुछ हो गया सिर्फ़ आमने-सामने मुलाकात ही नहीं हुई। सबसे पहले फेसबुक में बात हुई, मूलरूप से सेक्स की बातें। चैताली को आकृष्ट किया था 'सेक्सब्वॉय' नाम ने। प्रोफ़ाइल की तस्वीर एक नग्न पुरुष की थी। इसके साथ सेक्स के अलावा और कैसी बात की जा सकती है? सेक्स पर बात-चीत करने के लिए ही सेक्सब्वॉय को दोस्त बनने का आमन्त्रण दिया था चैताली ने। उसे अपना यौन सम्बन्धहीन जीवन असहनीय हो उठा था। शहर में इतने युवकों की भीड़ है, और चैताली की तरह सुन्दरी, विदुषी लड़की के लिए कोई प्रेमी नहीं मिल रहा। मिलेगा भी कैसे! मिलने के लिए जो-जो करना पड़ता है, चैताली वह सब कुछ भी नहीं करती। यह शहर अब असहनीय हो उठा है चैताली के लिए। पार्टी में जाने का बुलावा आता है पर वह नहीं जाती। वही चेहरों के आमने-सामने होना, हाय-हैलो बोलना—बहुत हो गया—आजकल और अच्छा नहीं लगता। उससे अच्छा तो सोशल नेटवर्क में नये चेहरे मिलते हैं, नयी बातें भी सुनने को मिलती हैं। जिस आदमी से चैताली की शादी हुई थी, वह भी हुई थी पिताजी की पसन्द के लड़के से। बहुत साल बीत गये सुब्रत को डिवोर्स दे दिया है चैताली ने। इसके बाद एकदम ही किसी के साथ कुछ नहीं घटा, ऐसा भी नहीं है। अपने से दस साल छोटे एक सहकर्मी के साथ क़रीब एक महीने तक चैताली का सम्बन्ध रहा था। परन्तु उस सहकर्मी अशोक की शादी के बाद उस सम्बन्ध को छोड़ देना पड़ा था। चैताली नहीं चाहती थी कि घर में तरुणी पत्नी को रखकर उसके साथ छुपकर सोने आये अशोक। एक अंग्रेजी दैनिक अख़बार में नौकरी करती है चैताली। बड़े दिनों की है नौकरी। बहुत सारी जिम्मेदारियाँ भी। लेकिन किसी भी दफ़्तर का कोई भी

बोझ चैताली घर पर ढोकर नहीं लाना चाहती। घर में वह स्वाधीन भावनाहीन होकर रहना चाहती है। थोड़ा-सा समय अपने लिए तो रखना ही पड़ता है। थोड़ा ही तो है समय। उधर बेटी पढ़ रही है दिल्ली में। उसकी ख़ैर-ख़बर भी रखनी पड़ती है। आजकल मोबाइल के युग में ख़ैर-ख़बर लेना भी बहुत आसान हो गया है। ऑफिस तो ऑफिस ही है। चैताली नहीं रहेगी फिर भी ऑफिस तो रहेगा ही। बेटी की ज़िन्दगी बेटी की ही है। चैताली मर भी जाये तो भी बेटी अपने को ढाल लेगी। चैताली के माँ-बाप मर गये, चैताली उनकी अकेली सन्तान थी। माँ-बाबा की बातें अब बहुत याद भी नहीं आतीं। ऑफिस से लौटकर पहले एक किताब लेकर बैठती थी, अब फेसबुक लेकर बैठती है। फेसबुक का क्या भयंकर एक नशा है। दसअसल फेसबुक नहीं, सेक्सब्वॉय रोज़ जो बता रहा है कि वह चैताली के साथ बिस्तर में क्या-क्या करेगा, कैसे वह चैताली के सारे शरीर को चूमेगा, कैसे होठों पर, सीने पर प्यार करेगा, कैसे चैताली का स्वाद लेगा और उसे बार-बार शीर्ष सुख देगा—ये सब पढ़ने का नशा। इस नशे ने उसे ढेर सारी अस्थिरता से मुक्ति दी है। अब वह सड़क के या ऑफिस के युवकों की ओर चाहत भरी नजरों से नहीं देखती। सेक्सब्वॉय ने चैताली की रोजमर्रा की ज़िन्दगी की कमियों को काफ़ी हद तक दूर कर दिया है। मन ही मन वह सेक्सब्वॉय की आभारी है। उसका यह सम्बन्ध अब सिर्फ़ फेसबुक तक ही अटका हुआ नहीं है। क़रीब दो महीने से लगभग रोज़ ही फोन से बातचीत हो रही है। और आख़िर के कुछ दिन स्काईप में दोनों का सेक्स भी घटा है। 'वर्चुअल सेक्स''। सेक्सब्वॉय का असली नाम विजय है, मराठी आर्किटेक्ट, उम्र पैंतीस। इससे बढ़कर अच्छा और कौन पार्टनर हो सकता है। चैताली के साथ सचमुच के सेक्स की प्रस्तावना चैताली ने ही दी थी विजय को। बॉम्बे-कलकत्ता का ई-टिकट-आने जाने का—भी ईमेल किया था चैताली ने। ''लेट्स फ़क होल वीक'' कह कर उछल उठा था विजय। विजय को छूकर देखना चाहती है चैताली। सचमुच का मैथुन चाहिए, रक्त मांस का शरीर चाहिए, हस्तमैथुन के लिए शरीर ने जवाब दे दिया है अब—नहीं चाहिए। सात दिन की छुट्टी ली है चैताली ने। आज शाम को ही अशोक ने पूछा है—''अचानक इतने दिन की छुट्टी क्यों? कहीं जा रही हो?'' चैताली ने हँस कर कहा—'क्लाउड नाइन' में जाने के लिए टिकट बुक किया है। जायेगा तू?'' ''शादी न की होती तो जरूर जाता।'' चैताली के होंठों पर हँसी की एक हल्की लकीर। मन ही मन कहा, शुक्र है कि शादी कर ली तुमने, अशोक के लिए पहले जैसा आकर्षण अब महसूस नहीं करती चैताली। पता नहीं कब विजय ने आकर अशोक की जगह ले ली। अशोक की शादी हो जाने के बाद विजय की

तरह ही एक पुरुष की जरूरत थी उसके जीवन में, ऐसे ही बाढ़ के पानी की तरह कोई, जो पुरानी सब यादें, तिनकों की तरह बहा ले जायेगा, स्निग्ध, शीतल नयापन बिखेरकर उसे और भी उजला कर देगा। जैसे तो उसने अभी-अभी जन्म लिया है, अतीत के नाम पर उसका कुछ भी न था, कभी। अशोक काफ़ी देर तक ताकता रहा उसकी तरफ़ फिर कहा—"किसी से प्रेम हो गया है क्या? देखने में और भी उजली लग रही हो।" मीठी हँसी हँसकर चैताली ने कहा है, "ए, यूना कैसा है? सब कुछ ठीक-ठाक चल रहा है न?" कहकर अशोक के उत्तर का इन्तजार न करके ही ऑफिस से निकल गयी है चैताली। रोज़ जब निकलती है उससे थोड़ा पहले ही निकल गयी। शरीर पर विजय के निशान। सुबह से ही शरीर पर जैसे ज्वार आया हुआ है।

घर आकर गाना गाते-गाते नहायी वह। वह इतनी देर तक नहाती नहीं ज़्यादातर। शीशे के सामने देर तक खड़ी होकर सजी-धजी। परफ्यूम लगाया, सोने का कमरा सजाया, बिस्तर पर नयी चादर बिछायी, सिर्फ़ दो ही ताकिये थे, दो और रखे। चैताली का घर पुराने रईसों के घर जैसा है। नीचे के तल्ले में बैठने का कमरा खाने का कमरा, रसोई, ऊपर चार सोने के कमरे। एक ग़ैर-जरूरी या कभी जरूरत पड़ने वाली चीजों से ठुँसा हुआ। एक में चैताली रहती है, दूसरा मेहमानों के लिए, तीसरे में शकुंतला। शकुंतला पुरानी कामवाली। जन्म से यहीं रहती है, एक समय उसकी माँ काम करती थी इस घर में। शकुंतला ने पूछा, "आज अशोक बाबू आ रहे हैं क्या चैती? इतनी सजधज हो रही है?" सुनकर परेशान आवाज़ में चैताली ने कहा, "दीदी, तुम क्या जो उलटी-सीधी बात करती हो, अशोक तो अपनी बीबी को लेकर सुख से गृहस्थी कर रहा है। वह क्यों आयेगा?"

"तब फिर यह नया खुशकिस्मत कौन है, सुनूँ?"

चैताली ने हँसकर कहा, "आयेगा तो देख लोगी।"

शकुंतला ने आज ढेर सारे पकवान बनाये हैं। विजय और चैताली आज कैंडल लाइट डिनर करेंगे। फिर सोने के कमरे में चले जायेंगे, दरवाजा बन्द कर देंगे कमरे का। खिड़की का पर्दा हटा दिया है। बिस्तर से ही आसमान को चाँदनी से भरने वाला चाँद दिखेगा, चाँदनी से कमरा भर जायेगा और उसी रोशनी में वे दोनों शरीर में शरीर डुबोकर नहायेंगे सारी रात। सोने के कमरे में चैताली जूही की खुशबू बिखेरकर रखती है, अपने बदन पर भी सुगन्धी। जैसे तो पूरे घर में फूलों का उत्सव हो रहा है। कनिका का रवीन्द्र संगीत लगा देती है। 'हृदय वासना पूरी हुई' गाना लगा देती है। चैताली गाती रहती है कनिका के साथ।

चैताली बहुत अच्छा कभी नहीं गाती, लेकिन कनिका के गाने बड़े दिल से गाती है, गाने की आवाज़ या बहुत सुरीली आवाज़ न होने पर भी, काफ़ी अच्छे लगते हैं गीत। चैताली ने एक नीले रंग की साड़ी पहनी है। जानबूझ कर एक बड़े गले का ब्लाउज पहना है—जिसमें से स्तनों की जोड़ी झाँक रही है, फाँकें। लॉरियल का काला रंग चैताली के बालों पर। बहुत थोड़े ही पके हैं हालाँकि, पर चैताली ने सफ़ेद के सारे चिह्न मिटा दिये हैं। चालीस की खिंची हुई देह लेकिन बालों का पकापन—ठीक मेल नहीं खाता। वैसे सफ़ेद काले से उसे कोई एतराज़ नहीं। लेकिन सेक्सब्वॉय के साथ सात घनिष्ट दिन बिताने हैं। उम्र के निशान इन सात दिनों से दूर ही रहें तो अच्छा।

विजय ने दमदम पर उतरकर ही फ़ोन किया। ब्लैक लेबल की बोतल और दो गिलास लाकर बेडरूम के पलँग के पास रखती है चैताली। इस तरह का ऐडवेंचर पहले कभी किया नहीं चैताली ने। इसी तरह की उत्तेजना भी उसने पहले कभी महसूस नहीं की। एक अपरिचित आदमी से फेसबुक में परिचय हुआ। उसके साथ यौन सम्पर्क की शुरुआत करने के लिए ही दोनों ने सब तैयारियाँ कीं, कोई प्रेम भी नहीं हुआ। किसी ने किसी के लिए 'प्यार' शब्द का उच्चारण तक नहीं किया, यौनता को छोड़कर दुनिया के किसी और विषय के बारे में कोई बात नहीं हुई। दोनों में से किसी को भी नहीं लगा कि वे कोई बहुत खराब काम कर रहे हैं। दोनों ही बालिग हैं। दोनों ही अकेले रहते है। किसी पति या किसी पत्नी को धोखा देकर वे कुछ भी कर नहीं रहे। अगर शरीर चाहे तो शरीरों को वे क्यों नहीं मिलायेंगे।

सुबह से ही शरीर में जैसे बाढ़ उतर आयी। चैताली को लग रहा था जैसे वह एक सोलह वर्ष की किशोरी है। चलो, सोलह साल की ही सही। सोलह साल की जब थी तब तो मुश्किल-मुश्किल किताबें पढ़कर ही बितायी हैं—चालीस पचास की उम्र वाले जो करते हैं। अब अगर वह सोलहवाँ साल लौटकर आ रहा है तो क्या वह उसे ग्रहण नहीं करेगी? क्यों? उसने किसी से कसम तो नहीं खाई कि वह बीते हुए दिनों को वापस नहीं लेगी?

चैताली के लिए विजय सम्भवतः एक पुरुषांग के अलावा और कुछ नहीं है। वह पहले से कहकर ही सोने के लिए आ रहा है चैताली के साथ। सिर्फ़ शरीर के आकर्षण की भीत पर बन रहा है एक सम्बन्ध। चैताली सोचती है कि हर समय 'पहले मन फिर शरीर' ऐसा ही होना चाहिए, इसमें क्या तर्क है, क्या माने है? 'शरीर पहले बाद में मन' बल्कि यही ज़्यादा तर्कसंगत लगता है। दरवाजा खोलने के साथ ही जरूर विजय उसको सीने से लगाकर गहरा चुम्बन

देगा। फिर सीधे सोने के कमरे में। चैताली इन दृश्यों की कल्पना करती है। आवेग से आँखें बन्द करती है। शरीर की ओट में सुख की लहरें गूँजती हैं। शकुंतला को कह रखा है कि वह कमरे का दरवाजा बन्द कर सोयी रहे, जरूरत पड़ेगी तो वह बुला लेगी। सिर्फ़ खाने के वक्त शकुंतला को बुलाया जाता है। शकुंतला को सारे नियमों का पता है। अशोक के समय ऐसा ही होता था। चैताली के डिवोर्स के बाद शकुंतला ने कई बार कहा है। "अब एक शादी करो चैती।" शादी नहीं करूँगी, नहीं करूँगी कहते कुछेक साल काट दिये चैती ने, उसके बाद अशोक के साथ प्रेम किया चैताली ने, शकुंतला ने कहा, "तब फिर एक दोस्त को ही परमानेंट कर लो।" किसी को भी चाहने पर ही कुछ बना नहीं लिया जाता, यह सैकड़ों बार भी बोलकर चैताली शकुंलता को समझा नहीं पाती। शकुंतला चैताली के जन्म समय से ही इस घर में है। शादी नहीं की। लेकिन चैताली का शादी न करना और स्थायी साथी न होने से उसकी दुश्चिंता का अन्त नहीं है। अपने से ज़्यादा मालिक के परिवार से लगाव होने से शायद ऐसा ही होता है।

2

विजय आया। फोटो देखकर या स्काइप पर देखकर जैसा अन्दाजा लगाया था उससे अलग, जितना लम्बा सोचा था उससे थोड़ा ज़्यादा लम्बा है, जितना मोटा समझा था उससे ज़्यादा स्लिम, जितना सुदर्शन सोचा था उससे ज़्यादा सुदर्शन था विजय। दोनों ने ही 'हाय विजय—हाय चैताली' कह कर हाथ मिलाया। सोने के कमरे में ले जाने के बदले चैताली उसे बैठने के कमरे में ले आयी। दो सोफे में आमने-सामने बैठे दोनों। थोड़ी देर को नजरें मिलीं। थोड़ी-सी मुस्कुराहट दोनों के होठों पर। चैताली बैठी सोच रही—विजय। उठकर बिल्कुल स्काइप में जैसे बोलता था "यू लुक सो हॉट हनी, कम ऑन लेट्स हेव सेक्स—बोलता है या नहीं।" विजय ख़ुद ही कपड़े उतार देता था, कैमरा नीचे कर देता जाँघों के बीच की ओर और चैताली भी वक्ष उघाड़ देती। विजय ने वैसा कुछ भी नहीं किया। कहे या न कहे दो यौन पिपासित नारी और पुरुष आज आमने-सामने बैठे हैं। दो शरीरों की कामनायें आज पूरी होने जा रही हैं।

लेकिन आश्चर्य है, दोनों की बातों में यौनता तिलभर भी नहीं है।

"जरा पानी पीऊँगा।"

"आई एम सॉरी। पहले ही पानी देना चाहिए था। चाय, कॉफ़ी कुछ लोगे?"

"नहीं, मैं नहीं पीता वह सब।"

"तो फिर व्हिस्की पीओगे?"

"व्हिस्की तो मैं पीता ही नहीं।"

"ओह! रात का खाना कितने बजे खाते हो?"

"कोई समय नहीं है। बड़ा सुन्दर सजाया कमरा है। इतनी किताबें किसकी हैं? सब तुम्हारी हैं?"

विजय उठकर बाहर वाले रैक की ओर जाता है, मग्न होकर किताबें देखता रहता है। इसी तरह बहुत-सा समय बीत जाता है। चैताली पानी ला देती है तो किताबें देखते-देखते ही पानी पीता है।

"इफ यू डोण्ट माइंड, क्या मैं कुछ किताबें निकाल सकता हूँ यहाँ से?

"हाँ जरूर, गो अहेड।"

विजय तीन किताबें निकालकर उलट-पलट कर देखता रहा। सोफ़े तक आकर बोला—"देख रहा हूँ तुमको रॉडी डॉयल की किताबें पसन्द हैं। 'द डेड रिपब्लिक' पढ़ी तुमने?"

चैताली हँस कर कहती है, "उसकी सिर्फ़ तीन किताबें पढ़ी हैं 'पैडी क्लार्क' हा...हा...हा, 'अ स्टार कॉल्ड हैनरी' और 'द् गट्स'।"

"तुम्हारा कलेक्शन असाधारण है।"

"क्लासिक्स हैं कई सारे।"

"क्लासिक्स की बात छोड़ो। वो तो बचपन में पढ़ी हैं। आजकल बिल ब्रायसन रहे तो मुझे और कुछ नहीं चाहिए।"

"है न बिल ब्रायसन काफी सारे।"

विजय के चेहरे और आँखों में खुशी झलकती है

तुम बिल ब्रायसन भी पसन्द करते हो। वाह! कौन-सी है बताओ न, आख़िरवाला अभी तक नहीं पढ़ा।"

"मेरी सबसे पसन्द की किताब है—अ शॉर्ट हिस्टरी ऑफ नियरली एवरीथिंग।"

"उस किताब की कोई सानी नहीं है।"

"मेरे पास है आई एम अ स्ट्रेंजर हियर माइसेल्फ, ऐट होम नाइदर हेयर, नॉट देयर।"

"'वन समर' तो शायद अभी तक नहीं निकली।"

"इस अक्टूबर में निकलेगी।"

विजय में एक किशोर वास करता है। चैताली को अच्छा लगता है यह

देखकर। चैताली की तरह ही वह उज्ज्वल हो उठता है समय-समय पर। किताबों में लिखी कहानियों में मस्त हो जाता है विजय, जैसे तो दोनों किसी बुक क्लब के मेम्बर हो। किताबों की पसन्द में इतना मेल और किसी के साथ नहीं है चैताली का। उसके बाद बात-बात में घूमने की बात चल पड़ी। भारत के किस-किस जगह कौन-कौन गया है। उसमें भी अच्छा-खासा मेल था। दोनों अपने-अपने अनुभवों का वर्णन करते रहते हैं, किस पहाड़ पर, किस झरने के किनारे, किस जंगल के किस जगह मुग्ध होकर खड़े थे। एक समय खाने का प्रसंग उठता है—उसमें भी मेल था—दोनों को ही बंगाली भोजन पसन्द है।

दस बज जाते हैं बातें करते-करते। सिवाय पानी के किसी ने कुछ नहीं पीया। फलों का रस भी। विजय ने कहा कि वह कुछ नहीं पियेगा। चैताली शकुंतला को पुकारती है। शकुंतला आकर मेज पर क़रीने से खाना लगा देती है। मोमबत्ती लगाने की जरूरत महसूस नहीं करती है चैताली। खाते-खाते विजय कहता है, "वाह, बड़े कम तेल और कम मसाले का खाना है, मेरी माँ के बनाये खाने की तरह। शकुंतला अच्छा खाना बनाती है। विजय ने शकुंतला की काफ़ी प्रशंसा की। विजय ने चैताली की थाली में .ख़ुद खाना परोसा और खाना ख़त्म होने पर अपनी थाली .ख़ुद ही धोकर रख आया। पूरी तरह से सज्जन। देखकर काफ़ी अच्छा-सा लगा चैताली को। कलकत्ते में आजकल ऐसा सज्जन उसने देखा नहीं। खाना खाकर उठने के बाद विजय ने कहा, कल वह चैताली को डिनर पर ले जायेगा कलकत्ते के सबसे अच्छे रेस्टोरेंट में। शकुंतला ने पूछा, विजय की माँ क्या-क्या बनाती हैं, सिर्फ़ मराठी पकवान ही या फिर बंगाली पकवान भी? विजय बहुत देर तक चुप रहा—फिर बोला—उसकी माँ गुजर गयी है, एक साल हुआ। सड़क दुघर्टना में। विजय माँ के साथ ही रहता था। बड़े भाई शादी करके अलग हो गये हैं। उस दिन गाड़ी .ख़ुद ही चला रहा था विजय। बड़े भाई के घर से डिनर खाकर बान्द्रा में अपने घर लौट रहा था, शराब पी रखी थी। एक ट्रक बम की तरह दौड़ता आया था उसकी गाड़ी की तरफ़ उसे दिखाई नहीं दिया था। ट्रक ने आकर धक्का मारा, गाड़ी लुढ़कते-लुढ़कते खड्डे में जाकर गिर गयी। माँ वहीं पर मर गयीं। विजय को चोट लगी थी, पर अस्पताल में दो दिन रहने के बाद ठीक हो गया था। उस दिन के बाद से विजय ने कभी शराब छूयी भी नहीं। माँ की बात के चलते माँ की बात आती है। शकुंतला भी माँ की बात में शरीक़ होती है। चैताली बहुत दिन तक अपनी माँ को भूल बैठी थी। आज जैसे माँ उसके सामने आकर बैठ गयीं। सभी अपनी स्मृतियों की झोली खोलकर बैठ गये। स्मृतियों के साथ-साथ बहुत दूर तक चलते-चलते सबकी ही आँखें भीग आयीं। विजय अगर

अपनी माँ की बात न शुरू करता तो शायद चैताली भी भूली ही रहती माँ को। बारह बज जाते हैं। विजय पूछता है—"मैं कहाँ सोऊँगा?"

चैताली थोड़ी देर सोचती है। फिर हँसकर शकुंतला को कहती है—गेस्टरूम का बिस्तर ठीक कर देना दीदी। चादर बदल देना। मेरे बेडरूम में एक एक्स्ट्रा तकिया है उसे लेती जाना।

विजय पहले कभी कलकत्ता नहीं आया। चैताली कहती है—"कल तुम्हें इंडियन म्यूजियम और मार्बल पैलेस में ले जाऊँगी। तुम्हें अच्छा लगेगा।"

विजय 'ऐट होम' किताब हाथ में लेकर मीठी हँसी हँस कर बोला—"यह किताब रात को पढ़ने के लिए ले सकता हूँ? मैंने यह पढ़ी नहीं।"

3

जितने दिन रहा विजय, दोनों किशोर उम्र के लड़का-लड़की की तरह कलकत्ते की सड़कों पर घूमते रहे। तूफ़ान-बारिश की अनदेखी करते हुए। आग सी धूप की परवाह न करते हुए। सड़क के किनारे मिलने वाली पकौड़ी से लेकर, कोई पकवान नही छोड़ा। हाथों से खींचने वाले रिक्शे पर चढ़े, गंगा में नाव पर चढ़े, जिधर मर्जी उधर ही खो गये। कहीं पहुँचे बिना चलते जाने का आनन्द भी अद्‌भुत होता है, देखने लायक कुछ न हो तो भी देखना। चैताली कलकत्ता में ही जन्मी और कलकत्ते में ही बड़ी हुई लेकिन विजय के साथ कलकत्ता घूमने गयी तो लगा कि कलकत्ते का बहुत कुछ वह जानती ही न थी। बहुत-सी गन्ध उसने नथुनों में नहीं भरी। जैसे तो एक शहर जिसे वह पहचानती ही नहीं। विजय कौतूहल से भरा है। हर चीज़ को बारीकी से देख रहा है। सड़क के किनारे नल के पानी में दोपहर की कड़ी गर्मी में नहाते लड़कों के साथ मज़े में साबुन मल कर नहा भी लिया। तिलजला बस्ती में अन्दर जाकर लोगों के साथ बतियाते हुए कई लोगों के साथ दोस्ती भी कर ली है। चैताली अपनी नौकरी-वौकरी, अपनी बेटी, अपना अतीत-भविष्य जैसे सब भूल गयी है। जैसे तो वह पृथ्वी से बहुत दूर कहीं है, सबकी पकड़ से बाहर किसी अनजाने आसमान में। सचमुच का 'क्लाउड नाइन' शायद इसी को कहते हैं। शकुंतला को विजय ने दो बढ़िया ढाका की साड़ी उपहार के तौर पर दी है। इतनी अच्छी साड़ी शकुंतला ने इस जन्म में नहीं पहनी—ऐसा कहा उसने। चैताली के लिए जोगेन चौधरी की एक पेंटिंग। उसने विजय को अपने जीवन की बहुत-सी बातें कही हैं। पति के साथ डिवोर्स की बात, बेटी की बात, अशोक की बात, ढेरों सुख-दुख की बातें। विजय

ने सब चुपचाप सुनी। विजय ने कहा भी, कि कहने से ज़्यादा सुनने में उसे ज़्यादा दिलचस्पी है। इतने थोड़े से दिन में ही वह बहुत अपना हो गया है। जैसे विजय उसके बचपन का दोस्त हो। जैसे विजय के साथ चैताली ने एक्का-दोक्का खेला हो, कंचे खेले हों, तालाब में मछलियाँ पकड़ी हों। बीच-बीच में अतीत की किसी घटना का वर्णन करते-करते उसकी आँखें भर आयी हैं। उसे हलके से सीने से लगाकर विजय ने चुप कराया है। पूरे सात दिन में बस विजय का इतना सा ही स्पर्श पाया है उसने। दो, एक बार चूमने की इच्छा हुई थी, पर ख़ुद ही अपने को बरज दिया था।

विजय चला जाता है। चैताली को दे जाता है चैताली का श्रेष्ठ समय। चैताली और पूछ न पाई कि फेसबुक में "सेक्सब्वॉय" नाम की आड़ में विजय का चरित्र और फेसबुक के बाहर उसका चरित्र सम्पूर्ण विपरीत है? पूछा नहीं, पर अनुमान कर लिया है, माँ की मृत्यु की कारण जिस भयंकर ग्लानि और शोक को झेल रहा है विजय, उससे छुटकारा पाने के लिए ही उसने फेसबुक का आश्रय लिया है। उसके मन में तो कोई शोक, कोई ग्लानि नहीं है। शायद कुछ चैताली के भीतर भी है चैताली को नहीं मालूम। विजय को मालूम है क्या? इन दिनों एक बार भी चैताली के शरीर में उत्तेजना नहीं आयी। सिर्फ़ मन में ही सब कुछ चलता रहा। चैताली के फेसबुक का चरित्र क्या चैताली का वास्तविक चरित्र नहीं है? चैताली सोचती है—कौन सा विजय सच है। जिस विजय के साथ 'नेट' में मुलाकात होती है? या फिर रक्त-मांस का वह विजय, जिसके साथ कलकत्ते में मुलाकात हुई। रक्तमांस का विजय ही तो फेसबुक का 'सेक्सब्वॉय' है—जिसके साथ रात-रात भर उसके शरीर का उत्सव होता है कितने-कितने रहस्य होते हैं एक ही व्यक्ति के अन्दर। सम्भवतः एक ही मनुष्य के अन्दर कई मनुष्य एक साथ रहते हैं। एक-दूसरे से सम्पूर्ण अलग। एक ही साथ उन सभी को पाना क्या सम्भव नहीं है? या फिर एक को पाने से बाकियों को खोना है। चैताली चैताली के ही आमने-सामने खड़ी होकर यह प्रश्न करती है। संवादपत्र में नौकरी करने वाली चैताली, माँ चैताली, बेटी चैताली, फेसबुक वाली चैताली और शकुंतला से बात करने वाली चैताली—किसी के साथ किसी का कोई मेल नहीं है। लेकिन एक चैताली सामने आये तो दूसरी चैताली को पीछे क्यों हटना पड़ेगा? मनुष्य क्या तब एक से ज़्यादा चरित्र धारण कर सकता है? और सिर्फ़ इसीलिए ही अपने सिर्फ़ एक ही चरित्र को रखता है दूसरों के सामने? एक साथ बहुत सारे चरित्र दूसरों के सामने रखने से किसको असुविधा होगी—संस्कार को? समाज को या फिर अपने ही भीतर छिपी हुई आशंका को—प्रख्यात या रिजेक्ट होने की

आशंका को? यही सब सोच रही थी चैताली जब विजय को एयरपोर्ट में विदा करके घर लौट रही थी। उदास होकर ताक रही थी गाड़ी की खिड़की से, तभी एस.एम.एस आता है।

विजय ने लिखा है—आई लव यू।

चैताली का दिल काँप उठता है। अच्छा लगने का तीखा सुख मन से शरीर तक फैल जाता है।

चैताली ने लिखा—मी टू।

घर लौटकर पाया कणिका की वही सी.डी. बज रही थी—बजती जा रही थी, कणिका की आवाज़ में—

—चिर सखा न छोड़ो मुझे...

साथ-साथ चैताली गा उठती है—

चिर सखा हे—न छोड़ो मुझे...।

बलात्कार के लिए कौन जिम्मेदार?

कुछ दिन पहले पश्चिम बंगाल के सी.पी.आई.एम. (कम्युनिस्ट पार्टी ऑफ इण्डिया-मार्क्सवादी) के विधायक और राज्य के पूर्व मन्त्री रज़्ज़ाक मुल्ला ने स्त्रियों के लिए बड़ी भद्‌दी टिप्पणी की है, यह सुनकर, सच बोलूँ तो मैं आश्चर्यचकित नहीं हुई। दूसरे कई राजनैतिक दलों की तुलना में सी.पी.आई.एम. कोई खास अलग नहीं है। सचमुच की समाजतान्त्रिक प्रणाली में स्त्रियों का समान अधिकार निश्चित है, इस बारे में बहुत सारे सी.पी.आई.एम. नेता-समर्थकों की कोई धारणा ही नहीं है। रज़्ज़ाक मुल्ला के पास भी यह धारणा नहीं है इसीलिए उन्होंने असमाजतान्त्रिक, अश्लील और झूठभरी एक टिप्पणी की है। और वह भी 'जमाते इस्लामी हिन्द' की जमात में। आदर्शपरक कारण से किसी भी धार्मिक दल के साथ कम्युनिस्ट पार्टी का कोई सम्बन्ध होने की बात ही नहीं है। भारत की कम्युनिस्ट पार्टी सचमुच के साम्यवाद के आदर्श से कोसों दूर है।

रज़्ज़ाक मुल्ला ने कहा है, "जीन्स और टॉप पहनकर निकलने से लड़कियों से छेड़खानी होगी ही, शील भंग का शिकार होने पर भी उनको शिकायत नहीं करनी चाहिए। पहनावा ही लड़कियों के लिए मुसीबत मोल लाता है।" यह विचार और शब्द रज़्ज़ाक मुल्ला के अकेले के नहीं हैं, यह क़रीब-क़रीब सभी पुरुषों के मन की बात है। दूसरे पुरुष ये सब बातें मुँह से न बोलें फिर भी मन ही मन कहते हैं। रज़्ज़ाक मुल्ला की आँख और कान उतने खुले नहीं हैं इसी से उनके मुँह से यह बात फिसलकर निकल गई है। वे नहीं जानते कि आजकल बलात्कार के लिए, बलात्कृता स्त्री को जिम्मेदार कहना—'राजनैतिक भूल' है। साल दर साल स्त्रीवादी लोग दुनिया के हर कोने में सबको समझा रहे हैं, यहाँ तक कि प्रमाणित भी कर रहे हैं कि बलात्कार स्त्री के पहनावे के कारण नहीं किया जाता। बलात्कार का कारण—1. किसी वीभत्स कारनामे के जरिये पुरुष अपने पौरुष को प्रमाणित करता है। 2. स्त्री को पुरुष केवल यौन वस्तु समझता है—इसी कारण यौन-वस्तु पर बलात्कार करना कोई अपराध नहीं है ऐसा ही उसका विश्वास है।

स्त्रीवादी आन्दोलनों के फलस्वरूप बलात्कार के लिए पीड़िताओं को ही जिम्मेवार ठहराना सभ्य और शिक्षित लोगों ने अब बन्द कर दिया है—काफ़ी हद तक। लेकिन जो लोग अभी भी ऐसी टिप्पणियाँ करना बन्द नहीं कर रहे हैं, उनमें निश्चित रूप से शर्म-हया, आँखों का लिहाज बिल्कुल ही नहीं है। रज्ज़ाक मुल्ला के कथन के विरुद्ध बहुत से लोगों ने प्रतिवाद किया लेकिन वर्तमान तृणमूल सरकार के किसी नेता ने इसके विरुद्ध कोई बयान नहीं दिया। सम्भवतः आनेवाले चुनावों में बलात्कारियों का वोट न मिले, इसी डर से शायद।

रज्ज़ाक मुल्ला ने कहा है—"पुरुषों की बदनीयती और बुरी नजर से बचने के लिए, लड़कियों को शॉपिंग मॉल में जाना बन्द कर देना चाहिए। रज्ज़ाक ने लेकिन मर्दों को कोई उपदेश नहीं दिया—उनकी बुरी नजरों पर लगाम कसने के लिए। सम्भवतः अबतक वे समझ ही गये होंगे कि 'पुरुष जाति' ही खराब है। लेकिन इस खराब जाति को सुधारने में उनकी कोई दिलचस्पी नहीं है। बल्कि अच्छी नारी जाति को उपदेश दिया है 'खराब जात' से अपनी चमड़ी बचा कर चलने के लिए। रज्ज़ाक मुल्ला का विवरण जितना स्त्री-विरोधी है उससे ज़्यादा पुरुष-विरोधी है। वे पुरुषों को अच्छा व्यक्ति नहीं मानते। पुरुष अपनी यौनेच्छा पर लगाम लगा सकते हैं, ऐसा उनका विश्वास नहीं है। उनकी 'बुरीनजर' को 'बुरीनजर' बनाने का कोई उपाय है भी यह वे नहीं मानते। पुरुष-विरोधी लोग जिस तरह पुरुष को सिर्फ कामुक, लम्पट, घर्षक, बलात्कारी, लिंगकेन्द्रित, असत् अविवेचकी के रूप में मानते हैं, रज्ज़ाक मुल्ला भी ऐसा ही सोचते है। ये पुरुष-विरोधी ही स्त्रियों को पुरुषों की बुरी नजरों से बचाने के लिए बुर्क़ा पहनने की हिदायत देते हैं।

खाप पंचायत के मुखियों और कम्युनिस्ट पार्टी के नेता रज्ज़ाक मुल्ला में कोई भेद नहीं है। भेद तो हिन्दू-मुसलमान में भी नहीं है। स्त्रियों को नीचा दिखाने में, अपमान करने में, असम्मान करने में, अत्याचार करने में, दोनों सम्प्रदाय ही पारंगत हैं। जब उनके वक्तव्य की बड़ी निन्दा हो रही थी, रज्ज़ाक मुल्ला ने कहा—उन्होंने जो कुछ भी कहा मुसलमान औरतों के बारे में कहा, ग़ैर—मुस्लिम स्त्रियों के बारे में कुछ भी नहीं कहा। ग़ैर-जिम्मेदाराना टिप्पणी करके, घिर जाने पर अब अपने धर्म की गुफ़ा में आश्रय ले रहे हैं। धर्म की गुफ़ा हमेशा ही बड़ी सुरक्षित होती है। मुस्लिम औरतों के बारे में कहा है क्योंकि वे जरूर सोचते हैं कि मुस्लिम स्त्रियों के बारे में कोई भी टीका टिप्पणी करने का हक़ उन्हें है। आज उन्हें सलवार कमीज़ पहनने का उपदेश दे रहे हैं, कल उन्हें बुर्क़ा पहनने का उपदेश देंगे। आधे आसमान को काले बादलों से ढक देने में उन्हें कोई ऐतराज़ नहीं।

सी.पी.आई.एम. में अब चरित्र नाम की कोई चीज नहीं है। मेरी तरह एक धर्मयुक्त मानवतावादी लेखक को राज्य से दुरदुराकर खदेड़ सकते हैं जो लोग, वे धार्मिक कट्टरपन्थियों के साथ सुर मिलाकर बात कर सकते हैं—तो इसमें अचम्भे की क्या बात है? स्त्रियों की छेड़खानी के लिए उनके पहनावे को जिम्मेदार ठहराने का मतलब होता है उनकी अपनी पसन्द के पहनावे को पहनने की आज़ादी पर बलात्कार करना। सच कहें तो—उस दिन रज्ज़ाक मुल्ला ने स्त्रियों की स्वतन्त्रता और अधिकार का जनता के सामने बलात्कार किया।

नारी की मर्यादा और अधिकारों की रक्षा के अभियान के लिए काम करते हुए रज्ज़ाक मुल्ला ने कहा—"आजकल जो लोग पैन्ट, बनियान, टॉप पहन रही हैं वे भाड़ में जायें। आप लोग सलवार के ऊपर न जाइए। इन विषयों को जोर से पकड़कर न रखें तो मुसीबत है। हमारे घर की दो लड़कियों में से एक डब्ल्यू. बी.सी.एस. और दूसरी सॉफ़्टवेयर इंजीनियर है। उन दोनों को ही सलवार-कमीज़ में ही कैद कर रखा है। उन्होंने अपनी बेटियों को सलवार-कमीज़ में ही क़ैद कर रखा है, इसका मतलब उनकी बेटियों को अधिकार नहीं है, अपनी पसन्द के कपड़े पहनने का। मतलब वे स्त्रियों की आज़ादी पर विश्वास नहीं करते। पुरुष लोग तय करेंगे कि स्त्रियाँ क्या और कैसे कपड़े पहनेंगी। ये सब कहकर कम्युनिस्ट नेता ने और भी स्पष्ट किया कि उन्होंने अपने घर में एक भोंडा स्वतन्त्र पितृतन्त्र बहाल कर रखा है। यह कोई कम शर्मिन्दगी की बात नहीं है। तिस पर कोई व्यक्ति कितना निर्लज्ज होता है कि वह यह निर्धारित करे कि राज्य और देश की लड़कियाँ कौन सी पोशाक पहनेंगी। कौन-सी, पोशाक शालीन है कौन-सी नहीं, यह निर्धारित करेंगे। वे किसी पुरुष के पोशाकों के बारे में नहीं बताते कि कौन-से शालीन हैं कौन-से अशालीन। उनके घर या मोहल्ले में पुरुष लोग उघड़े बदन लुंगी या गमछा पहने आँखों के सामने चलते-फिरते नहीं? वे .खुद भी शायद ऐसा ही करते हैं। क्या कभी उन्हें लगा है कि लुंगी शालीन पहनावा नहीं है, नंगा बदन शालीन नहीं है, गमछा पहनना अश्लील है? जिस वजह से एक लड़की के पहने जीन्स को वे अशालीन कह रहे हैं, वैसे ही एक लड़के के जीन्स को वे अशालीन क्यों नहीं कह रहे? जिस वजह से वे एक लड़की के टी शर्ट को अशालीन कह रहे हैं वैसे ही एक लड़के के टीशर्ट को अशालीन क्यों नहीं। शालीनता की संज्ञा तैयार करने की ज़िम्मेदारी किसकी है? पुरुष की? रज्ज़ाक मुल्लाओं की?

आधुनिक पोशाक के बदले रवीन्द्र युग के ठाकुर परिवार के पहनावे के पक्षपाती रज्ज़ाक मुल्ला ने कहा है—"रवीन्द्रनाथ के समय में जो ड्रेस कोड था

उसे मैं ठीक समझता हूँ। रवीन्द्रनाथ के घर की स्त्रियाँ साड़ी के साथ लम्बी बाँहों का ब्लाउज पहनती थीं, कोई-कोई सिर भी ढकती थीं। यही पोशाक आज की लड़कियाँ और स्त्रियाँ पहनें यही रज़्ज़ाक मुल्ला चाहते है। आधुनिक स्त्रियाँ लौट जायें उन्नीसवीं शताब्दी की पोशाक में।

साड़ी के प्रति चाहे हिन्दू हो या मुस्लिम पश्चिम बंगाल की सभी पुराणपन्थी स्त्रियों का झुकाव है। स्कूल की शिक्षिकाओं को भी ड्रेस कोड दिया जाता है। सलवार-कमीज़ नहीं चलेगी। सबको साड़ी पहननी पड़ेगी। 'अशालीन' का मतलब अगर शरीर की चमड़ी खुला होना है, तब तो साड़ी सब से अशालीन पोशाक है और सब से शालीन पोषाक है पैंट-शर्ट। साड़ी पहनकर दौड़धूप करना, दौड़कर ट्राम-बस में चढ़ना एक झमेला है। साड़ी जरा-सी खिंचे तो खुल जाती है। साड़ी भारतीय उपमहादेश की आदि-पोशाक है। हमारी पूर्वज नारियाँ जब साड़ी पहनती थीं तो साथ पेटीकोट-ब्लाउज नहीं पहनती थीं। वह तो अवश्य ही अशालीनता की चरम सीमा है। सब चीजों में बदलाव आता है—पोशाक-कपड़ों में भी। जिन लोगों को परिवर्तन या बदलाव में विश्वास नहीं है वे लोग जो भी हाथ लगे उसे जकड़ कर अनन्त काल तक रखना चाहते हैं।

रज़्ज़ाक का वक्तव्य—लिखाई-पढ़ाने करने का मतलब पैंट-टॉप पहनना नहीं है, आप लोग शॉपिंग-मॉल जैसी जगह मत जाइए। कम्युनिस्ट नेता कट्टरपन्थियों की तरह बात कर रहे हैं। लड़कियाँ क्या नहीं पहनेंगी। कहाँ नहीं जायेंगी। वह सब बताये दे रहे हैं। न करने पर बुरे नतीजों के बारे में हुंकार रहे हैं। स्त्रियाँ केवल पुरुषों की ही सम्पत्ति नहीं हैं, वे इस समाज की भी व्यक्तिगत सम्पत्ति हैं—ऐसा विश्वास किया जाता है। इसी वजह से समाज के लोग लड़कियों-स्त्रियों ने क्या पहना, क्या किया, कहाँ गयीं, क्या खाया, किससे बात की, किसके साथ सोईं, कब घर लौटीं इन सब बातों की खबर रखते हैं। लक्ष्मण रेखा पार की तो सर्वनाश। समाज के लोग ही फ़ैसला करेंगे कि स्त्री को जात-बाहर करना है या पत्थर मार-मार कर मार डालना है। स्त्रियों के शरीर को यानी कि उनकी यौनिकता को जंजीरों से जकड़ देने का दूसरा नाम है—पुरुषतन्त्र। यह जंजीर जब तक नहीं तोड़ी जायेगी, तब तक स्त्रियों की सचमुच की मुक्ति नहीं होगी। तब उनके चलने फिरने, उनकी पोशाक वगैरह पर निषेधाज्ञा चलती रहेगी। रज़्ज़ाक मुल्ला हमारे इस पुरुषतान्त्रिक नारी-विरोधी समाज के योग्य प्रतिनिधि हैं। उन्होंने आज पुरुषों को टॉप-जीन्स पहनी हुई लड़कियों पर बलात्कार करने के लिए एक तरह से बुलावा ही दिया। उन्होंने कहा है—'टॉप-जीन्स पहनी हुई घर्षितायें बलात्कारियों के ख़िलाफ़ शिकायत न करें, क्योंकि बलात्कार की शिकार

लड़कियाँ अपने बलात्कार के लिए स्वयं ज़िम्मेदार हैं, बलात्कारी नहीं। अब भीड़ के भीड़ पुरुष लोग उतर पड़ेंगे सड़कों, मोहल्लों, घर-बाहर, शॉपिंग मॉलों पर बिना किसी हिचक के, निश्चिंत हो लड़कियों पर बलात्कार करने के लिए। राजनीति के हर्त्ता-कर्त्ताओं की सम्मति पाने के बाद कौन बैठा रहता है?

मूर्ख राजनीतिविद् लोग समाज का जितना बुरा करते हैं उतना बुरा शायद 'बलात्कारी भी नहीं करते। बलात्कारियों पर दोषारोपण कर बलात्कार के मूल कारण को दबा देने, ढक देने की कोशिश होती है। कोई भी बलात्कारी बनकर जन्म नहीं लेता। इस पुरुषतन्त्र, पितृतन्त्र समाज की कुशिक्षा, गलत सीख नारी-विद्वेष, नारी घृणा ही पुरुष को बलात्कारी बनाती है। घर्षिता स्त्री को दोष देकर बलात्कार बन्द नहीं किया जा सकता। बलात्कारी को फांसी पर चढ़ाकर भी बलात्कार बन्द नहीं किया जा सकता। बलात्कार के मूल कारणों को जड़ से ख़त्म कर सकें तभी बलात्कार बन्द होगा।

सिर्फ़ पश्चिम बंगाल में ही नहीं बांग्लादेश में भी यही हाल है। बांग्लादेश के समाज में भी रज्ज़ाक मुल्लाओं का अभाव नहीं है। ये लोग शिक्षित परिवार के शिक्षित लोग हैं। लेकिन स्त्रियों को 'यौनवस्तु' के अलावा और कुछ सोच नहीं पाते। नारीवादियों के सौ साल के आन्दोलन के फलस्वरूप दुनिया में स्त्री शिक्षा की शुरुआत हुई है, स्त्रियों को वोट देने का अधिकार मिला है, बाहर निकलने और स्वनिर्भर होने का अधिकार मिला है, पर ये अधिकार ही सब कुछ नहीं हैं, स्त्रियों का जो अधिकार नहीं है और जो अधिकार सबसे मूल्यवान है वह है स्त्री का अपने शरीर पर स्वयं का अधिकार। नारी के शरीर को समाज और परिवार की ग़ुलामी से मुक्त करना बेहद जरूरी है। स्त्री का शरीर किसी समाज की सम्पत्ति या किसी परिवार के सम्मान की वस्तु नहीं है। जब तक स्त्री अपने शरीर की सम्पूर्ण स्वाधीनता को प्राप्त नहीं कर लेती, स्त्री अपने शरीर को लेकर क्या करेगी, यह फ़ैसला सिर्फ़ स्त्री का ही नहीं होगा, तब तक इस बात का फ़ैसला पुरुषों के हाथ होगा—और पुरुषतान्त्रिक समाज के हाथों में रहेगा—तब तक स्त्री को सही मायने में स्वतन्त्रता नहीं मिलेगी, उसकी वास्तविक मुक्ति सम्भव नहीं है। और जितने दिन यह मुक्ति सम्भव नहीं होती उतने दिन नारी का परिचय 'पुरुष की भोग्यवस्तु' ही बना रहेगा—घरों में, पतितालयों में, सड़कों पर, ऑफिस, बस, ट्रेन—सभी जगह। नारी को 'भोग की वस्तु' माना जाता है इसी वजह से ही छेड़खानी या बलात्कार जैसे घृणित अपराध करने में पुरुषों को कोई असुविधा नहीं होती। पुरुषांग स्त्रियों का बलात्कार नहीं करता, बलात्कार करती है घृणित पुरुष मानसिकता। पुरुषांग तो एक बिल्कुल छोटा निरीह-सा

अंग है। पुरुष-मानसिकता को ख़त्म कर देने से पुरुष लोग स्त्रियों को 'यौनवस्तु' की तरह न देख कर एक ही प्रजाति के सहयात्री और स्वतन्त्र व्यक्ति के रूप में देखेंगे। पुरुषों की यौनेच्छा की तुलना में स्त्रियों की यौनेच्छा कोई कम नहीं है। अगर स्त्री अपनी यौनेच्छा को संयमित कर सकती है, पुरुष की इजाज़त के बग़ैर पुरुष को स्पर्श किये बिना रह सकती है, तो पुरुष क्यों नहीं कर सकता, पुरुष क्यों चाहकर भी बिना इजाज़त के स्त्री को छूने से अपने को रोक नहीं सकता? मनुष्य मात्र ही अपनी इस इच्छा को संयमित कर सकता है, लेकिन बलात्कारियों ने अपने को रोकने की कोशिश ही नहीं की है—कारण, बलात्कारियों के दिमाग़ की गहराई में पुरुषतान्त्रिक समाज की शिक्षा बहुत पहले ही घुस गयी है कि स्त्री सिर्फ़ 'एक यौनवस्तु' है और पुरुषों को यह अधिकार है जब मर्ज़ी, जिस तरह मर्ज़ी इस 'यौनवस्तु' का उपभोग करें। परन्तु कौन किस को समझायेगा कि नारी-पुरुष का सम्बन्ध अगर शिकार और शिकारी का है—तो फिर यह कोई स्वस्थ सम्बन्ध नहीं है। किसी भी विषमता की बुनियाद पर कभी भी कोई स्वस्थ सम्बन्ध गढ़ा नहीं जा सकता। जब तक स्त्रियों को समानाधिकार नहीं मिलेगा, तब तक स्त्री-पुरुषों के बीच कोई भी स्वस्थ सम्बन्ध नहीं बन पायेगा। स्त्री को समानाधिकार कौन देगा? जिन लोगों ने यह छीन लिया है, उन्हीं की जिम्मेदारी है कि नारी का अधिकार सही सलामत, भलमन-साहत से उसे लौटा दें।

फाँसी-विरोधी देश क़ादिर मुल्ला की फाँसी की समालोचना क्यों कर रहे हैं?

मैं फाँसी-विरोधी हूँ। मैं सोचती हूँ हर आदमी को जीने का अधिकार है। हरेक युद्ध-अपराधी का न्यायिक विचार होना चाहिए। फाँसी के बदले कोई और सजा उनको मिलनी चाहिए। उम्रक़ैद? क्यों नहीं? हालाँकि आजकल मैं उम्रक़ैद के भी ख़िलाफ़ हूँ। 'जेलखाना' जैसी चीज़ से मुझे एतराज है। जेलखाने संशोधन केन्द्र बन सकते हैं। जब तक दिमाग़ी कीड़े मर नहीं जाते तब तक अपराधी उस केन्द्र में रहेगा। पता नहीं किसने कहा था—'जेलखाने के कमरे एक-एक क्लासरूम बन सकते हैं, और जेलखाने एक-एक विश्वविद्यालय।' कुछ दिन पहले स्वीडन के कुछ जेलखानों को बन्द कर देना पड़ा क्योंकि जेल में बिल्कुल लोग-बाग नहीं हैं। अपराध की संख्या कम हो गयी है, इसलिए अपराधियों की संख्या भी कम है। समाज को जितना विषमताहीन बनाया जाये, जितनी समता लायी जाये मनुष्यों के बीच, अपराध उतने ही कम होते जाते हैं। पर यह तो स्वीडन का मामला है। बांग्लादेश तो सभ्य नहीं हुआ न, जेलखाने बन्द होने के सपने जैसी बात को रहने ही दिया जाये। कुछ और बातें करें। विश्व की मानवाधिकार संस्थायें बांग्लादेश के मृत्युदंड के ख़िलाफ़ बोल रही हैं, बोलने दो। वे तो पूरी दुनिया में जिस-जिस देश में मृत्युदण्ड है उन्हीं के ख़िलाफ़ बोल रहे हैं, "मृत्युदण्ड को ख़त्म करो।" लेकिन मेरा प्रश्न है जिन देशों ने मृत्युदण्ड की सजा को बरकरार रखा है, बार-बार मृत्युदण्ड दे रहे हैं, वे देश बांग्लादेश के मृत्युदण्ड को लेकर इतने आँसू क्यों बहा रहे हैं? दूसरे किसी भी देश में किसी को मौत की सजा देने पर क्या ये देश ऐसे हो-हल्ला मचाते हैं ऐसे मातम मनाते हैं। क्या वे चीन या सऊदी अरब या ईरान या अमेरिका, उत्तर कोरिया की चौखटों पर झण्डा गाड़ कर धरना देते हैं। बांग्लादेश में किसी को फाँसी चढ़ाने पर इन लोगों की शक्ल नहीं दिखाई देती। तब क्या क़ादिर मुल्ला को फाँसी दी जा रही होती है। इसीलिए इतना हाहाकार? क़ादिर मुल्ला कट्टरपन्थी हैं इसलिए और चाहे किसी

को भी मार डालो इस्लामी कट्टरपन्थियों की चमड़ी पर खरोंच भी नहीं लगा सकते। क़ादिर मुल्ला युद्ध अपराधी है यह बात कोई क्यों नहीं कह रहा? आज भी दूसरे विश्वयुद्ध के युद्ध अपराधियों पर मुकदमा चल रहा है। सन् इकहत्तर के 'मुक्ति युद्ध' के ख़ूनियों पर मुकदमा चलाने पर नाना देश के लोगों के मन में शोक देख कर मैं आज भी भौचक रह जाती हूँ। कट्टरपन्थी अपशक्ति के दोस्तों की संख्या आज पूरी दुनिया में कोई कम नहीं है। जिन पश्चिमी देशों को 'इस्लाम के दुश्मन' के रूप में देखा जाता था, वे भी इस्लामी कट्टरपन्थियों के प्रति अस्वाभाविक तौर पर सहानुभूति रखने वाले दिखाई देते हैं। मेरी तो अब इच्छा ही नहीं होती यह सोचने की, कि कट्टरपन्थियों के समर्थन करने के पीछे क्या और कौन सी राजनीति है। सन् 1971 के युद्ध को कट्टरपन्थी समर्थक, पश्चिमी गुट, युद्ध मानने को ही तैयार नहीं। जैसे गरीब देश का युद्ध कोई युद्ध ही नहीं है, तीस लाख लोगों का मर जाना, मर जाना ही नहीं है, दो लाख स्त्रियों का बलात्कार कोई बलात्कार ही नहीं है। जैसे हमारे अकाल, हमारी भूख, हमारे अभाव, अशिक्षा ही सच है और कुछ सच नहीं है। जैसे कि हमारी भाषा, हमारा संगीत, प्रेम, हमारा व्यक्तित्व, हमारे संग्राम, हमारा, साहस, हमारी आशा-आकांक्षा, हमारे स्वप्न कुछ भी सच नहीं हैं, मूल्यवान नहीं हैं।

मुझे मृत्युदण्ड पर क्यों विश्वास नहीं है, वह बता रही हूँ। कोई प्राणी या कोई भी मनुष्य अपराधी या संत्रासवादी होकर जन्म नहीं लेता। एक शिशु को अगर स्वस्थ्य, सुन्दर शिक्षित परिवेश न दिया जाये, एक शिशु के बड़े होते समय अगर उसके दिमाग़ में लगातार कूड़ा-करकट डाला जाये, तो यही शिशु बड़ा होकर अपराध और संत्रास कार्य में ख़ुद ही लिप्त हो जाता है। क्या यह उनका दोष है? या कि जो लोग कूड़ा-करकट डालते हैं, कूड़ा डालने की प्रथा को जिन लोगों ने चालू रखा है समाज में, उनका दोष है। एक ही समाज में रह कर मैं कट्टरपन्थ-विरोधी हूँ क़ादिर मुल्ला या दिलावर हुसैन सईदी कट्टरपन्थी हैं। कोई ख़ूनी, कोई बलात्कारी, कोई चोर और कोई सत्-सज्जन। समाज एक होने पर भी शिक्षा भिन्न होने के कारण ऐसा होता है। मनुष्यों के एक समूह को विज्ञान की शिक्षा, मानवाधिकार का ज्ञान मिल रहा है, उनका दिमाग़ आलोकित हो रहा है और दूसरे समूह को धर्मान्ध मूर्ख, कूपमंडूक और बर्बर बनाया जा रहा है। उन्हें धकेला जा रहा है घोर अन्धकार में। शिक्षा व्यवस्था सबके लिए समान होती, शिक्षा स्वस्थ होती, समानाधिकार शिक्षा होने पर लोगों का भला होता। छोटी-मोटी अभद्रता, असभ्यता, छोटे-मोटे अपराध रहते हुए भी समाज इस तरह बिगड़े भ्रष्ट लोगों के शिकंजे में जकड़ता नहीं। लाखों-लाखों लोग ख़ून की प्यास

लेकर राजपथ पर तांडव नहीं कर रहे होते। क़ादिर मुल्ला के लिए विदेश में कोई दो-चार लोग रोये तो चौंक उठती हूँ लेकिन अपने देश के लोग ऐसे पगला गये हैं जिसके प्रेम में यही सब लोग ही तो हैं क़ादिर मुल्ला। एक क़ादिर मुल्ला को युद्ध-अपराधी होने के कारण फाँसी दी गयी है, लेकिन हज़ारों-हज़ार क़ादिर मुल्ला लोग जो विज्ञानवादी, कट्टरपन्थ-विरोधी लोगों का गला काट रहे हैं, उनका क्या करेंगे? निःसन्देह वे मुट्ठी भर, मौत का इन्तजार करने वाले, बुढ़ाते युद्ध-अपराधी से ज़्यादा भयंकर हैं। लाखों इस्लामी कट्टरपन्थी। यही लोग आज युद्ध-अपराधी क़ादिर मुल्ला के सपनों को सच करने वाले सिपाही हैं।

जिस देश में सब लोगों के लिए, खाना, कपड़ा, मकान, शिक्षा, स्वास्थ्य नहीं है, उस देश में अराजकता रहती ही है। और सब व्यवस्थाओं की तरह न्याय व्यवस्था में भी खोट है। इसी व्यवस्था की वजह से, अपराध करने पर यह नहीं देखा जाता कि किस वजह से अपराध किया है, कहाँ गलती थी, गलती सुधारने की कोशिश किये बिना अपराधी को जेल में मरने को भेज दिया जाता है, मार डाला जाता है। फाँसी देकर बहुत सी समस्याओं का जल्दी समाधान करना चाहती है सरकार। लेकिन इससे समस्या का सचमुच समाधान नहीं होता। मैं भविष्य की बात सोचती हूँ, कट्टरपन्थ की दुष्टशक्ति का खात्मा चाहती हूँ। पर फाँसी देने पर इसका खात्मा नहीं होगा, इसका खात्मा होगा सुशिक्षा से।

समाज को धर्मान्धता, अन्धविश्वास, नारी-विद्वेष से मुक्त करने के लिए लोगों को बचपन से ही विज्ञान मानवतावाद और समानाधिकार की शिक्षा देनी होगी। ऐसी शिक्षा मिलने पर बच्चों में धर्मान्ध, बलात्कारी और खूनी होने की आशंका नहीं रहती।

जमायते इस्लामी के लोग जैसी बर्बरता चला रहे हैं बांग्लादेश में वह देखकर मुझे कतई अचम्भा नहीं हुआ। क्योंकि मैं बहुत सालों से जानती थी जमाते इस्लामी एक राजनैतिक दल के रूप में भले ही जाना जाता हो परन्तु यह एक आतंकवादी दल के अलावा और कुछ नहीं है। इन लोगों की राजनीति, नफ़रत विषमता, अन्धेपन, अशुभ, पंगुत्व और हत्या की है। इस राजनीति को समाज में घुसने का रास्ता बनाने का अवसर देने पर, यह राजनीति मनुष्य को, देश को और देश के भविष्य को ध्वंस कर देगी। बहुत वाजिब कारणों से ही जमाते-इस्लामी को निषिद्ध कर देना चाहिए। दुनिया के हर देश में ही आतंकवादी दल निषिद्ध हैं। बांग्लादेश में निषिद्ध करने जाओ तो बहुत लोग शोरगुल मचाकर अड़ंगा लगाने की कोशिश करते हैं। जो दल गणतन्त्र में विश्वास ही नहीं करता, उसी दल को गणतन्त्र के नाम पर जिन्दा रखें, और वह दल हँसते-हँसते आपकी नस काटता

रहेगा, गला काटेगा—यह हमें मालूम है। जानकर भी जानने, का नाटक और कोई करे पर मैं नहीं कर सकती। बांग्लादेश को एक धार्मिक कट्टरपन्थी लोगों से भरा हुआ, पिछड़ा अशिक्षित धर्मान्ध देश के रूप में बनाने की इच्छा देश के अन्दर और बाहर के बहुत लोगों की ही है। मैं मत प्रकट करने की स्वतन्त्रता पर गहराई से विश्वास करती हूँ, पर फिर भी एक दल को 'बैन' करना चाहती हूँ, कारण—जमाते इस्लामी राजनैतिक दल की स्वीकृति पाने के योग्य नहीं है।

युद्ध अपराधी सारे के सारे इस्लामी कट्टरपन्थी हैं। कट्टरपन्थी, युद्ध अपराधी या इस्लामी कट्टरपन्थियों की मैं बहुत पक्की दुश्मन हूँ। वे लोग मेरा ख़ून करने के लिए पिछले इक्कीस सालों से छुरी पर धार लगा रहे हैं। पकड़ में आने पर ही मुझे जिबह करेंगे। यह जानने के बाद भी मैं उनमें से किसी की फाँसी हो यह नहीं चाहती। मैं चाहती हूँ वे सब अच्छे आदमी बनें। उनकी सन्तानें प्रगति के पक्ष में हों। उनकी सन्तानों की सन्तान को मालूम न होने पाय कि धर्मान्ध कट्टरपन्थ क्या होता है। वे सब रहने के लिए एक श्रेणीहीन विषमताहीन, अन्धविश्वास रहित सुन्दर परिवेश पायें। सब मनुष्य, सब सन्तानों को ही यह मिले। मेरी लड़ाई उसी स्वप्न के लिए है। मेरे जिन्दा रहते, वह समतापूर्ण समाज, मैं देख न पाऊँगी पर उस स्वस्थ समाज को गढ़ने में अपनी साधारण सी भूमिका निबाहना चाहती हूँ। इसीलिए ज़िन्दगी की बाजी लगाकर भी लिख रही हूँ, मनुष्य को लड़ाई करने के लिए प्रेरणा दे रही हूँ। जो देश आज मुझे देश जैसा नहीं लगता, जिस देश के लिए आज मैं शर्मिन्दा हूँ मैं चाहती हूँ, उस देश पर भविष्य में गर्व करें लोग। ख़ून से लथपथ राजपथ की वजह से नहीं, बल्कि एक सुरक्षित स्वदेश को लेकर गर्व करें लोग।

नारी यौनवस्तु नहीं है

भारत इस समय तरुण तेजपाल को लेकर व्यस्त है। तरुण तेजपाल 'तहलका' के सम्पादक, नामी-गरामी बुद्धिजीवी हैं। उनका अख़बार 'तहलका' हिन्दू कट्टरवाद के ख़िलाफ़ पुरजोर आवाज़ उठाता है। क्योंकि मैंने कट्टरपन्थ के ख़िलाफ़ लम्बे समय तक संग्राम किया है, 'तहलका' की इस भूमिका का मैंने शुरू से ही स्वागत किया है। मैंने बीच-बीच में 'तहलका' में मुस्लिम कट्टरवाद के ख़िलाफ़ भी ऐसा ही जोरदार लेख ढूँढ़ा है, ईसाई कट्टरपन्थ के ख़िलाफ़ लेखन ढूँढ़ा है, शायद कभी-कभी कुछ लिखा जाता रहा है, परन्तु बहुत दमदार लेखन नहीं। ज़्यादातर लेखक मुस्लिमों का पक्ष लेते हुए इस्लाम के गुण गाते हैं। दुर्भाग्यवश भारतीय धर्मनिरपेक्ष या वामपन्थी नरमपन्थियों की यही समस्या है। वे सभी धर्म के सब कट्टरपन्थियों के ख़िलाफ़—एक ही तरह से खड़े नहीं होते। किसी एक कट्टरपन्थी गोष्ठी का अन्याय देखकर अनदेखा करते हैं, और दूसरे कट्टरपन्थी समुदाय का अन्याय देख जल-भुन जाते हैं।

'तहलका' ने इन दिनों गोवा में 'थिंक फेस्ट' यानी 'सोच की संगोष्ठी' का आयोजन किया है। चमचमाते उत्सव का आयोजन। देश-विदेश के सब नामी-गिरामी लोग यहाँ तक कि आमन्त्रित होकर हॉलीवुड के प्रसिद्ध अभिनेता भी आये हैं। एक फ्रांसीसी मित्र को भी देखा 'थिंक फेस्ट' में। हालाँकि बहुत हैरान हुई थी यह देख कर कि तालिबान नेता को भी आमन्त्रित किया गया है। क्या हम लोग उनके मत और मतलब के बारे में अभी तक यह जान न पाये कि तालिबान लोग क्या चाहते हैं? तालिबान नेता को उसके मत प्रकट करने के लिए क्या भारत के सबसे प्रगतिशील मंच की जरूरत थी? जनतन्त्र के विरुद्ध-स्त्री अधिकार के विरुद्ध, मानवता के विरुद्ध, पूरी दुनिया को दारुल इस्लाम या इस्लामी दुनिया बनाने के जिहादी शपथ लेने वाले तालिबानी नेताओं के वक्तव्यों का प्रचार करना क्या बहुत जरूरी था तहलका के लिए? सभ्य-शिक्षित, हिन्दुत्व-विरोधी बुद्धिजीवियों का आदर सम्मान पाकर तालिबान के नेता अवश्य ही खुश हुए होंगे। 'थिंक फेस्ट'

में तालिबानी नेता के अतिथि के रूप में आने पर लगा—समाज के सब तरह के मतों के लोगों का अपने मत प्रकट करने का मंच देकर, बृहत्तर गणतन्त्र की चर्चा कर रहा है 'तहलका'। लेकिन मन में काँटा-सा जो प्रश्न चुभा रहा उसे दुबारा पूछा—तो क्या तहलका उन्हीं दिशा खो देने वाले वाम-बुद्धिजीवियों की तरह है जो हिन्दू कट्टरपन्थियों के विरुद्ध बात करते हैं लेकिन हज़ार बहाने बनाकर मुस्लिम कट्टरपन्थियों का समर्थन करते हैं? यूरोपीय संसद से मानवाधिकार पर सप्ताह भर के एक कॉन्फ्रेंस को ख़त्म कर, दिल्ली लौटते ही सुना—'तहलका' के सम्पादक तरुण तेजपाल ने 'तहलका' की ही एक तरुणी सांवादिक का यौन उत्पीड़न किया है। ख़बर सुनकर बोलती बन्द किये बैठी थी। इसी दिल्ली में, ज़्यादा दिन नहीं हुए एक घृणित बलात्कार के विरुद्ध एक बहुत बड़ा—निन्दा, क्षोभ-प्रदर्शन हुआ था। इस भारतीय विक्षोभ-प्रदर्शन के लिए पूरी दुनिया के लोगों ने समर्थन जताया। बलात्कार के विरुद्ध 'तहलका' की भूमिका भी काफ़ी बड़ी थी और इसी पत्रिका के सम्पादक ने अपने सहकर्मी, वह भी बेटी की सहेली पर बलात्कार की कोशिश की है। एक सांवादिक के तौर पर तरुण तेजपाल ने कितने ही असम्भव से काम किये हैं, कई किताबें भी लिखी हैं, पुरस्कार भी मिले हैं। इतने बड़े व्यक्ति होकर भी स्त्रियों को यौनवस्तु की नजर से देख रहे हैं। मुँह से कुछ बोल रहे हैं लिख कुछ रहे हैं और कर्म कुछ अलग से ही कर रहे हैं। इसी का नाम ही तो है हिपोक्रेसी जो लोग दूसरे लोगों के हिपोक्रेसी की निन्दा करते हैं, वे स्वयं ही आज हिपोक्रिट हैं।

तरुण तेजपाल से मेरी जान-पहचान नहीं है। सन् दो हजार या आठ साल पहले जब मैं भारत सरकार द्वारा गृहबन्दी बनायी गयी थी, जब मेरा सबसे खराब समय था तब मुझे गृहबन्दी बनाने के विरुद्ध, लेखिका अरुन्धति राय की कोशिश से दिल्ली के प्रेसक्लब में बुद्धिजीवियों की प्रतिवाद सभा हुई थीं, उस सभा में योगदान करने वालों में एक थे तरुण तेजपाल। लेकिन सिर्फ़ इसी वजह से तरुण तेजपाल के बलात्कार की घटना को क्षमा की दृष्टि से देखूँगी ऐसा कभी नहीं हो सकता। इतनी स्वार्थ की अंधी मैं किसी दिन भी नहीं हूँ। पर यह बात भी ठीक है कि सेक्यूलर तेजपाल की मैं श्रद्धा करती हूँ। लेकिन यौन उत्पीड़न करने वाले तेजपाल से सच कहूँ तो मैं नफ़रत करती हूँ।

उस तरुणी सांवादिक और तरुण तेजपाल व केयरटेकर सम्पादक सोमा चौधरी के जो ईमेल प्रचारित हुए हैं—उन्हीं के जरिये सब घटनायें उजागर हो गयी हैं। उन्हें पढ़ने पर ही किसका दोष है, कौन निर्दोष है यह सब बड़ी आसानी से पता लगा सकते हैं। तरुण तेजपाल ने ख़ुद ही कहा है, उन्होंने अन्याय किया

है। क्षमा माँगी है। यहाँ तक कि खुद छह महीने की छुट्टी सजा के तौर पर भी ली है। आख़िरकार जब मीडिया तक ख़बर पहुँची—तब थाना-पुलिस हुआ। अगर ऐसा न हुआ होता तो शायद ऐसे ही 'तहलका' की केयरटेकर सम्पादक सोमा चौधरी और सम्पादकीय विभाग के प्रधान तरुण तेजपाल अपने कुछ चेले-चमचों को लेकर पूरी बलात्कार की घटना को दबा देते। ऐसी घटना और भी बहुत सी कम्पनियों में घटती होंगी। लड़कियाँ बलात्कार के बदले में अपनी नौकरी बचाती हैं। प्रतिवाद करो तो नौकरी चली जाती है। 'कास्टिंग काउच' की समस्या पूरे भारत में भयंकर है। जिन लोगों को प्रतिवाद करना चाहिए इन बातों के विरुद्ध अगर वे ही ऐसे चरित्र के हों, बलात्कारी हों तो फिर 'समाज' को कौन बदलेगा। तरुण तेजपाल ने अपनी बेटी की सहेली का बलात्कार करते हुए कहा होगा—यही सबसे आसान रास्ता है अगर वह अपनी नौकरी बचाना चाहती है। क्या भयंकर धमकी है। कट्टरपन्थियों का चरित्र बिगड़े, राजनीति वालों का चरित्र बिगड़े तो समाज नष्ट नहीं होता लेकिन बुद्धिजीवियों का चरित्र नष्ट होता है तो समाज नष्ट हो जाता है। बुद्धिजीवी लोग ही तो अन्याय, असत्य, अत्याचार अविचार का प्रतिवाद करके समाज को शुद्ध कर उसे बचाते हैं, प्रगति के पथ पर उसे ले जाते हैं। लेकिन .खुद ही अन्याय करें तो किसी अन्यायी के विरुद्ध वे प्रतिवाद कैसे करेंगे? तरुण तेजपाल स्त्रियों, लड़कियों को यौन-वस्तु की तरह देखते हैं। बुद्धिजीवी के मुखौटे की ओट में उन्होंने अपने बलात्कारी चेहरे को छुपा रखा था। लेकिन सबसे ज़्यादा हैरान हुई हूँ कि नारीवादी मुखौटे की आड़ में इतने समय का नारी-विरोधी चेहरा उघड़ गया है। दूसरे बलात्कारियों के विरुद्ध वे बहुत हो-हल्ला मचाते हैं, लेकिन तेजपाल वाली घटना के बारे में बड़ी चालाकी से मीठी-मीठी बातें बनाकर उनका समर्थन किया है। अपनी ही आँखों, अपने कानों पर विश्वास नहीं होता। सोमा चौधरी .खुद को हमेशा से ही नारीवादी की तरह लोगों के सामने रखती हैं, परन्तु बलात्कार की शिकार सांवादिक लड़की के पक्ष में उन्होंने कुछ भी नहीं किया बल्कि उसके ख़िलाफ़ शिकायत की है। क्यों वह दूसरी बार लिफ्ट में चढ़ी, जैसे कि लिफ्ट में चढ़ने से ही उसे दूसरी बार बलात्कार का सामना करना पड़ा, जैसे कि लिफ्ट में चढ़ने के कारण ही यह साबित होता है कि पहली बार बलात्कार के लिए उसकी रजामन्दी थी। सिर्फ़ सोमा चौधरी ही नहीं, उनकी तरह बहुतों ने ही अपना रुख बदल लिया। बलात्कार और बलात्कारियों के विरुद्ध जैसे वे पहले गरज उठते थे, वैसे अब नहीं। अशिक्षित और गरीब लोग अगर बलात्कार करें तो उस बलात्कार को 'जघन्य अपराध' कहा जाता है और शिक्षित बुद्धिजीवी बलात्कार करें तो उसे कहा जाता है 'मिसकंडक्ट'। भारत जाति और

धर्म के मामले में उतना विभक्त या बँटा हुआ नहीं है जितना वर्ग में। मेरे वर्ग का है इसलिए मैं उसका समर्थन करूँगा—चाहे वह कितना बड़ा अन्याय ही क्यों न करें—बहुतों के बीच इस तरह का वर्ग-भेद देखा है मैंने।

किसी भी एक अन्याय के विरुद्ध प्रतिवाद होने पर विभिन्न राजनीति के लोग अन्याय के पक्ष या विपक्ष में तन कर खड़े हो जाते हैं। झूठ की जरूरत हो तो बड़े धड़ल्ले से झूठ बोलते हैं। सच्चाई, निरपेक्षता के नाम पर कुछ भी नहीं बचा। आसाराम नाम के एक धर्मगुरु छोटी उम्र की लड़कियों पर बलात्कार कर रहे है, यह खबर फैल जाने के बाद आसाराम के बलात्कार का विरोध तो देखा, एक राजनीतिक दल कह रहा है, आसाराम ने कभी भी कोई बलात्कार नहीं किया, और दूसरा दल कह रहा है—जरूर किया है। तेजपाल के बलात्कार के वक्त, आसाराम के साथ खड़े होने वाले दल ने कहा—तेजपाल दोषी है और जिन्होंने आसाराम को दोष दिया उन्होंने कहा—तेजपाल दोषी नहीं है। दोषी लड़की ही है। और अगर मैं आसाराम और तेजपाल दोनों के अन्याय के विरुद्ध इस तरह तीव्रस्वर से निन्दा करूँ—तो मैं बहुत अकेली पड़ जाती हूँ। मेरे साथ आख़िर तक कोई भी नहीं रहता। थोड़ी देर का मित्र समझने पर भी आख़िरकार वे मेरा नाम दुश्मन के खाते में लिख लेते हैं। इस समाज में किसी एक दल की तरफ़दारी करके न बोलने पर 'अकेले' हो जाना पड़ता है। अकेले हो जाने की मुझे आदत है। मैं तो हमेशा की अकेली हूँ। जब से विषमता के विरुद्ध अकेले प्रतिवाद करना शुरू किया है, तभी से। मुझे अब किस चीज का डर है?

तेजपाल पर अगर सही कानूनी कार्रवाही न हुई, तब जिन कम्पनियों में ऊँचे पद पर बैठे-बैठे सैकड़ों पुरुष बॉस या नौकरीदाता होने के कारण युवा सहकर्मिणियों का वह महा-उत्साह से, महाआनन्द से, महा-विजय के साथ बलात्कार किये जायेंगे। और इसकी संख्या और बढ़ेगी। 'कास्टिंग काउच' और भी चमक-दमक भरा हो जायेगा।

तरुण तेजपाल ने जरूर सपने में भी नहीं सोचा होगा कि भारत में उनके साथ खड़े होने वालों की कोई कमी नहीं होगी। यौन-अपराध करने के बाद भी उनके समर्थक और प्रेमियों की संख्या में कमी नहीं हुई है। हालाँकि वे पुरुष है इसीलिए ही कमी नहीं हुई। बलात्कार के साथ पौरुष या मर्दानगी का बड़ा गहरा सम्बन्ध है। शायद बलात्कार क़ानून की नज़र में अपराध है लेकिन नारी-विरोधी समाज की नजरों में अभी भी यह अपराध नहीं है, यह अभी भी पुरुष का अधिकार है। इसी वजह से तेजपाल के विरुद्ध समाज के बड़े नेता, बड़े राजनैतिक दल, स्त्रीवादी या मानवाधिकारवादी एक साथ इसका प्रतिवाद नहीं कर रहे हैं।

तेजपाल बड़े सांवादिक, बड़े बुद्धिजीवी—यह सब कह-कह कर उनके द्वारा किये गये यौन उत्पीड़न के अपराध को, माफ़ी की नज़रों से देखने के लिए मानो बुलावा दिया जा रहा है। पर बात यह है कि जो लोग बिना अनुमति से किसी लड़की के यौनांग को छेड़ सकते हैं वे किसी दिन जोर-जबरदस्ती से यौनांग में लोहे की रॉड भी डाल सकते हैं। किस पर विश्वास करेंगी लड़कियाँ?

बलात्कार के विरुद्ध बलात्कार पीड़िता पर दोष मढ़ने की मानसिकता अभी तक गयी नहीं। अभी भी बलात्कार पीड़िता लड़की से पूछा जा रहा है कि लिफ्ट में एक बार तेजपाल द्वारा यौन छेड़खानी की शिकार होने के बाद वह क्यों, दूसरी बार तेजपाल के साथ लिफ्ट में चढ़ी? इसकी वजह तो बड़ी स्पष्ट है, लड़की अपनी नौकरी बचाना चाहती थी। बलात्कार पीड़िता होकर नहीं बलात्कृता होकर नौकरी बचाना चाहती थी। बलात्कार के लिए किसी बलात्कारी को लिफ्ट की जरूरत नहीं होती। बलात्कारी जहाँ आसानी से पकड़े नहीं जायेंगे ऐसी जगह बलात्कार करते हैं। अगर वह लड़की दूसरी बार लिफ्ट में नहीं चढ़ती तो क्या उसे दोषी नहीं ठहराया जाता? जरूर ठहराया जाता। जो लोग आज उसे लिफ्ट पर चढ़ने के लिए दोषी ठहरा रहे हैं वे ही कहते, "मामला क्या है? 'तहलका' के सम्पादक के तुम्हारी साथ छेड़खानी के बाद भी तुम मज़े से 'तहलका' में नौकरी किये जा रही हो? जरूर तुम्हारी रज़ामन्दी रही होगी उस 'यौन उत्पीड़न' के लिए।

तेजपाल ने बड़ी स्पष्टता से ही ई-मेल लिखा है कि लड़की की असहमति होने पर भी उन्होंने उसके यौनांग में अँगुली प्रविष्ट की है। ई-मेल प्रचारित होने के बाद भी लड़की को दोषी ठहराया जा रहा है। यह समाज, सच कहा जाये तो बेहद स्त्री-विद्वेषी है। इस समाज में सब वर्ग के पुरुष सब वर्गों की स्त्रियों के गुप्तांगों में जो चाहे डालकर विकृत आनन्द पाते हैं, स्त्रियों, लड़कियों की इसमें रज़ामन्दी है या नहीं, यह सबसे पहले जाँचना चाहिए यह बात किसी की सोच में नहीं है। दिल्ली के बस-काण्ड के असभ्य, अशिक्षित उन बलात्कारियों के साथ दिल्ली के सभ्य शिक्षित तरुण तेजपाल भी स्त्रियों को 'यौन वस्तु' की तरह मानते हैं। अगर नफ़रत की जाये जो दिल्ली के बस-काण्ड के बलात्कारियों से ज़्यादा तरुण तेजपाल से ही नफ़रत की जानी चाहिए क्योंकि उन्होंने जानबूझकर यह अपराध किया है। दिल्ली बस के बलात्कारियों ने नारीवाद पर कोई किताब नहीं पढ़ी। स्त्री भी मनुष्य है 'यौनवस्तु' नहीं है—यह बात उन्हें किसी ने नहीं सिखाई हैं। लेकिन तरुण तेजपाल सब जानते हुए भी, स्त्री-पुरुष में विषमता किसी सभ्य समाज में नहीं होना चाहिए, पुरुष को कोई अधिकार नहीं है कि

स्त्री की बिना इजाज़त के उसे छुए, यह समझते हुए भी, जबरदस्ती एक स्त्री के साथ यौन-सम्बन्ध बनाना चाहे। तरुण तेजपाल जरूर ही एक ज्ञानपापी हैं।

आजकल के ऑफिस अदालत में तथाकथित सभ्य-शिक्षित भद्रलोग स्त्री सहकर्मियों के साथ यौन-छेड़खानी चलाये जा रहे हैं, यह बात सभी जानते हैं। इन सबसे लड़कियों को बचाने के लिए भी तेजपाल को सज़ा देना जरूरी है। तेजपाल जैसे हजारों यौन-छेड़खानी करने वालों का माथा ठनकेगा। वे समझ जायेंगे, इतना निश्चिंत होकर छेड़खानी करना अब नहीं चलेगा, पकड़े जाने पर सर्वनाश। हालाँकि हम सभी जानते हैं कि सज़ा या मृत्युदण्ड देने से ही कभी भी किसी समाज में अपराध को मिटाया या कम नहीं किया जा सकता। दरअसल तरुण तेजपाल जैसे लोग जिस दृष्टि से स्त्रियों को यौनवस्तु की तरह देखते हैं, जिस दिन पक्की तरह से बन्द नहीं होतीं या अन्धी नहीं हो जाती, तब तक बलात्कार, यौन-छेड़खानी वगैरह कम नहीं होंगी।

मैंने अपनी आत्मकथा में लिखा था, बांग्लादेश के एक नामी बुजुर्ग लेखक मुझे छल और चतुराई से दूर-दराज एक शहर में ले गये। वहाँ एक ही कमरे में सोने की व्यवस्था की गयी। लेखक मुझ पर झपट भी सकते थे इसी आशंका से मैं सारी रात सो नहीं पायी थी। इस घटना को लिखने के बाद लोगों ने उस लेखक को दोषी न मानकर मुझे दोषी ठहराया था। पश्चिम बंगाल के एक बड़े लेखक की यौन-छेड़खानी करने की खबर जिस दिन मैंने बताई, वहाँ भी वही हालत हुई थी। लोगों ने यौन-छेड़खानी करने वाले लेखक को दोषी न ठहराकर मुझे ही दोषी ठहराया था। उन्हें छिः-छिः न करके मुझे छिः-छिः की थी। जैसे वे लोग कुछ करते ही नहीं हैं, अन्याय, अपराध सब मैंने किया है। मैं जानती हूँ साधारण लोग बड़े लेखकों, बुद्धिजीवियों को देवता की तरह देखते हैं। किसी भी बुरे समय में उनके साथ खड़े होते हैं। लेकिन मैं कोई ऐरी-गैरी, एक्स, वाई, जेड नहीं हूँ। देश-विदेश में ढेरों पुरस्कार पानेवाली जनप्रिय लेखिक हूँ। लेकिन चाहे जितनी भी लेखिका क्यों न होऊँ, मैं एक स्त्री हूँ और स्त्री हूँ इसीलिए कोई मेरे साथ खड़ा नहीं हुआ। पुरुषतान्त्रिक समाज के ज़्यादातर लोगों का विश्वास है कि पुरुष को यौन छेड़यानी करने का अधिकार है और यौन-शोषण के विरुद्ध शिकायत करने का अधिकार किसी स्त्री को नहीं है, विशेषकर अगर वह पुरुष प्रतिष्ठित है। यह समाज स्त्री-विद्वेषी, स्त्री-विरोधी पुरुषों का है।

गणतन्त्र की करुण दशा

बांग्लादेश के किसी से भी मिलती हूँ तो पूछती हूँ–"देश की हालत क्या है।" ज़्यादातर यही कहते हैं–"जैसे चल रहा था वैसे ही।" "संघर्ष, ख़ून, हड़ताल, सब तो चल ही रहे हैं।" बीच-बीच में समझ में नहीं आता कि यह देश चल कैसे रहा है। कुछ मुट्ठी भर राजनीतिज्ञ और पैसे वालों के हाथ में है यह देश। उनका जो मन चाहता है वही करते हैं। आम आदमियों की दुखदुर्दशा के बारे में सोचने का समय किसी के पास नहीं है। सुना है, खालिदा जिया को गृहबन्दी बना कर रखा गया है। गृहबन्दी बनाकर या बन्दी बनाकर किसी समस्या का क्या सचमुच कोई हल निकलता है? खालिदा जिया ने अगर आतंक का रास्ता दिखाया है तो उनके अन्धे अनुयायी उसी आतंक के रास्ते को ही अपनायेंगे, खालिदा जिया क़ैद में रहें या न रहें। पैगम्बरों के साथ ऐसा होता है, वे जियें या मरें उनके अनुयायी उनके मत को वंश-परम्परा से अनुसरण किये जाते हैं। ज़्यादातर लोग ही तर्क और बुद्धि के सहारे नहीं चलते। ऊपर वाले या ऊपरी तल्ले के लोग जो-जो आदेश करते हैं उसी आदेश को अक्षरशः मानकर चलते हैं। इसी तरह दिमाग़ में सोचने-समझने, तर्क बुद्धि से विचार करने के जो कोष हैं आख़िरकार वे बेकार हो जाते हैं। लम्बे समय से किसी भी चीज़ को बिना इस्तेमाल किये फालतू पड़े रहने देने से ऐसा ही होता है। लेकिन यही आख़िरी बात नहीं है। जीवन के दूसरे कई क्षेत्रों में लोग अपनी तर्क बुद्धि को सही तौर पर ही काम में लगा रहे हैं, बुद्धि की मुक्ति–यानी खुले दिमाग़ से सोचने की कोई व्यवस्था ही उनमें नहीं है। कंपार्टमेण्टलाइज़ेशन इसी को कहते हैं। जिसमें मस्तिष्क की एक कोठरी से मस्तिष्क की दूसरी कोठरी का कोई सम्पर्क या जुड़ाव नहीं रहता।

परसों लाखों की संख्या में उलेमा, भारत के उत्तर प्रदेश के एक दरगाह में गये थे, हर साल ही जाते हैं और वहाँ किसी एक पीर का जन्मोत्सव ख़ूब शानो-शौकत से मनाते हैं। वहीं पर एक मुस्लिम कट्टरपन्थी नेता ने उन लाखों

उलेमाओं से पूछा—तसलीमा को भारत से निकाल देने में वे राजी हैं या नहीं। सभी ने हाथ उठाकर उन्हें समर्थन जताया।

सरकार उनकी माँग न माने तो वे लोग सुप्रीम कोर्ट तक जायेंगे। मुझे शहर से या राज्य से या देश से निकाल देना कोई नई बात नहीं है। बांग्लादेश ने सबसे पहले यह अन्याय शुरू किया है। इसके बाद यह संक्रामक हो गया। अन्याय, अत्याचार, भ्रष्टाचार, कुशासन बहुत संक्रामक हैं। एक बार तुमने लात खायी तो फिर लगातार लात खाते रहोगे। एक शासक तुम्हें जात-बाहर करके छूट जाये तो बाकी शासक भी तुम्हें जात-बाहर करके छूट जायेंगे। भारत की वोट की राजनीति में खेलने के लिए तसलीमा नाम का एक ट्रम्प कार्ड बनाया गया है कुछेक साल पहले। यह कार्ड सभी के हाथ या जेब में है। मुसलमानों का वोट पाने के लिए दूसरे कार्ड तो खेले ही जाते हैं, 'तसलीमा कार्ड' भी खेला जाता है। तसलीमा कार्ड खेलना पड़ता है तसलीमा को मार-पीट कर घर में क़ैद करके उसके विरुद्ध झूठी बदनामी फैलाकर, उसकी किताबों को निषिद्ध करके, उसके सीरियल बन्द करके, उसे देशनिकाला देकर। ये सब करके वे मुसलमानों को बतला देना चाहते हैं कि वे तसलीमा से नफ़रत करते हैं। कौन तसलीमा से कितना ज़्यादा नफ़रत करता है उसकी होड़ चलती है। जो जितनी ज़्यादा नफ़रत कर पायेगा, जो जितना कसके लात जमा पायेगा तसलीमा को, जो उसे जितनी जल्दी खींच कर कूड़े में फेंक आयेगा, जो जितना ज़्यादा उसे तकलीफ़ देगा वह उतना ज़्यादा मुसलमानों का वोट पायेगा। बांग्लादेश में भी यह खेल चलता है। खालिदा जिया ने मुझे देशनिकाला दिया है तो शेख हसीना मुझे देश में घुसने नहीं देंगी। तसलीमा से नफ़रत करने की होड़ मची है दोनों नेत्रियों में। कितनी वीभत्स है यह प्रतियोगिता। जनतन्त्र को छुरा भोंक कर ख़ून से लथपथ करके फिर गणतन्त्र को लेकर बड़ाई करते किसी को शर्म नहीं आती।

कुछ लाख उलेमाओं ने घोषणा की है—तसलीमा को देश से निकल जाना पड़ेगा, नहीं तो सर्वनाश हो जायेगा। तसलीमा का दोष क्या है? तसलीमा ने एक फतवेबाज़ को फतवाबाज कहा है जो लोग फ़तवा देते हैं, लोगों के सर का मोल रखते हैं, वे खुले विचारों पर विश्वास नहीं रखते। लेकिन उलेमा लोग फतवे को बुरा नहीं मानते। वे सर की कीमत लगाने को भी बुरा नहीं मानते। वे सोचते हैं क्योंकि मैं इस्लामी फ़तवा नहीं मान रही हूँ। इस्लाम में जो कायदा-कानून है वह न माने यह किसकी हिम्मत है? इस फतवे के ख़िलाफ़ चाहे जो कोई जो कुछ भी कहे, कोई राजनैतिक दल एक शब्द नहीं बोलेगा। क्योंकि वे विश्वास करते हैं कि उलेमाओं के इस जनतन्त्र विरोधी, बोलने की आज़ादी के विरोधी फतवों का

जो लोग समर्थन करेंगे वे आने वाले चुनावों में जीतेंगे। सामने ही लोकसभा के चुनाव हैं। अभी से जीतने के हथकंडे चल रहे हैं। उत्तर प्रदेश की सरकार ने इसी बीच मेरे ख़िलाफ़ एक मुकदमा दायर कर दिया है। उलेमाओं के इस 'तसलीमा हटाओ' के समर्थन में उत्तर प्रदेश सरकार केन्द्र सरकार को जतला देगी कि तसलीमा को देशनिकला दे देना चाहिए। मार डालने पर अगर दो-चार मुस्लिम वोट मिलने का उन्हें विश्वास है तो मुझे नहीं लगता कि मुझे मार डालने में उन्हें कोई दुविधा होगी। पश्चिम बंगाल से सी.पी.एम. ने मुझे खदेड़ा है। वोट के लिए तृणमूल मुझे घुसने नहीं दे रही। पर इस तरह के वोट किसी को मिलते नहीं। कारण, तसलीमा वोट के लिए कोई विषय नहीं है। अगर विषय होती तो मुझे देशनिकाला देकर सी.पी.एम को मुस्लिम वोट मिलते। वह तो मिला नहीं, बल्कि बुरी तरह हारे। इसके बाद भी राजनैतिक दलों को यह विश्वास नहीं होता कि तसलीमा-विरोधी कार्ड खेलकर वोट नहीं मिल सकता। और मुसलमान भी इतने बेवकूफ नहीं हैं कि तसलीमा कार्ड खेलने के लिए वे एक भेड़ के झुण्ड की तरह दलबदलू होकर वोट देकर आयेंगे। लेकिन जो लोग मुसलमानों को भेड़ की चाल समझते हैं वही लोग असल में तसलीमा कार्ड खेलते हैं। इन मुस्लिम तृष्टिकरण वालों को हालाँकि मुस्लिमों का दोस्त माना जाता है। कुछ लोग तो यहाँ तक कहते हैं, इमामों को भत्ता देकर, मस्जिद-मदरसा बनवा कर, मुसलमानों को अँधेरे में रखना कट्टरपन्थी बनाने और नाकारा बनाने का सब बंदोबस्त किया हुआ है। कुछ कहते हैं कि मुस्लिमों को औरों से ज़्यादा अवसर—सुविधायें देकर ये लोग असल में हिन्दू कट्टरपन्थियों की बनाने में मदद कर रहे हैं। दोनों ही सच हैं।

तीन दिन पहले कई लाख लोगों को बता दिया गया है कि मैं इस्लाम-विरोधी हूँ, इसलिए मुझे सजा भुगतनी पड़ेगी। मुझे अल्लाह सज़ा देंगे, ये लोग इस पर विश्वास नहीं करते। मैं इस्लाम नहीं मानती, इसलिए ये लोग मुझे सज़ा देना चाहते हैं, अल्लाह की सज़ा पर इन्हें भरोसा नहीं है। अल्लाह की क्षमता पर इनका विश्वास होता तो हश्र के मैदान में अल्लाह के हाथों मुझे सज़ा देने का भार छोड़ देते। अल्लाह के न्याय पर इनकी आस्था नहीं है इसलिए उलेमा लोग मेरे जुर्म की सज़ा के बारे में सोच रहे हैं—मुझे देशनिकाला देकर या मुझे जान से मारकर। एक भी गणतान्त्रिक दल ने एक बार भी नहीं कहा कि उलेमा लोगों की यह गैर-वाजिब हरकत है। इस भारतवर्ष में किसी की हिम्मत नहीं है कि उलेमाओं की बातों की मुख़ालफत करे। मैं अकेली हूँ और दूसरी तरफ़ कई लाख उलेमा और मुस्लिम कट्टरपन्थी। सरकार या राजनैतिक दल किसका पक्ष लेंगे? बड़ी आसानी से ही इसका अनुमान लगाया जा सकता है। इतना जो ढोल पीटा

जाता है कि बीजेपी मेरा समर्थन करती है, तो कहाँ है बीजेपी? मेरे किसी भी बुरे समय में बीजेपी ने मेरी सहायता नहीं की है बल्कि विरोध ही किया है। मुझे जब राजस्थान भेज दिया था पश्चिम बंगाल के सरकार ने, तब राजस्थान सरकार ने मुझे छह घण्टे भी राजस्थान में रहने नहीं दिया था। अलस्सुबह ही मुझे राज्य से खदेड़ दिया गया, यह कह कर कि अगर राजस्थान के मुसलमानों को पता चल गया कि मैं राजस्थान में हूँ तो राजस्थान के मुसलमान बहुत नाराज़ होंगे। मुसलमान वोटों की जरूरत बीजेपी को भी होती है। बीजेपी में मुसलमान सदस्यों की संख्या भी काफ़ी है। केन्द्र में बीजेपी थी जब, साल दो हज़ार में, मुझे भारत में घुसने नहीं दिया गया था। कारण, बॉम्बे के मुसलमान कट्टरपन्थी मेरे विरुद्ध सड़क पर उतर आये थे। आख़िरकार मेरे मुचलका देने के बाद कि मैं इस्लाम के बारे में एक शब्द भी नहीं बोलूँगी मुझे बीजेपी सरकार ने सिर्फ़ तीन दिन का भरोसा दिया था—वह भी सिर्फ़ कलकत्ता से 'आनन्द पुरस्कार' लेकर आने के लिए।

चुनाव आ रहे हैं, मेरे ऊपर आक्रमण बढ़ रहे है। मेरा सीरियल बन्द हो गया। मुकदमा दायर किया गया। गिरफ्तारी का फ़रमान जारी हुआ। एफ.आई.आर. हुआ। अब देश छोड़ने का फ़तवा। सिर्फ यही नहीं आतंकवादी लोग घात लगाये बैठे हैं। मुझे जान से मार डालने के लिए। मुझे मार डालने पर उन्हें बहिश्त मिलेगा? इतनी आसानी से बहिश्त का टिकट किसे मिलता है? इस बार जिन्दा रह पाऊँगी भी या नहीं मुझे पता नहीं। एक मानवतावादी लेखक को उपमहादेश की राजनीति का फुटबाल होना पड़ा। राजनीतिज्ञों की लातों की शिकार बनती रहेगी। वह, एक जगह से लात मारकर दूसरी जगह भेज देंगे। उस जगह से फिर कोई लात जमायेगा। सुनते हैं—ऐसा करने से वोट पक्के होते हैं। जनगण के अन्न-वस्त्र के लिए, स्वास्थ्य, शिक्षा के लिए आतंकमुक्त, भ्रष्टाचारमुक्त देश के लिए राजनीति नहीं। किसको फाँसी पर चढ़ाने से किसको वोट मिलेंगे, किसको देश में घुसने न दो, किसको देशनिकाला दो, किस पर अत्याचार करने से, किसका अनिष्ट करने से किसको वोट मिलेंगे—इसी का हिसाब लगाते रहते हैं राजनीतिज्ञ लोग। कोई भला काम करके नहीं, बुरा काम करके, अन्याय करके, दूसरे पर अत्याचार करके वोट हासिल करने की जुगत भिड़ाते हैं। उपमहादेश में गणतन्त्र की यह करुण दशा देखकर आँखों में आँसू आ जाते हैं। क्या यह गणतन्त्र है या माफ़िया राज?

निषिद्ध

उसका लिखना, उसकी सोच, उसका सब कुछ तो निषिद्ध कर ही दिया है, उस समूचे मनुष्य को ही निषिद्ध कर दिया है इस उपमहादेश ने। मैं अपनी बात कर रही हूँ। मुझे नहीं लगता दुनिया में ऐसा कोई लेखक है जिसके सृजन को ही नहीं, खुद उसको पूरे समाज, और पूरी राष्ट्र व्यवस्था ने इतने शिद्दत से नकारा हो। लेखक, सांवादिक, बुद्धिजीवी सभी आँखें मूँद लेते हैं कान बन्द कर लेते हैं। मुँह पर ताला जड़ लेते हैं, जब मेरे विरुद्ध सरकार कोई अन्यायपूर्ण फ़ैसला लेती है। पिछले बीस सालों से यही देखती आ रही हूँ। बांग्लादेश से एक लोकप्रिय नारीवादी लेखिका को निकाल दिया गया था और देश के लोगों ने चुपचाप उपभोग किया था उस घिनौने अन्याय का। कोई एक शब्द भी नहीं बोला था। बांग्लादेश की पत्र-पत्रिकायें और प्रकाशन संस्थायें जो मेरा लिखा छापने के लिए पगलाये रहते थे उन्होंने भी पलभर में मेरा नाम बहिष्कृत खाते में लिख दिया। सरकार के अन्याय का उस दिन जनता ने पूर्ण समर्थन किया था। चुप्पी को मैं समर्थन ही मानती हूँ। सरकार बदली, नयी सरकार, जो पिछली सरकार की तिलभर की गलती पर ढेरों गालियाँ बरसाती थी वह सरकार भी सिर्फ़, तसलीमा-विरोधी, ग़ैर-कानूनी और अनैतिक फ़ैसले के साथ एकमत हो गयी। बांग्लादेश में एक के बाद एक मेरी किताबें निषिद्ध (जब्त) होती गयीं और मुक्तचिन्तक के नाम से प्रशंसा बटोरने वाले मुँह पर ताले लगाकर बैठे रहे। आज बीस साल हो गये बांग्लादेश में मुझे घुसने नहीं दिया जा रहा। मानवाधिकार के लिए लड़ने वाली सेना, सामन्तों ने भी इस बारे में एक प्रश्न तक नहीं किया। तसलीमा के विरुद्ध कोई भी अन्याय, कोई भी गलत फ़ैसला, कोई भी गन्दा बर्ताव, कोई भी झूठ, कोई भी नफ़रत भरा क़दम समाज के हर स्तर, हर वर्ग, हर क्षेत्र के लोग चुपचाप मान लेते हैं। सिर्फ़ अपने ही देश में नहीं, पास के देश में भी मैं अछूत—जात हूँ। भारत ने भी बार-बार यह प्रमाणित कर दिया कि बांग्लादेश की तरह भारत भी एक से अँधेरे में ही डूबा हुआ है—और किसी क्षेत्र में नहीं तो मेरे बारे में

तो जरूर। कुछ दिन पहले पश्चिम बंगाल की सरकार ने मेरे लिखे हुए एक मैगा सीरियल को टी.वी. पर प्रसारित होने के पहले ही रोक दिया। उन्नीस दिसम्बर को महासमारोह के साथ वह सीरियल दिखाया जाना था। पूरे पश्चिम बंगाल में मैगा सीरियल का विज्ञापन टी.वी. पर प्रचारित हो रहा था। मूलतः अत्याचरित, पीड़ित, स्त्रियों की लड़ाई और जद्दोजहद की कहानी ही मैंने लिखी है। पश्चिम बंगाल के लोग अधीरता से इसका इन्तजार कर रहे हैं, इतने दिनों बाद साहसी स्त्रियों की कहानियों पर सीरियल दिखायेंगे इस उम्मीद में। लेकिन टी.वी. चैनल में अचानक पुलिस की चढ़ाई हुई, धमकी दी—सीरियल दिखना नहीं चलेगा। क्यों नहीं चलेगा? गड़बड़ हो सकती है, आगज़नी हो सकती है। अगर यह सीरियल क, ख, ग, घ, ङ—किसी का भी लिखा होता तो कोई आपत्ति नहीं थी, आपत्ति कथानक को लेकर नहीं, कहानी की प्रधान चरित्र, कलकत्ता की तीन हिन्दू लड़कियाँ जो दहेज-प्रथा, शिशुओं की खरीद-बेच, बलात्कार के विरुद्ध लड़ाई करती हैं से भी नहीं। ऐतराज उनका लेखक के नाम से है। सीरियल की शूटिंग कुछेक साल पहले ही शुरू हुई थी। चैनल ने एक करोड़ रुपये खर्चे हैं, पर यह दिखाना नहीं चलेगा। कारण, सीरियल की लेखिका तसलीमा नसरीन है, इसलिए। 'तसलीमा' नाम आजकल भारत के वोट बैंक राजनीति के काम में जब-तब इस्तेमाल किया जाता है। और भारत के सभी राजनैतिक दल इसका इस्तेमाल करते हैं। सभी दल बड़े शिद्दत से विश्वास करते हैं कि तसलीमा को थप्पड़, लात, घूँसे दो तो अनपढ़, अज्ञानी मुसलमानों के वोट मिलेंगे। राजनीतिज्ञ लोग समझ गये हैं तसलीमा के पक्ष में इस उपमहादेश की कोई भी पार्टी नहीं है, कोई भी लेखक, बुद्धिजीवियों की गोष्ठी नहीं है, कोई भी मानव अधिकार या नारी अधिकार गोष्ठी नहीं है। इसके साथ जो मर्जी करो—इसकी किताबें निषिद्ध करो, इसके टी.वी. सीरियल बन्द करो, इसे राज्य से बाहर खदेड़ दो, इसके ख़िलाफ़ धार्मिक भावना को चोट पहुँचाने का मुकदमा दायर करो, इसको देश से गरदन पर धक्का मारकर निकाल दो, इसको जहर खिला कर मार डालो, इसके ख़िलाफ़ बोरे भर-भर के झूठ बोलो, कोई चूँ तक नहीं करेगा। जनता बैठे-बैठे मजे लेगी एक लेखक के ऊपर, सिर्फ़ एक ही लेखक पर घटने वाला जघन्य अत्याचार। यह जो इतना बड़ा मैगा सीरियल, जो सीरियल क़रीब दस साल तक चल सकता था, पूरी तरह माफ़िया के कायदे से बन्द करवा दिया गया पश्चिम बंगाल की सरकार द्वारा। और उसे आँखों के सामने घटते हुए देखकर भी पश्चिम बंगाल के ही नहीं, भारत की पूरी मीडिया, बुद्धिजीवी लोग, राजनैतिक दल सब चुप हो गये। गणतन्त्र और बोलने की आज़ादी के विरुद्ध इतना गन्दा वार कब, किसने—देखा है? मौका देखकर इस्लामी कट्टरपन्थियों के सिर दोष मढ़ने में सरकार

जैसा और कोई नहीं। तसलीमा का वे लोग पिसाई करेंगे और कसर मढ़ेंगे मुस्लिम कट्टरपन्थियों के सिर। हिन्दू राजनीतिज्ञ निरीह तसलीमा और मूर्ख कट्टरपन्थियों कि एक झुंड को लेकर बड़ी आसानी से यह खेल खेलते है। तसलीमा पर किसने और, कब 'इस्लाम-विरोधी ठप्पा' लगाया था, वहीं ठप्पा अब इनका हथियार है। तसलीमा ने स्त्रियों के अधिकारों के पक्ष में या मानवाधिकार के समर्थन में क्या कहा है, वह सब देखने का विषय नहीं है, तसलीमा को अपनी मानवतावादी लिखाई के लिए कितने पुरस्कार मिले हैं, विश्वभर में वह भी कोई विषय नहीं है, तसलीमा ने इस्लाम-विरोधी बात लिखी है इसलिए मुसलमान नहीं चाहते उसकी किताबें छपें, किताबों का विमोचन हो, नहीं चाहते तसलीमा इस राज्य में रहे, वे नहीं चाहते यह सब कहकर, यानी कि मुसलमानों की दुहाई देकर मुसलमानों कि धार्मिक भावनाओं की रक्षा करने का भाव दिखाकर सरकार मेरे विरुद्ध फतवा जारी करती है—मेरी किताब निषिद्ध करती है। कलकत्ते के पुस्तक मेले में, मेरी किताबों का विमोचन बन्द करवा देती है। मेरा लिखा छापने पर किसी पत्रिका को सरकारी विज्ञापन नहीं मिलेंगे, ऐसी धमकी देते हैं। मेरा सीरियल दिखाने पर टी.वी. चैनल को आग लगा दी जायेगी—कहकर ललकारते हैं। भारत के मुस्लिम कट्टरपन्थियों से कोई पूछे, उन्होंने मेरी किताब पढ़ी है कि नहीं-नहीं किसी ने भी मेरी किताब नहीं पढ़ी। मेरी किताब के किस वाक्य ने उनकी अनुभूतियों को चोट पहुँचायी है, दिखा दे कोई। नहीं, कोई नहीं दिखा पायेगा, क्योंकि वे नहीं जानते कि मैंने कहाँ, क्या लिखा है। कट्टरपन्थी साहित्य, समाज परिवर्तन, मानवाधिकार, स्त्री स्वाधीनता की किताबें नहीं पढ़ते, अगर वे पढ़ते तो वे कट्टरपन्थी नहीं होते। उन्होंने सिर्फ़ सुना ही है कि मैंने इस्लाम का ध्वंस कर दिया है किसने सुना है। किसने कहा है, यह भी वे लोग ठीक से बता नहीं पायेंगे। दरअसल वे ही सबसे बड़े इस्लाम-विरोधी हैं जो सोचते हैं इस्लाम इतना कमजोर और भंगुर है कि किसी के भी कुछ लिखने से, कुछ कहने से इस्लाम ध्वंस हो जायेगा।

कलकत्ते के मुस्लिम कट्टरपन्थी जानते भी नहीं कि किस कहानी पर मेरा सीरियल है। सरकारी लाड़-प्यार और बढ़ावा पाकर वे भी कैमरे के सामने स्वतन्त्रता-विरोधी और स्त्री-विरोधी अप्रजातान्त्रिक बात करते दुविधा नहीं करते। कोई भी धार्मिक कट्टरपन्थी मत प्रकट करने की आज़ादी पर विश्वास नहीं करता। राजनीति से जुड़े लोग वोट के लिए मनुष्य का ख़ून भी कर सकते हैं। लेकिन बुद्धिजीवियों की इस चुप्पी का कारण क्या हैं? हिन्दू कट्टरवादी अगर अन्याय करें तो यही लोग प्रतिवाद करने के लिए झपट पड़ते हैं। एम.एफ. हुसैन को अपमानित और परेशान करने के विरुद्ध कौन से बुद्धिजीवी ने उनके विरुद्ध

नहीं लिखा या प्रतिवाद नहीं किया। यहाँ तक कि मुस्लिम कट्टरपन्थी लोग गलत बात पर दावा करें तो वे मुँह बन्द करके नहीं रहे। सलमान रुश्दी के ख़िलाफ़ कोई कुछ बोलकर देखे, कोई भी लेखक व बुद्धिजीवी मुँह बन्द करके नहीं रहेंगे। सलमान रुश्दी को साहित्य के लिए पुरस्कार मिला है, मुझे भी मिला है। बांग्ला साहित्य का श्रेष्ठ पुरस्कार 'आनन्द' एक बार नहीं दोबारा मुझे मिला है। साथ में है अनगिनत मानवाधिकारी पुरस्कार। तो फिर अलग बर्ताव क्यों? सलमान रुश्दी अंग्रेजी में लिखते हैं इसलिए? धनी हैं, पश्चिम देश में रहते हैं इसलिए? वे कोई दूर के नक्षत्र-से लगते हैं, इसलिए या फिर सलमान रुश्दी पुरुष है इसलिए, पुरुषतन्त्र की आलोचना नहीं करते इसलिए? स्त्रीवादी नहीं हैं, इसलिए समाज को बदलने की कसम नहीं खायी है, इसलिए? कुछ तो होगा ही। नहीं तो उन पर आक्रमण होने पर भारत के विद्वत्‌जन प्रतिवाद में मुखर हो जाते हैं, पर मेरी बारी में चुप्पी क्यों? उस दिन उत्तर प्रदेश की सरकार ने मेरे ख़िलाफ़ एक मामला ठोक दिया। क्यों? मैंने किसी का क्या नुकसान किया है? मैं दोषी हूँ—क्योंकि मैंने लिखा है—फतवेबाज लोग लेखकों के सिर की क़ीमत लगाते हैं, वे बोलने की आज़ादी पर विश्वास नहीं करते। इस सच बात को लिखने के लिए मुझे आठ साल की जेल हो सकती है। .खुद को बचाने के लिए अब मुझे अदालतों के चक्कर लगाने पड़ रहे हैं।

मुस्लिम कट्टरवादी अब मुझ पर दोष मढ़ रहे हैं कि मैंने इस्लाम का ध्वंस किया है। पुरुषतन्त्र के धारक-वाहक लोग कह रहे हैं, मैंने समाज की संस्कृति की विरासत को नष्ट किया है। अर्थात् पुरुषतन्त्र का सर्वनाश किया है। धर्म और पुरुषतन्त्र को टिकाकर रखने वाले मातवर ही समाज के मातवर हैं, उनके व्यापार में कोई सेंध लगाने की कोशिश करे तो क्या वे उसे जिन्दा छोड़ेंगे? मेरी हत्या करने के लिए सिर्फ़ कट्टरपन्थी ही नहीं भ्रष्ट राजनैतिक लोग भी आमादा हैं, भ्रष्ट राजनीतिकों की छत्रछाया में रहने वाले भ्रष्ट बुद्धिजीवी भी हैं, स्वार्थ से अन्धे लेखकगण भी घात लगाये बैठे रहते हैं।

अकेले एक इन्सान की सच्चाई, ईमानदारी, साहस, आदर्श और विश्वास के विरुद्ध खड़ी है एक विशाल विकट शक्ति। मुक्तबुद्धि और मुक्तचिन्ता वाले मनुष्य भविष्य में शायद खुदाई करके निकालेंगे इस उपमहादेश में घटित इस कलंक का इतिहास। शायद वे लोग मेरे साथ खड़े होंगे—तब मैं और अकेली नहीं रहूँगी—जैसी अब अकेली हूँ। उस भविष्य काल में मैं जिन्दा न होते हुए भी जीवित रहूँगी। कम से कम आज मुझे इतनी ही सान्त्वना है। इस स्वार्थान्ध, अस्वस्थ, अकृतज्ञ समाज से मुझे और किसी चीज़ की उम्मीद भी नहीं है।

❑❑